Allfinanz aus der Sicht der Assekuranz

Europäische Hochschulschriften

Publications Universitaires Européennes
European University Studies

Reihe V
Volks- und Betriebswirtschaft

Série V Series V
Sciences économiques, gestion d'entreprise
Economics and Management

Bd./Vol. 2848

PETER LANG
Frankfurt am Main · Berlin · Bern · Bruxelles · New York · Oxford · Wien

Jean-Marie Tchoumta

Allfinanz aus der Sicht der Assekuranz

Eine vergleichende Studie

PETER LANG
Europäischer Verlag der Wissenschaften

Die Deutsche Bibliothek - CIP-Einheitsaufnahme

Tchoumta, Jean-Marie :

Allfinanz aus der Sicht der Assekuranz : eine vergleichende Studie / Jean-Marie Tchoumta. - Frankfurt am Main ; Berlin ; Bern ; Bruxelles ; New York ; Oxford ; Wien : Lang, 2002
(Europäische Hochschulschriften : Reihe 5, Volks- und Betriebswirtschaft ; Bd. 2848)
Zugl.: Hamburg, Univ., Diss., 2001
ISBN 3-631-38667-2

D 18
ISSN 0531-7339
ISBN 3-631-38667-2

www.peterlang.de

Meiner Mutter und

meinem verstorbenen Vater

Abbildungsverzeichnis

Tabellenverzeichnis

Abkürzungsverzeichnis

a.a.O.	am angegebenen Ort
Abb.	Abbildung
AG	Aktiengesellschaft.
AGF	Assurances Générales de France
AktG.	Aktiengesetz.
Art.	Artikel
BAV	Bundesaufsichtsamt für das Versicherungswesen.
BCEAO	Banque des Etats de l'Afrique de l'Ouest
BCD	Banque Camerounaise de Développement
BEAC	Banque des Etats de l'Afrique Central
BFuP	Betriebswirtschaftliche Forschung und Praxis
BIAOC	Banque Internationale pour l'Afrique Occidentale Cameroun
BIP	Bruttoinlandsprodukt
BNP	Banque National de Paris
bum	bank und markt.
C. ass.	Code des assurances
CAPA	Comité d'Action pour la la Productivité dans l'Assurance
CAPIROP	Compagnie de Capitalisation de la Région Ouest de Paris
CCCE	Caisse Centrale de la Coopération Economique
CCBP	Caisse Centrale de Banques Populaires
CENCEP	Centre National de Caisse d'Epargne et de Prévoyance
CIFPB	Confédération Internationale des Associations de Diplômés de L´institut Techniques de Banque
CIMA	Conférence Interafricaine des Marchés d'Assurances
CNDC	Conseil National Du Crédit
COBAC	Commission Bancaire de l'Afrique Centrale
DESA	Diplôme d'Etudes Supérieures d'Assurance
Diss.	Dissertation.
DIW	Deutsche Institut für Wirtschaftsforschung
DSCN	Direction de la Statistique et de la comptabilité nationale
d.h.	das heißt.
FANAF	Féderation des Sociétés d'Assurance de Droit National Africaines.
ff	und folgende
FCFA	Franc de la Coopération Financière en Afrique
FFSA	Fédération Française des Sociétés d'Assurances.
FOGAPE	Fonds d'Aide et de Garantie des Crédits aux Petites et Moyenne Entreprises Camerounaises
GAP	Groupement des Assurances de Personnes.
GDV	Gesamtverband der Deutschen Versicherungswirtschaft.
ggfs.	gegebenenfalls

GWB	Gesetz gegen Wettbewerbsbeschränkung („Kartellgesetz“)
H.	Heft
HdV	Handwörterbuch der Versicherung
HGB	Handelsgesetzbuch
HWB	Handwörterbuch der Betriebswirtschaft.
HWO	Handwörterbuch der Organisation
IARD	Incendie, Accidents et Risques divers
i.e.S.	im engeren Sinne
IIA	Institut International des Assurances
i.w.S.	im weiteren Sinne
IWF	Internationaler Währungsfonds
I.VW	Institut für Versicherungswirtschaft an der Universität St. Gallen
JAE	Jeune Afrique Economique
JFB	Journal für Betriebswirtschaft
Jg.	Jahrgang.
KWG	Gesetz über das Kreditwesen
Mio.	Millionen
Mrd.	Milliarden
MAAF	Mutuelle Assurance Artisanale de France
MTM	Marchés Tropicaux et Méditerranéens
NSM	Neuflize Schlumberger Mallet Vie
ÖBA	Österreichisches Bankarchiv
OCDE	Organisation de Coopération et de Développement économiques
o.V.	ohne Verfasserangabe
P.U.C	Presses Universitaires du Cameroun.
S.	Seite/Seiten
SCB	Société Camerounaise de Banque
SICAV	Sociétés d'investissement à capital variable.
SRC	Société de Recouvrement de Créances
Sog.	Sogenannte
SOCABAIL	Société Camerounaise de Bail
SOCAPI	Société française d'épargne et de Crédit
STBA	Statistisches Bundesamt
Tab	Tabelle
u.a.	unter anderem/und andere
UAP	Union des Assurances de Paris
UDEAC	Union Douanière et Economique de l'Afrique centrale.
UNDP	United Nations Development Programme
Wist	Wirtschaftswissenschaftliches Studium
VAG	Gesetz über die Beaufsichtigung der Versicherungsunternehmen. (Versicherungsaufsichtsgesetz)
Vgl.	Vergleiche

VK	Versicherungskaufmann
VRdsch	Versicherungsrundschau
VVaG	Versicherungsverein(e) auf Gegenseitigkeit
VVW	Verlag Versicherungswirtschaft
WWW	World Wide Web
VW	Versicherungswirtschaft
VU	Versicherungsunternehmen
z. B.	zum Beispiel
ZfB	Zeitschrift für die Betriebswirtschaft
ZfbF	Zeitschrift für betriebswirtschaftliche Forschung
ZfgK	Zeitschrift für das gesamte Kreditwesen
ZfO	Zeitschrift für Organisation
ZfV	Zeitschrift für Versicherungswesen
z. T.	zum Teil
ZVersWiss	Zeitschrift für die gesamte Versicherungswirtschaft

1 Grundlegung

1.1 Problemstellung, Zielsetzung und Vorgehensweise der Untersuchung

1.1.1 Problemstellung und Zielsetzung

Allfinanz steht im deutschen Sprachgebrauch für die Verbindung und wechselseitige Beeinflussung verschiedenartiger Finanzdienstleistungsprodukte, die von Banken, Versicherungsunternehmen, Bausparkassen und anderen Institutionen angeboten werden. Tatsächliche oder mögliche Verbindungen sind auf drei Ebenen der Finanzdienstleistungsmärkte zu erkennen:

⇨ Zum einen wird behauptet, daß eine Verbundenheit der Nachfrage derart besteht, daß die Kunden einheitliche Produkte, die sowohl Sicherheits- als auch andere finanzielle Bedürfnisse befriedigen, bevorzugen oder daß sie zumindest geneigt sind, die unterschiedlichen Finanzdienstleistungen möglichst von einem Anbieter zu beziehen.

⇨ Auf der Ebene der Vermittlung zeigt sich immer mehr, daß z. B. Makler nicht nur Versicherungsprodukte oder bestimmte Kapitalanlagen vermitteln, sondern möglichst alle Finanzdienstleistungen, die zu einer umfassenden Vermögensberatung gehören.

⇨ Schließlich bedeutet Allfinanz auf der Angebotsebene, daß sich Banken, Versicherungsunternehmen und weitere Finanzdienstleistungsinstitutionen zu einem gemeinsamen Angebot zusammenschließen, was in Deutschland und in Frankreich nur durch verschiedene Formen der Kooperation oder Konzentration der Unternehmen erreicht werden kann, weil das Angebot durch ein einziges Unternehmen nicht erlaubt ist (z. B. § 7 VAG Verbot versicherungsfremder Geschäfte).

Im Zusammenhang mit dem Begriff "Allfinanz" wurden schon verschiedene Themen behandelt. Neben den in verschiedenen Zeitschriften und Zeitungen veröffentlichten Aufsätzen hat *Martin Scheele* (1993) in seiner Arbeit "Zusammenschluß von Banken und Versicherungen. Analyse des Privatkundengeschäfts anhand industrieökonomischer Modelle" eine breite Anwendung industrieökonomischer Modelle auf die Allfinanz geliefert. *Anja Büschgen* (1992) lieferte in ihrer Arbeit "Allfinanz als Marktbearbeitungskonzept privater Geschäftsbanken" die ökonomischen Konsequenzen der Allfinanz für die privaten Geschäftsbanken. *Horst Goß* (1992) stellte in seiner Arbeit die wirtschaftlichen Konsequenzen der Allfinanz dar. Andere Arbeiten aus betriebswirtschaftlicher bzw. rechtlicher Sicht liefern: *Harald Sondhof,* (1990); *Philipp Wagner* (1991); *Volker van Ruth* (1993); *Cord Imelmann* (1996); *Dieter Leuering* (1997) etc.

Aussagen über Allfinanz in den Entwicklungsländern sind bis jetzt kaum - wenn überhaupt - anzutreffen. Die Intention dieser Arbeit ist es, diese Lücke wissenschaftlich zu schließen. Der Autor will zur Meinungsbildung beitragen und insbesondere die ökonomischen Vorteile der Allfinanz für ein Entwicklungsland darstellen.

Unter Entwicklungsland soll hier ein Land verstanden werden, indem die Dynamik des Entwicklungsprozesses erst in einem frühen Stadium dabei ist, die zur Verfügung stehenden Ressourcen so einzusetzen, daß die jeweilige Volkswirtschaft wohlfahrtssteigernde Leistungen erbringt, um dadurch eine nachhaltige wirtschaftliche Entwicklung herbeizuführen.[1] Da die Allfinanz bzw. die Allfinanzentwicklung in einer engen Verbindung zu den wirtschaftlichen und rechtlichen Verhältnissen eines Landes steht, kann es keine generelle Allfinanzentwicklung für alle Entwicklungsländer geben. Deshalb soll in dieser Arbeit Kamerun als Beispiel eines Entwicklungslandes genommen werden.

1.1.2 Aufbau der Arbeit

Beachtenswerte wirtschaftliche Vorteile der Allfinanz für ein Entwicklungsland sind vor allem in zwei Bereichen zu sehen: Auf der Kundenebene (Abschnitt 3.6.2.3) soll die Frage beantwortet werden, wie ein Kunde in einem Entwicklungsland, das keine Bank- bzw. Versicherungstradition hat, Nutzen aus der Zusammenarbeit zwischen Banken und Versicherungsunternehmen ziehen kann. Die Allfinanzentwicklung beinhaltet für Banken und Versicherungsunternehmen in einem Entwicklungsland Vertriebs-, Produkt- und Verbundvorteile. Diese unternehmerischen Vorteile sollen in Abschnitt 3.6.2.2 dargestellt und analysiert werden. Schließlich können die hier eingeführten möglichen Vorteile der Allfinanz nicht ohne weiteres erzielt werden. Sie setzen bestimmte Bedingungen voraus, die in Abschnitt 3.6.4 dieser Arbeit dargestellt und analysiert werden.

Die Darstellung und Analyse der möglichen Vorteile für die kamerunische Wirtschaft im allgemeinen, die mit der Allfinanzentwicklung erzielt werden können, setzt die Darstellung der kamerunischen Wirtschaft im allgemeinen und des kamerunischen Finanzdienstleistungsmarktes im besonderen als erste Bedingung voraus. Ohne diese Darstellung ist es nicht möglich zu verstehen, warum und wie der Autor überhaupt auf die Idee gekommen ist, die Allfinanzentwicklung in die-

---

[1] Vgl. Gemagah, Albert Kwaku (1994), S. 20.

sem Land vorzuschlagen. Vor der Darstellung und Analyse der Allfinanzvorteile beschäftigt sich der dritte Teil dieser Arbeit mit der kamerunischen Wirtschaft und dem dortigen Finanzdienstleistungsmarkt. Während der Abschnitt 3.2 einen Überblick über die kamerunische Wirtschaft vermittelt, beschäftigt sich der Abschnitt 3.3. mit dem Finanzdienstleistungsmarkt Kameruns. Auf diesem Markt ist ein Finanzintermediär der besonderen Art anzutreffen: die Tontine. Diese Tontinen, die auch Allfinanzgeschäfte anbieten, sind von der Tontine zu unterscheiden, die von Ländern der Europäischen Gemeinschaft als Lebensversicherungsgeschäft nach Art. 1 Nr. 2 a der EG-Lebensversicherungs-Richtlinie betrieben werden können. Der Abschnitt 3.3.2 des dritten Teils der Arbeit definiert den Begriff Tontine, stellt das kamerunische Tontinensystem dar und analysiert die zukünftige Entwicklung dieses Systems.

Die Darstellung der Vorteile der Allfinanz für ein Entwicklungsland steht zwar im Mittelpunkt dieser Arbeit, zuvor muß aber der Begriff Allfinanz definiert und anschließend erklärt werden, wie es zur Allfinanz kam. Ebenso werden die funktionellen und institutionellen Allfinanzkonzepte beschrieben und analysiert. Während die funktionelle Allfinanz die verschiedenen Strategien darstellt, die von Allfinanzanbietern auf Produkt- (Abschnitt 2.41) und Vertriebsebene (Abschnitt 2.4.2) entwickelt worden sind, beschäftigt sich die institutionelle Allfinanz mit den Erscheinungsformen der Allfinanzanbieter (Abschnitt 2.5). Allfinanzprodukte und -vertrieb wären sinnlos, wenn sie den Forderungen der Kunden nicht entsprechen würden. Deswegen beschäftigt sich der Abschnitt 2.4.3 mit den Reaktionen der Kunden gegenüber dem Allfinanzphänomen. Für die im Rahmen des zweiten Teils der Arbeit verwendete Definition und Entwicklung der Allfinanz werden die Länder Deutschland und Frankreich ausgewählt. Weil sich die Allfinanzentwicklung grundsätzlich auf den Begriff Finanzdienstleistung und deren Anbieter, d. h. die Finanzintermediäre, stützt, werden diese beiden Begriffe in dem grundlegenden ersten Teil dargestellt (Abschnitte 1.2.1 und 1.2.2).

Allfinanzgeschäfte und -strategien haben sowohl rechtswissenschaftliche als auch wirtschaftliche Aspekte. Der Schwerpunkt der Untersuchung beruht auf der wirtschaftswissenschaftlichen Betrachtung. Für diese Arbeit sind dabei folgende Einschränkungen zu treffen: Auf die Bedeutung von Finanzdienstleistungen für betriebliche Wirtschaftssubjekte bzw. Firmenkunden wird in dieser Arbeit nicht eingegangen. Die Analyse beschränkt sich auf das Segment der privaten Wirtschaftssubjekte (Privatkunden), da sich die Allfinanz vor allem in diesem Kundensegment niederschlägt.

1.1.3 Auswahl der Länder Kamerun, Deutschland und Frankreich

Während sich die Auswahl Kameruns als Untersuchungsrahmen des dritten Teils der Arbeit mit der Herkunft des Autors begründen läßt, stützt sich die Auswahl Deutschlands und Frankreichs für den zweiten Teil der Arbeit auf zwei Aspekte:

⇨ Zum einen auf die historischen Verbindungen der drei Länder. Die politische und wirtschaftliche Entwicklung Kameruns ist aus historischen Gründen sowohl mit Deutschland als auch mit Frankreich verbunden.[2] Aus diesen Gründen unterhält Kamerun vor allem mit Frankreich enge Beziehungen, die zum größten Teil das wirtschaftliche und rechtliche Geschehen des Landes stark beeinflussen[3]. Ein Beispiel dafür sind die Beziehungen, die die beiden Ländern im Rahmen der heute noch bestehenden Währungszone "zone-Franc" verbinden. Diese engen Beziehungen führen als Konsequenzen dazu, daß sich wirtschaftliche Entwicklungsmodelle Kameruns vor allem von französischen Modellen inspirieren lassen.

⇨ Zum anderen auf wirtschaftswissenschaftliche Gründe. Die Beobachtung der Entwicklung der Allfinanz in Deutschland und in Frankreich stellt trotz der Tatsache, daß die beiden Länder eine gemeinsame Zentralbank und das gleiche Bankensystem haben, verschiedene Facetten der Allfinanz dar. Die Zusammenfügung dieser Facetten stellt für die kamerunische Wirtschaft die Möglichkeit dar, die vielfältigen Aspekte der Allfinanz und ihre Vor- und Nachteile zu beobachten, was für eine zukünftige Entscheidung in Richtung Allfinanz sehr nützlich sein kann. Solche vergleichenden Arbeiten können für das Wirtschaften in Entwicklungsländern nur profitabel sein, da sie dadurch die Möglichkeit zur Wahl zwischen verschiedenen Alternativen und Modellen haben, was oft in wirtschaftlichen Beziehungen mit nur einem Land (oft der ehemaligen Kolonialmacht) nicht gegeben ist. Sicherlich wäre es von Vorteil, in eine Arbeit wie diese ein Land mit z. B. trennbaren Bankensystem[4] wie England, das auch historische Verbindungen zu Kamerun hat, einzubeziehen.

---

[2] Mehr über die historische Verbindung der drei Länder ist in Dibengue, Augusten (1994) zu lesen.

[3] Vgl. Kom, Ambroise (2000).

[4] Das Trennbanksystem ist das Gegenstück zum Universalbankensystem. Das Trennungsprinzip untersagt die Verbindung verschiedener Geschäftsinteressen und Tätigkeitsbereiche innerhalb einer Organisation. Das britische Geschäftsbankensystem zeichnete sich traditionell durch Arbeitsteilung und damit eine weitreichende Spezialisierung aus. Bis vor wenigen Jahren wurde dieses System dem deutschen Universalbanksystem als sogenanntes Trennbanksystem gegenübergestellt. Der Unterschied liegt im Kern darin, daß bei den britischen Banken bzw. den amerikanischen Commercial Banks der Erwerb von Aktien auf eigene Rechnung und damit verbunden das Emissionsgeschäft, die Übernahme von Beteiligung an Nichtbanken sowie der unmittelbare Zugang zur Börse grundsätzlich nicht üblich bzw. verboten waren. Vgl. zum Thema Trennbanksystem, Süchting, Joachim (1992), S. 238 ff.; Schierenbeck, Henner (1994), S. 657; Büschgen, Hans E. (1989), S. 30 ff.

Die für eine solche Betrachtung notwendigen Rahmenbedingungen, die für jedes Land spezifisch sind, würden jedoch den Rahmen dieser Arbeit sprengen.

1.2 Begriffliche Grundlagen

1.2.1 Begriff der „*Finanzdienstleistung*“ und Merkmale der Bank- und Versicherungsleistungen

1.2.1.1 Begriff der „Finanzdienstleistung“

Bis heute hat sich keine allgemein gültige Definition für “*Finanzdienstleistung*” durchgesetzt.[5] Eindeutig ist jedoch die Tatsache, daß der Wortbestandteil "Finanz" die unmittelbare Geldbezogenheit postuliert. Gegenstand der Finanzdienstleistungen ist das Geld[6]. Bank- und Versicherungsleistungen sind rein monetäre Produkte, d.h. Geschäfte, die von beiden Vertragspartner in Geldströmen zu erfüllen sind. Die Kunden von Kreditinstituten zahlen Geld auf Konten ein, und ihnen werden im Rahmen des Kreditgeschäfts direkt oder indirekt Geldmittel zur Verfügung gestellt; die Versicherungsnehmer entrichten eine in Geldeinheiten ausgedrückte Prämie an die Versicherer und erhalten im Versicherungsfall - abgesehen von den Fällen, in denen der Versicherer zu einer Naturleistung verpflichtet ist, wie es z. B. in der Glasversicherung vorkommt[7] - ebenfalls Geld zurück. *Finanzdienstleistungen* können folglich als monetäre Produkte definiert werden, die in gegenseitigen Verträgen bereitgestellt werden, bei denen sowohl Leistung als auch Gegenleistung beiderseits in Geldströmen zu erfüllen sind.[8]

Das Leistungsobjekt “*Geld*” sowie die Absatzbeziehungen im Zeitablauf machen Bank- und Versicherungsprodukte zu vertrauensempfindlichen Produkten.[9] Die Bedeutung des Vertrauens erklärt sich auch daraus, daß der Kunde in Vorleistungen tritt und wenig über Finanzdienstleistungen informiert ist.[10] Weitere Charakteristika der Finanzdienstleistungen, die diese in Theorie und Praxis als verwandte Produkte erscheinen lassen und die zugleich die Anwendung gleicher Marketingmethoden ermöglichen, liegen in ihrem allgemeinen Dienstleistungscharakter.

---

[5] Vgl. Krupp, Georg (1990), S. 2; Stracke/Geitner (1992), S. 30.
[6] Vgl. Hahn, Oswald (1986), S. 402; Schierenbeck, Henner/Hölscher, Reinhold (1992), S. 275.
[7] Karten, Walter (1993), S. 2.
[8] Vgl. Karten, Walter (1995), S. 64.
[9] Vgl. Süchting, Joachim (1992), S. 423.
[10] Vgl. Scheele, Martin (1993), S. 39-41.

Obwohl der Begriff *Dienstleistung* in der Fachliteratur und im allgemeinen Sprachgebrauch sowohl mit unterschiedlichen Begriffsinhalten als auch in unterschiedlichen Sachzusammenhängen gesehen wird[11] und eine allgemein anerkannte Abgrenzung und Klassifikation der Dienstleistung nicht existiert, herrscht weitgehend die Ansicht, Bank- und Versicherungsleistungen als Dienstleistungen anzusehen, da sie alle typischen Eigenschaften einer Dienstleistung aufweisen.[12] Im Zusammenhang mit Dienstleistungen ist auf die Besonderheiten der Bank- und Versicherungsprodukte bei Produktion und Absatz hinzuweisen.

1.2.1.2 Gemeinsamkeit bei der Produktion

Gemeinsamkeiten auf der Produktionsebene lassen sich sowohl bezüglich der Produktionsfaktoren als auch des Prozesses der Dienstleistungsproduktion feststellen. Die Produktion von Dienstleistungen weist als typisches Merkmal eine besondere Mitwirkung des Dienstleistungsabnehmers auf[13]. Industrielle Erzeugnisse sind ohne Hinzuziehen des Abnehmers oder eines Objektes des Abnehmers erstellbar.[14] Zudem bleiben sie bis zur Leistungsabgabe im Besitz des Herstellers. Eine Dienstleistung hingegen zielt stets auf eine Veränderung an Menschen - bei der Versicherung beispielsweise das Erreichen der Sicherheit - oder an bestehenden Objekten ab, über die der Dienstleistungsnachfrager jedoch die Verfügungsgewalt behält. Der Dienstleistungsanbieter kann die Leistung nicht unabhängig vom Kunden oder dessen Objekt erbringen. Ein externer Faktor ist damit für die Dienstleistungsproduktion ein unabdingbarer Produktionsfaktor. Die Versicherungsleistungen z. B. werden in einem zwischen einem Versicherungsnehmer und einem Versicherer existierenden Versicherungsvertrag versprochen. Ohne die Existenz des Versicherungsnehmers kann es keinen Versicherungsvertrag geben, und es kann demzufolge keine Versicherungsleistung produziert werden. Es ist zwischen einer aktiven und einer passiven Beteiligung dieses externen Faktors zu unterscheiden. Eine passive Beteiligung des Dienstleistungsnachfragers liegt z. B. beim Haarschneiden bzw. Krankenhausaufenthalt vor. Bei Bank- und Versicherungsprodukten handelt es sich mehr um eine aktive Beteiligung, da sie

---

[11] In der Literatur sind viele Definitionen zu finden. Nach *Kotler* und *Bliemel* ist eine *Dienst-leistung* jede einem anderen angebotene Tätigkeit oder Leistung, die im wesentlichen immaterieller Natur ist und keine direkten Besitz- oder Eigentumsveränderungen mit sich bringt. Vgl. Kotler, Philip/Bliemel, Friedhelm (1999), S. 720. Nach *Meffert* und *Bruhn* handelt es sich um selbständige, marktfähige Leistungen, die mit der Bereitstellung und/oder dem Einsatz von Leistungsfähigkeiten verbunden sind. (Vgl. Meffert, Heribert/Bruhn, Manfred (1997), S. 27).

[12] Vgl. Büschgen, Hans E. (1989), S. 247; Eilenberger, Guido (1998), S. 188; Braeß, Paul (1964), S. 3; Farny, Dieter (1995b), S. 473 ff; Karten, Walter (1981), S. 1608; Haller, Matthias (1982), S. 383; Müller, Wolfgang (1981), S. 155; Schwake, Edmund (1984), S. 393; Süchting, Joachim (1992), S. 422 ff.; Delisle, Edouard (1981), S. 65 ff.; Schierenbeck, Hener/Hölscher, Reinhold (1992), S. 275.

[13] Vgl. Farny, Dieter (1995a), S. 500.

[14] Für die Funktion des Kunden als Co-Produzent, siehe: Lehmann, Axel P. (1998), S. 24-29.

dadurch gekennzeichnet sind, daß der Kunde im Rahmen ihrer Produktion objektbezogene, menschliche Arbeitsleistungen erbringt.[15] Als Beispiel einer aktiven Beteiligung muß der Kunde für die Eröffnung eines Girokontos zur Bank gehen und dort ein Formular ausfüllen, das Informationen über ihn liefert. Ebenso ist der Abschluß eines Lebensversicherungsvertrags ohne Angabe von Informationen seitens des Versicherungsnehmers nicht möglich.

Die Faktorkombination stellt die Verbindung zwischen Input und Output her und ist somit Grundlage für den Dientsleistungserstellungsprozeß.[16] Mit Hilfe eines geeigneten Verfahrens werden die Inputfaktoren so kombiniert, daß sie in die angestrebten Outputgüter transformiert werden können. Dabei verläuft die Produktion von Dienstleistungen üblicherweise in zwei Phasen, auf die Vorkombination folgt die Endkombination.[17] Im Rahmen der *Vorkombination* werden die notwendigen Leistungspotentiale aufgebaut. Dabei wird das generelle Leistungspotential als Kapazität bezeichnet; wichtiger ist das sofort verfügbare Leistungspotential, das die Leistungsbereitschaft determiniert. Die Leistungsbereitschaft stellt somit das Ergebnis der Vorkombination dar.[18] Im Rahmen der Endkombination gilt es schließlich, durch das Zusammenspiel von Leistungsbereitschaft und weiterer interner Produktionsfaktoren sowie die Integration des externen Faktors Absatzleistungen zu erstellen.[19] Die Notwendigkeit der Einbeziehung des externen Faktors bedeutet für die Endkombination eine Unsicherheitskomponente, weil einerseits die sachliche Eignung dieser Faktoren und andererseits die räumlich-zeitliche Zuordnung nicht ausschließlich dem Dispositionsspielraum des Unternehmens überlassen sind. Damit besitzt die Produktion von Dienstleistungen im Gegensatz zur Sachgüterproduktion eine wesentlich geringere produktionswirtschaftliche Elastizität, die sich in dem Problem einer gleichbleibenden Auslastung niederschlägt.[20]

1.2.1.3 Gemeinsamkeit beim Absatz

Bei Bank- und Versicherungsleistungen handelt es sich um abstrakte Dienstleistungen. Die Produkte sind immaterieller Natur, ihnen fehlt die Substanz. Immaterielle Güter kann man im Gegensatz zu physischen Produkten meist nicht sehen, schmecken, fühlen, hören oder riechen, bevor man sie erwirbt.[21] Dieser immaterielle Charakter impliziert eine Materialisierung von Bank- und Versiche-

[15] Vgl. Meffert, Heribert/Bruhn, Manfred a. a. O., S. 47.
[16] Vgl. Meffert, Heribert/Bruhn, Manfred a. a. O., S. 53.
[17] Vgl. Corten (1988), zitiert in: Meffert, Heribert/Bruhn, Manfred a. a. O., S. 52.
[18] Vgl. Meffert, Heribert/Bruhn, Manfred a. a. O., S. 52.
[19] Vgl. Meffert, Heribert/Bruhn, Manfred a. a. O., S. 53-58.
[20] Vgl. Meffert, Heribert/Bruhn, Manfred a. a. O., S. 53.
[21] Vgl. Kotler, Philip/Bliemel, Friedhelm a. a. O., S. 711.

rungsprodukten, deshalb muß die Bank oder das Versicherungsunternehmen sein Angebot mit "leistungsbezeugenden" Hinweisen ausstatten. Während Anbieter von Sachgütern ihre konkreten Produktangebote mit abstrakten Werten anzureichern versuchen, müssen Dienstleistungsanbieter für die immaterielle Leistung materielle Ausdrucksformen finden.[22] Will sich eine Bank z. B. als die „schnelle Bank" hervorheben, so könnte sie z. B. damit werben, daß sie dem Kunden, der länger als fünf Minuten auf persönliche Bedienung warten muß, 5 DM auf seinem Konto gutschreibt.

Die Produktgestaltung von Bank- und Versicherungsprodukten erfolgt in erster Linie auf der Basis eines Vertrages und ist insofern wenig anschaulich. Versicherungsleistungen, Kredite, Prämienzahlungen, Wertpapierverkäufe: Alle diese Leistungen werden über die allgemeinen Geschäftsbedingungen hinaus regelmäßig durch detaillierte vertragliche Bestimmungen zu absatzfähigen Leistungen geformt. Ohne die definitive Vereinbarung von Verzinsungs- und Rückzahlungsmodalitäten ist ein Kredit nicht vorstellbar; im Versicherungswesen müssen die Leistungsvoraussetzungen exakt definiert sein. Der immaterielle Charakter zusammen mit dem Vertragselement machen Bank- und Versicherungsprodukte zu *erklärungsbedürftigen Leistungen.* Die Erklärungsbedürftigkeit ist indessen unterschiedlich ausgeprägt. So ist z. B. eine einfache Spareinlage weniger erläuterungsbedürftig als eine Lebensversicherung bzw. ein Vermögensaufbauplan unter Einbeziehung von steuerlichen und anderen Vergünstigungen nach dem Vermögensbildungsgesetz. Besonders bei Kundenkontakten oder bei dem Abschluß von Versicherungsverträgen ist die gute Beratung ein wesentliches Kriterium für den Markterfolg.

Aus der Erklärungsbedürftigkeit der Bank- und Versicherungsleistungen resultieren *Qualitätsschwankungen der Ausführung* als weiteres Charakteristikum dieser Produkte. Ihre Ausführung ist davon abhängig, welche Person sie verkauft, und kann nicht von jeglicher persönlicher oder situativer Komponente befreit werden.[23] So hängt z. B. das Image eines Versicherungsunternehmens und folgerichtig das seiner Produkte unter anderem von der Beratungsqualität seiner Angestellten ab. Diese Beratungsqualität hängt selbst nicht nur von den Fachkenntnissen des Angestellten, sondern auch von seiner Fähigkeit, Kontakte aufzunehmen, und seiner Erklärungsmethode ab. Fachkenntnisse sind gut, aber mit schlechtem Benehmen dargeboten wirken sie auf den Kunden ebenso wie in Zeitungspapier eingewickelter Kaviar, wie ein Rolls Royce-Chassis und Motor in einem Gehäuse aus dem Schrottplatz oder wie ein in Plastiktüten abgefüllter Jahrhundertwein.[24] Diese Abhängigkeit spiegelt sich in empirischen Untersuchungen wider.

[22] Vgl. Kotler, Philip/Bliemel, Friedhelm a. a. O., S. 712.
[23] Vgl. Kotler, Philip/Bliemel, Friedhelm a. a. O. , S. 725.
[24] Vgl. Hahn, Oswald (1982), S. 57.

So fordern 93 % der Befragten einer Spiegel-Umfrage eine "fachlich gute Beratung", 84 % "eine freundliche Bedienung" von Geldinstituten.[25] Nach einer Umfrage des GDV fordern knapp 75 % der Befragten von ihrem Versicherungsvertreter gute Beratung und Freundlichkeit. [26]

Aus dem immateriellen Charakter resultiert ein weiteres akzessorisches Merkmal der Bank- und Versicherungsprodukte. Sie sind *nicht lagerfähig*. Rohstoffe werden zur Bank- und Versicherungsproduktion nicht benötigt mit der Konsequenz, daß z. B. Lagerhaltungsprobleme in der Bank- und Versicherungswirtschaft praktisch irrelevant sind, zumal auch das Fertigprodukt nicht lagerfähig ist.[27] Diese mangelnde *Lagerfähigkeit* von Bank- und Versicherungsleistungen impliziert, daß diese mit ihrem Absatz entstehen. Es wird deswegen in der Fachliteratur von einer konstitutiven Bedeutung des Absatzes in der Herstellung von Bank- und Versicherungsleistungen gesprochen.[28] Dies liegt in der Tatsache begründet, daß der Verkauf von Versicherungsschutz und Bankdienstleistungen allen anderen produktbezogenen Prozessen vorangeht.

Eine andere spezifische Gemeinsamkeit der Bank- und Versicherungsprodukte ist es, daß sie nicht *patentfähig* sind. Das Patentrecht kennt bis jetzt keinen Schutz der Dienstleistungen. Lediglich Dienstleistungsmarken können geschützt werden. Fast jedes Produkt kann von jedem Anbieter bezogen werden. Es ist wahrscheinlich die Abwesenheit des Patents, die dazu geführt hat, daß sich eine weitgehend gleichartige Angebotspalette in den Produkten von Banken und Versicherungsunternehmen herausgebildet hat. Die Abwesenheit von Patenten kann auch die Produktinnovation begrenzen, weil die Rentabilität des neuen Produkts durch die mögliche schnelle Nachahmung von konkurrierenden Unternehmen begrenzt werden kann. Dies ist auch die Meinung der Praktiker. So denkt z. B. *Schieren*, daß ein fehlender Produktschutz und der hohe Nachahmungsgrad verhindern, daß sich zusätzliche Anstrengungen auch im Ertrag niederschlagen.[29]

Bank- und Versicherungsleistungen weisen schließlich eine zeitliche Dimension auf. Mit der Eröffnung eines Sparkontos, der Auszahlung eines Kredites oder dem Abschluß eines Versicherungsvertrages beginnt eine längerfristige Absatzbeziehung. Die Geschäfte finden also nicht wie in vielen anderen Bereichen mit einem einmaligen Absatzakt ihren Abschluß.[30] Der Absatzakt wird in der Regel durch weitere Beratungen begleitet.

---

[25] Vgl. Spiegel-Verlag: Soll und Haben 1 (1989), S. 58.

[26] Vgl. GDV(1982), S. 48.

[27] Vgl. Karten, Walter (1976a), S. 4251; Schierenbeck, Henner/Hölscher, Reinhold(1992) a. a. O., S. 275.

[28] Vgl. Karten, Walter (1976a) a.a.O. , S. 4253; Schwake, Edmund (1984), S. 401; Büschgen, Hans E. (1989) a. a. O., S. 248.

[29] Vgl. Schieren, Wolfgang (1991), S. 6.

[30] Schierenbeck, Henner/Hölscher, Reinhold (1992) a. a. O., S. 276.

1.2.1.4 Finanzdienstleistungen vor den siebziger Jahren

Im Laufe der Zeit hat sich der Inhalt des Begriffs „*Finanzdienstleistung*" geändert. Vor den siebziger Jahren war der Begriff "Finanzdienstleistung" terminologisch schon bekannt, und zwar im Sinne sämtlicher Leistungen, die den Finanzbedarf eines privaten oder betrieblichen Wirtschaftssubjekts abdecken, oder anders formuliert als Leistungen der sogenannten Finanzintermediäre, die in der Volkswirtschaft den Ausgleich zwischen dem finanziellen Überschußsektor der privaten Haushalte und den Defizitsektoren der Unternehmen und öffentlichen Haushalte bewirken.[31]

Tab. 1:Überblick über Finanzdienstleistungen nach Kundenbedürfnissen

Abwicklung von Transaktionen/ Sicherung von Liquidität	Sichteinlagen, Dispositionskredite, Zahlungsverkehrprodukte, Kreditkarten als Zahlungsmittel, Kundenkarten
Finanzierung	Ratenkredite, Anschaffungsdarlehen, Leasing, Kreditkarten als Finanzierungsmittel
Bildung von Geldvermögen	Termin- und Spareinlagen, Wertpapiere (festverzinsliche, Aktien, Investmentzertifikate, Kapitallebensversicherungen als Anlageprodukt, Vermögensverwaltung)
Bildung von Sachvermögen	Immobilienfinanzierung (Vor- und Zwischenfinanzierung, Realkredite, Bausparverträge)
Absicherung von Risiken	Sachversicherungen (Haftpflicht-, Hausrat-, Gebäudeversicherung), Personenversicherungen (Kapitallebensversicherung als Risikoträger, Unfallversicherungen, Private Krankenversicherung)
Quelle: Eigene Darstellung nach Angaben aus: Hannemann, Susanne (1993), S. 24;. Stracke/Geitner (1992), S. 37.	

Diese auch als traditionell zu bezeichnenden Leistungen der Finanzintermediäre waren auf die finanziellen Grundbedürfnisse der Nachfrager (Abwicklung von Transaktionen, Sicherung von Liquidität, Finanzierung, Bildung von Geld und Sachvermögen, Absicherung von Risiken) ausgerichtet. Einen Überblick über diese Art von Finanzdienstleistung, klassifiziert nach den unterschiedlichen Bedürfniskategorien, für die sie primär konzipiert sind, gibt Tabelle 1.

Finanzdienstleistungen waren in dieser Zeit besonders durch die strikte Branchen- und Produkttrennung ihrer möglichen Anbieter charakterisiert. Es gab also eine deutliche Trennung zwischen Bankdienstleistungen und Versicherungs-

[31] Vgl. Süchting, Joachim (1994), S. 450.

dienstleistungen und somit eine klare Abgrenzung zwischen den Märkten von Banken, Versicherungsunternehmen und den übrigen Institutionen. Versicherungsunternehmen waren für finanzielle Vorsorge und Risikobewältigung zuständig, während Banken sich auf finanzielle Dienstleistungen konzentrierten. An ein Finanzdienstleistungsangebot aus einer Hand dachte zu jener Zeit noch niemand. Spezialisten im Finanzdienstleistungsmarkt (die Mehrheit der Finanzintermediäre im weiteren Sinne) gab es damals noch kaum, da z. B. vom Markt her noch kein ausgesprochenes Bedürfnis nach Leistungen von privaten Vermögensberatungsgesellschaften bestand. Dienstleister im allgemeinen und Finanzdienstleister im besonderen hatten bei der Vermarktung ihrer Leistungen lange Zeit zu sehr auf das Leistungsergebnis abgestellt und das *Back-Office* vernachlässigt.[32] Dies wird durch die neue wirtschaftliche Betrachtung der Finanzdienstleistung korrigiert.

Es kann also festgestellt werden, daß der Begriff "*Finanzdienstleistung*" vor den siebziger Jahren durch die Existenz mehrerer möglicher Definitionen charakterisiert wird, deren Inhalt in Verbindung mit nur einer Wirtschaftsbranche (z. B. Bank, Leasing, Versicherung etc.) formuliert werden kann.

1.2.1.5 Gegenwärtiger Begriff der Finanzdienstleistung oder Begriff des Allfinanzangebots

Das heute auf dem Markt anzutreffende Konzept von Finanzdienstleistungen -das auch als "*Finanzdienstleistungen nach der neuen wirtschaftlichen Anschauung*"[33] bezeichnet wird - ist jedoch wirklich neu. Dieses ist dem amerikanischen Sprachgebrauch, "*Financial Services*" entnommen und hat seit Anfang der achtziger Jahre auch im europäischen Raum große Bedeutung erlangt.[34] Es unterscheidet sich von dem ersten dadurch, daß es eine neue Entwicklungstendenz in den Finanzdienstleistungen aufgezeigt hat, in der der Begriff "*Finanzdienstleistung*" nicht mehr branchenbezogen betrachtet wird, sondern vielmehr als funktionsbezogene Leistung vorkommt.

Eine Art Substitutionskonkurrenz ist entstanden; die Angebote der Banken und Versicherungsunternehmen überlappen sich in wichtigen Produktbereichen.[35]

---

[32] Unter Back-Office sollen hier alle Abteilungen verstanden werden, die sich heute in einer Bank oder einem Versicherungsunternehmen um die Pflege von Beziehungen zwischen den Kunden und dem Unternehmen kümmern, z. B. die Marketingabteilung. Die Qualität der Beratung oder des Produkts war nicht ein wichtiges Ziel der Anbieter wie heute. Vgl. Süchting Joachim (b), a. a. O., S. 450.

[33] Vgl. Süchting, Joachim (1994a) a.a.O. , S. 450.

[34] Vgl. Hannemann, Susanne (1993), S. 22; Oswald, Hahn (1988), S. 190; Illigen, Rolf-Peter (1994), S. 27; Stracke/Geitner, a.a.O. , S. 30.

[35] Vgl. Stracke/Geitner, a.a.O. , S. 137.

Dies wird z. B. deutlich durch den auf dem deutschen Markt zu findenden Sparplan mit Versicherungsschutz illustriert, der von der Deutschen Bank erstmals 1982 eingeführt wurde.[36] Deutlich zeichnet sich die Entwicklung zu einer integrierten Finanzdienstleistung ab, weil sich infolge der Vernetzung die Grundfunktion der Assekuranz, das Sichern, nicht mehr strikt von den anderen finanzwirtschaftlichen Bedürfnisse der Kunden trennen läßt.[37] Es wird bei einem Teil der Finanzinstitute eine fortschreitende Despezialisierung festgestellt mit dem Ziel, auch solche Finanzdienstleistungen anzubieten, die günstige Erträge bei geringerem Risiko versprechen, mögen sie auch nicht zum bisher "typischen" Geschäft gehört haben.[38] Nach dem Monatsbericht der Deutschen Bundesbank von April 1994 besteht eine strikte Trennung der Märkte von Kredit- und Hypothekenbanken, Bausparkassen und Versicherungsunternehmen nicht mehr.[39]

Das neue Konzept überwindet sozusagen die zwischen unterschiedlichen Finanzdienstleistungen existierenden Grenzen,[40] indem es die Bildung von Finanzdienstleistungspaketen ermöglicht. Ein Beispiel ist die auf dem französischen Markt zu findende „Peugeot-Karte". Diese Karte, die Kreditkarte und Bankkarte zugleich ist, ist ein Produkt der „Créditpar"-Bank, die selbst aus der Zusammenarbeit zwischen der *Peugeot/Citroën-Gruppe* und dem Kreditunternehmen *Sovac* entstanden ist. Dieses Beispiel zeigt, daß zunehmend eine aktive Konkurrenz zwischen Banken, Industrie-, Handels- und Dienstleistungsunternehmen besteht. Jedes Unternehmen versucht für sich, eine Einheit zu bilden, die alles aus einer Hand vertreibt. Die Zielsetzung "*ein Finanzdienstleistungsangebot aus einer Hand*" - gewinnt also an Bedeutung.

Der heutige Begriff "*Finanzdienstleistung*", die auch als Allfinanzangebot bzw. leistung genannt wird, hat vor allem im Produktbereich und bei den Vertriebswegen von Versicherungsunternehmen und Banken eine Umorientierung und eine Anpassung in Gang gesetzt und versteht sich demzufolge nicht mehr als Gattungsbegriff für stark isolierte Dienstleistungen. Er steht vielmehr für:

⇨ Verbundabsatz beim Verkauf von Produkten verschiedener Branchen (Bank-, Bauspar-, Industrie-, Versicherungsprodukte etc.),
⇨ Produktinnovation bei der Herstellung von Finanzdienstleistungen,
⇨ neue Kommunikationstechnik bei der Information von Kunden,
⇨ neue Vertriebswege und
⇨ steigende Beratungsqualität.

---

[36] Zielke, Carsten (1997), S. 36.
[37] Mohr, Paul Günther (1992), S. 862.
[38] Vgl. Schneider, Uwe H. (1991), S. 302.
[39] Vgl. Monatsbericht der Deutschen Bundesbank, April 1994, S. 51.
[40] Vgl. Hannemann, Susanne (1993) a.a.O. , S. 23.

Es kommen folgerichtig verschiedene Interpretationen und Definitionen der Allfinanz zum Ausdruck:

⇨ Als Markterscheinung werden Finanzdienstleistungen heute als ein Produkt aus Kapital- und Versicherungsleistungen oder eine Kombination aus beiden definiert.[41]

⇨ In produktorientierter Betrachtung werden sie als die Summe aller finanzwirtschaftlichen Aktivgeschäfte, Passivgeschäfte und Risikogeschäfte, wie sie üblicherweise von Versicherungsunternehmen, Banken oder bankähnlichen Instituten (z.B. Fondsgesellschaften) angeboten werden.[42] bezeichnet.

⇨ Stellt man die Kunden in den Mittelpunkt, so werden Financial Services als ein Konzept definiert, das eine umfassende und integrierte Abdeckung sowohl der monetären als auch der Sicherungsbedürfnisse des Kunden - möglichst aus einer Hand - über seinen gesamten Lebenszyklus, also gewissermaßen von der Wiege bis zur Bahre, zum Ziel hat.[43]

⇨ Die vertriebswegorientierte Betrachtung von "*Finanzdienstleistung*" ist durch ein besonderes Merkmal - das sogenannte *Cross-Selling* - gekennzeichnet, das besonders unter dem Begriff "*Allfinanzvertrieb*" analysiert wird. Unter Berücksichtigung des *Cross-Selling* sind "*Finanzdienstleistungen*" als Dienstleistungen zu definieren, die zur Erfüllung einer oder mehrerer finanzwirtschaftlicher Funktionen (Einnehmen, Ausgeben, Vermögen bilden, Schützen etc.) beitragen oder deren Erfüllung ganz übernehmen, unter der Voraussetzung, daß das auf die Ausschöpfung von potentiellen Synergien gerichtete Vermarktungskonzept Produkt-, Marketing- und Technologiestrategien zu einer integrierten Gesamtstrategie zusammenfaßt.[44]

Es kann also festgestellt werden, daß über das Leistungsergebnis hinaus die Leistungserstellung, der Verkaufsprozeß und die Bereitstellungsleistung in das heutige Konzept der "*Finanzdienstleistung*" bzw. Allfinanzprodukte aufgenommen, und als ihre integralen Bestandteile angesehen werden.[45]

Die Definition, die der vorliegenden Untersuchung zugrunde liegt, bestimmt die Finanzdienstleistung über die Kundenbedürfnisse im Bank- und Versicherungsbereich, die sie in Verbindung miteinander erfüllt, ihre Anbieter und ihren Ver-

---

[41] Vgl. Oswald, Hahn, (1988) a.a.O. , S. 190.
[42] Vgl. Illigen, Rolf-Peter (1994) a. a. O. , S. 28.
[43] Vgl. Schieren, Wolfgang (1991) a. a. O. , S. 4; Beyel, Jürgen (1987), S. 631-633.
[44] Vgl. Stracke/Geitner (1992) a.a.O., S. 38.
[45] Vgl. Süchting, Joachim (1994) a.a.O., S. 451.

triebsweg. Als "*Finanzdienstleistungen*" verstehen wir alle Produkte von Banken und Versicherungsunternehmen, die entweder die finanzielle und/oder die Sicherungsbedürfnisse der Nachfrager befriedigen.

1.2.2 Der Begriff „ *Finanzintermediäre*“ und Unterschiede zwischen Banken und Versicherungsunternehmen

1.2.2.1 Begriff „Finanzintermediäre“

Mit ihren Leistungen oder Produkten befriedigen Finanzintermediäre die finanziellen Bedürfnisse von Wirtschaftssubjekten und tragen somit zum Ausgleich zwischen dem einerseits bestehenden Finanzbedarf und dem andererseits gegebenen Anlagebedarf bei.[46] Die folgende Abbildung 1 stellt die zu diesem Ausgleich führenden möglichen Alternativen dar. In Abwesenheit von Finanzintermediären wäre nur ein direkter und individueller Kontakt zwischen Geldgebern und -nehmern möglich. Finanzintermediäre können in zwei Gruppen von Finanzintermediären im engeren und im weiteren Sinne unterteilt werden.

Abb. 1: Ausgleichsmöglichkeiten von Finanz- und Anlagebedarf

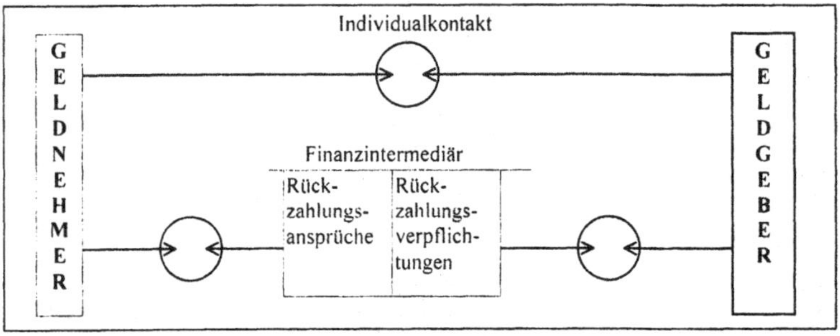

Quelle: Bitz, Michael (1997), S. 14.

Finanzintermediäre im engeren Sinne sind im allgemeinen Unternehmen, die sich bereithalten, einerseits Zahlungsmittel von den originären Geldgebern gegen das Versprechen späterer Rückzahlung entgegenzunehmen (*Anlageleistung*), und andererseits den originären Geldnehmern die benötigten Zahlungsmittel ebenfalls gegen das Versprechen späterer Rückzahlung zur Verfügung zu stellen (*Finan-*

[46] Vgl. Babeau André (1987), S. 13; Bitz Michael (1997), S. 1.

zierungsleistung).[47] Durch ihre Tätigkeit wird das ansonsten zustande kommende unmittelbare Anspruchs- und Verpflichtungsverhältnis zwischen originären Geldgebern und -nehmern durch zwei eigenständige Vertragsverhältnisse ersetzt, in denen der Finanzintermediär gegenüber den originären Geldgebern die Rolle des Geldnehmers und damit des Rückzahlungsverpflichteten übernimmt, gegenüber den originären Geldnehmern hingegen als Geldgeber auftritt und damit zugleich als Anspruchsberechtigter.[48]

Die Gruppe der Finanzintermediäre im engeren Sinne kann auch in Produktspezialisten, Anbieter mit universellem, aber branchenbegrenztem und Anbieter mit brachenübergreifendem Produktprogramm unterschieden werden. Zur ersteren Gruppe zählen die Spezialanbieter aus dem Banken- und Versicherungsbereich wie z. B. Finanzierungsinstitute mit Sonderaufgaben, Realkreditinstitute, Bausparkasse, Lebens-, Kranken- und Sachversicherer, Kapitalanlagegesellschaften etc (Abbildung 2, S. 32). Die Anbieter mit einem auf ihr Branchensegment beschränkten Universalangebot (Universalbanken ohne eigenes Mehrfinanzangebot sowie Kompositversicherer[49]) werden als monostrukturierte Universalisten[50] bezeichnet.

Anbieter mit branchenübergreifendem Produktprogramm entsprechen dem Allfinanzanbieter. Neben Finanzintermediären im engeren Sinne, die auch als Produzenten der Kerngeschäfte[51] bezeichnet werden können, gibt es auf den Finanzmärkten auch Produzenten von begleitenden Dienstleistungsgeschäften, die Finanzintermediäre im weiteren Sinne.

Zu den Finanzintermediären im weiteren Sinne sind Unternehmen zu rechnen, deren Geschäftstätigkeit darauf gerichtet ist, den unmittelbaren Abschluß von Finanzkontrakten zwischen originären und/oder intermediären Geldgebern und -nehmern einfacher und kostengünstiger herbeizuführen oder überhaupt erst zu ermöglichen, ohne dabei jedoch selbst als Partner eines solchen Vertrages aufzutreten.

---

47 Vgl. Bitz Michael (1997) a. a. O. , S. 14.

48 Vgl. Bitz, Michael (1997) a. a. O. , S. 14; Mathis, Jean (1992), S. 20.

49 Als Folge des gesetzlichen Spartentrennungsprinzips (in Frankreich Principe de la spéciali-sation, siehe dazu *Couilbault, François/Eliashberg, Constant/Latrasse, Michel* (1997), S. 60) existiert in Deutschland wie auch in Frankreich kein Universalversicherer, der auf allen Versicherungsmärkten präsent ist. Jedoch sind auf dem deutschen Markt Mehrbranchenversicherer, bei denen man terminologisch von Kompositversicherern spricht. Vgl. Hannemann, Susanne a. a. O. , S. 25.

50 Vgl. Hannemann, Susanne, (1993) a. a. O. , S. 25.

51 Vgl. Stracke/Geitner, (1992), a.a.O. , S. 101.

Abb. 2 : Finanzintermediäre

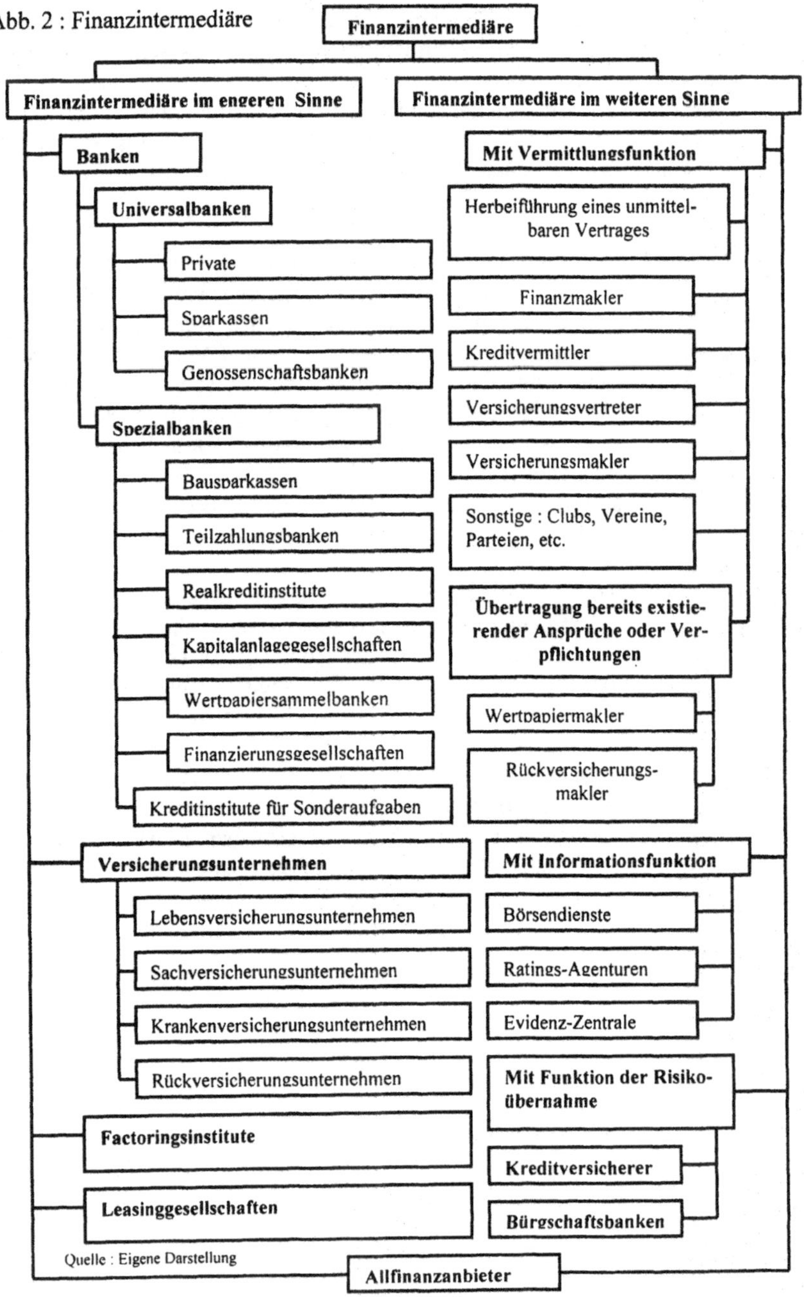

Quelle : Eigene Darstellung

Unternehmen dieser Gruppe lassen sich in drei weitere Gruppen von Unternehmen mit Vermittlungs- oder Informationsleistungen sowie Unternehmen mit der Funktion der Risikoübernahme untergliedern[52] (Abbildung 2, S. 32). Die zunehmende Entwicklung dieser Gruppe von Finanzintermediären läßt sich durch die wachsende Geldvermögensbildung der deutschen Bevölkerung erklären.

1.2.2.2 Unterschiede zwischen Banken und Versicherungsunternehmen

In der Literatur ist oft zu lesen, daß sich Bank- und Versicherungsgeschäfte in ihrer Zielsetzung dadurch unterscheiden, daß Banken Liquidität bereitstellen, während Versicherer dagegen bestimmte Risiken für kaufmännische Unternehmen und private Haushalte kalkulierbar machen.[53] Diese beide Funktionen werden sowohl von Banken als auch von Versicherern erfüllt. Die Versicherer stellen im Versicherungsfall auch die Liquidität zur Verfügung der Versicherten und erfüllen im Rahmen dieser Bereitstellung, wie die Banken, sowohl die Informations-, die Losgrößen- als auch Fristen- und Risikotransformation.[54] Die enge Verwandtschaft der Banken und Versicherungsunternehmen ergibt sich schon aus den oben dargestellten Gemeinsamkeiten der Bank- und Versicherungsleistungen. Die Versicherung finanzieller Risiken in der Kredit- und Kautionsversicherung zeigt ebenfalls die enge Affinität einiger Produkte, sind aber eher die Ausnahme, die die Regel der charakteristischen Unterschiede der beiden Familienglieder Versicherungen und Bankdienstleistungen bestätigt.[55] Während Informations-, Losgrößen- und Fristentransformation als Hauptzweck von Banken erfüllt werden, sind sie bei Versicherern eher als Nebenzweck einzuordnen, da sie automatisch im Rahmen der Erfüllung ihrer Hauptfunktionen, nämlich der Risikokompensation, von ihnen durchgeführt werden.

Genauso werden Risiken[56] von Banken im Rahmen ihrer Hauptfunktion transformiert. Bei der Bereitstellung von Bankleistungen übernehmen Banken Risiken, die sich in die drei Gruppen von Risiken des geschäftspolitischen, des externen und des internen Leistungsbereichs untergliedern lassen.[57] Risiken des geschäftspolitischen Bereichs können unmittelbar der Bankenführung zugeordnet werden. Risiken des externen Leistungsbereichs lassen sich in Liquiditäts- und

---

[52] Mehr über die Definition und Rolle dieser Gruppe von Finanzintermediären in: Bitz, Michael a. a. O., S. 24 ff.

[53] Vgl. Koch, Peter (1985), S. 232; Thiemermann, Michael (1985), S. 7.

[54] Vgl. Karten, Walter (1995) a. a. O. , S, 64; Bitz Michael a. a. O. , S. 28 ff.

[55] Vgl. Karten, Walter (1995) a. a. O. , S. 65.

[56] Hier soll nicht über die Definition des Risikobegriffs diskutiert werden. Für eine ausführliche Darstellung und Analyse dieses Begriffs siehe Karten, Walter (1972) und (1978).

[57] Vgl. Büschgen, Hans. E. (1989), S. 643 ff; Mehr über die Risikoverarbeitung bei Banken in: Baecker, Dirk (1991), S. 108 ff.

Erfolgsrisiken unterteilen. Zu den wichtigen Erfolgsrisiken von Banken zählen das Ausfallrisiko, das Landesrisiko, das Zinsänderungsrisiko und das Währungsrisiko. Risiken des internen Leistungsbereichs resultieren aus dem Einsatz nichtmonetärer produktiver Faktoren und haben personale, sachlich-technische und ablaufstrukturelle Gründe. Alle diese Risiken entstehen mit Ausnahme z. B. des Avalkredits durch die Erfüllung der Haupttätigkeit der Banken. Ein extern vorgegebenes Risiko ist bei Banken selten anzutreffen, während die charakteristische Besonderheit der Versicherung in der gezielten Kompensation externer Risiken liegt, die - von Ausnahmen ausgesehen - nicht aus finanziellen Ursachen entspringen.[58] Das Phänomen des Risikos gehört nicht als Störfaktor zu den Randbedingungen der Versicherungsproduktion, sondern ist ihr eigentlicher Gegenstand.[59]

1.2.2.3 Allfinanzanbieter

Allfinanzanbieter, auch Allfinanzunternehmen bzw. -konzern, Finanzkonglomerat, branchenübergreifende Anbieter oder Mehrfinanzanbieter[60] genannt, bilden die dritte Gruppe der Anbieter von Finanzdienstleistungen. Unternehmen dieser Art werden auf Basis eines branchenbegrenzten Produktangebots durch Gründung, Fusion, Beteiligungen oder Kooperation mit benachbarten Finanzdienstleistungsbranchen produzierend tätig. Dabei kann die Zusammenarbeit nicht nur zwischen Finanzintermediären im engeren Sinne bestehen, sondern auch zwischen diesen und/oder den Finanzintermediären im weiteren Sinne (Abbildung 2, S. 32). In Rahmen dieser Arbeit beschränkt sich die Analyse auf eine von einer Bank oder einem Versicherungsunternehmen durch Kooperation, Joint-Venture oder Fusion gegründete Allfinanzunternehmen.

---

[58] Karten, Walter (1995) a. a. O. , S. 64.
[59] Karten, Walter (1976a) a. a. O. , Sp. 4247.
[60] Vgl. Schierenbeck, Henner und Hölscher, Reinhold (b) (1989), S. 5 ff.

2 Allfinanz in Deutschland und in Frankreich

2.1 Geschichtlicher Überblick

Ein Merkmal der deutschen Allfinanzgeschichte ist die Unterscheidung zweier verschiedener Entwicklungen. Die erste Allfinanzbewegung läßt sich auf dem deutschen Finanzdienstleistungsmarkt schon im 19. Jahrhundert finden, auch wenn sie noch nicht so genannt wurde.[61] Eine Zusammenarbeit zwischen Kredit- und Versicherungswirtschaft auf dem deutschen Markt hat es immer gegeben.[62] Neben der gegenseitigen Inanspruchnahme von Dienstleistungen bestand schon vor 100 Jahren eine enge Verbindung zwischen den Genossenschaftsunternehmen. Man denkt z. B. an die R+V Versicherungen und die Schwäbisch Hall Bausparkasse auf der einen und die Volks- und Raiffeisenbanken auf der anderen Seite[63]. Das gleiche gilt für die Sparkassen und die öffentlich-rechtlichen Versicherungsunternehmen sowie die Landesbausparkassen.[64] Die Vermittlung von Versicherungen und Bauverträgen durch Sparkassen und Kreditgenossenschaften für verbundangehörige Gesellschaften hat eine lange Tradition. Diese haben bereits frühzeitig erkannt, daß der Kunde ein breitgefächertes Angebot von Finanzdienstleistungen wünscht.[65] Sie haben daher nicht nur eigene Bankdienstleistungen angeboten, sondern auch Bauspar- und Versicherungsverträge vermittelt.

Die Geschichte der „Bayerischen Hypotheken- und Wechselbank" beweist ebenfalls, daß diese Bank Versicherungs- und Bankleistungen schon vor 160 Jahren gemeinsam angeboten hat.[66] Die Bayerische Versicherungsbank entstand aber nicht aus dem Zusammenschluß einer Bank und einem Versicherungsunternehmen. Sie entstand 1906 durch Ausgliederung des Versicherungsgeschäfts der Bayerischen Hypotheken- und Wechselbank in eine selbständige Versicherungsgesellschaft.[67] Vorher unterhielt die Hypo von der Gründung im Jahre 1835 bis zum Jahre 1906 unter ihrem Dach neben dem Bankgeschäft auch zwei unselbständige Versicherungsabteilungen (Lebens- und Feuerversicherung). Somit war es die Bayerische Hypotheken- und Wechselbank, die man von ihrer Doppelfunktion her als Versicherungsbank hätte bezeichnen müssen.[68] Zu einer Trennung der beiden Geschäftssparten kam es erst im späten 19. Jahrhundert (genau

---

[61] Vgl. Daniel, Jean-Pierre (1992), S. 17; Schulte-Noelle, H. (1998), S. 324.
[62] Vgl. Koch, Peter (1987), S. 535.
[63] Vgl. Wehlmann, Hans Dieter (1989).
[64] Für die Rolle des Öffentlichen Allfinanzverbunds als Verbund öffentlicher Unternehmen auf dem sich wandelden Finanzdienstleistungsmarkt, siehe Wesseling, Sabine (1997).
[65] Vgl. Remsperger, Hermann (1989), S. 299; Wehlmann, Hans Dieter a. a. O. , S. 18.
[66] Vgl. Graf, Baldur (1988), S. 26.
[67] Vgl. Scheele, Martin a. a. O. , S. 5 Fußnoten.
[68] Vgl. Schulte-Noelle, H. (1998) a. a. O. , S. 324.

im Jahr 1899[69]). Die materielle Staatsaufsicht über Versicherungsunternehmen bereitete den Verbindungen ein Ende und führte zu einer Trennung von Bank- und Versicherungsgeschäften, weil man versuchte, eine Kumulierung von Risiken zu vermeiden.[70]

Selbst wenn derartige oben genannte Kooperationen vertraglich unterlegt waren, zeigte sich in der Regel, daß sie nicht den Erwartungen entsprechend funktionierten.[71] Da wurde die Zielfindung für den gemeinsamen Verkauf der Finanzdienstleistungen erschwert, weil die Kooperationspartner von unterschiedlichen Persönlichkeiten geleitet wurden, die die Kosten- und Nutzenaufteilung einseitig zu ihrem Vorteil durchzusetzen versuchten. Da fehlte die Identifikation der Verkäufer einer Seite mit den Produkten der anderen Seite. Da ergaben sich unterschiedliche Informationsstände insbesondere dann, wenn es um die Kontrolle der Zielerreichung bei den Partnern ging. Ausdruck der geringen Effektivität war die verbreitete Erscheinung, daß eine Bank mit einer Vielzahl von Kooperationspartnern aus der Versicherungswirtschaft zusammengearbeitet hat.[72]

So hat z. B. die Dresdner Bank AG im Niederlassungsbereich Hannover mit der Victoria Lebensversicherung-AG zusammen gearbeitet, in den Bereichen Bielefeld und Nürnberg mit der Versicherung Deutscher Herold, in Bremen, Hamburg und München mit der Hamburg-Mannheimer Versicherungs-AG und im restlichen Bundesgebiet mit der Allianz Versicherung.[73]

Inzwischen ist das Bewußtsein dafür gewachsen, daß die Organisation eines Allfinanzangebots langfristig einen Beitrag zu den (Ober)zielen der Partner leisten muß, die in einer Gewinnerhöhung und/oder Gewinnstabilisierung im Zeitverlauf (=Risikoreduzierung) gesehen werden können.[74] Dies hat die Entwicklung der zweiten Allfinanzwelle in den achtziger Jahren - nun unter dem Banner Allfinanz - ausgelöst. Allfinanz war keine Zustandsbeschreibung, sondern ein Programm. Die bisherigen Strukturen und Demarkationslinien im Finanzsektor wurden vollständig in Frage gestellt. Die Versicherungsgruppe Aachen-Münchener übernahm die Bank für Gemeinwirtschaft. Die Deutsche Bank gründete eine eigene Lebensversicherungsgesellschaft. Die traditionsreiche Bausparkasse Wüstenrot

---

[69] Vgl. Karten, Walter, (1994b).

[70] Somit läßt sich die Trennung von Bank- und Versicherungsgeschäften in Deutschland auf die Einführung von Regulationen zurückführen und nicht darauf, daß in der geschichtlichen Entwicklung produktionstechnische Spezialisierungsvorteile genutzt wurden. Vgl. Koch, Peter (1985), S. 232; Scheele, Martin a. a. O., S. 7.

[71] Vgl. Süchting, Joachim (1991), S. 181.

[72] Vgl. Süchting, Joachim (1991), a. a. O., S. 181.

[73] Vgl. Kruse, Volkhardt (1992), S. 66.

[74] Vgl. Schulte-Noelle, H. (1998) a. a. O., S. 325.

versuchte ihrerseits, das ganze Land mit Bankfilialen ihrer Konzerntochter Wüstenrot Bank zu überziehen.

Dies war die Zeit der Geburt der deutschen Allfinanzvision. Allfinanz als Zustand war im historischen Kontext nicht neu, Allfinanz als Vision sehr wohl.[75] Im Kern bestand die Vision darin, daß dasjenige Unternehmen, das am nächsten am Kunden ist, diesem die gesamte Finanzdienstleistungspalette anbieten kann und auch muß.[76] „Muß" insofern, als jede nicht angebotene Dienstleistung die Gefahr bedeutete, daß der Kunde mit all seinen Finanzdienstleistungen zur Allfinanzkonkurrenz abwandern könnte. Folgerichtig wurden viele Formen der unternehmerischen Zusammenarbeit entwickelt.

In Frankreich dagegen ist Allfinanz ein jüngeres Phänomen als in Deutschland. Dort begann dies, auch wenn dieses noch nicht als *„Bancassurance"* bezeichnet wurde, erst im Jahre 1970,[77] als sich die Bank *„Fédération du Crédit mutuel d'Alsace, de Lorraine et de Franche-Comté"* entschied, die zur Sicherung der gewährten Kredite abgeschlossenen Versicherungsverträge nicht mehr durch einen Makler abzuschließen[78]. Um ihr Ziel zu erreichen, entschied sie, ein Versicherungsunternehmen zu gründen. So entstanden am 26. Januar 1971 *„les assurances du Crédit Mutuel* (ACM) Vie und IARD". Im Gegensatz zu Deutschland war das Ziel dabei nur die bankspezifischen Risiken (z. B. Ausfallrisiko) über den traditionellen Versicherungsmarkt abzudecken.[79] Erst zwischen 1978 und 1979 bot man auch der Kundschaft Versicherungsprodukte an.[80] Der Mitte der achtziger Jahre entstandene und viel diskutierte Begriff *„Bancassurance"* kam 1985 mit der Kapitalübernahme der Bankgruppe CIC durch den Versicherer GAN zum Ausdruck.[81] Die spätere Entwicklung von Allfinanz in Frankreich kann durch die später erfolgte Einführung des Universalbankensystems in das französische Bankensystem erklärt werden. Die im Rahmen dieser Arbeit zu analysierenden Allfinanzentwicklungen sind also Anfang der achtziger Jahre in Deutschland und in Frankreich entstanden. Die bislang auf den beiden Finanzdienstleistungsmärkten anzutreffenden Entwicklungen sind durch zwei Dimensionen gekennzeichnet. Zum einen existiert eine funktionelle Dimension, die auf Umfang und Art der Leistungserstellung sowie auf die Gestaltung des Leistungsvertriebs abzielt. Zum anderen ist eine unternehmerische Dimension der Allfi-

[75] Vgl. Schulte-Noelle, H. (1998) a. a. O. , S. 325.
[76] Vgl. Lehmann, Axel P. (1998), S. 214.
[77] Vgl. Daniel, Jean-Pierre (1992), S. 19.
[78] *Fédération du Crédit mutuel d'Alsace, de Lorraine et de Franche-Comté* hatte bis zum oben genannten Jahr, wie jede Bank, für den Abschluß von Versicherungsverträgen, die zur Sicherung der gewährten Kredite dienten, Dienstleistungen eines Versicherungsmaklers in Anspruch genommen.
[79] Vgl. Keren, Vered (1997), S. 4.
[80] Vgl. Freiherr von Linsingen, Detlev (1998), S. 755.
[81] Vgl. Keren, Vered a. a. O. , S. 4.

nanzkonzeption identifizierbar, die auf die Unternehmensformen abzielt, die zur Realisierung der Allfinanzstrategie führen.[82] Beide Gesichtspunkte sind nicht voneinander losgelöst zu sehen, sondern weisen zahlreiche Berührungspunkte auf. So ist z. B. der Vertrieb von Finanzdienstleistungen des Allfinanzpartners zumeist mit einer institutionellen Verbindung, etwa in Form einer Kooperation, verknüpft.[83]

2.2 Merkmale der deutschen und der französischen Kredit- und Versicherungswirtschaft als erste Grundlage für die Allfinanzentwicklung

2.2.1 Das deutsche und französische Bankensystem

Sowohl das deutsche[84] als auch das französische[85] Bankensystem ist zweistufiger Natur. Die erste Stufe bilden die Zentralbanken, die zweite Stufe die Geschäftsbanken. Zentralbanken und Geschäftsbanken sind durch Beziehungen miteinander verknüpft. Diese Beziehungen bestehen vor allem in der Diskont- und Offenmarkt-Politik, in der Mindestreservepolitik und den Geschäften mit Kreditinstituten. Die Geschäftsbanken lassen sich in Universal- und Spezialbanken untergliedern. Bei Universalbanken handelt es sich vor allem um Kreditbanken, Kreditgenossenschaften und Sparkassen, bei Spezialbanken um Bausparkassen, Bürgschaftsbanken, Kapitalanlagegesellschaften und Kreditinstitute mit Sonderaufgaben. Die folgende Tabelle 2 (S. 39) vermittelt einen Überblick über die deutschen und französischen Geschäftsbanken. Ein wichtiges Merkmal dieser Systeme, das eine wichtige Rolle in der Entwicklung der Allfinanz gespielt hat, ist die Universalität des Bankensystems.

Das entscheidende Merkmal der Universalbanken ist ihre breite Geschäftstätigkeit. In Gegensatz zu Trennbankensystemen, in dem verschiedene Geschäftsarten nur von rechtlich selbständigen Unternehmen ausgeübt werden, nehmen die Universalbanken das gesamte Spektrum bankbetrieblicher Leistungen (Einlagegeschäft, Zahlungsverkehr, Kreditgeschäft und Wertpapiergeschäft) wahr. In der inhaltlichen Abgrenzung der beiden Bankensysteme geht es um die grundsätzliche ordnungspolitische Frage, ob das Effektengeschäft institutionell vom Kreditgeschäft getrennt werden muß (Spezialbankensystem) oder ob ein Institut beide

---

[82] Vgl. Remsperger, Hermann a. a. O. , S. 301; Büschgen, Anja (1992), S. 15.

[83] Goß, Horst (1992), S. 188

[84] Ein guter Überblick über das deutsche Bankensystem wird gegeben in: Büschgen, Hans E. Bankbetriebslehre: Bankgeschäfte und Bankmanagement, 5. Aufl. (1998).

[85] Das französische Bankensystem wird erörtert in Bernet-Rollande: Principes de technique Bancaire (1997); Choinel, Alain/Rouyer. Gérard: Le système bancaire français (1996); Sylvie de Coussergues: Gestion de la Banque (1996).

Geschäftszweige in einem Unternehmen anbieten darf (Universalbankensystem)[86].

Tab. 2: Deutsche und französische Finanzintermediäre

Institute	1997	
	Anzahl	
	Deutschland	Frankreich
Universalbanken	**3824**	**602**
Kreditbanken	340	427
Genossenschaftsbanken u. Gen. Zentralbanken	2780	140
Sparkassen u. Girozentralen	704	35
Kommunale Kreditkassen[87]	-	21
Spezialbanken	**1912**	**977**
Finanzierungsinstitute mit Sonderaufgaben	19	32
Realkreditinstitute	33	-
Bausparkassen	34	-
Kapitalanlagegesellschaften	63	-
Factoringinstitute	11	-
Leasinggesellschaften	1752	-
Kreditinstitute insgesamt	**5736**	**1632**
Versicherungsunternehmen insgesamt[88]	**475**	**543**
Lebensversicherung	135	118
Schaden-/Unfall- VU	280	397
Krankenversicherung	60	-
gemischte VU[89]	-	28

Quelle: Eigene Darstellung in Anlehnung an Bitz, Michael, a. a. O.; Monatsbericht von Dezember 1994 der Deutschen Bundesbank; De Courssergues, Sylvie, a. a. O.; Statistisches Taschenbuch der Versicherungswirtschaft im Jahre 1998; CAPA; Finanzanlagen (1997), S. 73; Commission Bancaire (1997), S. 28.

[86] Für die Bedeutung der Universalbank siehe auch: Schierenbeck, Henner; Hölscher, Reinhold (a), a.a.O., S. 61-66, Süchting, Joachim (a), a. a. O. , S. 256-257.

[87] Die in dem Jahresbericht der französischen Bankkommission (*commission bancaire*) immer zu findenden Kommunalen Kreditkassen (*caisses de crédit municipal*) sind besser unter dem Namen Leihamt (*Mont-de-piété*) bekannt. Sie monopolisieren noch die Gewährung von Pfandleihen und funktionieren zur Zeit wie Universalbanken. Vgl. de Coussergues, Sylvie a. a. O. , S. 5.

[88] Die Zahl enthält nur die Erstversicherer. Hier sind die Zahl der Rückversicherungs-unternehmen und Pensions- und Sterbekassen nicht berücksichtigt.

[89] Gemischte Versicherungsunternehmen sind Lebensversicherungsunternehmen, die eine Erlaubnis bekommen haben, zugleich Risiken zu decken, die sich auf körperliche Schäden und Krankheiten beziehen.

Bei der Ausübung ihrer Geschäftstätigkeit unterliegen Universalbanken weder Begrenzungen quantitativer noch regionaler/lokaler noch kunden-(gruppen-)bezogener branchenmäßiger oder qualitativer-sachlicher Art, was gewisse Schwerpunktbildungen in dem einen oder anderen Fall nicht ausschließt[90]. Der Universalbankenansatz hat aufgrund der Angebotsmöglichkeiten von Universalbanken - insbesondere der Möglichkeit zur Vermittlung von Versicherungsgeschäften, Bausparverträgen etc. - eine bedeutende Rolle in der historisch gewachsenen Form der Zusammenarbeit zwischen deutschen Banken und Versicherungsunternehmen gespielt.[91] Es hat sich auch erwiesen, daß dieses System flexibel genug ist, sich vielfältigen Wandlungen der Rahmenbedingungen, des Nachfrage-Szenarios, insbesondere Wandlungen in den Leistungsansprüchen der Nachfrage durch Leistungsmodifikation, -variation und -innovation, anzupassen, möglicherweise nicht immer spannungsfrei und mit zulänglicher Anpassungsgeschwindigkeit.[92] Auch wenn die endgültige Ausgestaltung zum heutigen deutschen Universalbankensystem erst nach dem Zweiten Weltkrieg und der Wiederaufbauphase zustande kam.[93] nehmen die Jahre von 1894 bis 1924 in der Herausbildung des deutschen Universalbankensystems einen zentralen Raum ein, da die verschiedenen Sparten des deutschen Kreditwesens zu dieser Zeit durchgreifende Veränderungen durchliefen und zahlreiche Aufgaben einer *„Universalbank"* übernahmen; so z. B. die Aktienbanken durch die vollständige Ausbildung ihres Filialnetzes, die Sparkassen durch den Erhalt der passiven Scheckfähigkeit und die Kreditgenossenschaften, die sich vom Vorschußverein zur Volksbank (Vereinsbank, Gewerbebank, Mittelstandsbank) entwickelten.[94] Dieses von Deutschland sehr früh adoptierte Universalbankensystem ist wahrscheinlich auch ein Grund dafür, daß Allfinanzentwicklungen zuerst auf dem deutschen Finanzdienstleistungsmarkt und erst später auf dem französischen zu finden waren.

Obwohl die 1852 erfolgte Gründung der *Société Générale du Crédit Mobilier* in Paris eine Vorbildfunktion bei der Entstehung des für Deutschland typischen Universalbankensystems gespielt hat,[95] hat sich die Universalität der Geschäftsstruktur der französischen Banken erst zu einem späteren Zeitpunkt als in Deutschland durchgesetzt. Das französische Gesetz vom 2. Dezember 1945 untergliedert die Banken in Depositenbanken, Geschäftsbanken und Banken für mittel- und langfristige Kredite. Depositenbanken (*Banque des dépôts*) konzentrierten sich auf die Sammlung von Einlagen, die Abwicklung des Zahlungsverkehrs und die kurz- und mittelfristige Kreditvergabe, während Geschäftsbanken

---

[90] Vgl. Bitz, Michael a. a. O. , S. 20.

[91] Vgl. Freiherr von Harder, Peter C. bei dem Bankhistorischen Symposium in Frankfurt, Resümee von Koch, Peter (1988), S. 1575.

[92] Büschgen, Hans E. (1981), S. 1069.

[93] Pohl, Manfred (1986), S. 101 ff.

[94] Pohl, Manfred a. a. O. , S. 61 ff.

[95] Vgl. Büschgen, Hans E. (1981) a. a. O., S. 33.

(*Banques d'affaires*) sich ursprünglich verstärkt der längerfristigen Unternehmensfinanzierung durch die Übernahme von Beteiligungen und ganz allgemein dem Geschäft mit der Industriekundschaft widmeten. Neben Depositen- und Geschäftsbanken hatten Banken für mittel- und langfristige Kredite (*Banque de crédit à long et moyen terme*) vor allem längerfristige Kredite gewährt, die entsprechend refinanziert wurden, zum Teil aus den Bankkonzernen heraus, denen diese Institute überwiegend angehörten.

Die Voraussetzungen für das Auftauchen der Universalbank im französischen Bankensystem wurden durch die Verordnungen vom 25. Januar 1966, 23. September 1966 und 1. September 1967 geschaffen.[96] Diese Verordnungen haben die Beschränkungen in bezug auf die Depositenaufnahme jeder Bankkategorie abgeschafft und somit die Trennung der Geschäfte aufgehoben. Das Bankgesetz vom 24. Januar 1984 schaffte die Unterscheidung zwischen diesen Bankengruppen ab. Heute wird in den Berichten der französischen Bankenkommission (*Commission bancaire*) eine Unterscheidung der Bankengruppen in Banken, Genossenschaftsbanken, Sparkassen und kommunale Kreditkassen vorgenommen. Die ersten drei Gruppen entsprechen den in deutschem Sinne als Universalbanken zu bezeichnenden Bankengruppen.

2.2.2 Die deutsche und die französische Versicherungswirtschaft

Mit Prämieneinnahmen, die 1996 6,47 % des BIP in Deutschland und 8,89 % in Frankreich betrugen,[97] gehören die beiden Länder im internationalen Vergleich zu den Ländern, in denen die Versicherungswirtschaft sehr weit entwickelt ist. In der Europäischen Union kamen Deutschland und Frankreich, gemessen an den Beitragseinnahmen des gleichen Jahres, jeweils auf die erste und dritte Position. Auf den deutschen und französischen Versicherungsmärkten sind vor allem Unternehmen in der Form der Aktiengesellschaft (345 in Deutschland und 257 in Frankreich im Jahre 1997) zu finden. Danach kommen der Versicherungsverein auf Gegenseitigkeit (329 in Deutschland und 165 in Frankreich), sechs staatliche Versicherungsaktiengesellschaften in Frankreich, 24 öffentlich-rechtliche Versicherungsunternehmen in Deutschland und ausländische Versicherungsunternehmen (54 Zweigniederlassung ausländischer Unternehmen in Deutschland und 115 in Frankreich[98]). Wie die Bankensysteme weisen auch die deutsche und die französische Versicherungswirtschaft ein besonderes Merkmal auf, nämlich das

---

[96] Vgl. De Coussergues, Sylvie (1996), S. 8.

[97] Vgl. Schweizerische Rückversicherungs-Gesellschaft, sigma, zitiert nach GDV (1998), Tabelle 66.

[98] Die hier angegebene Zahlen sind für Deutschland in GDV (1998), S. 162(Es handelt sich hier um Verbandsmitglieder); Tabelle 3 und für Frankreich in FFSA (1997), S. 58 zu lesen.

Gebot der Spartentrennung, das wahrscheinlich die Allfinanzentwicklung in der deutschen und französischen Versicherungswirtschaft beeinflußt hat.

Im Gegensatz zur Universalität in den Bankensystemen kann die Existenz des Gebots der Spartentrennung in den beiden Versicherungswirtschaften als Anreiz für die Bildung von Allfinanzunternehmen angesehen werden. Jedoch unterscheiden sich die beiden Gebote. Während das deutsche Gebot gemäß § 8 Abs. 1 a VAG den gleichzeitigen Betrieb von Lebens- bzw. Krankenversicherung und anderen Versicherungssparten ausschließt, sieht die französische Spartentrennung (principe de la spécialisation) lediglich eine Zweiteilung der Betriebserlaubnis vor.[99] Demzufolge dürfen in Frankreich die Versicherungsprodukte der Sparten Leben und Kapitalisation (Vie et Capitalisation) sowie IARD (Incendie, Accidents, Risques Divers)[100] jeweils nur von rechtlich selbständigen Versicherungsunternehmen betrieben werden.[101]

2.3 Ursachen der Allfinanzentwicklung

2.3.1 Verschiebung der Marktanteile

Der Anteil der deutschen Banken und Sparkassen an der gesamten Geldvermögensbildung ging, wie es der Abbildung 3 zu entnehmen ist, zwischen 1980 und 1994 (erste Phase der Allfinanzentwicklung) zurück, während zugleich der Anteil bei den Versicherern anstiegt. Während 1980 die Banken in der Tat noch einen Anteil von 42,6 % hielten, ging dieser bis 1994 um 28,7 % auf 13,9 % zurück. Im gleichen Zeitraum stieg der Anteil bei den Versicherungsunternehmen von 18,2 auf 26,1 %.[102]

Es gab also eine Verschiebung der Anteile der Banken zugunsten der Versicherer. Die Verschiebung der Marktanteile können nach *Porter* als Zeichen rivalisierenden Verhaltens angesehen werden.[103] Die deutschen Banken erlitten also zwischen 1980 und 1994 einen erheblichen Wettbewerbsdruck von Seiten der Versicherer. Dies dürfte ein wesentlicher Grund für den Vorstoß der Banken in das Versicherungsgeschäft sein.[104] In Frankreich sollte die Situation mit dem schnellen Anstieg von Sparprodukten der Versicherungswirtschaft[105] die gleiche

---

[99] Vgl. Art L 321-3 und Art L 310-1 C. ass.

[100] Die deutsche Übersetzung von IARD ist: Feuer, Unfall und Diverse Risiken.

[101] Vgl. Couilbault, François/Eliashberg, Constant/Latrasse, Michel a. a. O. , S. 60.

[102] Der restliche Anteil, der auch eine gewisse Kompensation für die Banken darstellt, besteht aus dem Wertpapiergeschäft, das hier nicht berücksichtigt ist.

[103] Vgl. Porter, Michael E. (1999), S. 292-298.

[104] Vgl. Goß, Horst a. a. O. , S. 27-28; Scheele, Martin a. a. O. , S. 56-59.

[105] Siehe auch Abbildung 7, S. 54.

sein. Um dieser Verschiebung entgegenzuwirken, verfolgten zahlreiche Banken eine Allfinanzstrategie, die den strukturellen Veränderungen gerecht werden sollte. Dies konnte durch die Entwicklung funktioneller und/oder institutioneller Allfinanzstrategien realisiert werden. Die Wiedergewinnung der Marktanteile zwischen 1994 und 1996 (Abbildung 3) kann wahrscheinlich mit den Allfinanzstrategien der Banken erklärt werden.

Abb. 3: Prozentuale Anteile von deutschen Banken und Versicherungsunternehmen an der Geldvermögensbildung privater Haushalte zwischen 1980-1997.

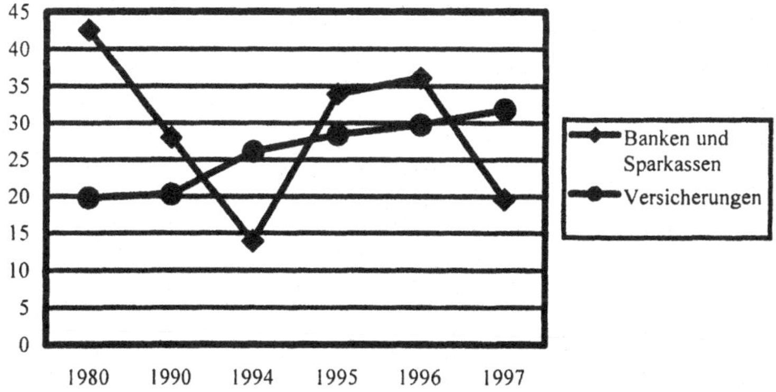

Quelle: Eigene Darstellung nach Angaben aus GDV (1997a)

2.3.2 Steuerliche Vorteile

Der deutsche und der französische Staat haben, indem sie bestimmten Geldanlageformen steuerliche Vorteile eingeräumt haben, eine entscheidende Rolle in der Allfinanzentwicklung gespielt. Diese steuerlichen Vorteile haben in den letzten Jahrzehnten den Vertrieb bestimmter Versicherungsprodukte - in erster Linie kapitalbildender Lebensversicherungen - begünstigt und dadurch zu einer Benachteiligung des Vermögensaufbaus über Bankprodukte geführt. Diese Wettbewerbsverzerrung zwischen den Branchen veranlaßte die Banken, ebenfalls Versicherungsprodukte mit steuerlichen Vorteilen anzubieten.[106] Die Anfang der acht-

[106] Vgl. Goß, Horst a. a. O. , S. 29.

ziger Jahre festzustellende rapide Entwicklung der Marktanteile der Kapitalisationsgeschäfte in Frankreich sowie die in der gleichen Zeit Verschiebung der Marktanteile in der Geldvermögensbildung zugunsten der deutschen Versicherungswirtschaft sind sicherlich von diesen Vorteilen begünstigt worden.

Bei der Besteuerung der einzelnen Anlageformen muß zwischen zwei Phasen unterschieden werden: die erste Phase umfaßt die Einzahlung der Beiträge, Prämien und ähnliches. In der darauffolgenden zweiten Phase fließen die Einzahlungen vermehrt um Zinsen und sonstige Gutschriften als Auszahlungen zurück. In der Einzahlungsphase werden Versicherungsbeiträge (z. B. Kapitalisationsbeiträge in Frankreich mit einer Mindestlaufzeit von acht Jahren oder für kapitalbildende Lebensversicherungen mit einer Mindestlaufzeit von zwölf Jahren in Deutschland) gegenüber der Geldanlage bei Banken steuerlich bevorteilt und werden vom Gesamtbetrag der Einkünfte abgezogen und vermindert damit das zu versteuernde Einkommen. Beiträge zur Geldanlage bei Banken sind in beiden Ländern hingegen nicht als Sonderausgaben abzugsfähig, auch andere steuerliche Vorteile werden in der Einzahlungsphase nicht gewährt.

In der Auszahlungsphase sind Versicherungsprodukte ebenfalls steuerlich bevorteilt. Sowohl die ausgezahlte Versicherungssumme als auch Zinsgutschriften und Gewinnbeteiligungen sind im wesentlichen steuerfrei. Zinseinnahmen aus der Geldanlage bei Banken zählen zu den Einkünften aus Kapitalvermögen und sind damit grundsätzlich zu versteuern.[107] Damit ist die Geldanlage bei Versicherungsunternehmen nicht nur in der Einzahlungsphase, sondern auch in der Auszahlungsphase steuerlich bevorteilt. Bankprodukte werden hingegen, abgesehen vom Sparer-Freibetrag, weder in der Einzahlungs- noch in der Auszahlungsphase bevorteilt. Diese steuerliche Bevorzugung von Versicherungsanlagen gegenüber entsprechenden Anlageformen bei Banken stellt einen Wettbewerbsvorteil für die Assekuranz dar.

Neben steuerlichen Vorteilen ist auch in die Verpflichtung des Versicherungsnehmers, Leistungen über einen vorher vertraglich vereinbarten Zeitraum hinweg zu erfüllen, als weiterer Grund für die Anlage bei Versicherungsunternehmen zu sehen. In Verbindung mit anfangs relativ niedrigen Rückkaufswerten ist es für den Versicherungsnehmer auch unter wirtschaftlich schwierigen Bedingungen sinnvoll, an dieser Sparform möglichst lange festzuhalten.[108] Dies bedeutet eine relative Zunahme bei allgemein sinkendem Sparvolumen.

---

[107] Vgl. Bernet-Rollande, Luc (1997), S. 31 ff.; Goß, Horst a. a. O. , S. 30.
[108] Vgl. Volkhardt, Kruse (1992), S. 25.

2.3.3 Demographische Entwicklung

Bevölkerungspolitische Entwicklungen haben für strategisch planende Unternehmen eine große Bedeutung. Sie betreffen zukünftige Absatzmärkte und die Mitarbeiterpotentiale, die langfristig zur Verfügung stehen werden.[109] Aus der in den beiden Ländern steigenden Lebenserwartung und dem Zweifel an der Zuverlässigkeit der staatlichen Rentenversicherung und betrieblichen Altersversorgung ergibt sich ein wachsendes Bedürfnis nach Sicherheit, das sich in dem Anstieg der Nachfrage nach privater Vorsorge ausdrückt.[110] Dieses Sicherheitsbedürfnis ist bestimmt ein Grund dafür, daß die Nachfrage nach Lebensversicherungen Anfang der achtziger Jahre in beiden Ländern zugenommen hat. Dies hat auch sicherlich zu der oben dargestellten Verschiebung der Marktanteile beigetragen. Die heute in beiden Ländern auftretenden Probleme der zukünftigen Rentenfinanzierung führen dazu zu glauben, daß das Abschließen von Lebensversicherungen als zusätzliche Maßnahme zur Sicherung der Rentenzeit zukünftig in beiden Ländern zunehmen wird.

2.3.4 Die Wohlstandsmehrung der Bevölkerung

Die Bereitschaft der Bevölkerung, selbständig für das Alter vorzusorgen, steigt auch durch die Zunahme der Vermögensakkumulation, - bedingt durch kräftige Vermögenszuwächse einer "Generation der Erben[111]".[112] Die Geldvermögensbildung der deutschen Bevölkerung ist von 120,7 Mrd. DM im Jahre 1980 auf 243,2 Mrd. DM im Jahre 1997 gestiegen.[113] Mit dem kräftigen Geldvermögenswachstum wird der Bevölkerung erst die Möglichkeit zur eigenverantwortlichen Altersvorsorge über die staatlichen Sicherungssysteme hinaus gegeben.[114] Diese wachsende Geldvermögensbildung hat auch steigende Ansprüche an die Beratungsqualität zur Folge, denn das Renditenbewußtsein der Anleger wächst mit steigenden Vermögen. Das ehemals vor allem liquiditätsorientierte Sparen wird immer mehr zu einem Vorsorge- und rentabilitätsorientierten Sparen.[115]

---

[109] Volkhardt, Kruse a. a. O., S. 25.

[110] Vgl. Vered, Keren a. a. O., S. 81; Wagner, Philipp (1991), S. 20; Goß a. a. O., S. 23-25.

[111] Erstmals in diesem Jahrhundert vererbt eine Generation in Deutschland ihr durch historische Katastrophen unbeeinträchtiges Vermögen an die Nachkommen. Bis 1997 waren insgesamt zwei Billionen DM Geldvermögen in jüngere Hände übergangen. Die Erben werden genau prüfen, wo und wie ihre Mittel am günstigsten untergebracht sind. Vgl. Weiss, Ulrich (1997), S. 23.

[112] Vgl. Goß, Horst a. a. O., S. 29.

[113] Vgl. GDV: die deutsche Lebensversicherung in Zahlen (1997), S. 31.

[114] Vgl. Deutschen Bundesbank: Monatsbericht Mai 1989, S. 19.

[115] Vgl. Remsperger, H. a. a. O., S. 304.

2.4 Funktionelle Allfinanzentwicklung

2.4.1 Entwicklung in der Leistungserstellung

2.4.1.1 Rechtliche Rahmenbedingungen der Allfinanzangebote

Die Erstellung von Bank- und Versicherungsprodukten ist in Deutschland genauso wie in Frankreich ausschließlich den jeweiligen Unternehmen der Kredit- und Versicherungswirtschaft überlassen. Aufgrund der in beiden Ländern juristisch gebotenen unternehmensmäßigen Trennung gibt es keine einheitlichen Finanzdienstleistungen im Rechtssinne. Entsprechend der Systematik von *Kotler*[116] erstreckt sich diese Trennung bis auf die Bildung des Kernprodukts. Eine Verbindung kann nur dadurch hergestellt werden, daß mehrere Kernprodukte zu einer Marktleistung verbunden werden, wie beispielsweise der durch eine Risikoversicherung abgedeckte Sparplan oder der durch eine Versicherung gedeckte Kredit.[117] Es handelt sich dann aber nicht um eine Leistung, die von einem Vertragspartner allein geschuldet wird, sondern um ein *Bündelprodukt* bzw. *Koppelprodukt* mit selbständigen Rechtsbeziehungen gegenüber Banken und Versicherungsunternehmen. Die einzelnen Unternehmen der beiden Kategorien haben getrennte Leistungen zu erstellen und zu erbringen.

Die seit 1989 bestehende Angliederung der Aufsichtskommission der französischen Versicherungswirtschaft an das für die Aufsicht der Kreditwirtschaft zuständige nationale Schatzamt[118] (*direction du trésor*) hat keinen Einfluß auf die Bündelung oder Kopplung der Produkte der jeweiligen Bereiche ausgeübt. In Frankreich kann man kein Bündelprodukt kaufen.[119] Dort kann man nur selten eine kombinierte Erlebens- und Todesfallversicherung in einer Bankfiliale abschließen.[120] Dies läßt sich schon an den in der Praxis verwendeten Begriffen von „*Bancassurance*“ und „*Assurfinance*“ eindeutig ablesen.[121] Diese beiden Begriffe implizieren eine Unterscheidung der Aktivitäten, die in Deutschland als Allfinanzgeschäfte zu bezeichnen sind.

Der Begriff *Bancassurance* bezeichnet die von Banken benutzten Strategien, um Versicherungsgeschäfte zu betreiben, und das „Cross-Selling“ von Versicherungsprodukten über die Vertriebswege einer Bank. Im Gegensatz zur *Bancassu-*

---

116 Vgl. Kotler, Philip (1982), S. 363.

117 Vgl. Koch, Peter (1987), Sp. 4238.

118 Vgl. Keren, Vered a. a. O. , S. 64.

119 Aus dem Interview mit Jean-Pierre Mériaud, Direktor der Abteilung Marketing und Entwicklung bei Nation Assurance, einem Unternehmen der BNP-Gruppe.

120 Zielke, Carsten (1997), S. 37.

121 In Frankreich spricht man nur von einem gegenseitigen Vertrieb von Bank- und Versicherungsprodukten durch Versicherungsunternehmen und Banken. Vgl. dazu Bisch, Michel (1992), S. 14.

rance bezeichnet *Assurfinance*[122] eine Diversifikationsstrategie, wobei ein Versicherungsunternehmen oder ein Versicherungsvermittler Finanzprodukte verkauft („Cross-Selling"). Definitionsgemäß umfaßt *Assurfinance* den Vertrieb von Krediten, die Sammlung von Sparbeträgen und dadurch den Verkauf von Investmentfondsanteilen *(SICAV)* sowie die Verwaltung der Zahlungsmittel.[123] Eigentlich hätte man in Frankreich nur von einem Allfinanzvertrieb sprechen dürfen, und dies ist wahrscheinlich ein Grund dafür, daß sich der Vertrieb von Versicherungsprodukten durch Banken in Frankreich in jüngster Zeit schneller entwickelt hat als in Deutschland.

Im Gegensatz zu Frankreich hat die *Bündelung* bzw. *Koppelung* von Finanzdienstleistungen eine bedeutende Stellung in der deutschen Allfinanzentwicklung eingenommen. Bei der Produktverbindung ist aber wohl nicht allenthalben klar, daß es sich rechtlich nicht um ein Produkt, sondern um ein Paket handelt, das in Form verschiedener Verträge durch einen oder verschiedene Rechtsträger geschnürt wird.[124] Wenn verschiedene Verträge, die unterschiedliche Unternehmen abschließen, vertragstechnisch in einem gebündelten Vertrag zusammengefaßt werden, ist ein gemeinsames Antragsformular mit einheitlichen Bindefristen zu verwenden. Der Antrag und der Globalvertrag müssen die verschiedenen Vertragselemente enthalten; es muß in übersichtlicher Form klar erkennbar sein, welches Vertragselement von welchem Vertragspartner abgeschlossen wird. Insbesondere sind die Beiträge für die einzelnen Verträge gesondert auszuweisen und dann zu einem Gesamtbeitrag zusammenzurechnen.[125]

2.4.1.2 Das Drei-Ebenen-Konzept des Produktbegriffs

Menschen befriedigen ihre Bedürfnisse und Wünsche durch den Kauf von Produkten, jedoch ist der Begriff „*Produkt*" in der Literatur nicht einheitlich definiert. In Anlehnung an *Kotler* ist ein „*Produkt*" alles, was einem Markt als Objekt der Aufmerksamkeit zum Konsum angeboten werden kann; der Begriff umfaßt konkrete Gegenstände, Dienstleistungen, Personen, Orte, Organisation und Ideen.[126] *Kotler* unterscheidet drei Konzeptionsebenen des Produktbegriffs, die in aufsteigender Folge den Kunden weitere Zusatznutzen bieten müssen, so daß die drei Ebenen eine Wertsteigerungsfolge darstellen (Abbildung 4, S. 48):[127]

---

[122] Der Begriff „Assurfinance" wurde von Michel Albert erfunden, als er AGF-Vorsitzender war, und nicht von François Heilbronner (den Vorsitzenden der GAN-VU), wie es Zielke in seiner Doktorarbeit ausgedrückt hat. Vgl. Carsten Zielke a. a. O. , S.19.

[123] Vgl. Keren, Vered a. a. O. , S. 72.

[124] Vgl. Mohr, Paul Günther (1992), S. 862.

[125] Vgl. Mohr, Paul Günther a. a. O. , S. 862.

[126] Vgl. Kotler, Philip (1982), S. 363.

[127] Vgl. Kotler, Philip a. a. O. , S. 363 ff..

1. Das Kernprodukt
2. Das formelle Produkt
3. Das erweiterte Produkt

Abb.4: Drei Ebenen des Produktbegriffs

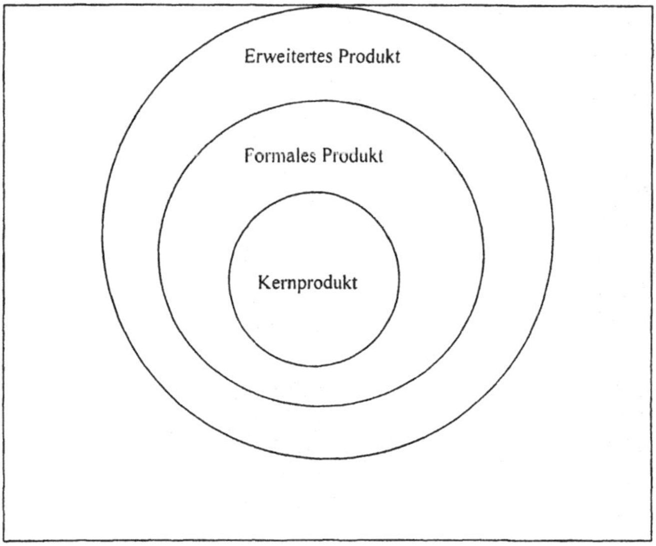

Quelle: Kotler Philip (1982), S. 364.

Das *Kernprodukt* bildet die Basis eines Produkts. Es gibt Antwort auf die Frage, was eigentlich gekauft wird, und umfaßt demzufolge die fundamentale Produktleistung und den Produktnutzen, den der Kunde in Wirklichkeit kauft.

Die Hausfrau, die einen Lippenstift erwirbt, kauft in Wirklichkeit „Hoffnung auf Schönheit". Im Falle einer Bank kauft der Kunde die Liquidität und im Falle eines Versicherungsvertrages die Sicherheit. Die Aufgabe des Anbieters besteht nicht darin, Produkteigenschaften, sondern Kernvorteile zu verkaufen. Das *formelle Produkt* ist die größere Verpackung des Kernprodukts, es ist die konkrete physische Einheit, die unmittelbar als Kaufobjekt erkannt wird. Es hat fünf Charakteristika: Qualitätsniveau, Produkteigenschaften, Styling, Markennamen und Verpackung. Auf dieser Ebene werden, wie wir es im folgenden Abschnitt sehen werden, Allfinanzangebote gebildet. Schließlich umfaßt das *erweiterte Produkt* die Gesamtheit der Vorteile, die der Käufer mit dem Erwerb des formellen Produkts erhält oder erfährt.

Dieses Drei-Ebenen-Konzept des Produktbegriffs wurde von *Haller* im Finanzdienstleistungsbereich herangezogen und, wie wir im folgenden Abschnitt sehen werden, zur Beschreibung des Allfinanzprodukts benutzt.

2.4.1.3 Theoretische Entwicklung von Allfinanzangeboten

Ausgangspunkt der theoretischen Überlegungen bildet das Drei-Ebenen-Konzept für Finanzdienstleistungen von *Haller*[128]. *Hallers* Modell erlaubt es, die Produkte von Banken und Versicherungsunternehmen (Allfinanzangebot) als eine einheitlich erlebten Finanzdienstleistung darzustellen, die aus einer Kombination von drei verschiedenen Leistungsebenen besteht. Diese Leistungsebenen orientieren sich grundsätzlich an der Kernfunktion eines Finanzdienstleisters. Das eigentliche und traditionelle Kernprodukt (*Ebene* 1) wird ergänzt zur Marktleistung (*Ebene* 2), die durch erweiterte Leistungsfunktionen (*Ebene* 3) begleitet werden kann. Dabei wird die jeweils tiefere Ebene in die nächsthöhere eingegliedert.

Die höheren Ebenen sind jedoch auch weiteren Leitungsinhalten zugänglich, welche in ihrer Kombination letztlich über den Markterfolg des Finanzintermediärs entscheiden, bis hin zu Verhaltensaspekten im Zusammenhang mit Beratung und Service (Abbildung 5, S. 50).

Ebene 1 verkörpert das Kernprodukt,[129] z. B. Versicherungsschutz, Sparprodukt oder Kreditprodukt. Die Erweiterung des eigenen Kernproduktsortiments um weitere branchenfremde Kernprodukte bildet die Grundvoraussetzung für die Realisierung eines Allfinanzangebots. Dabei werden nur diejenigen branchenfremden Kernprodukte neu in das Kernproduktsortiment aufgenommen, bei denen aus Kundensicht ein Nutzungsverbund mit den Finanzdienstleistungsprodukten des Anbieters vorliegt. Die Kundensituationen, für die man als Anbieter die finanziellen Rahmenbedingungen schaffen will, geben letztendlich das Sortimentsprogramm an Kernprodukten vor. Es geht also nicht um die Ansammlung vieler unterschiedlicher Produkte, sondern um die Aufnahme eines begrenzten Spektrums an branchenfremden Finanzdienstleistungen in sein eigenes Sortiment, das der Realisierung eines bestimmten Ziels dient. Dies ist z. B. der Fall bei der Sicherung eines gewährten Kredits durch eine Lebensversicherung.

---

[128] Vgl. dazu und für die nachfolgenden Ausführungen Haller, Matthias (1982); ders. (1988); ders. (1991).

[129] Dieses Kernprodukt ist vom Kernprodukt nach Kotler zu unterscheiden, weil Bank- und Versicherungsprodukte nicht zu einem eineinheitlichen Produkt verbunden werden können. Siehe Abschnitt 2.4.1.1, S. 36.

Abb. 5: Das Drei-Ebenen-Konzept der Finanzdienstleistungen nach Haller

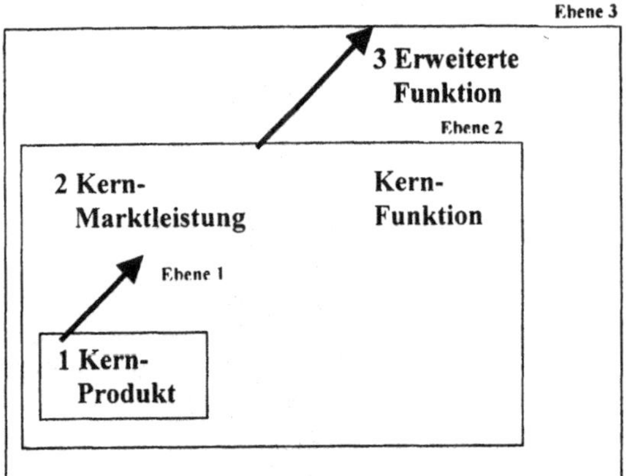

Quelle: Haller, Matthias (1991), S. 26.

Neben der Sortimentserweiterung sollen auf Kernproduktebene weitere Voraussetzungen für ein Allfinanzangebot geschaffen werden, damit sich die leistungserstellenden Mitarbeiter mit den neuen Kernprodukten identifizieren und diese auch akzeptieren. Es sollten nur die Kernprodukte in das Sortiment aufgenommen werden, die konkurrenzfähig in Leistung und Preis sind. Die Mitarbeiter werden nur in diesem Fall davon überzeugt sein, daß die Kernprodukte kundenfreundliche Tarife und Konditionen bieten und in ihrer Qualität dem gewohnten Standard der eigenen Kernprodukte entsprechen. Auf dieser Basis werden die Mitarbeiter die branchenfremden Kernprodukte akzeptieren und ihre Kunden mit der inneren Überzeugung beraten, ein in Qualität und Leistung konkurrenzfähiges Angebot zu unterbreiten.[130] Daneben soll auch, im Hinblick auf das zu verwirklichende Allfinanzangebot auf der Marktleistungsebene, ein möglichst enger innerer Zusammenhang zwischen den fremden und den eigenen Finanzdienstleistungen auf der Kernproduktebene hergestellt werden. Der Grad dieser Integration ist nach Kundentypen zu unterscheiden .[131]

Ebene 2 ergänzt das Kernprodukt um unmittelbare Dienstleistungen wie Beratung, Erklärung, Betreuung und Schadenbearbeitung zur Marktleistung. Die gezielte Produkt- und Sortimentsgestaltung im Rahmen des umfassenden Marke-

[130] Kremer, Marcus, a. a. O., S. 275.

[131] Vgl. Kremer, Marcus, a. a. O., S. 276.; Für die Mögliche Einteilung der Kunden in Gruppen, siehe Hohmeier, Rosemarie (1981), S. 190 ff.

tings orientiert sich primär an dieser zweiten Ebene, denn hier stehen der Kunde und dessen Grundbedürfnis im Fokus. Auf dieser Konzeptionsebene stellt sich die Frage, wie das Produkt integriert wird, welche Probleme es dabei löst, wie es zur umfassenden Marktleistung erweitert wird (Abbildung 6). Dies erfordert die Beschreibung der Kundenbedürfnisse, welche durch die Marktleistung erfüllt werden sollen bzw. können.[132]

Abb. 6: Marktleistung als Problemlösung

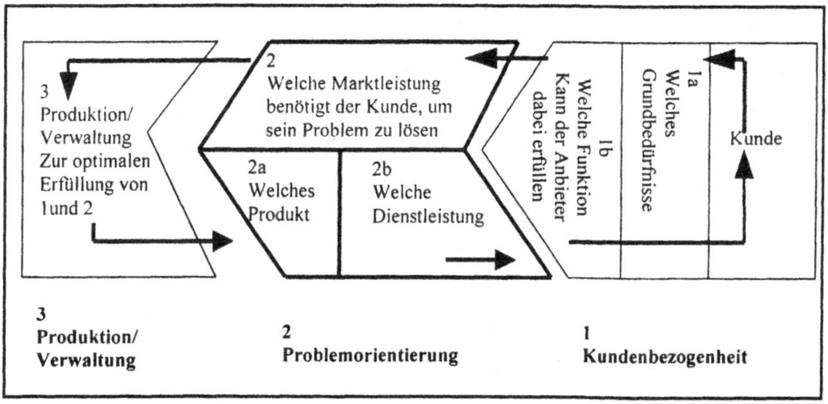

Quelle: Haller, Matthias (1988), S. 565

Dabei wird zunächst die Frage beantwortet, welche Funktion die eigene Leistung beim Kunden erfüllen könnte und sollte. Auf Grundlage der die Integration vorbereitenden Sortimentsgestaltung auf der Kernproduktebene wird die Bündelung von Bank- und Versicherungsprodukten auf dieser Ebene realisiert. Für die Bündelung ist eine Beratung in Hinblick auf den Problemlösungsprozeß angebracht, die die Klärung der angebotenen Finanzdienstleistungen (Risikosphänomene, Kredit- bzw. Sparprodukte) und die Eingliederung der verschiedenen Kernprodukte ("Sichern",[133] Bereitstellung von Liquidität[134]) in die Problemlösung umfassen sollte. Damit steht die Beratung im Mittelpunkt des Angebots von Allfi-

---

[132] Vgl. Haller, Matthias (1998) a. a. O. , S. 563.

[133] "Sichern" als Kernprodukt der Versicherung in: Haller, Matthias (b) a. a. O. , S. 566 ff.

[134] Die Darstellung der "Liquidität" als Kernprodukte von Banken wird gemacht von: Peick, Helmut (1978), S. 36; Thiemermann, Michael (1985), S. 7; Scheele Martin (1993), S. 64.

nanzprodukten. Dabei spielt die menschliche Kompetenz der Mitarbeiter eine wichtige Rolle.[135]

Wie die Sortimentsgestaltung auf der *Ebene 1* kann auch die Beratung nach Kundentypen segmentiert werden. Während sich die Beratung für Standardkunden aus Kosten-Nutzen-Aspekten darauf beschränken kann, die Kundenwünsche kurz aufzunehmen, entsprechende Kernprodukte auszuwählen, diese dem Kunden einsichtig zu machen und zu zeigen, daß es für ihn einen guten finanzwirtschaftlichen Rahmen zur Befriedigung seiner Bedürfnisse darstellt, erfordert die Beratung von vermögenden Privatkunden einen intensiveren Beratungseinsatz, der in drei Phasen, von Analyse der finanziellen Ausgangssituation und der angestrebten Ziele, Analyse der Risikosituation und Auswahl und Integration der Kernprodukte zur individuellen Problemlösung, gegliedert werden kann[136].

Ebene 3 weitet die Markleistung auf weiterer Funktionen aus. Erweiterte Dienstleistungen sind darauf ausgerichtet, die Kundenbeziehung durch weitere Leistungen zu vertiefen und die erbrachten Gesamtleistungen im Hinblick auf die Kundenbeziehung abzurunden.[137] Es kommen hier nur Leistungen in Frage, die die Bündelung von Bank- und Versicherungsleistungen inhaltlich sinnvoll ergänzen können. Beispiele solcher erweiterten Dienstleistungen kommen bei folgenden Anlässen für Allfinanzangebote vor: Erwerb und Wohnen im Eigenheim oder Berufseinstieg/Pensionierung.[138] Bei dem Bündelprodukt "*Rund um den Berufseinstieg*" zum Beispiel ergeben sich Chancen für Versicherungsunternehmen und Banken über die klassische Angebote hinaus weitere Serviceleistungen anzubieten. Diese reichen von Informationsschriften zur Berufswahl und Bewerbung für Lehrstellensuchende und Hochschulabsolventen über Hilfen bei der Karriereplanung und die Durchführung von Bewerbungsseminaren bis hin zum Angebot von Berufspraktika. Damit öffnet sich für Finanzdienstleister ein breites Spektrum an Möglichkeiten, die privaten Haushalte über seine klassischen Angebote hinaus mit zusätzlichen Serviceleistungen in der Lebenssituation "Berufseinstieg" zu unterstützen.[139]

Haller ist damit der Meinung, daß eine isolierte Finanzdienstleistung an Bedeutung verliert, während Problemlösungen und Kundenfunktionen die Marktposition absichern, weil verschiedenartige Produkte in Kombination mit neuen Dienstleistungen ähnliche Marktleistungen und gleiche Funktionen erfüllen kön-

---

135 Siehe Abschnitt 1.2.1.3 über die Rolle der Mitarbeiter bei der Erstellung von Dienstleistungen.
136 Vgl. Kremer, Marcus, a. a. O. , S. 279.
137 Vgl. Haller Matthias (c), a. a. O. , S. 26.
138 Vgl. Kremer, Marcus a. a. O. , S. 290.
139 Kremer, Marcus a. a. O. , S. 291.

nen.[140] Daher beschränkt sich die Produkt- und Sortimentspolitik weniger auf den Kernbereich, sondern stößt als Sortimentspolitik im weiteren Sinne in neuartige Dienstleistungsebenen vor, um die herkömmliche eigene Position zu sichern und zugleich die verlorenen Leistungsbereiche durch neuartige Leistungskombination zu ersetzen.

Somit ist ein Allfinanzangebot eine Kombination aus drei unterschiedlichen Produktebenen.[141] Die Kunden werden zum Kauf dieses Angebots motiviert sein, wenn die einzelnen Leistungsebenen ihren individuellen Forderungen an Qualität und Preis entsprechen. Die Qualität wird anhand der Ergebnisse und Verrichtungsqualität beurteilt. Während sich die Ergebnisqualität auf das Resultat, was für ein Produkt der Kunde erhält, bezieht, bezeichnet die Verrichtungsqualität die Art und Weise, wie der Kunde die Gesamtleistung erfährt. Wird das Drei-Ebenen-Konzept mit der Unterscheidung zwischen Ergebnis- und Verrichtungsqualität in Verbindung gebracht, so lassen sich drei Forderungsdimensionen "Qualität des Kernprodukts" (1), "Qualität der Marktleistung"(2) und "Qualität der erweiterten Dienstleistungen"(3) mit einzelnen inhaltlichen Forderungen füllen.[142]

Zu (1): die Anspruchsdimension "Qualität des Kernprodukts" konzentriert sich auf die Ansprüche der Kunden, die eine unmittelbare Beziehung zum Kernprodukt haben. Auf der Kernproduktebene stehen Flexibilität und Individualität, d.h. eine auf die spezifische Situation zugeschnittene Lösung im Vordergrund. Die Verständlichkeit des Kernprodukts - ein Anliegen, das besonders von Versicherungskunden formuliert wird - sowie die Liquidität und Sicherheit für Sparprodukte sind weitere Ansprüche, die privaten Haushalte an Unternehmen bewußt oder unbewußt stellen.[143]

Zu (2): Im Mittelpunkt der Anspruchsdimension "Qualität der Marktleistung" nimmt neben der fachlichen Kompetenz des Beraters die menschliche Qualität eine besondere Rolle. Schafft der Berater durch sein Erscheinungsbild und seine kommunikativen Fähigkeiten eine angenehme, offene Atmosphäre, wird auch die wahrgenommene Gesamtqualität der Marktleistung subjektiv positiv beurteilt. Der Berater soll sich in die individuelle Situation des Kunden hineinfühlen, entsprechende Kernprodukte auswählen, aber auch offen Versicherungslücken oder Anlage- und Kreditrisiken aufzeigen. Ist dagegen die Beratung und Betreuung von Impertinenz und Aufdringlichkeit geprägt, wird auch bei guter Qualität des

---

[140] Vgl. Haller Matthias (b) a. a. O. , S. 566.
[141] Vgl. Kremer, Marcus, a. a. O., S. 105
[142] Vgl. Kremer, Marcus, a. a. O., S. 105.
[143] Vgl. Kremer, Marcus, a. a. O. S. 107.

Kernprodukts und hervorragender fachlicher Kompetenz die Qualität der Marktleistung als schlecht beurteilt.[144]

Zu (3): Bei der "Qualität der erweiterten Dienstleistungen" wird das Fachwissen im Kerngeschäft weniger gefragt. Vielmehr stehen die Fähigkeiten, auch über branchenübergreifende Bereiche zu beraten, im Mittelpunkt. Dabei spielen die fachliche und die menschliche Kompetenz die gleiche Rolle wie es schon dargestellt wurde.

2.4.1.4 Folge der Allfinanzangebote für die Produktgestaltung bei Banken und Versicherungsunternehmen

Auf der Marktleistungsebene verliert die Produktgestaltung in Form von Herstellungsprozessen an Bedeutung. Es dominiert die Problemlösung als Ganzes. In der Folge wird die herkömmliche Produkterklärung durch Problemlösung ersetzt. Jedoch bleibt die Gestaltung der Kernprodukte (Sichern bei Versicherungsunternehmen, Bereitstellung von Liquidität bei Banken), aufgrund rechtlichen Rahmenbedingungen, unverändert.

Die Bildung von Allfinanzangeboten ändert also nicht die Gestaltung des Kernprodukts "Versicherungsschutz", sondern dessen Erscheinung als Marktleistung, d. h. die Sortimentsgestaltung. Da die Funktion der Versicherung je nach Kundentypus und Situation verschieden ist, beschäftigt man sich bei der Sortimentsgestaltung zunehmend mit Funktionen, die in konkreten Situationen tatsächlich wahrgenommen werden. In den meisten Fällen bleibt "Sichern" die Kernfunktion, welche den Einsatz des Kernprodukts "Versicherungsschutz" einschließt; rundherum sind jedoch zusätzliche Funktionen angesiedelt, die vereinzelt bereits früher wahrgenommen, aber nicht derart gezielt im Hinblick auf die Kundenbeziehung eingesetzt wurden. Als Konsequenz einer funktionsorientierten Weiterentwicklung in der Versicherungswirtschaft können die einzelnen versicherten Gefahren bündelweise zusammengefaßt und auf die gesamte Einkommens- und Vermögenssituation des Kunden bezogen werden.[145] Die einzelnen Produkte lassen sich so zu einem flexiblen, spartenübergreifenden und eigenständig tarifierten Bündelprodukt integrieren. Die Abkehr von der reinen Spartenorientierung zeigt sich heute ansatzweise bei einzelnen Produktkonzeptionen, in denen beispielsweise Motorfahrzeug-, Hausrat-, Unfall-, Rechsschutz- oder Haftpflichtversicherungsbestandteille selektiv in kundenorientierte Produktpakete einbezogen werden, die jeweils noch gezielt mit Service- und Assistanceleistungen abgerundet

[144] Siehe auch 1.2.1.3, S. 23.
[145] Vgl. Lehmann, Axel. P. (1998), S. 161.

werden können.[146] Bei der Erstellung von Allfinanzprodukten spricht man also nicht von Produktgestaltung, sondern von Programm- bzw. Sortimentsgestaltung. Während in der Produktgestaltung die formalen und materiellen Merkmale der angebotenen Produkte im Mittelpunkt stehen,[147] drückt das Sortiment die unternehmenspolitische Entscheidung aus, in welchen Märkten welche Kunden mit welcher Produktkombination bedient werden sollen.[148] Die *Programmgestaltung* ist von großer absatzpolitischer Wichtigkeit, da sich die Geschäftsbeziehungen zu einem Kunden durch das Angebot verschiedener Produkte innerhalb eines Sortiments intensivieren lassen.[149]

Diese Kundenorientierung bzw. Problemorientierung der heutigen Finanzdienstleistungen stellt sich auch als Folge eines logischen Umbruchs in dem allgemeinen Marketingdenken der Banken und Versicherungsunternehmen dar. Dieser Umbruch unterteilt die Marketingentwicklung dieser beiden Unternehmensgruppen, wie die Entwicklung von Finanzdienstleistungen selbst.[150] in zwei verschiedene Entwicklungsphasen.

In der ersten Entwicklungsphase, die sich von Anfang der fünfziger Jahre bis in die sechziger Jahre erstreckt, wurde Marketing im allgemeinen als die Fähigkeit verstanden, Abschlüsse zu tätigen.[151] In dieser Phase herrschte allenthalben mit dem Streben nach Massenproduktion in den Unternehmen eine starke Produktions- und Distributionsorientierung vor.[152] Das Produktionskonzept beschreibt eine Orientierung der Unternehmen an der Herstellung guter Produkte und an Produktverbesserungen. Der Fokus lag auf der Produktion ausreichender, d. h. größerer Mengen bereits vorhandener Produkte. Daher konzentrierten sich die Unternehmen auf zwei Ziele: eine hohe Fertigungseffizienz und eine möglichst flächendeckende Distribution.[153]

In dieser Phase der klassischen Massenmärkte richteten die Abnehmer ihre Ansprüche auf funktionale Basisleistungen aus. Die Gewinnung von Neukunden und damit die einzelne Transaktion stand im Mittelpunkt. Die Thematik der langfristigen Kundenbindung fand keine nennenswerte Beachtung. Man sprach von Verkäufermärkten. Ab Anfang der sechziger bis spätestens Mitte der siebziger Jahre war in den meisten Märkten und damit bei den meisten Produkten eine Grundsättigung erreicht. Erstmals entstanden Überkapazitäten und die Märkte

---

[146] Lehmann, Axel. P. a. a. O., S. 161.
[147] Vgl. Farny, Dieter (1995a), a. a. O., S. 587 ff.
[148] Haller, Matthias (1998) a. a. O., S. 561.
[149] Vgl. Rüth, Volker Van (1994), S. 115.
[150] Siehe Abschnitte 1.2.1.4 und 1.2.1.5, S. 12 ff.
[151] Kotler, Philippe/Bliemel, Friedhelm a. a. O., S. 6.
[152] Vgl. Meffert, Heribert a. a. O., S. 6.
[153] Kotler, Philippe/Bliemel, Friedhelm a. a. O., S. 20.

wandelten sich langsam von Verkäufer- zu Käufermärkten.[154] Unter den Bedingungen eines tendenziellen Überangebots waren Unternehmen gefordert, die im Prinzip zu kleine Nachfrage in möglichst hohem Maße auf ihre eigenen Produkte und Leistungen zu lenken. Die Unternehmensprozesse orientierten sich also an den Abnehmern und Märkten. So ist das heutige Konzept des Marketings entstanden.

Die Ursprünge des heutigen Produktionskonzepts lassen sich, wie der heutige Marketingbegriff, bis an den Anfang der siebziger Jahren zurückverfolgen.[155] Hier wird Marketing als die Zufriedenstellung von Kundenwünschen verstanden[156]. Das Wesentliche an diesem Konzept ist, daß das Qualitätsziel sich aus den Wünschen und Anforderungen der unternehmenemsexternen Kunden bestimmt.[157] Die Versicherungs- und die Kreditwirtschaft erleben dadurch nach einer langen Periode produktpolitischer Ruhe eine Renaissance der Produktpolitik, die auf die Bedürfnisse unterschiedlicher Zielgruppen ausgerichtet wird.[158] Der alleinige Einsatz der klassischen Markenpolitik reicht heute nicht mehr aus, um die Verbindung Hersteller/Kunden aufrecht zu erhalten. Die Orientierung am Kunden heißt, daß das Unternehmen die zufriedenzustellenden Kundenwünsche sorgfältig festzustellen hat, und zwar aus der Sicht des Kunden, nicht aus der eigenen Sicht. Gründe für diese Entwicklung liegen in den stagnierenden Märkten und dem damit einhergehenden Verdrängungswettbewerb, der zunehmend die Akquisition neuer Kunden erschwert.[159] Wird darüber hinaus die häufig zitierte Tatsache berücksichtigt, daß die Kosten der Neukundenakquisition im Durchschnitt etwa das Fünffache jener Kosten betragen, die für die Pflege von Altkunden aufzubringen sind, tritt die Bedeutung einer dauerhaften Kundenbindung und damit des Management von Kundenbeziehungen besonders zutage.[160]

2.4.1.5 Praktische Allfinanzangebote

2.4.1.5.1 Allfinanzangebote aus Leistungen mit komplementärem Charakter

Traditionell bestehen zwischen Banken und Versicherungsunternehmen komplementäre Beziehungen. Eine Zusammenarbeit in diesem Sinne erfolgt in erster Linie durch die Inanspruchnahmen der gegenseitigen Dienstleistungen.[161] Allfi-

---

[154] Vgl. Henry, Klaus (1977), S. 304 ff; Berner, Con (1978), S. 672; Thiemermann, Michael (1985), S. 85.
[155] Vgl. Meffert, Heribert a. a. O. , S. 7.
[156] Kotler, Philippe/Bliemel, Friedhelm a. a. O. , S. 4.
[157] Vgl. Kotler, Philippe/Bliemel, Friedhelm a. a. O. , S. 7-25.
[158] Ellgering, Ingo (1991), S. 249.
[159] Vgl. Meffert, Heribert a. a. O. , S. 249.
[160] Meffert, Heribert (1999), S. 251.
[161] Vgl. Koch, Peter (1985), a. a. O. S. 233 ff.

nanzangebote aus komplementären Produkten sind für die deutsche und die französische Kredit- und Versicherungswirtschaft auch nicht neu, denn man kann auf eine langjährige Geschichte zurückblicken (man denke z. B. an die Lebensversicherung als Mittel zur Kreditsicherung). Die Erkenntnis, daß das erfolgreiche Plazieren von bestimmten Produkten die verkäuferisch attraktive Chance eröffnet, komplementäre Produkte mit abzusetzen, ist eine inzwischen allgemein erkannte und zunehmend ausgeübte Marketingpraxis auf dem deutschen und dem französischen Finanzdienstleistungsmarkt. Dies hat zur Intensivierung der Zusammenarbeit in Richtung komplementäre Produkte geführt.

Im Hinblick auf die Komplementierungsvorteile wird die Ergänzung der originären Produktpaletten um solche Leistungen des Kooperationspartners angestrebt, die je nach Bedürfnissituation des Kunden in einem für ihn thematischen Zusammenhang zur originären Leistung stehen. Die folgende Tabelle 3 stellt die möglichen Cross-Selling Ansatzpunkte dar.

Tab. 3: Mögliche Cross-Selling Ansatzpunkte

Bankprodukt	Konsumentenkredit	Regelmäßiges Sparen	Reisezahlungsmittel	Baufinanzierung
Verbundprodukt	Kfz-Versicherung Haftpflichtversicherung Unfallversicherung Restschuldversicherung Hausratversicherung Leasing Eurocard	Kapitalbildende Lebensversicherung Risikolebensversicherung Lebensversicherung mit Zusatzangeboten wie z.B. Unfall- oder Berufsunfälligkeitsversicherung	Krankenversicherung Reisegepäckversicherung Eurocard	Bausparvertrag Bauspardarlehen Bauwesenversicherung Haftpflichtversicherung Hausratversicherung Lebensversicherung

Quelle: Ellgering, Ingo a. a. O. , S. 256.

Die komplementären Eigenschaften der Versicherungsprodukte lassen sich sowohl im Zusammenhang mit Finanzprodukten als auch im Zusammenhang mit materiellen Gütern (z. B. Haus, Auto etc.) feststellen. Obwohl die Bündelprodukte, die aus einer Kombination von Bank- und/oder Versicherungsprodukten mit materiellen Gütern resultieren, nicht zu Allfinanz im engeren Sinne gehören, sollen hier einige Beispiele dargestellt werden. Die Liste der auf dem Markt zu findenden Produktbündel dieser Art kann aber hier nicht erschöpfend dargestellt werden. Beispiele solcher Produkte sind die Produktbündel „*Rund ums Auto*", „*Rund ums Wohnen*“ etc. Bei dem Produktbündel „*Rund ums Auto*“ zum Beispiel geht es um das Zusammenwirken verschiedener Produkte mehrerer Partner mit dem Ziel, daß aus Kundensicht eine optimale Problemlösung angeboten wird.

Der Marketinggedanke ist naheliegend, Finanzierung und Versicherung für den Autokauf aus einer Hand anzubieten. Es ist daher konsequent, daß die Kreditwirtschaft und die Versicherungswirtschaft in zunehmendem Maße für die Problemlösung „*Rund ums Auto*" Produktbündel entwickeln, die neben der klassischen Konsumentenkreditfinanzierung auch die Kfz-Versicherung wie, die Haftpflichtversicherung, die Kaskoversicherung, die Insassenunfallversicherung etc., aber auch Leasing-Angebote einschließen kann. Auch neue Formen der Kreditversicherung können in Betracht kommen. Inzwischen wird auch Aufgabenstellungen wie Rückholdienste, Pannenhilfe u. a. realisiert[162].

In bezug auf Finanzprodukte sind ebenfalls zahlreiche Beispiele zu finden. Besonders wichtig in diesem Zusammenhang ist die Bedeutung der Versicherung als Mittel der Kreditsicherung und Kredittilgung. Der Nachweis einer Lebensversicherung ist vielfach ein gewichtiges Kriterium für einen Kapitalgeber, ein Darlehen bzw. einen Kredit zu gewähren, selbst wenn dingliche Sicherungen vorhanden sind.

Für die Lebensversicherung spricht der Todesfallschutz, der bei Tod des Darlehens-/Kreditnehmers, sofern dieser selbst versichert ist, die Tilgung (oder wenigstens eine Teiltilgung) ermöglicht, und bei gemischten Versicherungen vor allem auch die Erlebensfalleistung. Da letztere im allgemeinen steuerliche Vorteile besitzt - auch was die in ihr enthaltenen Kapitalerträge anbelangt -, wird sie häufig als noch viel wichtiger im Vergleich zur Todesfalleistung angesehen, so daß es gar nicht immer darum geht, den Darlehens-/Kreditnehmer selbst zu versichern, sondern eine andere, möglichst viel jüngere Person, häufig sogar Kinder, damit die Beitragsbelastung möglichst klein bleibt.[163]

Die Kreditsicherung erfolgt im allgemeinen dadurch, daß der Kreditnehmer seinen Anspruch auf die zu erwartenden Leistungen aus der Lebensversicherung im Todes- und/oder Erlebensfall ganz oder zum Teil an den Kreditgeber abtritt. Damit ist meistens aber auch eine Abtretung seiner Gestaltungsrechte verbunden. Die Abtretung wird dem Versicherer angezeigt, der seine Kenntnisnahme dem Kreditgeber gegenüber bestätigt. In diesem Fall spricht man auch vom Hedging, da das Versicherungsgeschäft zum Hedging des Bankgeschäfts eingesetzt wird.

---

[162] Vgl. Ellgering, Ingo a. a. O. , S. 255.
[163] Vgl. Lührs, Dieter (1994), S. 18.

2.4.1.5.2 Allfinanzangebote aus Produkten mit substitutivem Charakter

Grundsätzlich ist eine horizontale von einer vertikalen Sortimentspolitik zu unterscheiden. Während bei horizontaler Diversifikation eher die finanzielle Dimension im Vordergrund steht, verlangt die Vertikale Diversifikation Vertiefung vor allem Spezialisierung im technischen und/oder im sozialen Bereich, bis hin zu Leistungen mit psychologischem Charakter. Unter vertikaler Sortimentspolitik wird die Erweiterung herkömmlicher Kundenfunktion in die Tiefe verstanden, was sich im Bereich des Risiko-Managements z. B. in Dienstleistungen der Schadenverhütung, im Bereich der Krankenversicherung in Gesundheits- und Spitalleistungen, in der Lebensversicherung in neuartigen Lebensleistungen und Altersdiensten äußert.[164]

Die horizontale Sortimentspolitik orientiert sich primär an der Tendenz zu verbundenen Finanzdienstleistungen und strebt die Kombination der Schutzfunktion mit Einnehmen und Ausgeben, Vermögensbildung und Sparen, Anlegen und Verteilen an[165]. Solchen Kombinationen sind gleichsam keine Grenzen gesetzt. Sie haben die Funktion, dem Produkt zusätzliche Kaufanreize zu geben und es zielgruppenspezifischer auszugestalten bzw. den individuellen Vorlieben zu entsprechen.

Substitutiven Leistungen der Bank- und Versicherungsunternehmen lassen sich auf zwei Ebenen feststellen: Erstens hinsichtlich substitutiver Wertaktivitäten[166] und zweitens hinsichtlich substitutiver Endprodukte.[167] Dabei wird die Substituierbarkeit[168] der Leistungen danach bestimmt, inwieweit die Produkte für den Konsumenten dieselben Eigenschaften bereitstellen. Hier werden nur die substitutiven Endprodukte betrachtet. Bei der Bildung von Allfinanzprodukten aus Produkten mit substitutiven Eigenschaften spielen die Lebensversicherung, die Kapitalanlage und die verschiedenen Formen des Sparens eine wichtige Rolle, weil sie z. T. gleichartige Funktionen der Bedarfsdeckung erfüllen.[169] Die Kapitallebensversicherung ähnelt zum Beispiel dem Sparplan mit Versicherungsschutz. Diese Ähnlichkeit besteht vor allem in der Tatsache, daß dem Sparer

---

[164] Haller Matthias (1988) a. a. O. , S. 567.

[165] Haller, Matthias (1988) a. a. O. , S. 566.

[166] Wertaktivitäten sind die physisch und technologisch unterscheidbaren, von einem Unterneh-men ausgeführten Aktivitäten. Jede Wertaktivität setzt, um ihre Funktionen zu erfüllen, jeweils gekaufte Inputs, menschliche Ressourcen (Arbeitskräfte und Management) sowie Technologie in eigendeiner Form ein. Mehr Über Wertaktivitäten in : Porter, Michael E. (1999), S. 68-86.

[167] Vgl. Scheele, Martin a.a.O. , S. 133.

[168] Ein Maß für die Substituierbarkeit von Produkten ist die Kreuzpreiselastizität. Jedoch bereitet die Feststellung der Kreuzpreiselastizität erhebliche Schwierigkeiten und vermittelt darüber hinaus keine Informationen über die Ursachen der Substituierbarkeit. Vgl. Scheele, Martin (1993), S. 133 ff.

[169] Vgl. Karten, Walter (1995), a.a.O. , S. 65.

bzw. dem Versicherungsnehmer im Todes- wie im Erlebensfall hohe Rückzahlungen zur Verfügung gestellt werden. Jedoch bestehen wesentliche Unterschiede. Beim Sparplan mit Versicherungsschutz wird, im Gegensatz zur Kapitallebensversicherung, die vereinbarte Versicherungssumme im Todesfall, zur Erreichung des Sparzieles verwandt. Dazu kommt die Tatsache, daß der Sparplan durch einen festen Zinssatz verzinst wird, während Kapitallebensversicherungen vom Anlageerfolg des Versicherers abhängen.[170]

Diese Wettbewerbssituation zwischen der Lebensversicherung und anderen Anlageformen hat sowohl in Deutschland als auch Frankreich zu einem starken Vertrieb von Lebensversicherungsprodukten mit Sparanteilen beigetragen und dadurch eine Substitutionskonkurrenz zwischen diesen und Sparprodukten der Banken verursacht. Um einen bedeutenden Anteil an der Geldvermögensbildung zu haben,[171] haben deutsche Kreditinstitute Substitutionsprodukte der Lebensversicherung entwickelt. Beispiele sind die stärksten Substitutionsbeziehungen zwischen der Kapitallebensversicherung und dem Sparplan mit Versicherungsschutz.[172] Der Sparplan mit Versicherungsschutz wurde von der *Deutschen Bank AG* in der ersten Hälfte der achtziger Jahre zusammen mit einem Lebensversicherungsunternehmen entwickelt. Das Ziel dabei war und bleibt, eine Alternative zu der Konkurrenz des Lebensversicherungsvertrages zu schaffen, die man insbesondere durch die vertragliche Bindung des Kunden und die Abdeckung des Todesfallrisikos zu erreichen suchte. Obwohl beteiligte Kreise von einer Konfrontation sprachen, hat das neue Kombinationsprodukt das Marktgeschehen letztlich nur wenig beeinflußt.[173]

Eine besondere substitutive Beziehung zwischen Versicherungsleistungen und Sparprodukten der Banken stellen im allgemeinen die Sparprodukte der französischen Versicherungswirtschaft dar und im besonderem die Kapitalisationsprodukte. Die folgende Abbildung 7 (S. 61) vermittelt einen Überblick über den Marktanteil von Sparprodukten auf dem französischen Lebensversicherungsmarkt. Die französische Kapitalisationsprodukte beinhalten im Gegensatz zu deutschen Lebensversicherungen keine Risikokalkulation. Bei Tod oder Auslaufen des Vertrages wird lediglich der angesparte Betrag steuerfrei an die Erben bzw. an den Versicherungsnehmer ausgezahlt. Die Mehrheit der auf dem französischen Markt entwickelten Kapitalisationsverträge basiert auf folgenden Modellen:[174]

---

[170] Vgl. Glogowski, Erhard (1990), S. 56 ff.
[171] Vgl. Koch, Peter (1985) a. a. O. , S. 231.
[172] Vgl. Suchting, Joachim (1988a) S. 39.
[173] Vgl. Koch, Peter (1987) a. a. O. , Sp. 4240.
[174] Vgl. Couilbault, F./Eliasberg, C./Latrasse, M. a. a. O. , S. 317.

Abb.7: Französische Lebensversicherungsmarkt nach Produktgruppen in Mrd. FF

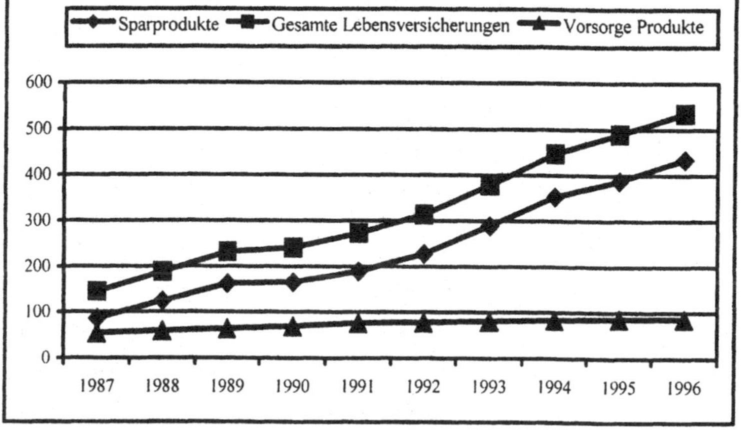

Quelle: eigene Darstellung nach Angaben aus GAP (1997)

- ⇨ der Versicherte zahlt eine einmalige Prämie oder verpflichtet sich, in anderen Fällen, regelmäßige Zahlungen zu leisten;
- ⇨ der Versicherer verpflichtet sich, die angesammelten Sparbeträge (Prämien minus Kosten) gegen einen garantierten minimalen Zinssatz zu kapitalisieren;
- ⇨ die Vertragsdauer beträgt, aufgrund von Steuervorteilen, mindestens acht Jahre, aber der Versicherte hat das Recht, seinen Vertrag vor Ende dieser Periode zu kündigen, muß aber mit Bearbeitungskosten einer vorzeitigen Beendung des Vertrags rechnen;
- ⇨ die Versicherten haben ein Recht darauf, am Überschuß des Unternehmens beteiligt zu werden;
- ⇨ Die Prämien können in Investmentfonds investiert werden, wobei die steuerliche Vergünstigung bestehen bleibt.

Trotz der Tatsache, daß die Versicherten bei Kapitalisationsgeschäften Anspruch auf Überschußbeteiligung haben, unterscheidet sich ein Kapitalisationsprodukt nicht von einem Sparprodukt. Es ist deswegen fraglich, ob die französischen Versicherten dieses Produkt, das als Produkt in der 24. Sparte der französischen

Versicherungswirtschaft angeordnet ist und einen bedeutenden Marktanteil besitzt, als Versicherungs- oder als Bankprodukt zu betrachten ist.[175]

2.4.2 Entwicklung im Leistungsvertrieb

2.4.2.1 Der Allfinanzvertrieb

2.4.2.1.1 Begriff des Allfinanzvertriebs

Die vertriebsorientierte Betrachtung der Allfinanz ist vermutlich die starke Motivation für die Bewegung, die allgemein in Europa und insbesondere auf dem deutschen und französischen Finanzdienstleistungsmarkt seit Anfang der achtziger Jahren zu beobachten ist. Als Vertriebsweg gehört der Allfinanzvertrieb bei Banken und Versicherungsunternehmen zum Vertrieb über andere Wirtschaftszweige. Beim Vertrieb über andere Wirtschaftszweige werden Versicherung- bzw. Bankleistungen über Unternehmen bzw. Vertriebs- oder Handelsorganisationen anderer Wirtschaftszweige vermittelt. Diese Konzeption beruht auf der Überlegung, daß Versicherungs- bzw. Kredit- oder Sparbedarf entweder mit dem Erwerb anderer Wirtschaftsgüter komplementär verbunden ist oder eine substitutive Beziehung zwischen ihnen besteht.[176] Auf dieser Basis beruht der Verbund von Versicherungs- bzw. Bankgeschäften mit dem Angebot anderer Sachgüter oder Dienstleistungen. Außer der wechselseitigen Vertriebsbeziehung zwischen Banken und Versicherungsunternehmen, die im Mittelpunkt dieses Abschnitts steht, bieten sich dabei besonders, Bausparkassen, Warenhäuser, Versandhandel, Reisebüros und Autohändler an.

Aus juristischem Blickwinkel handelt es sich beim Vertrieb von Versicherungsleistungen über Bankzweigstellen bzw. von Bankleistungen über Vertriebswege der Versicherungswirtschaft genau wie beim Vertrieb von Versicherungsleistungen über dezentrale Vertriebsorgane der Versicherungswirtschaft, um ein unechtes Franchising,[177] weil das eingeschaltete Vertriebsorgan keine Handelsstufe im engeren Sinne darstellt. Im Unterschied zum Kaufmannshandel, der in der Regel das Eigentum an den abzusetzenden Gütern erwirbt, können die Händler das Eigentum an Dienstleistungen nicht erwerben. Der Dienstleistungsproduzent über-

---

[175] Vgl. FFSA: Atelier 2 des entretiens de l'assurance (1997), S. 2 ff.

[176] Siehe Abschnitt 2.4.1.5, S. 49.

[177] Franchising ist ein vertikal-kooperativ organisiertes Absatzsystem rechtlich selbständiger Unternehmen auf der Basis eines vertraglichen Dauerschuldverhältnisses. Dieses System tritt am Markt einheitlich auf und wird geprägt durch das arbeitsteilige Leistungsprogramm der Systempartner sowie durch ein Weisungs- und Kontrollsystem eines systemkonformen Verhaltens. Vgl. Hannemann, Susanne a.a.O. ,S. 89 ff.

trägt nur den Vertrieb der Dienstleistung auf das Vertriebsorgan, während er die Erstellung der versprochenen Dienstleistung später selbst vollzieht.[178]

Der Kundenwunsch nach Finanzdienstleistungen aus einer Hand kann von einer Bank oder einem Versicherungsunternehmen, in Deutschland genauso wie in Frankreich, unter bestimmten rechtlichen Bedingungen befriedigt werden. Dabei ist die Aufsicht in beiden Ländern strenger mit Versicherungsunternehmen als mit Banken. Versicherungsunternehmen ist es vor allem verboten, versicherungsfremde Geschäfte zu betreiben.[179]

Hinter Allfinanzvertrieb oder der wechselseitigen Vertriebsbeziehung zwischen Banken und Versicherungsunternehmen steht das „*Cross-Selling*", das heißt die Ausnutzung der Vertriebswege der Partner zum Verkauf sowohl von eigenen als auch von gemeinsamen oder sich ergänzenden Produkten. Da Versicherer und Banken identische Kundengruppen ansprechen, bedeutet Cross-Selling in anderen Worten die verstärkte Ausschöpfung einer Kundenbeziehung durch ein zusätzliches Angebot von Finanzprodukten oder Dienstleistungen, wenn beim Verkauf des einen Produktes auf die anderen Produkte oder die anderen Dienstleistungen bezug genommen wird.[180]

Der Allfinanzvertrieb folgt also der Maxime, durch neue Produktstrukturierung mit dem vorhandenen Vertriebsapparat mehr zu verkaufen[181] und damit neben der engeren Kundenbindung auch höhere Erträge zu erwirtschaften[182] und/oder durch eine Vernetzung bislang getrennter Vertriebskanäle verschiedener Anbieter die bestehenden Produkte der Allfinanzpartner getrennt oder als Produktbündel zu verkaufen.[183] Es kommt also entweder darauf an, den bestehenden Kundenstamm durch ein entsprechendes Produktservice-Angebot möglichst gut zu betreuen und seinen Bedarf möglichst umfassend zu decken oder diesen dem anderen Finanzdienstleister zugänglich zu machen.[184] Damit kann der jeweilige Bank- oder Versicherungsmitarbeiter im Vertrieb den Kontakt bzw. die existierende Einzelkundeninformationen bezüglich der aktuellen oder bisherigen Inanspruchnahme von Bank- bzw. Versicherungsleistungen (Informationsvorteile) nutzen, um dem Kunden zusätzliche Leistungen des Allfinanzpartners anzubieten, die zusammen mit den bereits erworbenen Bank- bzw. Versicherungsprodukten eine bestimmte Bedürfnissituation, z. B. Umwandlung einer fälligen Lebensversiche-

---

[178] Vgl. Farny, Dieter (c) (1961), S. 21; Rüth, Volker van, (1994), S. 133 und S. 140.

[179] Vgl. Keren, Vered, a.a.O. , S. 68-78; Mohr, Paul Günther, a.a.O. ,S. 864; Haller, Gert (1991), S. 334; Koch, Peter (1987), a.a.O. , S. 4242.

[180] Vgl. Stracke/Geitner, a.a.O. , S. 30-31.

[181] Vgl. Klein, Wilhelm (1987), S. 660.

[182] Vgl. Ellgering, Ingo, a.a.O. , S. 249.

[183] Vgl. Will, Andreas (1995), S. 3; Siehe auch Abschnitt 2.4.1.4, S. 53.

[184] Vgl. Klein, Wilhelm (1988), S. 830.

rungssumme in ein Produkt der Vermögensbildung, möglichst vollständig abdecken.[185]

Diese gewünschte Flexibilität im Vertrieb läßt sich aber nur dann verwirklichen, wenn sichergestellt ist, daß das maßgeschneiderte Produktbündel das Marktsegment, für das es konzipiert ist, auch erreicht. Hieraus folgt zuerst, daß der angestammte Vertriebskanal auf das zu vertreibende Produkt ebenso zugeschnitten sein muß wie auf die anzusprechenden Käufer. Zweitens muß das Vertriebssystem um zusätzliche Distributionswege ergänzt werden, wenn neue Kundensegmente angesprochen werden sollen, die mit dem traditionellen Stammkanal nicht erreicht werden können.[186] Die Erschließung zusätzlicher Vertriebswege ist also heute ein zentrales Problem von Finanzdienstleistungsstrategien. Unter Berücksichtigung der aus den Bank- und Versicherungsvertriebsverfahren resultierenden Unterschiede sollte das gemischte Vertriebssystem eines Allfinanzanbieters aus einem stationären Filialsystem, einem mobileren Außendienst und einem Direktvertrieb bestehen.

Durch die Entwicklung des Allfinanzvertriebs ist der herkömmliche produktorientierte Absatz zu einem problem- und kundenorientierten Angebotsprozeß gewandelt worden, bei dem der Kunde sein Finanzprodukt im Sinne des gewünschten Ergebnisses definiert, von dem ausgehend ihm die Anbieter ein Allfinanzprodukt - die Problemlösung - möglichst schnell erarbeiten.[187] Der Kundenberater eines Allfinanzpartners ist danach gehalten, neben seinen angestammten Produkten zusätzliche Finanzdienstleistungen anzubieten. Dafür sollten aber Mitarbeiter mit umfassenden Sachkenntnissen und Beratungskapazität ausgebildet werden oder wenigstens die Beratung des Kunden durch Spezialisten organisiert werden.

Im Mittelpunkt des *Cross-Selling* steht die *Cross-Selling-Rate*. Sie wird auch als Anbindungsfaktor bezeichnet. Der Goodwill der Banken bei den Nachfragern dokumentiert sich z. B. in einem durchschnittlichen *Anbindungsfaktor* von 3 Produkten pro Haushalt bei Banken gegenüber nur 1,9 Produkten bei Versicherungen.[188] Ein Anbindungsfaktor von 3 bedeutet zum Beispiel, daß im Durchschnitt pro Kunde 3 Verträge im Bestand registriert werden. Für eine genaue Analyse bietet dieser Durchschnittswert allerdings nur einen begrenzten Informationswert. Interessant ist vielmehr die Streuung des Anbindungsfaktors. Wenn jeder zweite Versicherte zwei Verträge hat (und alle anderen nur einen) oder wenn jeder sechste Versicherte vier Verträge hat, so führen beide Konstellationen zu einem Durchschnitt von 1,5. Im letztgenannten Fall drängt sich aber besonders

[185] Vgl. Rüth, Volker, van, a.a.O. , S. 109.
[186] Vgl. Wagner, Philippe, a.a.O. , S. 228.
[187] Vgl. Will, Andreas, a.a.O. , S. 5.
[188] Vgl. Ruth, Volker Van, a.a.O. ,S. 131.

die Frage auf, wo, durch wen, warum und mit welchen Mitteln ein so hoher Anbindungsfaktor bei einem Sechstel der Kunden erreicht werden könnte und ob dieses nicht auf die sonstige Kundschaft übertragen werden kann.[189] Schließlich ist bei dem Cross-Selling die Richtung oder die Wahrscheinlichkeit des *Cross-Selling* zu beachten. Es fällt z. B. leichter, einem Kunden zuerst ein Auto zu verkaufen und direkt anschließend eine Versicherungsvertrag, als umgekehrt zuerst die Versicherung zu verkaufen und dann einen Wagen.[190] Die folgende Tabelle 4 gibt Beispiele von Cross-Selling-Wahrscheinlichkeiten an.

Tab.4: Cross-Selling-Wahrscheinlichkeiten

	Folgeprodukt					
Ausgangs-produkt	Lebens-versiche-rung	Bausparen	Hypothek	Verb. Wohngebäude-versicherung	Hausratsver-sicherung	Baufinan-zierung
Lebensver-sicherung	///	0,5	0,6	0,3	0,2	0,1
Bausparen	0,3	///	0,7	0,1	0,1	0,0
Hypothek	0,1	0,3	///	0,7	0,3	0,9
Verb. Wohngebäude-versicherung	0,3	0,4	0,2	///	0,8	0,1
Hausratsver-sicherung					///	

Quelle: modifiziert, entnommen aus Wagner, Philippe, a.a.O. ,S. 213.

2.4.2.1.2 Vor- und Nachteile des Allfinanzvertriebs

Ein gemeinsames Nutzen von Vertriebskanälen bietet dem Allfinanzpartner die Möglichkeit, auf der Grundlage eingehender Kenntnisse des Kundenbedarfs und maßgeschneiderter Finanzdienstleistungsangebote die Vertriebskosten zu senken.[191] Dies läßt sich sowohl bei Banken als bei Versicherungsunternehmen deutlich darstellen. Da der Bankangestellte bzw. der Versicherungsvermittler durch Allfinanzvertrieb die Möglichkeit hat sowohl Versicherung als auch Bankpro-

[189] Vgl. Schulenburg Graf von der, J.-Matthias (1991), S. 230.
[190] Vgl. Stracke/Geitner (1992), a. a. O. , S. 31.
[191] Vgl. OCDE (1992), a.a.O. , S. 57.

dukte bei einem Kunde zu verkaufen, werden dadurch Akquisitionskosten gespart. Weiter kann z. B. ein Versicherungsunternehmen seine Absatzkosten durch Betreiben von Allfinanzvertrieb senken, indem niedrigere Provisionen aufgrund der festen Gehaltsstrukturen des Bankpersonals gezahlt werden als bei traditionellen Versicherungsvertretern und -maklern. Die traditionell hohen Provisionen werden so in Frage gestellt und können auch bei den traditionellen Absatzwegen langfristig zu Kosteneinsparungen führen.

Weiter bietet der Allfinanzvertrieb die Möglichkeit die Kundenbeziehung zu verlängern und damit Konkurrenzunternehmen am Aufbau einer Beziehung zum eigenen Kundenstamm zu hindern.[192] Dies läßt sich am folgenden Beispiel verdeutlichen. Nehmen wird an, daß ein Versicherungsvermittler seinen Lebensversicherungskunden ermöglicht, einen Kredit bei dem Bankpartner zu nehmen. Tritt der Versicherungsfall vor der Rückzahlung des Kredits ein, so ist die Wahrscheinlichkeit sehr groß, daß der Kunde die ausgezahlte Versicherungsleistung wieder bei der gleichen Bank einlegt. Der Allfinanzanbieter erhält durch die weiter bestehende Beziehung die Möglichkeit, den Kunden von der Wiederanlage der Leistungen aus der Lebensversicherung bei dem Allfinanzpartner zu überzeugen, was zu einer Verlängerung der Beziehung zwischen der Gruppe und dem Kunden führt.

Durch eine breitere Produktpalette steigen auch die Chancen, den Kunden lebenslänglich an ein Unternehmen zu binden, vor allem wenn versucht wird, ihn über den gesamten Lebenszyklus zu betreuen.[193] Jedoch kann das aus der Vertriebsbeziehung resultierende Kundenpotential nicht ohne weiteres ausgeschöpft werden. Bei der Weitergabe von Kundendateien dürfen die Gesetze zum Datenschutz nicht verletzt werden. Hinzu kommt, daß der Kunden- und Bestandsschutz für den selbständigen Versicherungsvertreter von existentieller Bedeutung ist.[194] Das Einkommen des selbständigen Versicherungsvertreters ist von der Anzahl seiner Kunden abhängig. Da die Banken durch den Allfinanzvertrieb die Möglichkeit haben auch Versicherungsprodukte zu vertreiben, kann die Kundenanzahl des Versicherungsvertreters reduziert werden. Versicherungsvertreter sind deswegen nicht für die Entwicklung des Allfinanzvertriebs. Der Grund dafür liegt in der Tatsache, daß der Versicherungskaufmann verhindern möchte, daß „seinen“ Kunden durch die Bank ohne sein Wissen Bankprodukte angeboten werden, die seiner Beratung widersprechen könnten oder für die er keine Provisionen erhält. Sollte die Bank dies trotzdem tun, müssen seine Provisionsinteressen voll gewahrt bleiben. Klare Regeln im Vertrag schaffen hier die notwendige Vertrauensgrundlage.

---

[192] Vgl. Wagner, Philipp, a.a.O. , S. 213.
[193] Vgl. Zielke, Carsten, a.a.O. , S. 108.
[194] Vgl. Peiner, Wolfgang (1988), S. 76.

Die Möglichkeit des Allfinanzvertriebs zum Aufbau einer Beziehung zwischen den Kunden und dem Allfinanzanbieter wird durch die komplementären Charakteristika des Bankangestellten und des Versicherungsvermittlers erleichtert. Der Versicherungsvermittler kennt die familiäre und persönliche Situation des Kunden oft besser als der Bankangestellte, da er sich zum Kunden begibt. Der Bankangestellte hingegen verfügt über detaillierte Kenntnisse der Vermögensverhältnisse des Kunden. Durch eine Kombination der beiden Vertriebswege kann sich ein Allfinanzanbieter ein komplettes Bild zeichnen und gezieltes Marketing betreiben, was zu einer besseren Auslastung der Kapazität führt.[195]

Weitere Vorteile des Allfinanzvertriebs bilden die Risikovorteile. Sie ergeben sich durch den Verkauf oder die Vermittlung von Versicherungs- bzw. Bankleistungen, wenn der Absatz der Produkte negativ miteinander korreliert ist. Beispielhaft hierfür kann der Vertrieb von Lebensversicherungen genannt werden. Der Erfolg der Lebensversicherer ging zumindest zum Teil zu Lasten der Geldvermögensbildung bei Banken.[196] Indem Banken nun auch Lebensversicherungsverträge verkaufen und hierfür Provisionserträge oder, sofern die Versicherung im eigenen Konzern produziert wird, den gesamten Produktertrag erwirtschaften, kann ein partieller Ausgleich für die sinkenden Erträge aufgrund des verminderten Einlagengeschäfts geschaffen werden. Dadurch wird die Abhängigkeit der Banken vom Zinsgeschäft verringert.[197]

Der Vertrieb von Versicherungsprodukten ist für ein Kreditinstitut ein gangbarer Weg zur Stärkung zinsunabhängiger Ertragsquellen. Zusätzlich haben Banken durch den Vertrieb von spezifizierten Versicherungen, z. B. Restschuldversicherungen die Möglichkeit ihre Risikoposition zu verbessern. Wird ein Kreditnehmer zahlungsunfähig, so wird der Versicherer seine Schuld zurückzahlen. Dies vermindert das Verlustrisiko bei Banken.[198] Schließlich bietet das Cross-Selling eine Grundlage bei strategischen Überlegungen wie der Prüfung der Erfolgswahrscheinlichkeit der Markteinführung neuer Produkte oder der Abschätzung des Synergiepotentials bei der Übernahme anderer Finanzdienstleistungsunternehmen.

Problematisch beim Cross-Selling ist die Tatsache, daß jedes Finanzdienstleistungsangebot auf die besonderen Bedürfnisse des einzelnen Kunden zugeschnitten werden muß. Das Angebot eines solchen zugeschnittenen Bündels unterschiedlicher Finanzdienstleistungen stößt sehr schnell auf Kapazitätsprobleme:[199]

---

[195] Vgl. Schieren, Wolfgang (1991), S. 6 ff.
[196] Siehe Abschnitt 2.3.1, S. 32
[197] Vgl. Schwebler, Robert (1986), S. 76; Kaluza, Bernd (1990), S. 255; Zielke, Carsten, a.a.O. , S. 99 ff.
[198] Rüth, Volker van (1994), a.a.O. , S. 112.
[199] Vgl. Schieren, Wolfgang (1991), a.a.O. , S. 6.

Erstens ist die Zeit limitiert, die dem Schalterpersonal oder Versicherungsagenten für Verkaufsgespräche mit dem einzelnen Kunden zur Verfügung steht, zweitens ist auch deren Fähigkeit begrenzt, dem Kunden die Komplexität von Bank- und Versicherungsprodukten gleichermaßen kompetent zu vermitteln. Die Allfinanzberatung erfordert ein fundiertes Fachwissen über die gesamte Palette der gängigen Angebote, so daß aufgrund objektiver Kriterien der einzelne Mitarbeiter überfordert ist. Die Problematik der Ausbildung von generellen Beratern, den sogenannten Allround-Beratern, für den Vertrieb von Bank- und Versicherungsprodukten ist zwar sehr vielschichtig, aber dennoch nicht unlösbar. Aufstiegsmöglichkeiten z. B. in der Vertriebshierarchie ermöglichen eine stufenweise Hinführung des Vertriebsmitarbeiters an das Allfinanzangebot in Abhängigkeit von seinen Kenntnissen und Fähigkeiten. Die Komplexität der Ausbildung kann auch durch eine klare Zielgruppendefinition, eine Konzentration auf gruppenspezifische Kernprodukte sowie eine möglichst weitgehende Vereinfachung im Angebot und in der Abwicklung reduziert werden.

Neben der Vertriebshierarchie hilft daher auch eine gewisse Angebotshierarchie und -struktur, um anspruchsvolle Kundengruppen an die entsprechenden Vertriebsmitarbeiter zu kanalisieren. Es können z. B. zuerst Bankangestellte ausgebildet werden, die neben Bankleistungen nur Kfz-Versicherungen oder Lebensversicherungen verkaufen. Nach einer bestimmten Zeit kann der Angestellte, der Kfz-Versicherungen verkaufen kann, auch zum Verkauf von Lebensversicherungen ausgebildet werden. Bei besonders anspruchsvollen Leistungen kann der Kontakt mit hochqualifizierten Spezialisten nicht ausgeschlossen werden.

Angesichts der Komplexität von Finanzdienstleistungen, werden nur wenige Berater eine breite Palette von Produkten vermitteln können. Diese Aufgabe kann im Rahmen der Personalentwicklung nur über Zusatzinvestitionen erfüllt werden. Ein Allfinanzanbieter wird auf jeden Fall in die Personalentwicklung investieren müssen,[200] und zwar in die Aus- und Weiterbildung ihrer Allround-Berater, die nun Versicherungs- und Bankprodukte beherrschen sollen. Ein weiteres Integrationsproblem des neuen Produkt- und Verkaufswissens in das Know-how des Bankangestellten bzw. des Versicherungsvertreters liegt in der Zusammenführung zweier unterschiedlicher Vergütungssysteme. Das Gehaltssystem in den Zweigstellen beruht auf einem Fixum, welches eine objektive und kundenorientierte Beratung unterstützt, partiell aber auch zu mangelndem Akquisitionsinteresse der Bankmitarbeiter im Front-Office führt. Demgegenüber wird den Mitarbeitern des Versicherungsunternehmens die Nachfrage nicht gebündelt zugeführt, sondern muß von ihnen im Außendienst eigeninitiativ eingeworben werden. Das Einkommen der Außendienstmitarbeiter hängt hauptsächlich von der Zahl und

---

[200] Vgl. Süchting, Joachim (e), a.a.O. , S. 12.

dem Volumen der neu abgeschlossen Versicherungsverträge ab und ist daher direkt erfolgsabhängig.

Die Entwicklung des Allfinanzvertriebs hat dazu geführt, ein Vergütungssystem zu entwickeln, das die Leistung des Allfinanzberaters gerecht entlohnt. So hat man in der Praxis versucht, Vergütungssysteme zu entwickeln, die Komponenten von beiden Seiten einbeziehen und eine weitgehende Akzeptanz sowohl im mobilen als auch immobilen Vertrieb finden. Dies ist ein Ausdruck des Interesses, Vergütungssysteme für Bankverkäufer leistungsorientiert zu gestalten und diejenigen für Versicherungsverkäufer nicht nur am Einzelabschluß, sondern auch an der Bestandspflege auszurichten.[201] Jedoch bleibt es schwierig, eine leistungsgerechte Vergütung für einen Allfinanzanbieter zu finden, vor allem, wenn dieser bisher ein Bankangestellter war.

2.4.2.1.3 Vertrieb von Versicherungsprodukten über das Vertriebssystem der Banken

Der Vertriebsweg Bank bzw. Bankschalter gewinnt sowohl in Frankreich als auch in Deutschland, seit Anfang der neunziger Jahre immer mehr am Bedeutung. Mit einem Marktanteil (gemessen am Beitragsaufkommen) von 41 % im Jahre 1989 vertrieben die französischen Schalter im Jahr 1997 mehr als 59 % der Lebensversicherungsprodukte und nur 6 % der Sachversicherungsprodukte (Abbildung 8, S. 70 und Abbildung 9, S. 71).

In Deutschland dagegen wird der Marktanteil der Banken, der im Jahre 1994 schon 13 % des gesamten Versicherungsgeschäfts betrug,[202] entsprechend einer Studie der Mummert+Partner (Unternehmensberatung) auf 30 % des gesamten Versicherungsgeschäfts im Jahre 2010 und auf 23 % nach 2010 eingeschätzt (Abbildung 10, S. 72). Dies impliziert in Deutschland einen steigender Marktanteil des Vertriebsweg „Bank“ bis 2010 und sinkenden Anteil nach 2010.

Ein unmittelbarer Vergleich der Marktanteile der deutschen und französischen Banken ist jedoch nicht möglich, weil sich zum einen die Natur der vertriebenen Produkte unterscheidet,[203] und zum anderen, weil die oben angegebenen Zahlen einerseits den Marktanteile der Banken in Deutschland und andererseits dem Schaltervertrieb in Frankreich entsprechen. Der Begriff Schalter bezeichnet in Frankreich nicht nur den Vertrieb über Banken im deutschen Sinne, sondern zu-

---

[201] Vgl. Strohtmann, Helmuth (1988), S. 10.
[202] Nach Einschätzungen der GDV.
[203] Siehe Abschnitt 2.4.1.5.2, S. 59.

sätzlich den Vertrieb über den Postschalter[204] und Finanzämter.[205] Schließlich kommt die Tatsache dazu, daß in Frankreich ein Unterschied zwischen dem Vertrieb über Sparkassen und dem Vertrieb über Banken gemacht wird, was in Deutschland zum Vertrieb über Banken gehört.

Abb 8: Vetriebsentwicklung in der französischen Lebensversicherung gemessen am Beitragsaufkommen in %

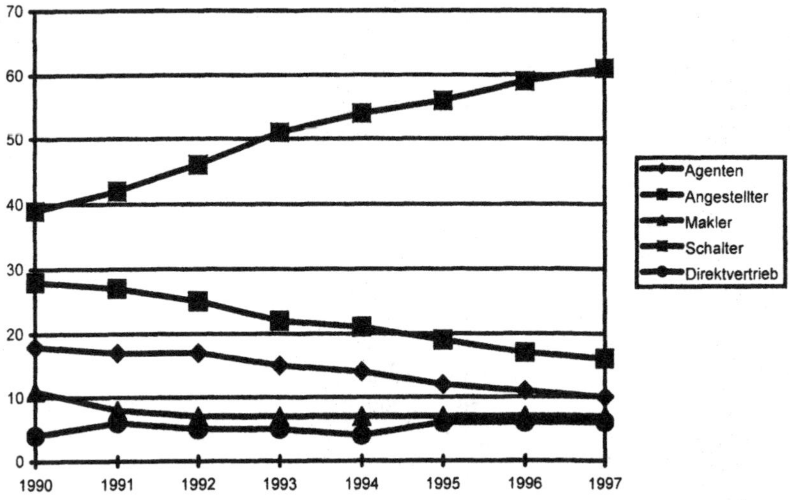

Quelle: Eigene Darstellung nach Angaben aus FFSA(1997)

Die Bedeutung des Vertriebs von Versicherungsprodukten durch französische Schalter läßt sich auch durch die für diesen Zweck geschaffenen Arbeitsplätze ausdrücken. Der Vertrieb von Versicherungsleistungen hat in Frankreich zwischen 35.000 und 40.000 Arbeitsplätze bei Post, Sparkassen und Finanzämtern geschaffen.[206] Im allgemeinen läßt sich ein deutlich zunehmender Trend zum Vertrieb sowohl von Lebensversicherungs- als auch von Sachversicherungspro-

[204] Die französische Post wurde mit Gesetz vom 2. Juli 1990 zum Vertrieb aller Versicherungsprodukte ermächtigt und wird dabei als ein Versicherungsmakler behandelt. Vgl. FFSA: l'assurance française en 1994, S. 74.

[205] Der Vertrieb über Finanzämter ist einzigartig in ganz Europa. Ohne rechtliche Grundlagen wird der Vertrieb von Versicherungsprodukten, die in direktem Zusammenhang mit dem Steuerwesen stehen durch die Beamten der Finanzbehörden vorgenommen. Diese Vermittlertätigkeit erfolgt im Rahmen einer nebenberuflichen Beschäftigung, wobei die Vertriebsleistung sich hauptsächlich auf die Kontaktfunktion beschränkt. Vgl. Pepper, Andrea (1996), S. 39.

[206] FFSA: l'assurance française en 1994, S. 69.

dukten über den Vertriebsweg Bank in beiden Ländern feststellen. Mittlerweile haben alle deutschen und französischen Großbanken die seit langem von deutschen Sparkassenorganisation, Volks- und Raiffeisenbanken erkannten Vorteile des Bankenvertriebs erkannt und entweder eigene Vertriebsorganisationen bzw. Versicherungsgesellschaften gegründet oder einen Kooperationspartner bei entsprechenden Versicherungsunternehmen gefunden. Aus organisatorischer Sicht können Versicherungsprodukte über Bankzweigstellen, über die Instrumente des zentralen Vertriebsverfahrens (Telefon, Brief, Internet) oder über den Distributionsweg Bankaußendienst abgesetzt werden.

Abb.9: Vertriebsentwicklung in der französischen Sachversicherung gemessen am Beitragsaufkommen in %

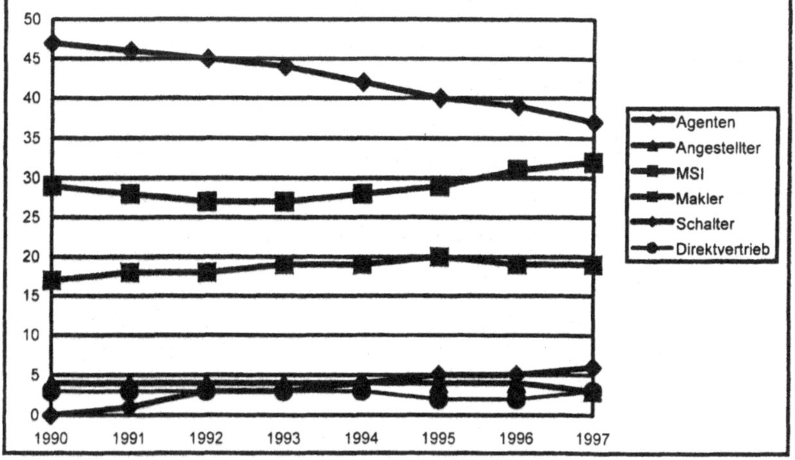

Quelle: Eigene Darstellung nach Angaben aus FFSA(1997)

Über Zweigstellen können im allgemeinen Versicherungsprodukte in Form des Vertriebs durch die Bankmitarbeiter, der Vermittlung an einen ständig oder auf Anforderung präsenten Versicherungsexperten, oder in Form der Vermittlung an die bankeigene Versicherungsabteilung vertrieben werden.[207] Um Versicherungsprodukte verkaufen zu können, bekommen die angestellten Bankmitarbeiter eine Ausbildung durch Schulungen. In dieser Art des Vertriebs übernimmt der Bankmitarbeiter die Kontakt- und Absatzfunktion. Er erhält für diese zusätzliche Tätigkeit in der Regel keine zusätzliche Vergütung, und die Haftung bei etwaiger Falschberatung wird grundsätzlich von der Bank übernommen. Im Schadenfall

[207] Vgl. Rüth, Volker van, a.a.O.,S. 131.

wird die Betreuung des Versicherungsnehmers durch das Versicherungsunternehmen übernommen.

Abb.10: Vertriebswege der deutschen Versicherungswirtschaft

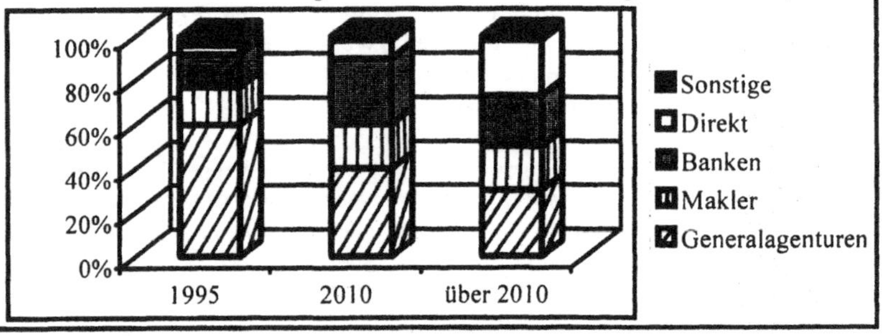

Quelle: Mummert+Partner-Studie, Vgl. VW, 19/99, S. 1390.

Bei der Vermittlung durch einen ständig oder auf Anforderung präsenten Versicherungsmitarbeiter kann die Rolle des Bankmitarbeiters unterschiedlich definiert werden, und erstreckt sich von der einfachen Anbahnung von Beratungsgesprächen über die konkrete Vereinbarung von Beratungsterminen zwischen dem Kunden und dem Versicherungsspezialisten bis hin zur Tätigkeit als Leiter eines Teams vom Experten, in dem er die Funktionen eines Generalisten und Koordinators ausübt. Schließlich ist darauf hinzuweisen, daß der Bankmitarbeiter die Unterstützung durch die Versicherungsspezialisten auch in Form einer Informationsquelle in Anspruch nehmen kann, wenn er ergänzende Informationen zu den von ihm selbständig verkauften Versicherungsprodukten benötigt. Diese Rolle setzt auch ein Grundwissen des Bankmitarbeiters bezüglich in Frage kommender Produkte voraus, denn nur wenn er einen Versicherungsbedarf beim Kunden tatsächlich erkennt, kann eine Überleitung an die Versicherungsspezialisten erfolgen.

Im Hinblick auf die Präsenz des Versicherungsmitarbeiters in der Zweigstelle des Kreditinstituts und seiner institutionellen Zugehörigkeit sind mehrere Varianten denkbar. So kann der Versicherungsmitarbeiter in der Zweigstelle anwesend sein, was jedoch unter dem Aspekt der Kapazitätsauslastung hohe Absatzvolumina voraussetzt und daher insbesondere für die Mehrzahl der Zweigstellen der Sparkassen und Genossenschaftsbanken keine sinnvolle Option darstellen dürfte[208].

[208] Vgl. Rüth, Volker van, a.a.O., S. 135.

Zudem ist fraglich, ob die eingesetzten Versicherungsmitarbeiter intellektuell in der Lage sind, sämtliche Versicherungsprodukte zu verkaufen, die von den kooperierenden Versicherungsunternehmen angeboten werden und die in den Vertrieb über das Geschäftsstellennetz der Bank einbezogen werden sollen. Brancheneigene Schätzungen weisen darauf hin, daß maximal 30 % der Versicherungsfachleute über das dazu notwendige Wissen verfügen.[209] Die übrigen haben sich mehr oder weniger spezialisiert. Auf der institutionellen Ebene kann der Versicherungsmitarbeiter theoretisch Mitarbeiter eines konzerneigenen oder kooperativ verbundenen Versicherungsunternehmens sein.

Für die beiden oben dargestellten Möglichkeiten des Vertriebs besteht das Problem der Schadenregulierung. Für Kunden ergibt sich der Vorzug, sich mit allen Versicherungsfragen direkt an die Bank wenden zu können. Dies erscheint vor dem Hintergrund von Befragungsergebnissen der „Soll und Haben-Studie“[210] von besonderer Relevanz, denn dort wurden Allfinanzangebote von 53 % der Befragten für nicht gut befunden, weil ihnen die Banken im Schadenfall nicht weiterhelfen könnten und sie sich daher ohnehin an die Versicherung wenden müßten. Mit der Einrichtung einer bankeigenen Versicherungsabteilung könnte demnach die Akzeptanz der Mehr- oder Allfinanzberatung wesentlich gesteigert werden. Da es kaum möglich sein wird, den Bankverkäufer über den Verkauf neuer Versicherungsprodukte hinaus auch zu einem Profi in der Schadenregulierung auszubilden, besteht die Gefahr, daß eine nichtkulante Regulierung der Schäden im „*back-office*“ die Vertrauensbeziehung zwischen Kundenbetreuer und Kunden belastet.[211] Da die Art der Schadenregulierung für eine Versicherungsbeziehung kritischen Charakter besitzt, wird man sich in diesem Zusammenhang zu einer grundsätzlich kulanten Handhabung durchringen müssen. Das aber bedeutet Zusatzkosten, genauso wie sie mit der Weiterbildung des Personals und infolge der Höherqualifizierung dann auch mit einer Vergütung auf höhere Niveau verbunden sind.[212] Der Unterschied zwischen der Einrichtung einer Versicherungsabteilung und der ständigen Präsenz eines Versicherungsmitarbeiter in der Bankzweigstelle besteht darin, daß die Mitarbeiter der Versicherungsabteilung selbst aktiv den Kontakt zu den Kunden herstellen, während der Mitarbeiter des Versicherungsunternehmens nur den von den Bankmitarbeitern an ihn weitergeleiteten Verkaufsmöglichkeiten nachgehen kann. Die Aufgabe der Schaltermitarbeiter besteht nach wie vor darin, die Kunden in Versicherungsfragen zu beraten und die Antragsbearbeitung des typischen Massengeschäfts selbständig auszuführen. Für den Fall komplexer Versicherungsbedarfe leitet der Bankmitarbeiter den Kunden entweder an die Mitarbeiter in der Versicherungsabteilung weiter oder

---

209 Vgl. Rüth, Volker van, a.a.O., S. 135.
210 Vgl. Spiegel-Dokumentation, Soll und Haben Studie, S. 59.
211 Vgl. Koch, Peter (1987), a.a.O., Sp. 4241.
212 Vgl. Süchting, Joachim, a.a.O. , S. 184 ff.

informiert sich bei diesen über Details der vom Kunden gewünschten Versicherungsprodukte.

Ein wesentlicher Vorteil dieser Organisationsalternative gegenüber der nur temporären Präsenz eines Mitarbeiters einer Vertriebs- oder Versicherungsgesellschaft besteht in der ständigen Verfügbarkeit von Experten-Know-How und der Möglichkeit, einen Versicherungsabschluß ohne Zeitverzug herbeizuführen. Darüber hinaus werden bei Einrichtung einer Versicherungsabteilung die Bankberater von den von ihnen häufig abgelehnten Schadenbearbeitungen entlastet. Um rentabel zu sein, setzt diese Strategie ein Mindestvolumen an zu verkaufenden Versicherungsprodukten voraus.

Banken haben neben ihren umfangreichen Filialorganisationen die Vorteile erkannt, mit eigenem Außendienst beziehungsweise Spezialkräften in den Wettbewerb einzugreifen.[213] Mit dem Gang in die Kundschaft, hier vor allem im gehobenen Privatkundschaft, ist eine ernstzunehmende Konkurrenz für die Versicherer entstanden, obwohl das komplette Versicherungsangebot bei diesem Einsatz noch fehlt. Mehr und mehr werden aber bereits Lebensversicherungsprodukte und Bausparverträge angeboten.

Als besonders schwierig für den Vertrieb von Versicherungsprodukten durch den Bankaußendienst stellt sich, neben der fachlichen Schwierigkeit des Verkaufs einer umfassenden Palette von Bank- und Versicherungsprodukten, die Schwierigkeit der Schaffung einer adäquat motivierenden Grundlage dar. Angesichts der Anbindung des Bankaußendienstes an die Zweigstelle verbietet sich eine ausschließlich provisionsorientierte Zahlung für die Außendiensttätigkeit, da dann die Gefahr des Verschiebens des Geschäftsabschlusses auf den Zeitraum der Außendiensttätigkeit besteht. Hinzu kommt die Gefahr des Hard-Selling, die wesentlich zum relativ schlechten Image des Versicherungsaußendienstes beiträgt und zu einem deutlichen Imagevorsprung der Banken geführt hat.

Neben Bankzweigstellen und Bankaußendienst können Versicherungsleistungen auch durch die von Banken eingerichteten Instrumente des Direkt- bzw. Zentralvertriebs (Telefon, Internet, Brief usw.) vertrieben werden. Dabei stellt der Vertrieb über Telefon aus Sicht der Finanzintermediäre einen wichtigen Baustein dar, weil nahezu jeder potentielle Kunde über einen eigenen Telefonanschluß verfügt.[214] Problematisch wird es beim Vertrieb über Telefon, wenn Neukunden im Privatbereich akquiriert werden sollen, wenn also die Privatsphäre des Menschen verletzt wird.[215] Die Entwicklung des Trends zum Allfinanzvertrieb ist da-

---

213 Vgl. Klein, Wilhelm (1997), S. 20.
214 Vgl. Zieth, Udo (1997), S. 10.
215 Vgl. Greff, Günter (1985), S. 10.

nach zu unterscheiden, ob man vom Vertrieb von Lebensversicherungsprodukten oder von Sachversicherungsprodukten spricht. Banken bieten nicht gern Sachversicherungsprodukte an, und wenn sie es tun, beschäftigen sie sich nur mit deren Vertrieb und überlassen somit die Verwaltung der Prämie und Schadenfälle den Versicherern. Im Hinblick auf die Vielfältigkeit der Produktpalette der Sachversicherungsprodukte und das damit verbundene notwendige Fachwissen über die verschiedensten Tarife ist eine Spezialisierung fast unvermeidlich: Entweder die Bank bildet eigene Versicherungsspezialisten aus oder sie bedient sich der vorhandenen Spezialistenorganisation des Versicherungspartners.

Der heutige Marktanteil des Vertriebswegs *Bank* wird sich künftig nur dann auch im Sachversicherungsgeschäfte erhöhen oder sich auf alle Produkte dieser Sparten ausdehnen, wenn sich die Wissenskapazität des Bankangestellten auf Versicherungskenntnisse ausdehnen läßt. Dies impliziert Ausbildung und Zusatzinvestitionen.[216]

Aufgrund der Existenz vieler Gemeinsamkeiten zwischen Lebensversicherungsprodukten und Bankleistungen[217] bringt es keine Probleme, den Vertrieb von Lebensversicherungsprodukten in die für den Bankvertrieb gefundenen und in der Praxis bewährten Lösungen zu integrieren. Dies kommt auch in den aktuellen steigenden Marktanteilen der Banken am Vertrieb von Lebensversicherungsleistungen zum Ausdruck. Während in Deutschland noch keine präzisen Zahlen über diese Vertriebsart vorliegen,[218] wird diese Entwicklung vom französischen Lebensversicherungsmarkt deutlich illustriert.

Die oben dargestellte Tabelle 5 (S. 76) gibt einen Überblick über die Banken, die Versicherungsprodukte vertreiben. Die Tabelle 6 (S. 76) gibt einen Überblick über Lebensversicherungsunternehmen, die Versicherungsprodukte am Schalter verkaufen. Unter 144 französischen Lebensversicherungsunternehmen, die im Jahre 1997 auf dem Markt zu finden waren, waren 52, die neben anderen Vertriebswegen ihre Produkte auch am Schalter vertrieben, und 17, die ihre Produkte ausschließlich am Bankschalter verkauften (Tabelle 7, S. 77). Beim Vertrieb von Lebensversicherungen unterscheiden Banken oft Restschuldversicherungen, die von ihnen als ihre ausschließliche Sache betrachtet wird, von den übrigen Lebensversicherungen, über die mit Versicherern verhandelt werden kann.[219]

---

[216] Vgl. Suchting, Joachim (1988a), a.a.O. , S. 41.

[217] Siehe Abschnitt 2.4.1.5.2, S. 59.

[218] Banken haben heute in Deutschland, nach Einschätzung des Gesamtverbands der Deutschen Versicherungswirtschaft einen Marktanteil von ca. 25 % im Vertrieb von Lebensversicherungen (gemessen am gesamten Beitragsaufkommen der Lebensversicherung).

[219] Vgl. Matthiesen, Gerd (1997), S. 34.

Tab. 5: Banken als Vertriebswege in Deutschland

Versicherungsunternehmen	Bank
Aachener & Münchener	BfG Bank
Allianz	Dresdner Bank Bayerisch. Hypotheken und Vereinsbank
Axa Colonia	Schmidt Bank
Deutscher Herold	Deutsche Bank
Gothaer	Bankgesellschaft Berlin
Hamburg-Mannheimer	Dresdner Bank
HDI/CIV	CitiBank
HDI	Postbank AG
Iduna/Nova	Conrad Hinrich Donner Bank
Provinzial	Sparkassen/Landesbanken
R +V	Raiffeisen- und Volksbanken
Victoria	Bayerisch Hypotheken & Vereinsbank
Winterhur, DBV	Commerzbank

Quelle: L'argus (1998) S. 16

Tab. 6: Französische Lebensversicherungsunternehmen klassifiziert nach Art des Vertriebs im Jahre 1997[220].

Art des Vertriebs	Anzahl der Gesellschaften
Makler	79
Schalter	52
Direktvertrieb	51
Angestellter	50
Agenten	42
Sonstige	41

Quelle: Eigene Darstellung nach Angaben aus GAP (1997).

Die zunehmende Bedeutung des Vertriebswegs Bank im Vertrieb von Versicherungsprodukten gründet sich auf ihr Image (a), die Art der vertriebenen Produkte (b) und die Kostenvorteile (c).

220 Es ist möglich, daß ein Versicherer alle diese Vertriebswege benutzt, um seine Produkte zu vertreiben. Die hier angegebene Anzahl von Versicherern haben nicht ausschließlich nur einen bestimmten Vertriebsweg.

a. Image

„Geld macht nicht glücklich, aber es beruhigt", „Geld verdirbt den Charakter". Diese heute noch gängigen Volksweisheiten werfen ein bezeichnendes Licht darauf, wie vorbelastet das Image der Bank- und Versicherungsleistungen durch das Leistungsobjekt „Geld" ist[221].

Tab. 7: Französische Lebensversicherungsunternehmen mit Bankvertriebsweg als exklusives Vertriebsorgan

Versicherungsunternehmen	Kreditinstitut
ANTARIUS	CREDIT DU NORD
ASSU-VIE	BNP
ASSURANCE DU CREDIT MUTUEL VIE	CREDIT MUTUEL
ASSURANCE DU CREDIT MUTUEL VIE S.A.	CREDIT MUTUEL
CAPIROP	BANK POPULAIRE DE LA REGION OUEST DE PARIS
CREDIT MARITIME VIE	CREDIT MARITIME MUTUEL
ECUREUIL VIE	CENCEP
FRUCTIVIE	CCBP
FRUCTUAVIE	BANQUE POPULAIRE DU NORD
LA HENIN VIE	SUEZ LYNNAISE DES EAUX
INVESTISSEMENT TRESSOR VIE	-
NATIO VIE	BNP
NSM	NSM
PREDICA	CREDIT AGRICOLE
PREVIPOSTE	-
PROSPERITE	CCBP
SOCAPI	BANQUE CIC

Quelle: Eigene Darstellung nach Angaben aus GAP (1998), S. 292-309.

Finanzdienstleistungen werden demzufolge maßgeblich von der Qualität des Finanzdienstleisters geprägt. Somit steht vielfach nicht nur das einzelne Produkt, sondern auch das Image des Finanzdienstleisters im Brennpunkt der Kommunikationspolitik. Das institutionelle Image, das eigene Erscheinungsbild ist für den

221 Süchting, Joachim (a), a.a.O. , S, 423.

Finanzdienstleister ein immaterieller Aktivposten[222], der so zu gestalten ist, daß er die Entwicklungsstrategie fördert. Das Image oder das Markenbild ist die Ganzheit objektiver und subjektiver, also eventuell auch falscher, teilweise stark emotional getönter Einstellungen, die ein Individuum, eine Gruppe oder die Gesamtheit mit einem Meinungsgegenstand, z. B. mit einem Produkt, einer Marke oder einer Firma, verbindet.[223] Das Image bzw. der Ruf eines Unternehmens ist oft von entscheidender Bedeutung. So profitiert das Unternehmen dadurch gegenüber seinen Wettbewerbern.

Das Image erzeugt Glaubwürdigkeit und Vertrauen bei den diversen Ansprechgruppen und eignet sich zur Vermeidung negativer Publizität.[224] Ein gutes Image kann dazu führen, daß das Unternehmen und seine Leistungen bei Entscheidungen auf diversen Märkten (Absatz-, Personal-, Finanz-, Beschaffungsmarkt) bevorzugt wird. Auch die Einführung neuer Produkte und Dienstleistungen, Sortimentserweiterungen und Diversifizierungen werden durch die höhere Akzeptanz bei Händlern und Verbrauchern erleichtert. Schnellere Erkennbarkeit und Wiedererkennbarkeit des Unternehmens, seiner Leistungen und seiner Kommunikation unterstützen Bekanntheit und Absatzerfolg, und das Informationsniveau der Bezugsgruppen ist als Folge oder Ursache des Images vermutlich höher oder gerade nicht, weil Vertauen blind macht.

Trotz der unbestreitbaren gesellschaftlichen Bedeutung der Versicherungswirtschaft ist ihr Image in der breiten Öffentlichkeit der meisten Länder der Welt unbefriedigend.[225] Auf der Verbraucherseite wird Versicherung oft mit unangenehmen Zeiten (Tod, Unfall, Krankheit, Brand etc.) identifiziert. Das Geld, das Versicherungsnehmer für Versicherungsverträge, außer bei einigen Spar- und Lebensversicherungsverträgen an Versicherer zahlen, wird von Ihnen als „Enteignungsgeld" betrachtet, weil es ohne Eintritt eines Versicherungsfalls nicht zurückgezahlt wird. Die in den Allgemeinen wie auch möglicherweise Besonderen Versicherungsbedingungen präzisierte Produktbeschreibung ist aufgrund ihrer juristischen Formulierung zumeist für den potentiellen Versicherungsnachfrager nur schwer verständlich. Erschwerend kommt in diesem Zusammenhang die Anzahl der Pflichtversicherungen hinzu. Je höher diese Anzahl ist, desto mehr wird der Versicherungsbeitrag von den Versicherten als eine Steuer besonderer Art betrachtet. Während es im Jahre 1996 in Deutschland 18 Pflichtversicherungen gab, waren in Frankreich 95 zu finden.[226] Diese Anzahl trägt bestimmt zu einer Verschlechterung des Images der Versicherungswirtschaft bei. Diese nega-

---

[222] Vgl. Danloy, Paul (1979), S. 37.
[223] Vgl. Noelle-Neumann, Elisabeth/Geiger, Herbert (1988), S. 1228.
[224] Vgl. Achterholt, Gertrud (1993), S. 35 und die dort angegebene Literatur.
[225] Vgl. Giarini, Orio (1994), S. 133.
[226] Vgl. Nolla, Paul, a.a.O. , S. 23.

tive Grundhaltung ist zudem nicht nur auf die Verbraucherperspektive beschränkt. So sind nach einer Anfang 1997 durchgeführten Umfrage der Münchener Agentur für Unternehmenskommunikation, 68 % der befragten 40 deutschen Versicherungsunternehmen sowie 90 % der befragten 20 Wirtschaftsjournalisten der Auffassung, daß die Versicherungsbranche im allgemein ein negatives Image besitzt.[227] Dieses schlechte Image der Versicherungswirtschaft und dadurch der Versicherungsunternehmen hat auch einen negativen Einfluß auf ein mögliches Allfinanzangebot von Versicherungsunternehmen.

Das Image der Banken ist dagegen in Deutschland und Frankreich besser als das der Versicherer, und mehr Menschen trauen den Banken eine gute Versicherungsberatung zu als umgekehrt den Versicherern eine gute Beratung über Bankprodukte.[228] Jedoch wird dieser allgemeine Imagevorteil der Banken durch die Mentalität der Versicherungskunden begrenzt. Sie sind nicht unbedingt bereit, ihren traditionellen Versicherer für eine Bank aufzugeben. Versicherer haben zwar insgesamt ein schlechtes Image, einzeln gesehen meint aber ein Großteil der Kunden, ihr Versicherer sei gut.[229] Sowohl gebundene als auch unabhängige Vermittler der Versicherungswirtschaft sind in erheblichem Maße Reputationsträger; die Kunde entwickeln ihnen gegenüber starke Präferenzen.[230]Die häufig auch noch heute gegebene Identifikation des Vermittlers als „Mr. Versicherung“ („Ich bin bei Herrn Huber versichert“) lassen eine andere Vertriebspolitik für viele Gesellschaften auch als utopisch erscheinen.[231] Die Banken müssen gegen diese Unbeweglichkeit mit stichhaltigen Argumentation ankämpfen.

b. Art der vertriebenen Produkte

Als zweiter Erfolgsfaktor ist die Art der vertriebenen Produkte zu nennen. Die schnelle Entwicklung des Versicherungsvertriebs über französische Banken bzw. Schalter im Vergleich zu Deutschland ist auch auf die Natur der vertriebenen Produkte zurückzuführen. Der französische Lebensversicherungsmarkt im allgemeinen, wie es der Abbildung 11 (S. 80), zu entnehmen ist, hat sich zu einem Markt von individuellen Sparprodukten entwickelt. Seit 1987 liegt der Umsatz der Sparprodukte über denen der Vorsorgeprodukte. Dies läßt sich auch durch eine *Argus*-Studie bestätigen.[232] Diese zeigt, daß Sparprodukte überwiegend von jedem französischen Vertriebsorgan vertrieben werden. Dem deutschen Verständnis nach wären die hier vertriebenen Produkte eher bei den Bankprodukten

[227] Vgl. Bittl, Andreas (1998), S. 662.
[228] Vgl. Karten, Walter 1994 b.
[229] Vgl. Zielke, Carsten, a. a. O., S. 94.
[230] Vgl. Karten, Walter (1994a), S. 266.
[231] Vgl. Benölken, Heinz/Bahr, Thomas/Schneider Bernd/Winkelmann, Anja (1992), S. 731.
[232] Vgl. L'Argus, Nr. 6569 (1998), S. 26 ff.

anzusiedeln. Die Mehrheit der französischen Lebensversicherungen sind sichere Finanzanlagen. Dies impliziert für Banken im Vergleich zu den traditionellen Vertriebswegen der Versicherungswirtschaft keine zusätzlichen Investitionen im Rahmen des Vertriebs sowie Vorteile in bezug auf Image, Know-How und Kosten. Es ist daher selbstverständlich, daß sich der Versicherungsvertrieb über den Vertriebsweg Bank in einem Lebensversicherungsmarkt, auf dem der Anteil jedes Vertriebsorgans an Sparprodukten am Gesamtvertrieb seiner Produkte im Durchschnitt 87,5% beträgt (Abbildung 11), schneller entwickelt als der Vertrieb über traditionelle Vertriebswege.

Abb. 11: Französische Vertriebsorgene und die vertriebenen Produkte

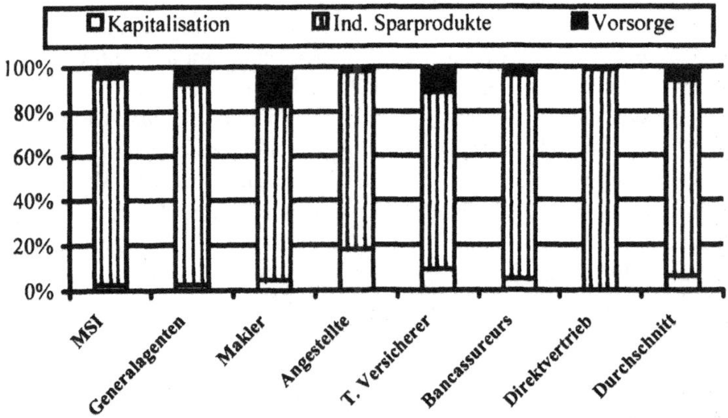

Quelle: L'Argus Nr 6569(1998), S 26 T Versicherer für traditionelle Versicherer und Bancassurance für die Banken, die Versicherungsprodukte vertreiben.

c. Kostenvorteile

Als dritter Erfolgsfaktor sind die Kostenvorteile des Bankvertriebs gegenüber dem Absatz über das traditionelle Vertriebsnetz der Versicherungsunternehmen zu nennen. Die Wettbewerbsfähigkeit von Allfinanzkonzepten liegt auch in der möglichen Realisierung von Kostendegressionen.[233] Die Schließungen von Bankzweigstellen sind hauptsächlich auf den immens hohen Fixkostenblock zurückzuführen, der einer Bank durch dieses Vertriebsverfahren entsteht.

[233] Vgl. Ellgering, Ingo, a.a.O. , S. 261.

Tab. 8: Struktur der Kosten nach Art des Vertriebs und der Produktgruppen in der französischen Lebensversicherung im Jahre 1996

Vertriebsweg	**Kapitalisationsgeschäfte**		
	Vertriebskosten	Verwaltungskosten	Gesamte Kosten
MSI	0,84	5,02	5,86
Agenten	3,65	4,02	7,67
Makler	3,07	5,68	8,75
Angestellte	18,61	7,98	26,59
Absatzverfahrensmix	9,62	3,11	12,73
Bankassekuranz	**2,32**	**3,00**	**5,32**
Direktvertrieb	NV[234]	NV	NV
Durchschnitt	**8,14**	**4,40**	**12,54**

Vertriebsweg	**Sparverträge**		
	Vertriebskosten	Verwaltungskosten	Gesamte Kosten
MSI	4,19	2,00	6,19
Agenten	4,25	3,55	7,80
Makler	4,17	1,31	5,48
Angestellte	13,39	4,02	17,41
Absatzverfahrensmix	11,79	2,83	14,62
Bankassekuranz	**2,78**	**1,59**	**4,37**
Direktvertrieb	3,61	1,75	5,36
Durchschnitt	**5,04**	**2,05**	**7,09**

Vertriebsweg	**Todesfallversicherung**		
	Vertriebskosten	Verwaltungskosten	Gesamte Kosten
MSI	14,36	5,05	19,41
Agenten	10,21	10,71	20,92
Makler	7,13	3,48	10,61
Angestellte	10,93	4,55	15,48
Absatzverfahrensmix	9,12	5,94	15,06
Bankassekuranz	**8,56**	**2,50**	**11,06**
Direktvertrieb	NV	NV	NV
Durchschnitt	**8,81**	**4,15**	**12,96**

Quelle: L'argus Nr. 6569 (1998), S. 29.

Durch zunehmenden Konkurrenzdruck müssen Fixkosten wieder gesenkt werden oder Deckungsbeiträge gefunden werden, weil Banken immer mehr dazu gezwungen werden, einen Teil der Margen an die Kunden abzugeben.[235] Der Vertrieb von Versicherungsprodukten stellt in diesem Zusammenhang für die Kreditwirtschaft eine Möglichkeit dar, ihre fixkostenintensiven, an Spitzenbela-

[234] NV für nicht verfügbar.

[235] Vgl. Zielke, Carsten, a.a.O. , S. 89.

stungen ausgerichteten und nur langfristig anpaßbaren Zweigstellensysteme besser zu nutzen, indem temporäre Kapazitätsunterauslastungen zum Vertrieb von Versicherungsprodukten genutzt werden[236]. Langfristig werden durch die Zusammenarbeit von Banken und Versicherungsunternehmen sogar zwischen 25 und 40 % Kosteneinsparungen erwartet, da weniger Arbeitskräfte benötigt würden[237].

Wie der oben dargestellte Tabelle 8 (S. 81) zu entnehmen ist, sind die Vertriebskosten der Banken niedriger als die der traditionellen Vertriebswege der Versicherer. Mit diesen mögliche niedrigeren Grenzkosten könnten Banken Versicherungsprodukte unter den Preisen der traditionellen Versicherer anbieten und zugleich neue Kunden gewinnen. Auf diese Weise sollen die Stückkosten gesenkt werden. Zum Beispiel können Vertriebswegs- und Informationsverarbeitungskapazitäten besser genutzt bzw. über mit dem Vertrieb von Versicherungsprodukten verbundene Provisionserlöse die Deckungsbeiträge der Zweigstellen erhöht werden. Solche produktionsmäßigen Verbundeffekte nennt man *economies of scope*, welche ein Absenken der Stückkosten durch Diversifikation bedeuten. Je größer die Verbundeffekte sind, desto stärker sollte über ihre Ausnutzung durch Allfinanzkonzepte nachgedacht werden.[238]

2.4.2.1.4 Vertrieb von Bankprodukten durch Vertriebsverfahren der Versicherungswirtschaft

Über den Vertrieb von Bankleistungen durch Versicherungsunternehmen liegen bis jetzt keine offiziellen Zahlen vor, aber er findet in der Praxis sicherlich statt. Die Axa-Bank zum Beispiel hatte im Jahre 1997 mehr als 200 Mio. französische Francs als Kredite an Kunden der Gruppe über Vertriebswege der Versicherungsunternehmen der Gruppe gegeben.[239] Jedoch ist der Erfolg des Vertriebs von Bankprodukten über Versicherungsvermittler bisher eher gering.[240] Mit der Nutzung eines Außendienst-Vertriebssystems des Versicherungspartners ergibt sich für die Banken die Möglichkeit, ihren bislang weitgehend monostrukturierten Absatz um ein örtlich und zeitlich variables Vertriebssystem zu erweitern, ohne indes eigene Aufbauleistungen erbringen zu müssen.[241]

---

[236] Vgl. Peick, Helmut (1978), S. 109.
[237] Vgl. OCDE (1992), S. 57 ; Zielke, Carsten, a.a.O. , S. 89.
[238] Vgl. Graf von der Schulenburg, J.-Matthias (1991), S. 228.
[239] Aus dem Interview mit Christian D'Aillieres, Direktor Bankabteilung.
[240] Vgl. Klein, Wilhelm, a. a. O. , S. 18.
[241] Vgl. Büschgen, Hans E. (1989), S. 15.

Der Vertrieb von Bankdienstleistungen durch Versicherungsunternehmen kann sowohl durch betriebseigene oder –gebundene Vertriebsorgane als auch durch Makler/Mehrfachagenten realisiert werden. Die Bedeutung von Makler/Mehrfachagenten und Strukturvertrieben im Vertrieb von Finanzdienstleistungen nimmt immer mehr zu.[242] Makler, Mehrfachagenten und Strukturvertriebe können auch Bankdienstleistungen vertreiben. Aufgrund ihres Marktüberblicks können Makler ihre Kunden auch umfassender als jeder andere Versicherungsvermittler beraten.[243]

Beim Versicherungsunternehmen besteht die Möglichkeit, Bankdienstleistungen über eine Art Franchising abzusetzen oder lediglich eine Absatzmittlerfunktion in Form der Anbahnung von Geschäftskontakten zwischen Kunde und Kreditinstitut auszuüben.[244] Die Vereinbarung eines Franchising zwischen einer Bank und einem Versicherungsunternehmen könnte vorsehen, daß die Außendienstmitarbeiter des Versicherungsunternehmens berechtigt sind, Bankleistungen (Spareinlagen, Sparbriefe, Hypothekendarlehen, etc.) anzubieten.[245] Als problematisch bei dieser Art des Bankleistungsvertriebs erscheint die Qualifikation des Versicherungsmitarbeiters, der in der Regel schon in der Versicherungswirtschaft, im Vergleich zum Bankangestellten, mehrere Aufgaben zu erfüllen hat. In der deutschen und französischen Versicherungswirtschaft gibt es mindestens 21 verschiedene Sparten, über die der Versicherungsvertreter beraten sollte. Daher erscheint es schwierig, neben diesen Aufgaben zusätzliche Bankprodukte zu verkaufen.[246] Aufgrund ihres eng begrenzten Zeitbudgets dürften die nebenberuflichen Vertreter hiervon am stärksten betroffen sein. Auch die angestellten Versicherungsvertreter haben wegen oftmals starker Spezialisierung häufig Schwierigkeiten, die qualitativen Voraussetzungen für den kompetenten zusätzlichen Vertrieb von Bankdienstleistungen zu erfüllen. Die hauptberuflichen Versicherungsvertreter dürften daher insgesamt noch die besten Voraussetzungen für den Vertrieb von Bankleistungen besitzen.

Ein weiteres Problem liegt in der Tatsache, daß ein Teil der Vertriebswege von Versicherungsunternehmen (z.B. selbständige Versicherungsvertrete Angestellte im Außendienst), die wegen des Vergütungssystems, das mehr an Provisionen ausgerichtet ist, für den Vertrieb von Bankprodukten sehr wenig geeignet sind. Außerdem kommt noch dazu, daß Banken immer sehr zurückhaltend waren, wenn es darum ging, den Vertrieb ihrer Geschäfte anderen Finanzintermediären

---

[242] Vgl. Butterwegge, Stephan (1997), S. 31.
[243] Vgl. Nell, Martin/Karten, Walter (1994), S. 397.
[244] Vgl. Rüth, Volker van, a.a.O. S. 140 ff.
[245] Vgl. Buschgen, Hans E. III (1979), S.31.
[246] Vgl. Helten, Elmar (1989), S. 12.

zu überlassen, weil diese ihrer Meinung nach nicht über die dafür notwendigen Kenntnisse verfügen.

Diese Zurückhaltung der Banken führt dazu, daß Versicherungsunternehmen Bankgeschäfte nur durch Gründung einer Bank oder Übernahme von Beteiligungen an Banken betreiben können. Schließlich kommt das schlechte Image der Versicherungswirtschaft hinzu, das bestimmt dazu beigetragen hat, daß 69 % der Befragten der Soll und Haben-Studie[247] Allfinanzangebote von Versicherern für nicht gut halten, weil der Versicherungsvertreter nicht über alle Finanzangelegenheiten des Kunden Bescheid wissen soll. Hinzu kommt eine geringe Kontakthäufigkeit zwischen Versicherungsvertreter und Kunde, die eine permanente Betreuung und Andienung von Bankprodukten meist vereitelt. Eine wesentliche Voraussetzung für den Erfolg der Kontaktanbahnung besteht in einer ausreichenden Zahl von Zweigstellen, an die die Kunden vermittelt werden können. Denn der Faktor Bequemlichkeit spielt bei der Bankauswahl eine große Rolle und verhindert, daß insbesondere Mengenkunden Beziehungen zu räumlich entfernteren Banken unterhalten.[248]

2.4.2.2 Allfinanzvertrieb und der dezentrale Vertrieb von Bank- und Versicherungsprodukten

Dezentrale Vertriebsverfahren sind die traditionellen Vertriebswege[249] von Banken und Versicherungsunternehmen. Jedoch sind dezentrale Vertriebsverfahren

---

[247] Vgl. Spiegel-Dokumentation (1989): Soll und Haben 3, S. 52.

[248] Vgl. Rainer, Georg (1997), S. 22.

[249] Traditionell können die Vertriebswege von Bank- und Versicherungsunternehmen nach der Art der Initiative zum Vertragsabschluß (Unter Vertragsabschluß soll nicht nur der Abschluß von Versicherungsverträgen verstanden werden, sondern auch der Abschluß von Geschäften mit einer Bank, z.B. Kontoeröffnung, Kreditvergabe, etc.) und nach dem Ort der Vertriebstätigkeit unterschieden und beschrieben werden. Nach der Art der Initiative zum Vertragsabschluß werden die Vertriebswege danach klassifiziert, ob die Initiative vom Kunden oder vom Finanzdienstleister ausgeht. Entsprechend dem Ort der Vertriebstätigkeit können Vertriebswege ihrem zentralen bzw. dezentralen Charakter nach untergliedert werden. Während bei einer Zentralisation von Vertriebsaufgaben der Vertrieb und die übrigen Servicedienstleistungen zentral, d. h. vom Hauptsitz des Finanzdienstleisters durchgeführt werden, werden die Vertriebstätigkeiten bei einer Dezentralisation von Vertriebsaufgaben räumlich aus der Zentrale des Finanzdienstleisters ausgegliedert (Vgl. Bleicher, K. (1980), S. 2405 ff.).Es besteht eine enge Beziehung zwischen zentralem bzw. dezentralem und direkten bzw. indirektem Vertrieb, so daß die zentralen bzw. dezentralen Vertriebswege auch als direkte bzw. indirekten Vertriebswege angeordnet werden können(Farny spricht z. B. von zentralem Direktabsatz. Vgl. Farny, Dieter (a) a. a. O. , S. 645.). Bei direktem Vertrieb wird auf die Zwischenschaltung von Vermittlungsorganen zwischen Finanzdienstleister und Kunden verzichtet, während bei indirektem Vertrieb ein Vertriebsorgan zwischen dem Finanzdienstleister und der Kunden eingeschaltet wird. Da der Direktvertrieb grundsätzlich kein Allfinanzvertrieb sein kann, wird in diesem Abschnitt nur die Entwicklung der indirekten Vertriebswege im Vergleich zum Allfinanzvertrieb analysiert.

von Banken von denen von Versicherungsunternehmen zu unterscheiden. Dieser Unterschied läßt sich vor allem dadurch feststellen, daß bei den wichtigen dezentralen Vertriebssystemen der Bank, nämlich den Zweigstellen und den Bankautomatensystemen, die Initiative zum Vertragsabschluß vom Kunden ausgeht. Banken zeichnen sich dadurch aus, daß sie eigentlich keine Verkäufer haben, obwohl sie ihre Angestellten immer Verkäufer nennen[250]. Der konventionelle Verkauf von Bankleistungen geschieht, im Gegensatz zu Versicherungsleistungen, im Rahmen einer *Pull-Strategie*, in einem System von Neben- und Hauptstellen, in die die Kunden aufgrund ihrer bisherigen Erfahrungen, durch Mund-zu-Mund-Propaganda, angeregt unter Umständen auch durch Werbung und Verkaufsförderung, gezogen werden und wo sie hinsichtlich der Abwicklung von Standardleistungen in den Nebenstellen, bei anspruchsvolleren Individualleistungen auch aus den rückwärtigen Positionen der Hauptstellen und der Filiale heraus bedient werden[251].

Indirekte Vertriebswege der Banken können nach der Art der Initiative zum Vertragsabschluß in zwei Gruppen untergliedert werden. Geht die Initiative zum Vertragsabschluß vom Kunden aus, so lassen sich Zweigstellen und Bankautomatensysteme (Geldausgabeautomaten, Mehrfunktionseinheiten (ATM) und Point of Sale Terminals) als Vertriebswege unterscheiden. Der Automateneinsatz bei Banken eignet sich nur für die Rationalisierung des Zahlungsverkehrs. Die Banken sind damit in der Lage, Kosten zu senken, indem sie Dienstleistungsfunktionen auf den Kunden übertragen[252]. Nachteilig zu beurteilen sind jedoch die begrenzte Funktion sowie der Verlust von Cross-Selling-Möglichkeiten. Eine Einsatzmöglichkeit für beratungsbedürftige Produkte besteht nicht. Geht die Initiative zum Vertragsabschluß von der Bank aus, so verfügen die Banken über die schon überholte fahrbare Zweigstellen,[253] den noch extrem seltenen Bankaußendienst[254] und die branchenfremden Unternehmen. Entstanden ist das Vertriebsverfahren des Bankaußendienstes aus dem Bedürfnis der Kunden, auch außerhalb der banküblichen Geschäftszeiten individuell in ihrer gewohnten Umgebung beraten und betreut zu werden.

Darüber hinaus wollen die Banken neben ihren traditionellen Zweigstellen über ein Instrument verfügen, mit dem sie selbst die Initiative zur Kontaktaufnahme steuern können[255]. Besonders wichtig beim Einsatz des Bankaußendienstes ist es, damit auch den bei Kunden und Nichtkunden vorhandenen latenten Bedarf an

---

[250] Vgl. Süchting, Joachim (e) (1989), S. 10.
[251] Vgl. Süchting, Joachim (c) a. a. O. , S. 185.
[252] Vgl. Thiemermann, Michael (1985), S. 54.
[253] Mehr über fahrbare Zweigstelle in: Betsch, Oscar (1977).
[254] Unter Bankaußendienst ist allgemein der organisierte Einsatz von Mitarbeitern (betriebs-eigenen Angestellten) der Bank außerhalb der Bankgebäude zu verstehen.
[255] Vgl. Klein, Wilhelm (1987), S. 659.

Bankdienstleistungen besser zu erfassen,[256] Dieses Verfahren findet vorwiegend im Konsumentenkreditgeschäft Anwendung. Der sich aus dem Nachfrageverbund ergebende Bedarf nach Konsumentenkrediten wird vom Verkäufer des Konsumgutes an das Kreditinstitut vermittelt, das so seinen Kundenkreis erweitern kann. Wegen des nur geringen Einflusses auf den Umfang und die Qualität des zugeleiteten Geschäfts ist die Bedeutung dieses Vertriebsverfahrens begrenzt. Jedoch ist die Bedeutung der Bankaußendiensten im Allfinanzvertrieb eher zunehmend.[257]

Im Gegensatz zu Banken geht bei dezentralen Vertriebsverfahren von Versicherungsunternehmen die Initiative zum Vertragsabschluß oft von dem Versicherer bzw. seinem Vermittler aus. Daraus resultiert die Mentalität des Hard-sellers, worauf sich der Erfolg der Außendienstorganisation gründet. Die Versicherungsprodukte stellen zumeist *„Push"-Produkte* dar, von deren Vorteilen der Kunde überzeugt werden muß. Diese Überzeugungsarbeit vor der Bedarfsdeckung wird von *Karten* als Bedarfsweckung bezeichnet, und ist deshalb notwendig und wichtig, weil erstens das nur sehr selten als dringlich empfundene Bedürfnis nach Versicherung kaum spontane Nachfrage auslöst, zweitens weil die Zusammenhänge des Versicherungsvorganges außer für Fachleute nur schwer durchschaubar sind, und drittens, weil der Versicherungsfall in der Regel mit unangenehmen Ereignissen verbunden ist, die gern verdrängt werden[258].

Für den Versicherer dient die Bedarfsweckung dazu, das Risiko bewußt zu machen und den Nutzen der Versicherung zur Befriedigung des latenten Bedürfnisses nach Sicherheit zu erklären. Für den Kunden dient sie dazu, das Problem des Erkennens und der Analyse seiner Risikosituation zu lösen und die Frage nach den passenden Maßnahmen zu beantworten, die sich nicht nur auf den Versicherungsschutz und seine spezielle Gestaltung beschränken[259].

Die Abbildung 12 (S. 87) stellt die indirekten Vertriebsverfahren von Versicherungsunternehmen dar. Die erste Gruppe wird von Vertriebsverfahren gebildet, bei denen die Initiative zum Vertragsabschluß von Versicherungsunternehmen ausgeht. Diese Gruppe von Vertriebsverfahren besteht aus dem Vertrieb über haupt- und nebenberufliche Vertreter, der Vertrieb über "Kopfstellen[260]", von Vereinen und der Vertrieb über andere Wirtschaftszweige.

---

[256] Vgl. Henke, Klaus (1975), S. 21.

[257] Siehe Abschnitt 2.4.2.1.3, S. 64.

[258] Karten, Walter (e) a. a. O. , S. 265.

[259] Vgl. Karten, ebenda.

[260] Kopfstellen sind z.B. Verbände, Vereine, Organisationen, Firmen etc. Kunden sind entweder die Mitglieder der Gruppenkofpstellen zugunsten ihrer Mitglieder oder die Mitglieder der Gruppe selbst. Rechtlich entsprechen Kopfstellen im wesentlichen dem Makler, wirtschaftlich nehmen sie entweder mehr den Charakter eines Absatzorgans des Versicherers oder den eines Beschaffungsorgans der Mit-

Abb. 12: Dezentrale Vertriebsverfahren von Versicherungsunternehmen

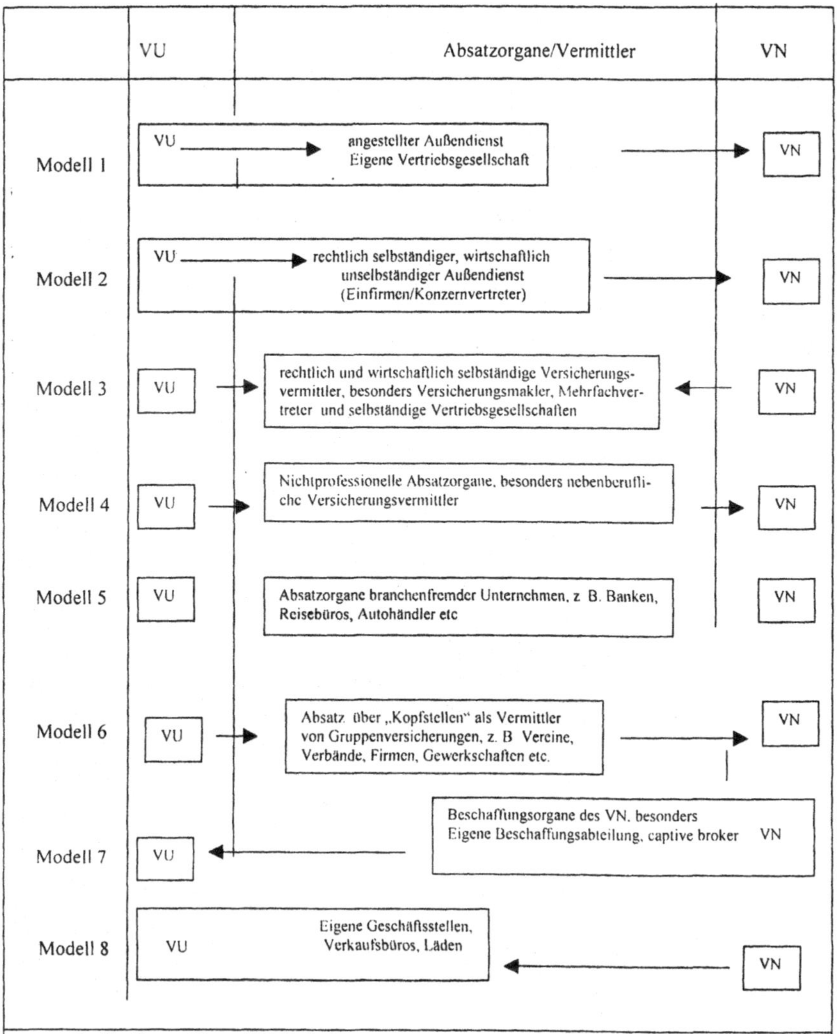

Quelle: Farny, Dieter (1985), S. 45.

---

glieder an. Ihre Bedeutung liegt besonders im Privatkundengeschäft mit Personenversicherungen. Mehr über "Kopfstelle" in: Farny, Dieter (a) a. a. O., S. 631.

Die zweite Gruppe von Vertriebsverfahren beinhaltet Verfahren, bei denen die Initiative zum Vertragsabschluß von Kunden ausgeht. Diese sind Makler,[261] Ladenvertrieb und Versicherungsautomaten. Die Entwicklung des Allfinanzvertriebs ist mit der Entwicklung des indirekten Vertriebs von Bank- und Versicherungsdienstleistungen verbunden. Auch wenn dies nicht als absoluter Verlust von Marktanteilen dargestellt werden kann, zeigen die Entwicklung in der deutschen und französischen Versicherungswirtschaft, daß der Marktanteil der Ausschließlichkeitsorganisation sinkt, während der des Vertriebswegs „Bank" steigt.[262] Die Entwicklung des Allfinanzvertriebs ist auf der Bankenseite durch die Fixkosten der Zweigstellen zu erklären. Trotz der Erscheinung neuer Bankingsysteme (Homebanking bzw. Internetbanking) stellen Zweigstellen, in Frankreich und in Deutschland, entsprechend einer Studie der "*European national trends for bank branches*" heute noch die wichtigste Vertriebskanäle von Banken dar.[263] Noch immer werden, dieser Studie zufolge, die Hälfte der Geldanlage- und Investmentprodukte in Europa über Geschäftsstellen von Banken vertrieben.

Abb. 13: Anzahl der Einwohner pro Bankfiliale

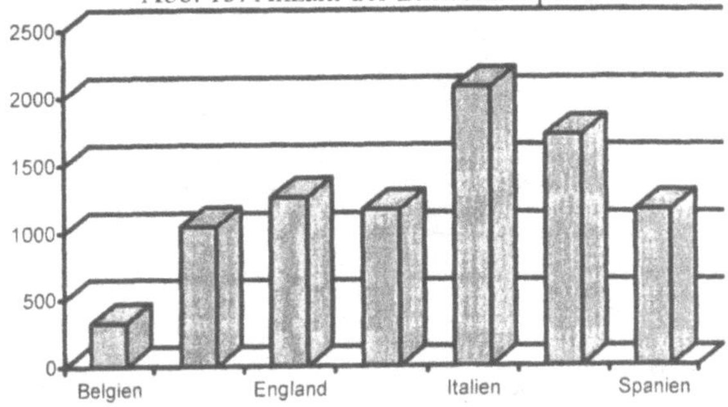

Quelle: Eigene Darstellung nach Angaben aus OCDE (1992), S. 55.

Jedoch hat die hohe Bankzweigstellendichte (ca. 1.046 Einwohnern pro Zweigstelle in Deutschland und von ca. 1.169 Einwohner pro Zweigstelle in Frankreich, Abbildung 13) in diesen Ländern aufgrund hoher Immobilien-, Ausstat-

---

[261] In den beiden Ländern repräsentieren sie ihre Kunden und nicht die Versicherungsgesellschaften. Sie werden deshalb nicht als Vertriebsorgan eines Versicherungsunternehmens, sondern vielmehr als Beschaffungsorgan eines Kunden bezeichnet und daher als betriebsfremdes Vertriebsorgan angesehen. Makler unterscheiden sich grundsätzlich von Agenten durch das Fehlen eines ständigen Betreuungsverhältnisses zwischen ihnen und Versicherungsunternehmen[261]. Vgl. Sieg, Karl (1988), S. 280.

[262] Siehe Abbildung 8, S. 64 und Abbildung 10, S. 66.

[263] Vgl. Datamonitor European S&I Distribution Database, in: bum 11/1997, S. 42.

tungs- und Personalkosten zur Folge, daß die Fixkosten für die Bankdienstleistungen stark gestiegen sind, was indirekt zu einer häufig unzureichenden Rentabilität dieser Vertriebsstützpunkte und teilweise schon wieder zu Schließungen von Zweigstellen geführt hat.[264] Darüber hinaus entsprechen die Schalteröffnungszeiten der Zweigstellen nicht den Verfügbarkeitserwartungen der Kunden, insbesondere nicht denen der Berufstätigen. Diese Nachteile und die Tatsache, daß ca. 90 % der in einer Zweigstelle abgewickelten Geschäfte standardisiertes Routinegeschäft sind.[265] haben zu dem Ziel geführt, weitere Deckungsbeiträge zu finden. Genau die Suche nach weiteren Deckungsbeiträgen hat zur Entwicklung des Allfinanzvertriebs geführt.

2.4.3 Entwicklungen auf der Kundenebene

Ein Allfinanzangebot bzw. -vertrieb ist nur dann dauerhaft am Markt zu halten, wenn das Angebotsprofil des Anbieters dem Anforderungsprofil des Kunden entspricht, oder anders ausgedrückt, wenn die Kunden einen Nutzen daraus ziehen können[266]. Die Analyse dieses Nutzens wird im Zusammenhang mit der Analyse der Allfinanzvorteile für die kamerunische Wirtschaft in einem weiteren Abschnitt erfolgen. Damit steht das Anforderungsprofil des Kunden im Mittelpunkt dieses Abschnitts. Es geht vor allem um die Frage, ob die Kunden ihre Entscheidungen bezüglich der Risikodeckung mit denen bezüglich ihrer finanziellen Anlagen verbinden bzw. ob sie in ihren finanziellen Angelegenheiten das one-stop-shopping[267] akzeptieren.

Bis heute ist diese Frage noch nicht wissenschaftlich fundiert beantwortet worden. In Frankreich stehen die Kundenwünsche bei der Allfinanzentwicklung nicht im Vordergrund. Die Meinungen der Kunden wurden nicht erfragt. Die Allfinanz ist zustande gekommen, ohne daß sie es bemerkt haben.[268] In Deutschland scheinen die Kunden ein Beweggrund der neuen Allfinanzentwicklung zu sein. Dies läßt sich vor allem aus den Ergebnissen der 1980, 1984 und 1989 realisierten Soll und Haben-Studie des Spiegel-Verlags erkennen.

Dieser Studie zufolge dürfte es eine Bank mit angegliedertem Versicherungsunternehmen wesentlich leichter haben, sich als Allfinanzanbieter durchzusetzen, als ein Versicherungskonzern, der sich eine Bank zulegt. Die positivere Beurteilung der Banken beruht neben ihrem Image zu wesentlichen Teilen auf Bequem-

[264] Vgl. Klein, Wilhelm (1997), S. 20.
[265] Vgl. Rüth, Volker Van (1994), a. a. O. S. 122.
[266] Vgl. Benölken, Heinz (I), a.a.O. , S. 649.
[267] Vgl. Betsch, Oskar (1992), S.15 ff.
[268] Vgl. Chatillon, Dominique, in: Daniel, Jean-Pierre (1992), S. 10.

lichkeit, fundierter Beratung und Vertrauen. Daneben begrüßen es 58 % der Befragten der Soll und Haben-Studie, wenn die Banken ein Allfinanzangebot offerieren, weil die Bank die finanzielle Situation des Kunden kennt und ihn daher auch in bezug auf andere Finanzdienstleistungen gut beraten kann[269]. 69 % der Befragten begrüßen es im Hinblick auf Allfinanzbanken, daß alle Finanzgeschäfte an einem Ort erledigt werden können. Bei den Versicherern schlägt der Bequemlichkeitsfaktor nicht so stark durch, denn nur 42 % schätzen es alle Finanzgeschäfte zu Hause erledigen zu können.[270] Das im Vergleich zu Banken schlechte Image der Versicherer führt dazu, daß 69% der Befragten Allfinanzangebote von Versicherungsunternehmen für nicht gut gehalten haben, weil das Versicherungsunternehmen bzw. der Versicherungsvertreter nicht über alle Finanzangelegenheiten des Kunden Bescheid weiß.[271] Die Nachfrager bezweifeln auch die Fähigkeit des Versicherungsaußendienstes, Bankprodukte kompetent zu verkaufen. 45 % der Befragten der Meinung, Versicherungsunter-nehmen seien nicht kompetent genug, Sparverträge zu verkaufen. Die entspre-chenden Werte betragen für Wertpapieranlagen 45 %, für Investment-/Immo-bilienfonds 41 %, für Bausparverträge und Baufinanzierungen 30 % und für Kredite 42 %.[272] Die aus dieser Studie resultierende Tendenz spiegelt sich in der heutigen Praxis wieder. Der zunehmende Anteil der Banken am Vertrieb von Versicherungsverträgen ist sicherlich ein Zeichen dafür, daß die Kunden Allfinanzangebote von Banken als gut einschätzen. Jedoch vertreiben auch Versicherungsunternehmen Bankleistungen, auch wenn dies nicht in gleichem Umfang geschieht. Deswegen stellt sich die Allfinanz im allgemeinen als Realität der heutigen deutschen und französischen Finanzdienstleistungsmärkte dar.

2.5 Institutionelle Allfinanzentwicklung

2.5.1 Rechtliche Rahmenbedingungen

Die deutsche und französische Gesetzgebung unterscheiden sich in bezug auf die der Bedingungen zur Bildung von Allfinanzkonzernen, führen in Endeffekt aber zum selben Ergebnis, nämlich dazu, daß die Bildung eines Allfinanzkonzerns nur durch eine Holding realisierbar ist.Der Unterschied besteht vor allem in der Tatsache, daß im französischen Recht der Begriff Allfinanzkonzern bzw. Finanzkonglomerat nicht Gegenstand einer expliziten und besonderen Gesetzgebung ist. Dort wird nur von Banken und Versicherungsgruppen gesprochen.[273] Der wech-

[269] Vgl. Spiegel-Dokumentation, a.a.O., S. 51.
[270] Vgl. Spiegel-Dokumentation, a.a.O., S. 24.
[271] Vgl. Spiegel-Dokumentation, a.a.O., S. 52.
[272] Vgl. Spiegel-Dokumentation, a.a.O., S. 52.
[273] Keren, Vered: a. a. O., S. 8; Commission bancaire (1993), S. 108.

selseitige Erwerb von Beteiligungen der beiden Unternehmensgruppen ist hier wie auch in Deutschland begrenzt möglich, darf - durch den Erwerb der Mehrheit der Beteiligung - jedoch nicht zur Kontrolle einer Bank bzw. eines Versicherungsunternehmens führen.[274] Somit bleibt für eine französische Bank oder ein Versicherungsunternehmen nur die Holdingstruktur als möglicher Weg zur Gründung eines Allfinanzkonzerns. Holdinggesellschaften unterliegen selbst weder der Bank- noch der Versicherungsaufsicht und damit auch nicht deren Geschäftsbeschränkungen.

In Deutschland dagegen sind Bedingungen für die Bildung von Allfinanzkonzernen eindeutig definiert und müssen sowohl mit den Gesetzen des Kreditwesens (KWG) als auch mit denen der Versicherungswirtschaft (VAG) übereinstimmen. Unter rechtlichen Aspekten liegt ein Allfinanzkonzern vor, wenn in einem Unterordnungs- oder Gleichordnungskonzern eine Bank und ein Versicherungsunternehmen zusammengefaßt werden.[275]

Deutsche Versicherungsunternehmen unterliegen in ihrer Tätigkeit strengeren aufsichtsrechtlichen Restriktionen als Banken, und es ist in der deutschen Versicherungswirtschaft bekannt, daß der entscheidende Grund für die Einführung von Holdingstrukturen die Schaffung eines weitgehenden aufsichtsrechtlichen Freiraums ist.[276] Die Möglichkeit von deutschen Versicherungsunternehmen in bezug auf die Bildung von Allfinanzunternehmen[277] sind durch die Aufsichtsgesetze sehr begrenzt. Sie können ein Allfinanzkonzept weder in der Rechtseinheit eines Versicherungsunternehmens noch als Obergesellschaft eines Vertragskonzerns oder faktischen Konzerns verwirklichen. Die Einbeziehung einer im Versicherungs- oder Bankgeschäft tätigen Konzernobergesellschaft in einen Allfinanzkonzern beinhaltet aufsichts- und haftungsrechtliche Probleme und stellt sich daher aus der Sicht des Versicherungsaufsichtsrechts - wegen des Verbots versicherungsfremder Geschäfte (§ 7 Abs. 2 VAG) - als ein zur Verwirklichung der All-

---

[274] Vgl. OCDE, a.a.O., S. 30.

[275] Vgl. Imelmann, Cord (1996), Gleichordnungskonzerne und Unterordnungskonzerne sind entsprechend § 18 Abs. 2 AktG die zwei Konzernformen des deutschen Aktiengesetzes. Konzerne, die durch Abhängigkeitsverhältnisse geprägt sind, werden als Unterordnungskonzerne, und solche ohne Abhängigkeitsverhältnisse als Gleichordnungskonzerne bezeichnet. Nach herrschender Meinung sind lediglich Unterordnungskonzerne verpflichtet, gemäß § 290 Abs. 1 HGB einen Konzernabschluß zu erstellen. Mehr dazu in: Angerer, Ausgust (1984); Doerry, Astrid (1988); Schierenbeck, Henner (1994), S. 392 ff.

[276] Vgl. Scheele, Martin: a.a.O. , S. 8-9; Keller, Thomas (1991), S. 1636.

[277] Die Begriffe Allfinanzunternehmen, Allfinanzkonzern, Allfinanzholding werden im Rahmen dieser Arbeit als Synonyme gebraucht. Ein Allfinanzunternehmen stellt eine Zusammenfassung von verschiedenen Unternehmen dar, in denen sowohl mindestens eine Bank als auch mindestens ein Versicherungsunternehmen, zwischen denen Kooperations-, Konzern- oder Holdingbeziehungen bestehen können, zusammenarbeiten.

finanzkonzeption weitgehend untauglicher Weg dar.[278] Deutsche Versicherungsunternehmen können also ein umfassendes Allfinanzangebot nur durch eine Holdinggesellschaft als Konzernspitze realisieren.

2.5.2 Formen von Zusammenschlüssen

2.5.2.1 Einleitung

Die Strategien (Abbildung 14) zum Aufbau des im vorangegangenen Kapitel analysierten umfassenden Allfinanzangebots und/oder -vertriebs ziehen eine Vielzahl von unternehmerischen Anstrengungen bzw. Formen oder Verbindungen auf verschiedenen Ebenen nach sich, die im Mittelpunkt dieses Abschnitts stehen.

Abb. 14: Institutionelle Allfinanzkonzepte

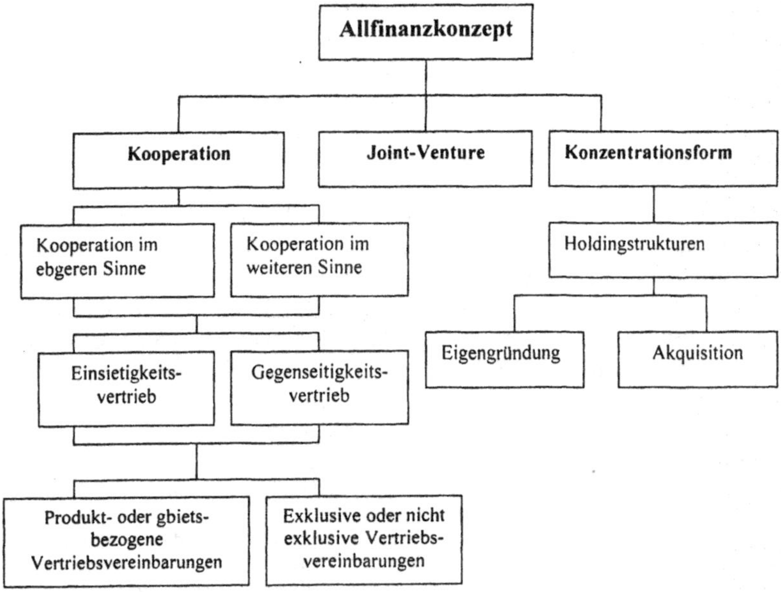

Quelle: Eigene Darstellung

[278] Vgl. Imelmann, Cord, a.a.O., S. 269.

Dabei geht es nicht um die Wahl der besten Form bzw. der besten Verbindung,[279] sondern vielmehr darum, die auf den deutschen und französischen Finanzdienstleistungsmärkten entwickelten institutionellen Allfinanzstrategien darzustellen und zu analysieren.

Im allgemeinen können Konsortien, Wirtschaftsverbände, Interessen- oder Arbeitsgemeinschaften, Kartelle, strategische Allianzen, Konzerne und Kooperationen unterschieden werden.[280] Die Entscheidung für eine bestimmte institutionelle Unternehmensverbindung bzw. -form bildet die Grundlage für die Umsetzung des Allfinanzkonzepts. Ausgangspunkt der Überlegungen ist die Entscheidung darüber, ob das neue Konzept im eigenen Unternehmen bzw. in der eigenen Unternehmensgruppe durch Kooperations- oder Konzentrationsbildungen oder über ein anderes Unternehmen, z. B. ein Joint-Venture-Unternehmen, extern auf den Markt gebracht wird. Diese Entscheidung ist nicht nur ein Bestimmungsfaktor für die Arbeitsteilung innerhalb eines Unternehmens, sondern auch die Grundlage für dessen Koordination, d. h. die Formulierung von Entscheidungskompetenzen, die Regelung der Weisungsbefugnisse für die unterschiedlichen Aspekte der Aufgabenerfüllung und die Kommunikationsbeziehungen innerhalb eines Unternehmens sowie zu anderen Unternehmen.[281]

Der seit Mitte der achtziger Jahre verstärkte Trend in Richtung Allfinanz hat auf dem deutschen und französischen Finanzdienstleistungsmarkt besonders zur Entwicklung von Kooperations- Konzentrations- und Joint-Venture-Strategien beigetragen. Jeder Gruppe entspricht ein bestimmter Integrationsgrad. Diese institutionellen Strategien haben einzel- und gesamtwirtschaftliche, gesellschaftliche, rechtliche, soziale, sogar ideologische und politische Bezüge. Im Rahmen dieser Arbeit sollen nur die betriebswirtschaftlichen Aspekte behandelt werden. Dabei soll die Kernvorstellung der einzelwirtschaftlichen Ausgliederung und des gemeinsamen Wahrnehmens von Aufgaben im Mittelpunkt stehen, da Konzentration und Kooperation nicht Selbstzweck sind, sondern Mittel zur Erreichung wirtschaftlicher Ziele.[282]

---

[279] Ein solches Ziel ist nur schwer realisierbar. Der Realisierungsweg einer Allfinanzunstrategie hängt von der Zielsetzung jedes Unternehmens ab und ist demzufolge eine unternehmensspezifische und subjektive Entscheidung.

[280] Bei Kartellabsprachen behalten die Anbieter, je nach Umfang der Absprachen, ihre Selb-ständigkeit mehr oder weniger bei. Konsortien sind in der Regel Gelegenheitsgesellschaften in Form von Gesellschaften des Bürgerlichen Rechts. Sie werden zur Abwicklung von Großprojekten gebildet und sind daher nur von begrenzter Dauer. Bei Wirtschaftsverbänden, Interessen- oder Arbeitsgemeinschaften handelt es sich um Verbindungen von Unternehmen gleicher Leistung bzw. gleicher Erzeugeraufgabe auf freiwilliger Basis. Unter strategischen Allianzen ist die Zusammenarbeit rechtlich selbständiger, meist international tätiger Großunternehmen zu verstehen. Vgl. Schumann, J., a.a.O. , S. 325 ff.; Hoffmann, Friedrich, a.a.O., S. 10 ff.; Picard, Pierre (1994), S. 437 ff.

[281] Vgl. Büschgen, Anja (1992), S. 49.

[282] Farny, Dieter (d) (1973), S. 14.

2.5.2.2 Kooperation

2.5.2.2.1 Begriff und Entwicklung von Kooperationsstrategien

Kooperationen gewinnen in allen wirtschaftlichen Sektoren im allgemeinen und insbesondere im industriellen Sektor immer mehr an Bedeutung, da die zunehmende Globalisierung und Komplexität der Märkte die Leistungsfähigkeit eines einzelnen Unternehmens überfordert.[283] Jedoch sind Kooperationsbeziehungen für Außenstehende im allgemeinen weniger transparent, weil sie ohne vermittelnde Institutionen abgewickelt werden. Überdies zeigen die kooperierenden Unternehmen wenig Neigung zur Publizierung ihrer kooperativen Strategien, weil diese überwiegend gegen Mitbewerber gerichtet sind. Sie sind auch ohne aufsichtsrechtliche Relevanz, weil die finanzielle und organisatorische Unabhängigkeit der einzelnen Unternehmen gewährt bleibt und keine Haftung für den Kooperationspartner übernommen wird.

Unter dem Begriff *Kooperation* ist eine zwischenbetriebliche oder überbetriebliche Zusammenarbeit zu verstehen, bei der die Beteiligten ihre wirtschaftliche Selbständigkeit nicht oder allenfalls in beschränktem Umfange aufgeben, indem etwa für bestimmte Entscheidungen überbetriebliche oder zwischenbetriebliche Instanzen gebildet werden.[284]

In dieser Arbeit ist aber nur die zwischenbetriebliche Kooperation von Interesse. Diese wird von *Hahn* definiert als ein bewußt kollektives Vorgehen oder die Koordination eines solchen Vorgehens auf freiwilliger Basis zum Zwecke der besseren Realisierung gleicher - der individuellen obersten Zielsetzung untergeordneter - Teilziele durch gemeinschaftliche Wahrnehmung einzelner Aufgaben.[285] Diese Definition bringt die wesentlichen Merkmale der zwischenbetrieblichen Kooperation zum Ausdruck, nämlich: die wirtschaftliche Selbständigkeit der kooperierenden Unternehmen, die Freiwilligkeit des kooperativen Handelns und die vertragliche Vereinbarung der Kooperationsziele (Schriftform nicht zwingend). Bei den ersten beiden Merkmalen, d. h. der wirtschaftlichen Selbständigkeit der kooperierenden Unternehmen und der Freiwilligkeit des kooperativen Handelns kommt es letztlich darauf an, daß die Partner die Entscheidung, die Unternehmensverbindung weiterzuführen oder aus ihr auszuscheiden, autonom treffen sollen. Diese Entscheidung muß sowohl aufgrund formal-rechtlicher Kündbarkeit wie auch de facto möglich sein, ohne daß die wirtschaftliche Existenz in erheblichem Maße berührt oder gar zerstört wird.[286] Das dritte Merkmal stellt die zwi-

[283] Vgl. Kruse, Volkhard (1991), S. 57.
[284] Farny, Dieter (1973), a.a.O. , S. 14.
[285] Hahn, Heiner (1972), S. 59.
[286] Volker van, Rüth, a.a.O. , S. 68.

schenbetrieblichen Zielsetzungen als wichtige Bedingung für eine Kooperation dar. Es setzt voraus, daß zwischen den Partnern Einigkeit über die offen dargelegten und klar formulierten unternehmerischen Interessen besteht und diese auch in den beteiligten Unternehmen durchsetzbar sind, da eine Kooperationssymmetrie im Sinne eines Ausgleichs von "Geben" und "Nehmen" nur so geschaffen werden kann[287].

Die Definition von *Hahn* gibt aber keine Information darüber, ob die Kooperationspartner in einer bestimmten Zeit einen Teil ihrer Zielsetzungs- und Zielerreichungsautonomie nur deswegen aufgeben, weil sie die Ergebnisse aus einer Zusammenarbeit höher einschätzen als die aus einem individuellen Fall. Die Kooperation kann z. B. als geschäftspolitisches Mittel auf der Ebene der kollektiven Maßnahmen zur Verbesserung der Wettbewerbssituation aller Unternehmen, um unmittelbar eine Steigerung der potentiellen Absatzchancen eines jeden Unternehmens zu erreichen, und auf der Ebene der betriebsindividuellen geschäftspolitischen Maßnahmen zur unmittelbaren Erhöhung des Zielrealisierungsgrades eingesetzt werden. Diese zeitliche Zielorientiertheit wird von *Peick* berücksichtigt, indem er Kooperation definiert als die Entscheidung eines wirtschaftlich selbständigen Unternehmens, einen Teil seiner Aktionsparameter längerfristig mit einem anderen Unternehmen koordiniert zu gestalten, um dadurch eine positive Beeinflussung finanzwirtschaftlicher Ziele zu erreichen[288].

Schließlich bleibt anzumerken, daß die Gesetzgebung eine wesentliche Rolle für die Bildung von Kooperationen spielt. Auch wenn der Kooperationsbegriff vom Gesetzgeber nicht eindeutig definiert wird, sind Kooperationen doch Gegenstand des Rechtssystems. So werden einige Kooperationsformen explizit verboten, z.B. Kooperationsabsprachen, die zu Einschränkungen des Wettbewerbs zwischen den Verbundpartnern (horizontale Wettbewerbsbeschränkung) führen. So hatte Mitte 1992 die Allianz AG wegen der Kritik des deutschen Kartellamts die Kooperation mit der Dresdner Bank AG unterbrochen.[289] Damit wird klar, daß nur die von der Gesetzgebung zugelassenen Kooperationsformen auch tatsächlich dauerhaft und hier zu untersuchen sind. Indem wir diese vier Merkmale der zwischenbetrieblichen Kooperation berücksichtigen, soll in dieser Arbeit unter Kooperation jede innerhalb eines vom Staat gesetzten Rahmens stattfindende freiwillige Zusammenarbeit wirtschaftlich selbständiger Unternehmen verstanden werden, deren Ziel es ist, bei grundsätzlicher Aufrechterhaltung ihrer Entscheidungsfreiheit durch Zusammenarbeit auf einzelnen Gebieten technischen und

---

[287] Vgl. Rehm, Hannes/Simmert, Diethard B. (1991), S. 16.
[288] Vgl. Peick, Helmut a.a.O. , S. 28.
[289] Vgl. Scheele, Martin a.a.O., S. 23.

wirtschaftlichen Fortschritt zu realisieren.[290] Dabei sollen Kooperationen im engeren Sinne von Kooperationen im weiteren Sinne unterschieden werden.

Die Kooperation im engeren Sinne unterscheidet sich von Kooperation im weiteren Sinne dadurch, daß sie aufgrund der Abwesenheit von kapitalmäßigen Verbindungen flexibler sind und einfach zerbrochen werden können. Diese Zerbrechlichkeit scheint in bezug auf die Kooperation sehr wichtig zu sein. Sie ermöglicht es Unternehmern, ihre Zweifel hinsichtlich zukünftiger Kooperationsperspektiven zu überprüfen, da es sich bei derartigen Entscheidungen um Entscheidungen unter Unsicherheit handelt, weil die Chancen und Risiken nicht hinreichend quantifizierbar sind. Somit können Unternehmen zum Beispiel die Reaktionen auf dem Markt und die Kundenreaktionen testen. In Frankreich kann man die *Banque populaire* (Bank) als Beispiel nennen, die vor der Einführung einer gemeinsamen Politik für die ganze Gruppe durch ihre Filialen mit verschiedenen Versicherungsunternehmen (*Présence*, *Cardif*, *AXA*,...) zusammengearbeitet hat.[291] In Deutschland sind die zwischen der Dresdner Bank und ihren Kooperationspartnern (Allianz, Deutscher Herold, Hamburger-Mannheimer, Victoria u.a.) existierenden Kooperationsvereinbarungen zu nennen.

Die größte Schwäche der Kooperationsstrategien im engeren Sinne liegt darin, daß im Management die Kosten der Koordination, der Findung von Kompromissen und der Inflexibilität sowie bei den Mitarbeitern die mangelnde Identifikation mit den von der anderen Seite eingebrachten Produkten eine derart geringe Effizienz des Kooperationsvorhabens zur Folge haben können, daß die strategische Allianz vorschnell auseinanderbricht. Unter diesen Umständen wird der stärkere Partner stets in der Versuchung sein, die strategische Zusammenarbeit schlagkräftiger zu machen, indem er über den Erwerb der Kapitalmehrheit die Zusammenarbeit nach eigenen Vorstellungen steuert.

Im Gegensatz zur Kooperation im engeren Sinne wird die Kooperation im weiteren Sinne durch direkte oder indirekte Kapitalverflechtungen ergänzt oder gefestigt. Hat man mit seinem potentiellen bzw. tatsächlichen Partner über die gemeinsamen Ziele Einigkeit erreicht, so gilt es darüber hinaus zu klären, ob die Kooperation kapitalmäßig unterlegt werden soll. Die Übernahme von überkreuzten oder einseitigen Minderheitsbeteiligungen in einer Bank durch ein Versicherungsunternehmen oder in diesem durch eine Bank ist ein Mittel zur Stabilisierung von Unternehmensbeziehungen. Sie dient in einigen Fällen dazu, eine gemeinsame Strategie zwischen den Partnern zu entwickeln und macht es zugleich möglich, die Dienstleistungsqualität zu kontrollieren.

---

[290] Vgl. A. Aschoff, zitiert nach Hahn, Heiner (1972), S. 60, Fußnote 1.

[291] Vgl. Choinel, Alain et Ruoyer, Gérard (1996), S. 60.

In der Praxis wird es für zweckmäßig gehalten, Kooperationsabkommen mit einer Beteiligung am Institut des Partners zu unterlegen, um sie abzusichern.[292] Überkreuzte oder einseitige Kapitalverflechtungen scheinen also wichtige Grundlagen für einen dauerhaften und echten Interessenaustauch zu sein.[293] Die Übernahme von Beteiligungen sind in der Praxis sowohl auf der Bankenseite als auch auf der Versichererseite festzustellen. Beispiele sind die Kooperation zwischen dem Versicherungsunternehmen Victoria und der Bayerischen Vereinsbank oder die Kooperation zwischen der Hypovereinbank und der Allianz.[294]

Die Minderheitsbeteiligung hat in Frankreich eine umfangreiche Entwicklung genommen. Französische Versicherungsunternehmen sind mehr Beteiligungen im Bankbereich eingegangen als die Banken im Versicherungsbereich. Dies ist bestimmt auch mit der bedeutenden Rolle der französischen Banken im Vertrieb von Versicherungsprodukten, insbesondere Lebensversicherungsprodukten, zu begründen. Nach einer Studie, die von der *Banque de France* im Jahre 1992 veröffentlicht wurde, hatten am 31. August 1992 22 Versicherungsunternehmen eine Minderheitsbeteiligung (zwischen 10 % und 50 % des Kapitals) an 80 Kreditinstituten, während nur 8 Kreditinstitute Minderheitsbeteiligungen an etwa 10 Versicherungsunternehmen hatten.[295]

Ein Beispiel ist die überkreuzte Beteiligung zwischen *BNP* (Bank) und *UAP* (Versicherungsunternehmen), die zum Ziel hatte, die schon existierenden Vertriebsabkommen dauerhaft zu befestigen. Dadurch sollte BNP Sachversicherungsprodukte der UAP verkaufen und die UAP Bankprodukte durch ihre Agenten vertreiben. Zusammen hatten sie auf regionaler und nationaler Ebene ein Organ gegründet, dessen Mitglieder sowohl BNP- als auch UAP-Mitarbeiter umfaßte. Ziel dieses Organs war die Verbesserung der Dienstleistungsqualität und die Erleichterung der Verwaltung der zwischen den beiden Unternehmen entstandenen Schwierigkeiten. Danach wurde die Natio Assurance gegründet, um diesen ganzen Prozeß zu verfolgen. Diese Untersuchung sagt aber nicht, ob alle Beteiligungsübernahmen von Versicherungsunternehmen im Rahmen einer Allfinanzstrategie oder nur als Anlagestrategie stattfanden. Die Anlageabsicht stand aber bei der Mehrheit der Beteiligungen von französischen Versicherungsunternehmen, die weniger als 10% betrugen, im Vordergrund.[296]

Auf den deutschen und französischen Märkten haben sich Kooperationsvereinbarungen ohne Beteiligungen sowohl in den Bereichen der Lebensversicherung und

---

[292] Vgl. Schieren, Wolfgang a.a.O.
[293] Vgl. Klein, Wilhelm (1988), S. 829.
[294] Vgl. Volker Van, Rüth a.a.O. , S. 85.
[295] Vgl. commission bancaire a.a.O. , S. 111.
[296] Vgl. commission bancaire a.a.O. , S. 111.

der Sachversicherung als auch in der Bankenbranche entwickelt. Aufgrund substitutiver und komplementärer Qualitäten der Lebensversicherungsprodukte[297] zu Bankdienstleistungen ist die Lebensversicherung sowohl in Deutschland als auch in Frankreich der erste Bereich, in dem Allfinanzentwicklungen anzutreffen waren. Lebensversicherungsprodukte können von Banken leichter als andere Versicherungsprodukte verkauft werden, deswegen ist die Kooperation in diesem Bereich sehr attraktiv. Diese Attraktivität hat dazu geführt, daß Allfinanzstrategien in diesem Bereich die Stufe der Kooperation im engeren Sinne überschritten haben und immer mehr durch Kooperation im weiteren Sinne oder Konzernvorgänge gekennzeichnet sind.

Die Ausübung von Sachversicherungstätigkeiten durch Unternehmen der Kreditwirtschaft befindet sich noch in einer Anfangsphase, deswegen wird das Angebot von Sachversicherungsprodukten durch Banken heute hauptsächlich durch Kooperationsformen ermöglicht. Strategien, die in diesem Bereich von Banken entwickelt worden sind, unterscheiden sich voneinander und hängen von deren Interessen an dem Sektor ab. Zwei Tendenzen lassen sich feststellen: Für einige Banken, ist die Tätigkeit des Sachversicherungsbereichs eine von der Banktätigkeit noch entfernte Aktivität. Sie ist kein lukratives Geschäft und stellt einen Markt mit geringem Wachstum dar. Die Banken wollen deswegen nicht in diesen Markt investieren, wollen aber Sachversicherungsprodukte im Rahmen eines Allfinanzangebots weiter anbieten, um dadurch Kopplungsprodukte anbieten zu können.

Das ist z. B. der Fall bei dem Angebot von Haftpflichtversicherungen, da diese zur Verbindung mit Autofinanzierungen führen können, oder bei der Verknüpfung der Gewährung von Grundschulddarlehen und Hypotheken mit dem Abschluß von Lebensversicherungen. Um dieses Ziel zu erreichen, haben sie die Möglichkeit, Produkte verschiedener Versicherungsunternehmen (die miteinander konkurrieren) durch Vertriebsabkommen zu verkaufen. Dadurch können sie sich auf dem Sachversicherungsmarkt befinden, ohne große Investitionen realisieren zu müssen und vor allem ohne an der von ihnen als „komplex" eingeschätzten Herstellung von Sachversicherungsprodukten teilnehmen zu müssen. In dieser Weise werden von vielen Banken Sachversicherungsprodukte angeboten. Ein konkretes Beispiel für eine Vertriebsvereinbarung im Sachversicherungsbereich ist die Distribution der Produkte des französischen Versicherers *MAAF* durch die *Banques populaires* oder der Vertrieb von Kfz-Versicherungen durch die *CITIBANK* in Deutschland. Andere Banken dagegen interessieren sich für die Sachversicherung und gründen oder übernehmen Sachversicherungsunternehmen, wie z.B. die Übernahme der Deutschen Herold Allgemeine Versicherungs-

[297] Siehe Abschnitt 2.4.1.5.2, S. 51.

AG durch die Deutsche Bank oder die Mitgründung der Natio Assurance in Frankreich durch BNP und UAP zeigen.

Während in Deutschland die Zusammenarbeit von Banken und Versicherern im allgemeinen stärker von Kooperations- als von Konzernbeziehungen geprägt ist,[298] sind Kooperationsbeziehungen auf dem französischen Markt mehr als Übergangsstrategie zu bezeichnen. Nach einer Kooperation haben viele französische Banken vor allem ihre eigenen Tochterunternehmen gegründet. Die Entwicklung und der Erfolg der von Banken gegründeten Tochterunternehmen im Lebensversicherungsbereich haben noch mehr Eigengründungen veranlaßt. Die heute auf dem französischen Markt noch bestehenden Kooperationsabkommen sind da, um das Angebot von anderen Versicherungsprodukten zu ermöglichen, die Banken aus absatzpolitischen Gründen (Gewinnung von Kunden z. B.) ihren Kunden weiter anbieten wollen. In Frankreich wird folgerichtig die Meinung vertreten, daß die Gründung von Tochterunternehmen durch die Banken die Entwicklung von Kooperationen i.e.S. begrenzt hat[299]. Dies läßt sicherlich auch die Schlußfolgerung von *Farny* zu, der in diesem Zusammenhang Kooperationsvorgänge als Übergangsstrategie bezeichnet.[300]

2.5.2.2.2 Vor- und Nachteile der Kooperationsstrategien

Kooperationsstrategien wahren die Arbeitsteilung zwischen den Kooperationspartnern, ermöglichen ihnen die Konzentration auf das Hauptgeschäft ihres Wirtschaftszweiges bei gleichzeitig enger Zusammenarbeit.[301] Die Unternehmen bringen die schon bestehenden Elemente in die Zusammenarbeit ein, so daß die jeweiligen Tätigkeitsbereiche relativ günstig erschlossen werden können,[302] was zu einer Erhöhung der Wettbewerbsstärke jedes Partners führen kann. Sie ermöglicht auch die frühzeitige Lösung von Interessenkonflikten, die z. B. bei der Kooperation zwischen einer Bank und einem Versicherungsunternehmen automatisch entstehen würden, wenn konkurrierende Anlageprodukte beider Partner über einen gemeinsamen Vertriebskanal angeboten werden.

Die bei einer Akquisition bzw. einem Konzern auftretenden, meist außerordentlich kostspieligen Abstimmungsprobleme werden dagegen vermieden.[303] Ein entscheidender Vorteil der Kooperationsstrategien liegt in der schnellen Realisie-

---

[298] Vgl. Schulte-Noelle, H. (1998) a.a.O. , S. 325.
[299] Vgl. Commission bancaire a. a. O. , S. 109.
[300] Vgl. Farny, Dieter (1991), S. 174.
[301] Vgl. Hahn, Oswald (1986), S. 402; Weiss, Wieland (1989), S. 231.
[302] Vgl. Kruse, Volkhard (1991) a.a.O. , S. 58.
[303] Vgl. Schieren, Wolfgang (1991) a.a.O., S. 8.

rung des Angebots aus einer Hand bei überschaubarem finanziellen Einsatz im Vergleich zu einer Konzernlösung durch Gründung eigener Töchter oder Übernahme von Unternehmen.[304]

Gegenüber Kooperationsvorteilen, die sich vor allem in Form von Kosteneinsparungen und der Wahrung wirtschaftlicher Selbständigkeit ausdrücken lassen, sind potentielle Nachteile nicht zu übersehen. Es ist nicht einfach, einen Partner zu finden, der in Größe, Interesse, Zielstruktur, Produktqualität und „Philosophie" zum eigenen Unternehmen paßt, denn dieser muß ebenso von der beidseitigen Vorteilhaftigkeit überzeugt sein wie das die Kooperation anstrebende Unternehmen. Dies beinhaltet die Gefahr längerer Verzögerungen in der Entscheidungsfindung und somit eine gewisse Inflexibilität gegenüber neueren Marktbewegungen. Selbst wenn man Harmonie und guten Willen der zusammenarbeitenden Managementvertreter unterstellt, so bleibt doch ein gewisses Risiko, daß sich die Besitzverhältnisse beim Partner verändern und sich somit durch Fremdbestimmung die Kooperation verschlechtert oder nach Ablauf der Vertragsdauer ganz auflöst.[305] Beispielhaft läßt sich in diesem Zusammenhang auf die Kooperation der Beamtenheimstätten (BHW) mit der Volksfürsorge verweisen, die nach der Übernahme der Volksfürsorge durch die AMB wieder aufgelöst werden mußte. Die Kooperationslösung kann außerdem durch ungleichen Nutzenaustausch und infolgedessen durch mangelnde Identifikation der Mitarbeiter mit der Verbindung belastet werden.[306]

2.5.2.2.3 Erscheinungsformen von Kooperationen

In der Praxis der deutschen und französischen Finanzdienstleistungsmärkte sind Kooperationsstrategien vor allem im Vertriebsbereich entwickelt worden. Die Trennung von Produktion und Vertrieb ermöglicht es, daß die kooperierenden Unternehmen ihre Ressourcen vor allem auf die Abwicklung konzentrieren.[307] Durch Vertriebsvereinbarungen können Versicherungsunternehmen Bankprodukte über ihr Absatzsystem verkaufen, umgekehrt können Banken Versicherungsprodukte über ihr Absatzsystem verkaufen. Sie sind eine der ältesten Kooperationsformen. Das deutsche Versicherungsunternehmen Allianz Aktiengesellschaft praktiziert sie bereits seit Mitte der zwanziger Jahre durch regionale Vertriebspartnerschaften.[308] Unternehmen (Banken oder Versicherungsunternehmen), die diese Strategie gewählt haben, können die eigenen Vertriebswege

304 Vgl. Peiner, Wolfgang (1988) a.a.O., S. 70.
305 Vgl. Kruse, Volkhard (1991) a.a.O., S. 60.
306 Vgl. Dies ist oft bei einseitigen Kooperationen der Fall.
307 Vgl. Kruse, Volkhard a. a. O., S. 59
308 Schieren, Wolfgang a. a. O., S. 8.

durch höhere Provisionseinnahmen produktiver nutzen. Durch Vertriebsvereinbarungen können Vertriebsvorteile ohne größere Vorlaufzeiten genutzt werden, was insbesondere eine schnelle Präsenz am Markt sichert.

Jedes Unternehmen stellt sein Distributionsnetz ausschließlich für ein eindeutig abgegrenztes Produktbündel des Partners zur Verfügung. Die folgende Abbildung 15 gibt eine mögliche Konzeption solcher Vereinbarungen wieder.

Abb.15: Konzeption der Vertriebsvereinbarung

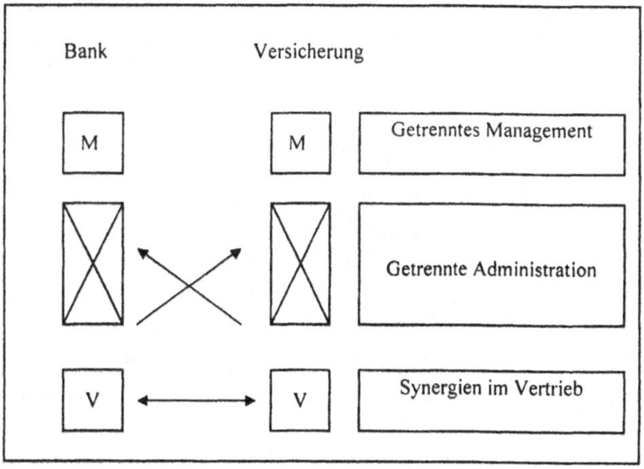

Quelle: Korff, Ulrich/Dorner, Martin (1991)

Vertriebsvereinbarungen können einseitig oder gegenseitig sein. Als *Einseitigkeitskooperation* kommen sie durch Unternehmen zustande, die ihren Markt als Spartenspezialisten aufgebaut haben. Solche Unternehmen pflegen im Regelfall teilweise lockere Kooperationen mit anderen Finanzdienstleistern. Beispiel sei ein Lebensversicherer, dessen Vertriebsorganisation schwerpunktmäßig durch den Vertrieb von Lebensversicherungen geprägt ist, auch wenn inzwischen zusätzlich einige Kompositsparten betrieben werden. Dieses Versicherungsunternehmen kann die Einkommensstabilität seiner Außendienstler dadurch absichern, daß diese selbst nicht betriebenes Geschäft, z. B. Finanzierungsgeschäft, ebenfalls „zur Weiterleitung" akquirieren. So lebt z. B. die Aachener Bausparkasse primär davon, daß sie von einer zweistelligen Zahl von Versicherern, die zum großen Teil auch an ihr beteiligt sind, Geschäft bekommt, ohne die Möglichkeit zu bieten, ihrerseits wiederum akquiriertes Versicherungsgeschäft in nennenswertem Umfang zurückzugeben.[309]

Gegenseitigkeitskooperationen unterscheiden sich von *Einseitigkeitskooperationen* dadurch, daß nicht nur akquiriertes Geschäft, das nicht in die eigenen Bestände paßt, irgendwo eingebracht wird, sondern daß auch klare Vereinbarungen bestehen, entsprechendes Geschäft zurückzubekommen.[310] Ein Beispiel hierfür ist ein Rechtsschutzversicherer, der über sein Vertriebsnetz auch Bankgeschäfte akquirieren läßt und diese an entsprechend spezialisierte Gesellschaften unter der Bedingung, von diesen auch akquirierte Rechtsschutzgeschäfte zu bekommen, weiterleitet. Beispielhaft war die vertriebliche Kooperation zwischen der DBV (Deutsche Beamtenversicherung) und der Commerzbank. Einseitigkeits- bzw. Gegenseitigkeitsvereinbarungen können ihrerseits in exklusive (1), nicht exklusive (2) oder in gebiets- oder produktbezogene Vertriebsvereinbarungen (3) untergliedert werden.

1. Exklusive Vertriebsvereinbarungen

Exklusive bzw. bilaterale Vertriebsabkommen zwischen einem Versicherer und einer Bank haben den Vorteil, daß sie die Beziehungen zwischen den beiden Partnern bekräftigen. Die Exklusivität vermeidet viele Verhandlungen und führt in der Regel zur Reduzierung der Kosten, die im Zusammenhang mit der Bestimmung, Übertragung und Durchsetzung von Verfügungsrechten entstehen (Transaktionskosten). Sie führt auch zu Kosteneinsparungen, wenn z. B. der Bankangestellte bei dem Versicherungspartner eine Versicherungsausbildung günstig bekommen kann und umgekehrt. Das kooperierende Unternehmen besitzt eine größere Bedeutung, wenn es mit nur einem Partner verhandelt, da es im entgegengesetzten Fall nur ein Partner unter vielen ist, also nur einen kleinen Teilmarkt des jeweiligen Partners bildet. Als Beispiel für exklusive Vertriebsabkommen ist die Kooperation zwischen der Commerzbank mit Generali zu nennen.

Exklusive Vertriebsabkommen fördern die Identifikation mit dem Partner und seinen Produkten als notwendige Voraussetzung für eine erfolgreiche Zusammenarbeit. Sie haben den Nachteil, daß sie zu einer Abhängigkeit der beiden Unternehmen führen können. Abhängigkeit einer Bank zum Beispiel von einem wichtigen Hersteller oder Abhängigkeit eines Versicherungsunternehmens von einem wichtigen Vertriebsweg. Folgerichtig läuft ein kooperierendes Versicherungsunternehmen die Gefahr, daß der Vertrieb seiner Produkte unter die Kontrolle einer Bank gebracht wird. Es besteht daher auch die Gefahr der Auflösung

---

309 Benölken, Heinz (1998), S. 591
310 Benölken, Heinz a. a. O. , S. 591

von Geschäftsbeziehungen durch das Unternehmen, das selbst in diesen Leistungszweig expandiert. So bestünde z. B. diese für den Versicherer, wenn die kooperierende Bank die Entscheidung trifft, ein eigenes Versicherungsunternehmen zu gründen. Als Beispiel sei das Abkommen zwischen *Crédit Agricole* (Bank) und *Groupama* (Versicherungsunternehmen) in Frankreich genannt. 1972 hatten diese beiden Unternehmen ein Lebensversicherungsunternehmen (70 % Bankbeteiligung und 30 % Versicherungsbeteiligung) gegründet. 2/3 der Geschäfte des Versicherungsunternehmens wurde durch *Crédit Agricole* realisiert. Nachdem die Geschäfte sich als derart gewinnbringend erwiesen hatten, entschied sich die *Crédit Agricole* für die Gründung eines eigenen Tochterunternehmens.[311] Dieses Abhängigkeitsrisiko kann durch nicht exklusive Vertriebsvereinbarungen begrenzt werden.

2. Nicht exklusive Vertriebsabkommen

Die nicht exklusiven bzw. multilateralen Abkommen (Kooperation zwischen einem Versicherer und vielen Banken oder einer Bank und vielen Versicherungsunternehmen) begrenzen das Abhängigkeitsrisiko der kooperierenden Unternehmen. Sie ermöglichen es den Banken bzw. Versicherungsunternehmen, ihren Kunden wie ein Makler die Produkte verschiedener Versicherungsunternehmen bzw. Banken anbieten zu können. Dadurch können Banken z. B., indem sie die Produkte von verschiedenen Versicherern vertreiben, Wettbewerb zwischen Versicherungsunternehmen bewirken und von ihnen interessante Provisionen erhalten. Aber wenn die Bank nicht ausschließlich mit einem Versicherer arbeitet, dann sind ihre Beziehungen zu verschiedenen „*Lieferanten*" nicht mehr so eng, also zerbrechlich. Neben dieser Zerbrechlichkeit ist auch zu berücksichtigen, daß die Beteiligung mehrerer selbständiger Unternehmen einen weitgehend störungsfreien Verlauf der Entscheidungsprozesse hinsichtlich Zielfindung, Maßnahmen zur Verfolgung der Ziele, Kontrolle der Zielerreichung aller Formen der Kooperationen, selbst wenn sie über vertragliche Vereinbarungen hinaus durch gegenseitige Minderheitsbeteiligungen unterlegt sind, erschwert.[312] Zu bedenken bleibt noch, daß die Zahl der zueinander passenden Partner begrenzt ist. Exklusive und nicht exklusive Vertriebsvereinbarungen lassen sich auch in produkt- bzw. gebietsbezogene Vertriebsvereinbarungen unterscheiden, die nun analysiert werden.

3. Produkt- oder gebietsbezogene Vertriebsvereinbarungen

Die Idee bei diesen Vertriebsvereinbarungen ist, daß der Versicherer bzw. die Bank keine exklusiven Partner hat, aber versucht, exklusive Abkommen in Bezug auf bestimmte Regionen (*nationale oder internationale*), Produkte (*Lebens-*

---

[311] Vgl. Keren, Vered (1997) a. a. O. , S. 93.

[312] Vgl. Wagner, Philipp a. a. O. , S. 88.

und/oder Sachversicherung) oder in bezug auf die Kunden (*Privat- oder Firmenkundengeschäft, Alterssegmente*) mit Banken bzw. Versicherungsunternehmen abzuschließen. Der Diskussionspunkt in diesem Zusammenhang ist die Frage, nach welchen Kriterien eine Zielgruppe definiert wird[313].

Die Exklusivität ist hier also nur in Bezug auf einzelne oder mehrere der oben genannten Kriterien bezogen, die es dem kooperierenden Unternehmen ermöglichen, einen privilegierten Kontakt zum Partner zu haben. Ziel dieser Kooperationen ist also die regionale oder produktbezogene Zusammenarbeit auf der Ebene des Vertriebs. Das eigene Produkt soll durch Produktkombination gefördert und das eigene Kundenpotential durch Gegengeschäfte erweitert werden. Beispielhaft für eine solche Zielgruppenstrategie ist die Strategie der Dresdner Bank. Diese hat im Rahmen der Vermittlung von Lebensversicherungsprodukten im Niederlassungsbereich Hannover mit der Viktoria Lebenversicherungs-AG zusammengearbeitet, in den Bereichen Bielefeld und Nürnberg mit dem Deutschen Herold, in Bremen, Hamburg und München mit der Hamburg-Mannheimer Versicherungs-AG und im restlichen Bundesgebiet mit der Allianz Versicherung.[314] Ein anderes Beispiel ist der Fall des französischen Versicherungsunternehmens *AGF*, das in seiner Zusammenarbeit mit *Cortal* (Bank) deren verzinsliches Girokonto "*compte rémunérés*" vertrieben hatte.

2.5.2.3 Joint-Venture-Strategie

Einen Sonderfall bzw. eine Verlängerung der Kooperation im weiteren Sinne stellt das Joint-Venture-Unternehmen dar. Ein Joint-Venture läßt sich als ein Gemeinschaftsunternehmen bezeichnen, an dem mindestens zwei unabhängige Unternehmen kapitalmäßig beteiligt sind[315]. In bezug auf unterschiedliche Nationalität und Branchen[316] der beteiligten Unternehmen ist die Gründung von Joint-Venture-Unternehmen auf dem Finanzmarkt geläufig. In bezug auf die Zusammenarbeit zwischen Banken und Versicherungsunternehmen spielen die Joint-Venture-Strategien eine bedeutende Rolle in Ländern, in denen direkt überkreuz-

---

[313] Weiss, Wieland a. a. O. , S. 242.

[314] Kruse, Volkshardt (1991) a. a. O. , S. 66.

[315] Vgl. Schierenbeck, Henner (1994), S. 362.

[316] Bei einem Joint-Venture schließt man sich oft mit Partnern im Ausland zusammen, um dort ein Unternehmen zu betreiben, dessen Eigentum, Leitung und Kontrolle man sich teilt. Während politische Gründe bei grenzüberschreitendem Joint-Venture üblicherweise als Ursache angeführt werden, sind branchenübergreifende Joint-Venture aus rechtlichen oder wirtschaftlichen Gründen notwendig oder erstrebenswert. Ein politischer Grund für Joint-Venture könnte darin bestehen, daß eine Unternehmensgründung im Ausland nur dann von der Regierung zugelassen wird, wenn einheimische Partner daran beteiligt sind. Wirtschaftlich können z. B. Mangel an finanziellen Mitteln oder das Fehlen von Managementpersonal genannt werden. Mindestens ein beteiligtes Unternehmen sollte seinen Sitz im Gründungsland des Joint-Ventures haben. Vgl. OCDE a.a.O. , S. 68.

te Beteiligungen zwischen Unternehmen der Versicherungs- und Kreditwirtschaft verboten sind. Besonders wichtig ist diese Strategie in der deutschen Allfinanzentwicklung, weil sie die kooperative Gründung oder Übernahme einer Vermittlungsgesellschaft ermöglicht, die für den Vertrieb der Produkte der kooperierenden Banken und Versicherungsunternehmen zuständig wäre. Die Gründung bzw. Akquisition einer Vertriebsgesellschaft stellt eine mögliche Strategie zur Erreichung von Allfinanzzielen dar, trotz der zur Zeit rückläufigen Bedeutung des Strukturvertriebs[317] auf Finanzdienstleistungsmärkten.[318] Vertriebsgesellschaften vereinfachen die Problematik der verbundenen Angebote. In Deutschland wird die Problematik bei dem Angebot von Versicherungs- und Bankprodukten dadurch wesentlich gemindert, daß selbständige Versicherungsvermittler (selbständige Vertreter, Makler) bei ihrer Vermittlungstätigkeit dem Verbot des § 7 Abs.2 VAG nicht unterliegen.[319] In Frankreich ist diese Strategie auch von wesentlicher Bedeutung, da Banken und Versicherungsunternehmen Sondergenehmigungen benötigen, um Versicherungs- bzw. Bankleistungen zu vertreiben[320]. Vermittlungsunternehmen können in den beiden Ländern Versicherungs- und Bankdienstleistungen vermitteln, ohne mit irgendwelchen Gesetzen in Konflikt zu geraten.

Die Joint-Venture-Strategie im allgemeinen hat den Vorteil, daß sie den beteiligten Unternehmen die Möglichkeit gibt, wechselseitig preiswerte Dienstleistungen zu erhalten. Sie ist kostengünstig und gibt den Unternehmern die Möglichkeit sich zurückzuziehen, wenn sich die zuvor getroffene Entscheidung als falsch herausstellt. Nachteile einer derartigen Strategie liegen wie bei allen Formen des Gemeinschaftsunternehmens insbesondere in der nachhaltig abgestimmten Koordination, der Frage der internen bzw. externen Wachstumsmöglichkeiten und -pfade und der Kontinuität bei der einheitlichen Führung und Verantwortung.[321] Beim Kauf eines Versicherungsunternehmens hat die Bank bzw. das Versicherungsunternehmen einen möglichen Zugang zu den von den Vermittlern betreuten Kunden.

---

[317] Im institutionellen Sinn wird der Begriff Strukturvertrieb als Beschreibung von organisierten selbständigen Vertriebsgesellschaften oder noch weitergefaßt pauschal für alle Vertriebsgesellschaften verwendet. Im betriebswirtschaftlich operativen Sinn versteht man darunter eine klar aufgebaute und hierarchisch gegliederte, auf den Verkauf von Konsumgütern oder Finanzdienstleistungen ausgerichtete Form der Vertriebsorganisation.

[318] Vgl. Butterwegge, Stephan (1997), S. 31 ff.

[319] Das gleiche gilt für Versicherungsvermittlungsgesellschaften in eigenständiger Rechtsform. Für Außendienstmitarbeiter gilt das Verbot des § 7 Abs. 2 VAG. Vgl. Mohr, Paul Günther (1992), S. 864; Sieg, Karl (1988), S. 273; Rüth, Volker Van a.a.O. , S. 145.

[320] Vgl. Keren, Vered a. a. O. , S. 69.

[321] Vgl. Theisen, Manuel René (1991), S. 39.

Die Vermittler der Vertriebsgesellschaft können Bank- und/oder Versicherungsprodukte als einzelne Produkte oder in Verbindung miteinander verkaufen. Aufgrund der hohen Anforderungen fachlicher und persönlicher Art müssen die Vermittler auf beiden Gebieten gründlich geschult werden. Ein derart vorgebildeter Personenkreis könnte langfristig beim Absatz von Bank- und Versicherungsprodukten erfolgreich sein. In Abbildung 16 ist diese Strategie dargestellt. Ein wichtiger Vorteil der Gründung einer gemeinsamen Vertriebsgesellschaft ist die Möglichkeit der Reduzierung des Konfliktes zwischen Entlohnungssystemen der beiden Unternehmensgruppen. Die Mitarbeiter, die für Strukturvertriebe Finanzdienstleistungen vermitteln, arbeiten selbständig als freie Handelsvertreter. Sie erhalten für ihre Tätigkeit kein Festgehalt, sondern eine leistungsorientierte Entlohnung auf Provisionsbasis. Honoriert werden die vermittelten Vertragsabschlüsse. Ein weiterer Vorteile dieser Strategie liegt in den geteilten Ausbildungskosten.[322] Diese möglichen Vorteile werden durch das negative Image von Vertriebsgesellschaften, die ggf. hohen Anlaufkosten und den zeitintensiven Aufbau der neuen Gesellschaft gemindert.

Abb.16: Konzeption der Vermittlungsstrategie

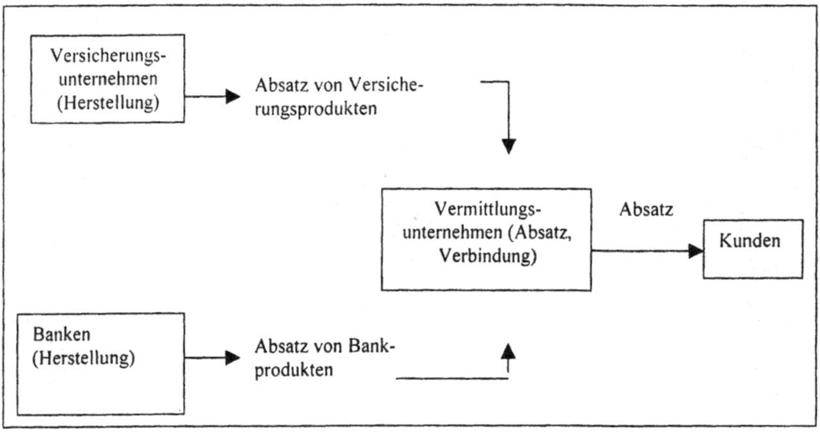

Quelle : Farny, Dieter (1971), S. 165

[322] Vgl. Rüth, Volker Van a. a. O., S. 146.

In Deutschland sind zahlreiche Beispiele anzutreffen. So hat die Berliner Bank die Finanz- und Versicherungsvermittlung GmbH (Fin. Ass.) gegründet (100% Anteil). Die DG Bank hat die DG-Versicherungsvermittlung GmbH gegründet. Diese Strategie wurde am Anfang der Bankassurance von französischen Banken bevorzugt.[323] So wurden z. B. Natio Assurances, Vermittlungsunternehmen von der Bank BNP und des Versicherers UAP, oder Lion Assurances von Credit Lyonnais und AXA-Courtage-Vie gegründet. Die Gründung von *Soravie* (Lebensversicherung) durch Crédit Agricole (Bank) und Groupama (Versicherer), Antarius (Lebensversicherung) durch Credit du Nord (Bank) und Cardif (Versicherer) in Frankreich sind weitere Beispiele dieser Art.

In der Sachversicherung kann die gemeinsame Schaffung einer Vertriebsgesellschaft bei Banken eine bedeutende Rolle spielen, weil sie wie eine reine Absatzkooperation die Möglichkeit bietet, Cross-Selling-Möglichkeiten zu nutzen, ohne an der komplexen Erstellung und Verwaltung von Sachversicherungsprodukten teilnehmen zu müssen. Die Geschäfte der Sachversicherung bergen für Banken mehr und größere Risiken als die der Lebensversicherung. In der Sachversicherung ist als besondere Vermittlungsstrategie auf die *BNP* und Credit Lyonnais (Banken) zu verweisen. Die *BNP* hat 1981 mit der *UAP* (Versicherer) Verkaufsvereinbarungen unterzeichnet, die sich später durch die Gründung eines gemeinsamen Tochterunternehmens (Natio Assurance) konkretisiert haben. Dieses Tochterunternehmen war eigentlich ein Maklerbüro und hatte zum Ziel, Sachversicherungen zu vertreiben. Die Credit Lyonnais hatte die Sachversicherungsprodukte ihres Tochterunternehmens (Versicherung) durch ihr Maklerunternehmen (Lion Courtage) vertrieben.

2.5.2.4 Konzentration oder Integrationsstrategien

2.5.2.4.1 Begriff und Entwicklung der Konzernstrategien

Im Mittelpunkt der Konzentrationsstrategien steht der Konzern. Im Gegensatz zum Begriff Kooperation, der mehrdeutige Verwendung findet, ist der etymologisch aus der englischen Literatur stammende Begriff des Konzerns[324] in Deutschland rechtlich eindeutig definiert.[325] Stark vereinfacht bezeichnet der Konzern den Zusammenschluß mehrerer Unternehmen zu einer unternehmeri-

323 Vgl. Keren, Vered, a. a. O. , S. 71.

324 Vgl. Grochla, Erwin (1969), S. 175.

325 Zu den Definitionen und Implikationen der Konzernbildung, siehe Angerer, August (1984); Hoffmann, Friedrich (1993); Schirenbeck, Henner (1994); Farny, Dieter(a) a.a.O., S. 214 und 234 ff.; Immelman, Cord (1996). Siehe auch Abschnitt 2.5.1, S.88.

schen Einheit.[326] Er unterscheidet sich aber von der Kooperation nicht durch die in Konzernen fehlende wirtschaftliche Unabhängigkeit der beteiligten Partner, sondern in der Tatsache, daß Konzernunternehmen aufgrund der einheitlichen Leitung wirtschaftlich jederzeit der ihnen eingeräumten Selbständigkeit beraubt werden können, wenn die herrschende Unternehmung dies wirtschaftlich für opportun hält, was in einer Kooperation nicht möglich ist.[327]

Der betriebswirtschaftliche Konzernbegriff unterscheidet sich von den juristisch orientierten Begriffsbestimmungen im wesentlichen durch seinen spezifisch ökonomischen Aspekt. Der zentrale Ansatzpunkt einer betriebswirtschaftlichen Definition ist die Sicht des Konzerns als „Ganzes“, als Entscheidungs- und Handlungseinheit, der hinsichtlich der unternehmerischen Willensbildung absolute Autonomie zuzuerkennen ist. Der Konzern ist demnach eine wirtschaftlich autonome Einheit, auch wenn die einzelnen selbständigen Konzernunternehmen nach innen und außen als eigenständige Marktpartner auftreten können.[328] Entscheidend ist hier die Existenz einer durch die Spitzeneinheit[329] tatsächlich wahrgenommenen einheitlichen Leitung. Diese besagt, daß das gesamte Gebilde “Konzern“ eine ökonomische Einheit darstellt und die einzelnen Teile des Konzerns keine wirtschaftliche Selbständigkeit mehr aufweisen.[330] Die Intensität der einheitlichen Leitung ist jedoch davon abhängig, welche Aufgaben von der Spitzeneinheit erfüllt werden. Bei einem Stammhauskonzern ist die Spitzeneinheit selbst "operativ" am Markt tätig, d. h. daß sie Produkte und/oder Dienstleitungen für externe Marktpartner erbringt. Ein solcher Konzern kann, aufgrund des Verbots versicherungsfremder Geschäfte, nicht zur Gründung eines Allfinanzkonzerns führen. Bei einem Holdingkonzern dagegen kommt der Spitzeneinheit des Konzerns grundsätzlich ausschließlich die Aufgabe der Konzernführung und Verwaltung zu. Die Holding übt demnach keine eigenunternehmerische Tätigkeit aus, sie wirkt allein über ihre Tochtergesellschaften und bietet also eine sinnvoller Alternative zur Gründung eines Allfinanzkonzerns.

Der Begriff "Holding" ist abgeleitet von den englischen Wort "to hold", d. h. "halten, beherrschen"; dementsprechend ist der ursprüngliche Zweck der Holding das "Halten" von Beteiligungen sowie das "Ausüben von Einfluß".[331] Unter einer

---

[326] Die Voraussetzung für die Existenz eines Konzerns ist das Bestehen einer einheitlichen Leitung. Vgl. Hoffmann, Friedrich a.a.O. , S. 7; Immelman, Cord a.a.O., S. 195.

[327] Vgl. Rüth, Volker van a.a.O., S. 73.

[328] Vgl. Hoffmann, Friedrich (1993), S. 8.

[329] Eine Konzernorganisation gliedert sich in mindestens zwei Ebenen, in Grundeinheiten in Form rechtlich selbständiger Tochterunternehmen sowie in eine Spitzeneinheit, der die Aufgabe der Konzernführung zukommt. Die Spitzeneinheit wird auch als Konzernleitung, Dachgesellschaft, Konzernhauptversammlung oder Muttergesellschaft bezeichnet. Vgl. Hoffmann, Friedrich (1993), S. 12.

[330] Vgl. Grochla, Erwin, a. a. O., S. 179.

[331] Hoffmann, Friedrich a. a. O. , S. 12.

Holding ist also eine Gesellschaft zu verstehen, deren betrieblicher Hauptzweck in der Verwaltung von Beteiligungen an anderen rechtlich selbständigen Unternehmen liegt. Als Obergesellschaft bringt eine Allfinanzholding ihr Allfinanzangebot durch verschiedene Finanzdienstleister (Banken, Bausparkassen, Kapitalanlagegesellschaften, Lebens-, Sach- und Krankenversicherer, Vertriebs- und Servicegesellschaften und weitere denkbare Dienstleistungsunternehmen) auf den Finanzdienstleistungsmarkt (Abbildung 17).

Abb.17: Konzeption einer Allfinanzholding

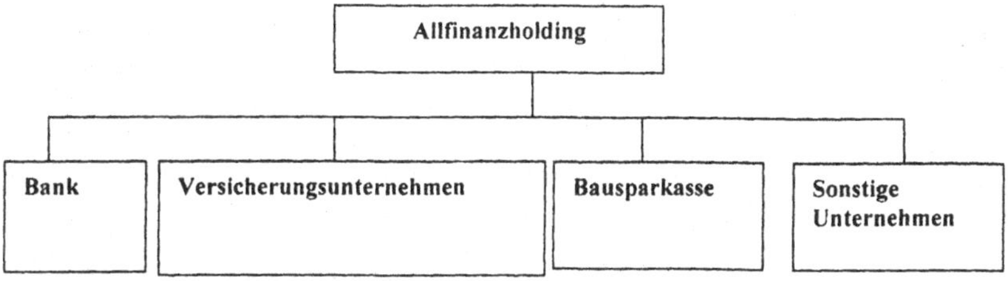

Quelle: eigene Darstellung

Die Gründung eines Allfinanzkonzerns kann entweder durch Gründung einer gemeinsamen Holding (up-stream Konzernierung) oder durch Ausgründung bzw. Ausgliederung entsprechender Tochtergesellschaften (down-stream Konzernierung) geschehen. In bezug auf den Allfinanzkonzern wird eine Bank oder ein Versicherungsunternehmen im Zuge der Ausgründung eine Betriebsgesellschaft gründen und in diese das gesamte Betriebsvermögen einbringen. Die Geschäftstätigkeit des bisherigen Kreditinstituts oder Versicherungsunternehmens wird dabei in Form der neuen Betriebsgesellschaft institutionalisiert. Das frühere Unternehmen selbst wird zur Holding, der die Aufgabe obliegt, die Bank- und Versicherungsgeschäfte zentral zu steuern und zu koordinieren sowie die Beteiligung an den verschiedenen Betriebsgesellschaften zu verwalten.Für deutsche Lebensversicherungsunternehmen ist die Ausgründung die bessere Methode zur Gründung einer Allfinanzholding, weil nicht allen Unternehmensverträgen zwischen ihnen und einem anderen Unternehmen von der Aufsicht zugestimmt werden kann. Neben die Zulässigkeit von Unternehmensverträgen ist zum anderen auf das Problem der Behandlung möglicher Stiller Reserven hinzuweisen. Das BAV widmet dem Prinzip der Spartentrennung bei der Beurteilung von Unternehmensverträgen besondere Aufmerksamkeit. Es versagt die Zustimmung bei Unternehmensverträgen, bei denen Lebensversicherungsunternehmen als herrschende Unternehmen oder als Unternehmen, an das der Gewinn abzuführen ist, beteiligt sind.[332] Die damit verbundenen Verpflichtungen zu Verlustübernahmen können zu einer Minderung der Überschüsse aus dem Lebensversicherungsgeschäft führen. Dieses muß jedoch dem BAV zufolge frei von negativen Einflüssen aus dem Nichtlebensversicherungsgeschäft bleiben.

In organisatorischer Hinsicht unterscheidet die Betriebswirtschaft eine funktionale Betrachtung der Holdingstrukturen als *operative*, *strategische* oder *Finanzholding.*[333] In der *operativen Holding* nimmt die Konzernobergesellschaft alle Funktionen wahr, also sowohl die Operationsfunktion als auch die dispositiven Funktionen. Sie entspricht also der Struktur des Stammhauskonzerns. In einer *strategischen Holding* dagegen verzichtet die konzernleitende Einheit - im Gegensatz zur operativen Holding - auf eigenunternehmerisches Auftreten am Markt. Die Funktionen Beschaffung, Produktion, und Absatz sind also auf rechtlich selbständige Konzernunternehmen übertragen. Die Konzernobergesellschaft übernimmt nur konzernleitende Funktionen und behält sich hier die konzernstrategischen Entscheidungen vor. Ziel und Funktion der *Finanzholding* reduzieren sich auf eine wirtschaftliche Anlage von Finanzmitteln in Form von Unternehmensbeteiligungen, ohne daß gegenüber den Beteiligungsunternehmen eine Beherrschungsabsicht oder Einflußnahme auf deren Geschäfte im Vordergrund steht.

Neben die oben beschriebenen Holdingstrukturen ist das Konzept der *Management-Holding* von *Rolf Bühner* entwickelt worden. Sie läßt sich als eine Organisationsstruktur bezeichnen, bei der die Organisationsbereiche auf der zweiten Hierarchieebene nach Produkten, Regionen oder Märkten gegliedert sind und in gesellschaftlich selbständiger Form bestehen.[334] Sie bietet eine Kombination des funktionalen Spartenkonzerns und des Holdingkonzerns traditioneller Betrachtungsweise. Die Bildung einer Management-Holding kann im einzelnen durch

[332] Will ein drittes Unternehmen - z. B. eine Industriegesellschaft - ein Allfinanzunternehmen durch Gründung von Banken und Versicherungsunternehmen realisieren - ist dies in Deutschland begrenzt. Eine Genehmigung kann z. B. vom BAV nicht erteilt werden, wenn das Lebensversicherungsunternehmen seinen Gewinn an ein Nicht-Versicherungsunternehmen abzuführen hat. In diesem Fall könnten dem Versicherungsunternehmen mehr Mittel als durch die Dividendenzahlung an die Aktionäre entzogen werden. Die Überschuß-beteiligung der Versicherten kann dadurch geschmälert werden, weil eine freiwillige Überschußzuweisung über die geschäftsplanmäßig festgelegten Verpflichtungen hinaus nicht mehr möglich ist. Außerdem können sich negative Auswirkungen auf die Kapitalausstattung des Lebensversicherungsunternehmens ergeben, da die Bildung freier Rücklagen eingeschränkt ist. Vgl. Angerer, August (1984) a. a. O. , S. 10; Imelmann, Cord, a. a. O., S. 210-211.

[333] Diese Holdingformen können auch nach den Aufgaben unterschieden werden, welche die Spitzeneinheit der Holding wahrnimmt. Ein Stammhauskonzern liegt vor, wenn die Spitzeneinheit selbst "operativ" am Markt tätig ist. Siehe Hoffmann, Friedrich a.a.O.; Werdich, Hans (1993).

[334] Vgl. Bühner, Rolf (1987), S. 40.

rechtliche Verselbständigung von Geschäftsbereichen, durch Ausgliederung oder Neugründung, Übertragung von Geschäften auf eine bestehende Gesellschaft oder im Zuge der Neuordnung einer reinen Finanzholding durch Übernahme der unternehmerischen Führung von Beteiligungsgesellschaften geschehen.[335]

Die Management-Holding trennt zwischen der operativen und strategischen Verantwortung. Für die strategische Führung ist der konzernleitende Vorstand zuständig. Einheitliche Leitung wird damit über eine konzernweite Strategie ausgeübt. Den Konzernunternehmen verbleiben die sie betreffenden operativen Aufgaben und Zuständigkeiten. Sie sind als Profit-Center für den geschäftlichen Erfolg verantwortlich. Ihnen stehen hierfür sämtliche Entscheidungskompetenzen zu. Grundsatz sollte es sein, nicht zu zentralisieren, was für den operativen Erfolg der Teilbereiche bzw. Unternehmensbereiche von ausschlaggebender Bedeutung ist.[336]

Unter aufsichtsrechtlichen Besonderheiten scheint sich am besten das Konzept der Management-Holding für den Aufbau eines Allfinanzkonzerns zu eignen, da ihr zentraler Ansatzpunkt die Kongruenz zwischen rechtlicher Struktur und wirtschaftlicher Organisationsform ist, die durch die rechtliche Verselbständigung von Geschäfts- und Unternehmensbereichen bewerkstelligt wird. Wenig zweckmäßig erscheint dieses Konzept bezüglich der vollständigen hierarchischen Trennung strategischer und operativer Aufgaben zwischen Holding und Konzernunternehmen.[337] Zur Wahrnehmung von Allfinanzzielen (z. B. der Erstellung kombinierter Produkte, der Ausbildung der Allfinanzberater, des wechselseitigen Vertriebs etc.) müssen alle Konzernglieder beitragen.

Beispiele für Holdinggesellschaften in Frankreich ist die Finanzholding AXA SA. Dieser Holding gehören Axa Assurance IARD für Sachversicherungen, die AXA-Conseil vie für Lebensversicherungsgeschäfte, AXA Courtage (Maklerbüro) und eine Finanzierungsgesellschaft als Leitungsgesellschaft für die AXA-Bank und die AXA-Credit (für Konsumkredite). In Deutschland gibt es in der Versicherungswirtschaft zahlreiche Beispiele von Holdinggesellschaften. Unter anderem sind hier Allianz-Holding, der BHW-Konzern oder die DBV-Winterthur Holding AG zu nennen. Ein Kennzeichen des deutschen Versicherungsmarktes ist die Anwesenheit mehrerer Holdinggesellschaften. Diese Präsenz ist mehr durch rechtliche als durch wirtschaftliche Rahmenbedingungen zu erklären. Während in der herkömmlichen Güterproduktion und den nicht einer Wirtschaftsaufsicht unterstehenden Dienstleistungen die gesellschafts- und steuerrechtlichen Rahmenbedingungen wesentliche Aspekte sind, ist im Bereich der

---

[335] Vgl. Bühner, Rolf (1987), S. 41.
[336] Bühner, Rolf, a.a.O., S. 42.
[337] Vgl. Bleicher, Knut (1987), S. 227; Achse, Heinz (1987), S. 224; Hausschild, Jürgen (1987), S. 228;

Finanzdienstleistungen das Aufsichtsrecht maßgebend. Nachdem die passende Holdingstruktur gegründet wurde, können weitere Konzernunternehmen durch Akquisitionen oder Neugründung geschaffen werden.

2.5.2.4.2 Übernahme oder Akquisition

Der Begriff Unternehmensübernahme entspricht dem Einsatz finanzieller Mittel zum Erwerb eines ganzes Unternehmens. Dies läßt sich über eine gesellschafsrechtliche Lösung, d. h. den Erwerb von 100 % der Anteile, und über eine vermögensrechtliche Lösung, d. h. über den Erwerb von Sachen, Rechten und sonstigen Vermögensgegenständen, aus denen das Unternehmen besteht, realisieren. Ebenso ist der Erwerb einzelner, in sich geschlossener Teilbereiche eines Unternehmens wie z. B. Vertriebsorganisationen oder einzelner Produktbereiche zu den Akquisitionsformen zu zählen.

Eine Unternehmensakquisition kommt nach allgemeiner Auffassung nicht nur im Falle der Übernahme von 100 % der Eigentumsrechte zustande, sondern liegt bereits dann vor, wenn mehr als 50 % der Anteile erworben werden. Durch eine Beteiligungsquote von über 50 % der Anteile besitzt der Käufer Möglichkeiten der substantiellen unternehmerischen Einflußnahme zur Verfolgung der mit der Akquisition verbundenen strategischen Ziele. In der Regel wird das Akquisitionsobjekt bei einer Beteiligungsquote von über 50 % in einen Stammhaus- oder Holdingkonzern eingegliedert und damit abhängig und unter einheitlicher Leitung geführt. Der Erwerb von über 50 % der Anteile scheint die einfachste Strategie oder Investition zu sein. Sie ermöglicht es, einem Unternehmen durch einen Einsatz von relativ geringen finanziellen Mitteln, im Vergleich zur Eigengründung, ein anderes Unternehmen unter Kontrolle zu bringen und dadurch zu privilegierten Beziehungen mit dem Partner zu kommen. Jedoch führt der Besitz von nur einem Anteil des Kapitals zu Verhandlungen mit anderen beteiligten Unternehmen oder Aktionären.

Die Übernahme eines bereits existierenden Unternehmens ist unter bestimmten Gesichtspunktes vorteilhafter als die Gründung eines Tochterunternehmens. Der Kauf hat den Vorteil, daß gleichzeitig Fachwissen, Kunden und Kapital miterworben werden. Fachwissen spielt zum Beispiel eine bedeutende Rolle bei der Erstellung, dem Verkauf und der Verwaltung von Produkten. Der Erwerb eines Versicherungsunternehmens kann aber kostspielig werden und die finanziellen Mittel einer Bank überschreiten. Dies gilt insbesondere, wenn berücksichtigt wird, daß ein Versicherungsunternehmen über mehr Eigenmittel verfügt als eine

Bank vergleichbarer Umsatzgröße.[338] Die Möglichkeit verdeckter Risiken, die erst in späteren Phasen auftauchen können, dürfen wie beim Erwerb jedes anderen Unternehmens auch nicht vernachlässigt werden. Der Kauf eines Unternehmens stellt immer ein unternehmerisches Risiko dar, weil erst nachher klar wird, welche Qualität der übernommene Kundenbestand, die Mitarbeiter und die angebotenen Produkte haben. Der Kauf eines Unternehmens impliziert auch den Kauf seines Distributionsnetzes, das nicht immer leicht in die neue Unternehmensstruktur zu integrieren ist.

Dieses Integrationsproblem ist ein Beweis dafür, daß die Akquisitionsstrategie nicht nur auf rechtliche Grenzen stößt, sondern auch auf kulturelle Grenzen. Die Akquisition eines Unternehmen bringt das Problem der verschiedenen Unternehmenskulturen mit sich - der sogenannten *Corporate Identity* [339] -. Allgemein bezeichnet der Begriff *Corporate Identity* die Identität eines Unternehmens. Diese Identität führt zu einem nach Innen und Außen gerichteten Image.[340] Somit gehören zur Unternehmenskultur alle Verhaltensweisen, die von der vielfach abstrakten Unternehmensphilosophie bezüglich Sinn und Ausrichtung des Unternehmens über die Formulierung und das Praktizieren von Führungsleitlinien bis hin zu konkreten Verhaltensweisen wie dem Umgangston der Mitarbeiter untereinander, der Ausnutzung von Pausen oder der vielfach zu beobachtenden Schlangenbildung an der Stechuhr am Ende der Gleitzeit reichen. Diese vielen kleinen und kleinsten Verhaltenseinheiten prägen die Besonderheit einer speziellen Unternehmenskultur und sind nicht leicht zu überwinden.[341] Da im Finanzdienstleistungsbereich das Image des Finanzdienstleisters eine maßgebliche Rolle bei Abschluß und Weiterführung von Dienstleistungen spielt, sind alle Maßnahmen entscheidend, die auf eine Hinführung des *Corporate Image* zur angestrebten *Corporate Identity* hinzielen.

Es ist anzunehmen, daß es auch und vielleicht vor allem die unterschiedlichen Vergütungssysteme sind, welche die Unternehmenskulturen der Bank und des Versicherungsunternehmens geprägt haben, z. B. durch das abschlußorientierte *hard selling* des Versicherungsverkäufers und das auf die Pflege der Kundenverbindung gerichtete *relationship banking* des Bankangestellten. In einem Allfinanzunternehmen ist die anders geartete Kultur der Bank mit derjenigen des Versicherungsunternehmens zu harmonisieren. Angefangen vom Austausch von Auszubildenden und Trainees, der gemeinsamen Weiterbildung von Verkäufern über die Bildung von Ausschüssen mit Vertretern sowohl der Bank als auch des

---

[338] Vgl. OECD (1992), S. 67.
[339] Vgl. Wisshofer, Helmut, a. a. O. , S. 93.
[340] Vgl. Achterholt, Gertrud (1991), S. 33.
[341] Breuer, Hans-Jürgen (1989), S. 24.

Versicherungsunternehmens bis hin zur Zusammensetzung des Top-Managements ist eine Integration der Kultur zu versuchen.

Dabei kommt den für die Erreichung der gemeinsamen Ziele besonders wichtigen Führungskräften als „Kulturträgern“ eine besondere Bedeutung zu[342]. Bei der Überwindung eines solchen Integrationsproblems handelt es sich um einen mühevollen, langfristigen Prozeß, der aber doch bewältigt werden muß, wenn die Schlagkraft des Allfinanzkonzerns erhöht werden soll. Die Akquisition kann durch folgende Tatsache begrenzt werden: zum einem durch die Tatsache, daß die Aktien der bedeutenden Banken und Versicherungsunternehmen in festen Händen sind und es deswegen an Verkäufern von Mehrheiten oder wesentlichen Beteiligungen von Versicherungsunternehmen bzw. Banken fehlt (Das ist zum Beispiel der Fall in Frankreich mit staatlichen Anteilen). Zum anderen dadurch, daß Banken und Versicherungsunternehmen vielfach als Gegenseitigkeitsvereine, genossenschaftliche oder öffentlich-rechtliche Unternehmen organisiert sind und deswegen nicht übernommen werden können oder weil das erforderliche Finanzvolumen zu groß ist.[343] Praktische Beispiele von Übernahmen sind sowohl bei Banken als auch bei Versicherungsunternehmen zu finden. Akquisitionen von Banken richten sich bis jetzt mehr auf den Lebensversicherungsbereich.

In Deutschland sind der Erwerb einer Mehrheitsbeteiligung in Höhe vom 65 % an der Holding der Herold-Versicherungsgruppe, der Deutschen Herold AG, durch die Deutsche Bank oder die Beteiligung der Bausparkasse GdF Wüstenrot Ludwigsburg zu 60 % an der Wüstenrot Lebensversicherung-AG als Beispiele für Akquisitionen von Banken zu nennen. Versicherungsunternehmen haben auch in die Bankbranche investiert. Beispiel hierfür war etwa der Erwerb der Bank für Gemeinschaft durch die Aachener- und Münchener Gruppe.[344]

In Frankreich gab es am 31. Dezember 1993 130 Kreditinstitute, die von Versicherungsunternehmen durch den Besitz der Kapitalmehrheit kontrolliert wurden. Die Mehrheit dieser Filialen hatte sehr begrenzte Aktivitäten. Diese entsprachen, gemessen an die Bilanzsumme, 5,94 % des französischen Bankenmarktes. Angemerkt werden sollte vor allem die Tatsache, daß alle diese Übernahmen nicht durch eine Realisierung von Allfinanzgeschäften bedingt waren. Diese Bankenbeteiligungen können in drei Gruppen untergliedert werden:

⇨ Autonome Unternehmen, deren Tätigkeit unabhängig von denen der Muttergesellschaft war. Diese waren von Anfang an als Investition oder Diversifikationsstrategie unternommen worden. Dies ist z. B. der Fall der *UAP-*

---

[342] Vgl. Süchting, Joachim (e), a. a. O. , S. 187.

[343] Vgl. Peiner, Wolfgang ,a. a. O. , S 73.

[344] Vgl. Weiss, Wieland (1989), S. 226.

Bankfiliale *Banque Worms*, deren Tätigkeit nicht in direkter Verbindung mit denen des Versicherers stand.

⇨ Unternehmen, die Bankdienstleistungen nur für die Mutterunternehmen leisten sollten und deswegen als Hausbank bezeichnet werden können. Der Erwerb oder die Gründung einer solchen Bank ist sinnvoll, wenn der Versicherer über bedeutende Geldmittel verfügt.

⇨ Unternehmen, deren Tätigkeit darauf gerichtet ist, Bankdienstleistungen an Kunden ihrer Muttergesellschaft zu leisten, und die somit als Allfinanzanbieter bezeichnet werden können. Das älteste Beispiel dieser Art ist die Bankfiliale Socram, die von vielen Versicherungsunternehmen auf Gegenseitigkeit im Jahre 1968 gegründet wurde. Ein anderes Beispiel ist die Groupama-Bankfiliale Finama. Diese Bankfilialen waren in der Mehrheit Konsumkreditbanken und hatten Produkte wie Kreditkarten, Konsumkredite und verzinsliche Girokonten verkauft. Bis zum 30. Juni 1993 hatten sie Konsumkredite für etwa 40 Mrd. Francs gewährt[345].

In der Sachversicherung sind Akquisitionen von Banken in direkter Form noch selten zu finden. Gründe dafür liegen sowohl in der unterschiedlichen Unternehmenskultur als auch in der Art ihrer Produkte. In Frankreich haben jedoch einige Banken in diesen Bereich investiert. Zum Beispiel die *Crédit lyonnais*, die Anfang der 70er Jahre das Versicherungsunternehmen *la Médicale de France* übernommen hatte. Danach hatte sie ihre Sachversicherungsaktivitäten durch ihre Filiale *les assurances fédérales de France - IARD* weiterentwickelt.[346] Dabei werden oft nur Produkte für Privathaushalte (und am meisten Standardprodukte wie z. B. Kfz-Versicherungen) verkauft.

2.5.2.4.3 Eigengründungen

Die Gründung eines Tochterunternehmens in Form einer Bank durch ein Versicherungsunternehmen oder eines Versicherungsunternehmens durch eine Bank kommt oft in Betracht, wenn das Risiko einer Übernahme für die Unternehmenskultur als zu hoch eingeschätzt wird oder wenn das Unternehmen den *good-will* des eigenen Firmennamens auf neue Produkte übertragen möchte. Vorteile dieser Strategie liegen in der besseren Gestaltbarkeit der gesamten Organisation nach den Vorstellungen der Muttergesellschaft, der leichteren Integrationsfähigkeit der personellen und später auch der organisatorischen und technischen Kapazitäten, der stillen Gründungsphase, die die Vermeidung akquisitionsbedingter Preise und

---

[345] Die hier angegebenen Zahlen sind in Commission bancaire, a.a.O., S. 115 zu finden.

[346] Vgl. Commission bancaire, a. a. O. , S. 112.

der damit verbundenen Publizitätsnachteile ermöglicht, der höheren zielgruppensspezifischen Motivation der Mitarbeiter und Führungskräfte sowie der besseren Kooperationsfähigkeit zwischen Mutter- und Tochtergesellschaft.

Das neue Unternehmen kann nach eigenen Vorstellungen aufgebaut werden, weshalb die Identifikation der Mitarbeiter vergleichsweise hoch ist und die Kosten der Kooperation auch deshalb niedrig liegen. Durch die Gründung von Tochterunternehmen können Banken für ihre Kunden maßgeschneiderte Produkte entwickeln. Sie können also ihre *„eigenen Produkte“* verkaufen. Diese Produkte können von daher auch von ihrem Image profitieren. Die Einfügung von Versicherungsprodukten mit dem Markenzeichen der Bank vermeidet potentielle Konflikte, die mit den Kulturunterschieden der beiden Sektoren und den Verkaufsschwierigkeiten einiger Bankangestellter hinsichtlich des Verkaufs von nicht aus der Bankgruppe entstandenen Produkten verbunden sind. Jedoch entsteht dabei eine zeitliche Verzögerung im Vergleich mit dem Kooperations- oder Übernahmemodell. Außerdem ist der Kapitaleinsatz erheblich höher als bei letzteren Modellen.

Beispiele für Eigengründungen sind in Deutschland das durch die Deutsche Bank AG im Jahre 1989 gegründete Lebensversicherungsunternehmen (DB-Leben), die KKB Lebensversicherung AG, die von der KKB Bank (heute Citibank Privatkunden AG) im Jahre 1985 gegründet wurde, oder die Debeka Bausparkasse AG, welche zu 100 Prozent Tochter des Debeka Lebensversicherungsvereins auf Gegenseitigkeit und der Debeka Versicherungs-AG ist. Auf dem französischen Markt sind zahlreiche Beispiele zu finden (Tabelle 9, S. 117). Dort hat fast jede Großbank ein Tochterunternehmen im Bereich der Lebensversicherung.[347] Am 31. Dezember 1993 gab es etwa dreißig französische Kreditinstitute, von denen jedes ein Filiale als Lebensversicherungsunternehmen hatte.[348] 1996 hatten die von Banken gegründete Tochterunternehmen 59 % der Marktanteile des französischen Lebensversicherungen[349]. Die zahlreichen Gründungen von Lebensversicherungsunternehmen durch französische Banken läßt sich durch Kostenvorteile erklären. Die Mehrheit der von französischen Banken gegründeten Lebensversicherungsunternehmen verkaufen ihre Produkte fast ausschließlich am Bankschalter (Tabelle 7, S. 77.) der Muttergesellschaft oder in kooperierenden Banken. Sie vertreiben also ihre Produkte ohne Einschaltung der traditionellen Vertriebsorgane der Versicherungswirtschaft[350] und haben deswegen niedrigere Vertriebskos-

---

347 Vgl. Keren, Vered, a. a. O. , S. 93

348 Ende 1987 gab es nur drei Tochterunternehmen von Banken unter den zehn ersten französischen Lebensversicherungsunternehmen (gemessen an Beitragseinnahmen). Im Jahre 1992 gab es fünf. Vgl. Commission bancaire a. a. O., S. 114.

349 Vgl. GAP (1997), S. 11.

350 Aus dem Interview mit Herrn Jean-Pierre Mériaud, Direktor der Abteilung Marketing & Entwicklung bei Natio Assurances der BNP-Gruppe.

ten im Vergleich zum normalen Lebensversicherer mit traditionellen Vertriebsorganen. Dadurch haben sie Vertriebsvorteile gegenüber anderen Anbietern (Tabelle 8, S. 81).

Tab.9: Lebensversicherungsunternehmen (Tochterunternehmen französischer Banken)

Mutterunternehmen	**Tochterunternehmen**	**Gründungsjahr**
Credit lyonnais	Assurances Fédérales Vie	1970[351]
Credit mutuel	ACM Vie	1971
Compagnie Bancaire (groupe Paribas)	Cardif Société Vie	1973
La Hénin	La Hénin Vie	1978
BNP	Natio-Vie[352]	1980
Banque Populaires	Fructive	1982
BRED	Prépar Vie	1984
CIC	Socapi	1985
Credit mutuel de Bretagne	Suravenir	1985
Credit Agricole	Prédica	1986[353]
Société générale	Sogecap	1986[354]
CCF	Érisa	1986
Caisse d'épargne Écureuil und CNP Assurances	Écureuil Vie	1988
Banque de Neuflize, Schlumberger, Mallet	NSM Vie	1990
Credit du Nord, Cardif.	Antarius	1996
Quelle: eigene Darstellung nach Angaben aus GAP (1997), S. 292-309; Keren, Vered a.a.O. S. 92-93;		

Die Tabelle 9 vermittelt einen Überblick über französische Lebensversicherungsunternehmen, die von einer Bank oder in Kooperation mit ihr gegründet wurden.

[351] 1970 wurde die *La Médicale de France* Gruppe gekauft, *la Médicale de France* ist 1989 *Assurance Fédérale Vie* geworden.

[352] Gehört zu GAN (50%) und zu BNP (50%), Vgl. Commission bancaire a. a. O., S. 152.

[353] Die Bank *Crédit Agricole* hat ihre Versicherungsgeschäfte mit Grupama im Jahr 1972 angefangen.

[354] 1973 wurde die Mehrheit der Beteiligung von UMAC Vie gekauft. 1985 ist UMAC Sogecap geworden.

2.5.2.4.4 Vor- und Nachteile der Konzernstrategien

Der Konzern ist wie die Kooperation ein Mittel zur Verfolgung von Unternehmenszielen. Konzernbildungen können als zielfördernde Maßnahmen gelten, wenn sie aus der subjektiven Sicht der unternehmerischen Entscheidungsträger und unter Berücksichtigung möglicher Einbußen an Entscheidungsfreiheit den Grad der Zielrealisierung entweder unmittelbar erhöhen oder mittelbar dazu beitragen, indem sie die Ausgangsbasis für den Einsatz individueller geschäftspolitischer Instrumente verbessern[355]. Vorteile der Holdingstrategie lassen sich unmittelbar durch ihre Instrumentaleigenschaften, d. h. ihre operative Sachzielneutralität, ihre Zentralität und Stabilität, ihre Flexibilität und Elastizität sowie ihre führungsorganisatorische Gestaltungsfreiheit darstellen.[356] Diese Vorteile sind logische Konsequenzen der Tatsache, daß in einem Holdingkonzern, der zugleich Banken und Versicherungsunternehmen beinhaltet, Bank- und Versicherungsprodukte ohne Verletzung der aufsichtsrechtlichen Vorschriften produziert und vertrieben werden können. Die Holdingstruktur ermöglicht die Erzielung von Synergieeffekten durch gemeinsame Forschung, Entwicklung, Produktion, Vertrieb etc., die Verbesserung der Stellung im Wettbewerb sowie die Minderung des finanziellen Risikos.[357] Als Strategie zur Bildung eines Allfinanzunternehmens ermöglicht sie aus betriebswirtschaftlicher Sicht das Führen mehrerer Geschäftsbereiche mit unterschiedlicher Organisationsstruktur und Unternehmenskultur in einem Verbund, und einzelne Geschäftsbereiche sind relativ leicht in den Gesamtverbund einzugliedern bzw. aus diesem herauszunehmen. Schließlich ermöglicht die Holdingstruktur alle Kooperations- und Beteiligungsformen und Aktivitäten zwischen den Unternehmen der Holding.

Bei der Einführung eines Allfinanzangebots durch Konzernstrategie liegen Vorteile in der Einheitlichkeit und schnellen Umsetzung unternehmenspolitischer Entscheidungen. Aufgrund der autonomen Weisungskompetenzen bei Entwurf und Durchsetzung von Marktstrategien für neue Marktleistungen kann im Vergleich zu einer Kooperationsstrategie von reibungsloserer Integration in das bestehende Programm ausgegangen werden. Bei Substitutionsprodukten können Zentralisierungsvorteile erzielt werden.[358] Diese können durch die Bereinigung der Produktpaletten der zusammenarbeitenden Bank- und Versicherungsunternehmen entstehen. Indem identische finanzielle Bedürfnisse befriedigende Produkte aus dem vereinigten Leistungsprogramm eliminiert werden, können die zugehörigen, zu deren Abwicklung notwendigen organisatorischen Einheiten in

---

[355] Vgl. Hahn, Heiner, a. a. O. , S. 84.

[356] Für eine ausführliche Erklärung der hier eingeführten Begriffe, siehe Keller, Thomas (1991), S. 1634ff.

[357] Vgl. Hoffmann, Friedrich, a.a.O. , S. 7.

[358] Vgl. Rüth, Volker Van (1994), S. 112.

Höhe der Leerkapazitäten der übernehmenden Organisationseinheit eingespart werden. Daneben wird eine interne Konkurrenzsituation der substitutiven Produkte vermieden. Dennoch beinhalten Allfinanzholdings auch wirtschaftliche Risiken. Diese können vor allem aus verdeckten Gewinnausschüttungen zu Lasten der Versicherungsnehmer und Bausparkassenkunden erwachsen.[359] Ein Beispiel einer verdeckten Gewinnausschüttung läßt sich durch ein Darlehen darstellen, das ein Tochterunternehmen seinem Mutterunternehmen gewährt. Dadurch können die Kapitalbasis und die Interessen der Versicherten des Tochterunternehmens geschmälert werden, wenn es zu Konditionen kommt, die den Bedingungen des Kapitalmarkts nicht entsprechen.

[359] Vgl. Haller, Gert, a.a.O., S. 336.

3 Allfinanz in Kamerun

3.1 Soziale Charakteristika Kameruns

Kamerun ist durch soziale und wirtschaftliche Besonderheiten von anderen afrikanischen Ländern südlich der Sahara zu unterscheiden.[360] Diese besonderen Charakteristika haben dazu geführt, daß Kamerun als Miniaturafrika bezeichnet wird. Die letzte Bezeichnung kann aus der naturräumlichen Gliederung sowie der ethnischen und religiösen Vielfalt Kameruns und aus seinen wirtschaftlichen Charakteristika erklärt werden.

Kamerun weist eine naturräumliche Gliederung auf, die gerne auch als „Afrika in Miniatur" bezeichnet wird, da sich fast alle Vegetations- und Klimaformen des afrikanischen Kontinents dort finden lassen. In Kamerun ist vom tropischen Regenwaldgebiet, welches das südliche Drittel Kameruns umfaßt und eines der größten des afrikanischen Kontinents ist, über die Savannen im mittleren Landesteil bis hin zu den Steppenzonen im Norden ein Großteil der auch im übrigen Afrika vorherrschenden Klima- und Vegetationsformen vorzufinden.

In Kamerun sind bis zu zweihundertvierzehn Völker zu finden, die zugleich unterschiedliche Sprachgemeinschaften darstellen. Diese Völkervielfalt bedeutet auch eine kulturelle Vielfalt, wobei sich die Mehrzahl der identifizierten Kulturräume in Kamerun überschneiden. Die Heterogenität Kameruns spiegelt sich auch in den Religionen wider: Entsprechend dem Weltatlas[361] von 1996 sind 53% der Bevölkerung Christen, 25 % Anhänger der traditionellen Religion und 22 % Moslems. Dazu kommt noch die Kolonialgeschichte, an der Deutschland, Frankreich und England beteiligt waren, die Kamerun zum „*microcosm of Africa*[362]" macht. Dies ist auch der Grund dafür, daß heute sowohl Französisch als auch Englisch offizielle Amtssprachen sind.

In Kamerun gilt noch das Prinzip der großen Familie (Sippe). Onkel und Cousine gehören noch zum engsten Familienkreis. Nach einer im Jahr 1991 durchgeführten demographischen Untersuchung betrug von 1988 bis 1991 die Kinderanzahl pro Frau 5,8[363]. Vom 1976 bis 1987 ist die Bevölkerung von 7,663 auf 10,494 Millionen angewachsen, was einer Steigerung von insgesamt 36,9 % und einer

---

[360] Der Begriff "Sub-Sahara-Afrika" wird von der Weltbank zur Bezeichnung aller afrikanischen Länder außer den nordafrikanischen Staaten Mauretanien, Marokko, Algerien, Tunesien, Libyen und Ägypten benutzt.

[361] Vgl. Microsoft Encarta Weltatlas 1996.

[362] Vgl. Mabe, Jacob E. (1992), S. 103; Rettinger, Detlef (1997), S. 17 und die dort angegebenen Fußnoten. Mehr über die kamerunische Kolonialgeschichte in : Dibengue, Augusten (1994).

[363] Vgl. EDSC (Enquête Démographique et de Santé du Cameroun), zitiert nach Rettinger, Detlef (1997), S. 25.

durchschnittlichen jährlichen Wachstumsrate von 2,9 % entspricht.[364] Die Weltbank schätzte die Einwohnerzahl 1994 auf 12,871 Mio. und die Bevölkerungszunahme auf 2,8 % jährlich.[365]

3.2 Gesamtwirtschaftliche Charakteristika Kameruns

3.2.1 Entwicklung des formellen Sektors

Die zweite Gruppe von Faktoren, die Kamerun als Afrika in Miniatur erscheinen lassen, sind sowohl die Gliederung der kamerunischen Wirtschaft in einen formellen und einen informellen Sektor als auch deren Entwicklung. Die Unterscheidung von einem formellen und einem informellen Sektor ist - im Vergleich zu den Wirtschaften der Industrieländer - eine Besonderheit der afrikanischen Länder südlich der Sahara im allgemeinen und der kamerunischen Wirtschaft im besonderen.[366] Der *„formelle bzw. moderne"* Sektor besteht aus Geschäften, die innerhalb der vom Staat gesetzten Normen funktionieren. Dieser Sektor besteht aus dem öffentlichen Sektor und staatlichen Betrieben einerseits und den modernen, kapitalintensiven, privaten Betriebseinheiten andererseits. Beide Sektoren befinden sich in einem Abhängigkeitsverhältnis, in dem Subventionen und diverse Begünstigungen bei Import von Rohstoffen und sonstigen Inputs, bei Export von Fertigerzeugnissen sowie bei der Besteuerung usw. durch den Staat gegen politische Loyalität und Anerkennung sowie Unterstützung und sonstige Belohnungen seitens der Betriebe ausgetauscht werden.[367]

Kamerun hat besonders in den siebziger Jahren und in der ersten Hälfte der achtziger Jahre eine für Afrika beispielhafte wirtschaftliche Entwicklung erfahren. So betrug die Zunahme des realen BIP pro Kopf z. B. zwischen dem Fiskaljahr 1978/79[368] und 1984/85 im Durchschnitt ungefähr 6% pro Jahr.[369] Die folgende Tabelle 10 (S. 122) gibt einen Überblick über die Bildung des kamerunischen Bruttoinlandsprodukts nach Sektoren.

---

[364] Die hier angegebene Daten stützen sich auf die Volkszählung von 1987.
[365] Vgl. Wold Bank, 1995, S. 8.
[366] Vgl. Dupuy, claude (1990), S. 31.
[367] Vgl. Gemegah, Albert Kwaku (1994), S. 59.
[368] Wirtschaftsstatistiken werden in Kamerun für die Dauer von Fiskaljahren erhoben. 1978/79 entspricht dem Zeitraum vom 1. Juli 1978 bis zum 30. Juni 1979.
[369] Vgl. Rettinger, Detlef (1997), S. 78.

Tab. 10.: BIP nach Sektoren in Mrd. FCFA.

BIP	1990/91	1991/92	1992/93	1993/94	1994/95	1995/96
Primärer Sektor	**810,3**	**849,3**	**860,7**	**1322,0**	**1622,0**	**1803,0**
Landwirtschaft für Lebensmitteln	428,7	440,2	463,6	629,0	756,0	837,0
Landwirtschaft für Weiterverarbeitung und Export	113,3	129,4	119,5	256,0	327,0	368,0
Viehzucht, Jagd, Fischerei	140,2	141,5	143,1	164	187	202
Forstwirtschaft	128,1	138,2	134,5	273	352,0	396,0
Sekundärer Sektor	**964,7**	**802,3**	**758,6**	**768,0**	**938,0**	**1039,0**
Bergbau	299,9	219	178,6	297,0	338,0	339,0
Verarbeitendes Gewerbe	473,2	445,1	420,2	331,0	414,0	482,0
Elektrizität, Gas, Wasser	60,9	54,5	54,9	58,0	66,0	77,0
Baugewerbe, öffentliche Arbeiten	130,7	83,7	104,9	82,0	120,0	141,0
Tertiärer Sektor	**1492,9**	**1462,5**	**1433,0**	**1251,0**	**1480,0**	**1579,0**
Handels, Hotels und Restaurant	493,6	489,5	481,7	-*	-*	-*
Transport, Lagerräume und Kommunikation	194,4	196,5	200,1	-*	-*	-*
Banken, Versicherung und Immobiliengeschäfte	369,5	357,2	347,6	-*	-*	-*
Andere Dienstleistungen	435,4	419,3	403,6	-*	-*	-*
Importabgaben	72,2	81,1	73,1	75,0	104,0	127,0
PIB insgesamt	3340,1	3195,2	3125,4	3416,0	4144,0	4548
Wachstumsrate	- 0,4	- 4,3	- 2,2	9,3	21,3	9,7
*Für diese Jahre sind keine Zahlen angegeben. Quelle: DSCN (1995), S. 33.						

Die Gründe für die Wahl Kameruns zum wirtschaftlichen Musterland Afrikas war aber nicht nur die für sich gesehen hohen Wachstumsraten, sondern auch die schweren ökonomischen Krisen, die die meisten anderen Länder *Afrikas* südlich der Sahara durchlebten, wodurch sich das prosperierende Kamerun besonders deutlich abhob. Auch gehörte Kamerun zu den am wenigsten verschuldeten Staaten dieser Ländergruppe. Das Pro-Kopf-Einkommen lag 1985 mit $ 810 um mehr als das Doppelte über dem subsaharischen Durchschnitt, die Lebenserwartung (55 Jahre) um 10% über dem subsaharischen Durchschnitt. Noch 1987 stand das Land in der Hierarchie der Kreditwürdigkeit bei internationalen Banken höher als jedes andere subsaharische Land[370]. Als einziges Land in Sub-Sahara-Afrika besaß es die höchste internationale Kreditwürdigkeit, das „Triple A credit rating",

[370] Vgl. Körner, Peter (1988), S. 77.

während die ganze Welt die Schuldenkrise der Entwicklungsländer – auch der afrikanischen – diskutierte[371].

Auch strukturell zeigten sich einige erfreuliche Entwicklungen. Der inländische Bedarf an Nahrungsmitteln konnte im Gegensatz zu vielen anderen afrikanischen Ländern weitgehend durch eigene Produktion gedeckt werden und die Exportstruktur innerhalb der landwirtschaftlichen Güter war relativ stark diversifiziert. Der Anteil des verarbeitenden Gewerbes am gesamten BIP stieg von der Mitte der siebziger Jahre bis Mitte der achtziger Jahre von 8,5 auf 12,1%, was auf eine durchschnittliche jährliche reale Wachstumsrate dieses Sektors von etwa 15 % zurückzuführen war[372]. Die Exporte legten von 1978 bis 1985 – in Dollar gerechnet – um mehr als das Doppelte zu.[373] Die Investitionen stiegen in Relation zum BIP von etwa 20 % in der zweiten Hälfte der siebziger Jahre auf über 34 % 1986/87.[374] Diese freundliche Entwicklung der Investitionen und Exporte hat dazu geführt zu glauben, daß die kamerunische Kredit- und Versicherungswirtschaft ein gut funktionierendes System sei. Auch hinsichtlich der sozialen Indikatoren der Entwicklung ist Kamerun im afrikanischen Vergleich zu den am stärksten entwickelten Ländern zu zählen. Nach dem *Human Development Index* (HDI) lag Kamerun 1992 in Afrika südlich der Sahara an neunter Stelle und wurde gerade noch in die Gruppe der Länder mit mittlerer menschlicher Entwicklung eingeordnet.[375]

Dieser Erfolg kann durch zwei Gründe erklärt werden: Zum einen durch die Deviseneinnahme aus der Ende der siebziger Jahre einsetzenden Erdölförderung, die der Wirtschaft quasi als Treibstoff diente, und zum anderen durch einen Staat, der es vermied, über seine Verhältnisse zu leben, was sich in ausgeglichenen Budgets widerspiegelte. Bemerkenswert war die makroökonomische Stabilität Kameruns aber nicht erst in der Phase des Ölbooms, sondern vor allem auch in den siebziger Jahren, d.h. zehn Jahren nach der Unabhängigkeit. Budgetdefizite, wenn überhaupt vorhanden, überstiegen nie 2% des BIP und die Verschuldung im Ausland blieb sehr gering. Auch die Öleinnahmen wurden zumindest so verwendet, daß sie sich in höheren Wachstumsraten und in höheren Investitionen niederschlugen.

Diese Vorgehensweise war nicht selbstverständlich für Entwicklungsländer in ähnlichen Situationen. Die Wachstumsperiode vom Ende der 70er bis zur Mitte der 80er Jahre wurde also von den öffentlichen Investitionen getragen. Steigende

[371] Rettinger, Detlef (1997), S. 17.
[372] Vgl. Rettinger, Detlef (1997), S. 84.
[373] Vgl. Rettinger, Detlef (1997), S. 152.
[374] Vgl. Rettinger, Detlef (1997), S. 81.
[375] Vgl. UNDP(1995), S. 173 ff.

Staatseinnahmen vor allem infolge der Ölexporte ermöglichten ein immer stärkeres staatliches Engagement in der Wirtschaft. Das äußerte sich sowohl in steigenden staatlichen Beteiligungen an Unternehmen als auch in einer Zunahme der Kreditvergabe durch den Staat.[376] Diese positive wirtschaftliche Entwicklung ist durch die Mitte der achtziger Jahre einsetzende Wirtschaftskrise unterbrochen worden.

Mitte der achtziger Jahre begann die Wirtschaftskrise. Sie ist zurückzuführen auf einen massiven Einbruch der Exporterlöse, der wiederum die Folge zum einen der Abwertung des Dollar gegenüber dem FCFA[377] und zum anderen des Rückgangs der Weltmarktpreise der wichtigsten Exportgüter Kameruns war. Die Erlöse aus dem Export von Erdöl sanken in FCFA gerechnet vom Fiskaljahr 1984/1985 bis 1988/1989 um 69 % (in Dollar gerechnet um 42 %).[378] Die Abwertung des Dollar gegenüber dem FCFA im gleichen Zeitraum um 29 % schlug sich direkt in den Exporterlösen nieder, da Erdöl international in Dollar gehandelt wird. Das andere Standbein der Ausfuhren, Agrarerzeugnisse, knickte ebenfalls weg. Die Weltmarktpreise von Kakao (-59 %) und Kaffee (Arabica: -44 %; Robusta: -53 %) sanken von 1985 bis 1989 ebenfalls erdrutschartig.[379]

Im gleichen Zeitraum verringerten sich die *Terms of Trade* Kameruns um 41 % und die nominalen Exporterlöse gingen in Dollar und in FCFA gerechnet jeweils um 23% zurück.[380] Die Krise betraf inzwischen nicht nur die Exporte, sondern hatte alle Bereiche der Volkswirtschaft ergriffen. Die vor allem seit Mitte der siebziger Jahre aufgebauten oder ausgeweiteten landwirtschaftlichen Entwicklungsorganisationen häuften aufgrund der sinkenden Exporterlöse aus dem Verkauf der Cash crops immer größere Defizite an. Das verarbeitende Gewerbe

---

[376] Vgl. Bekolo-Ebe (1986), S. 9-14.

[377] Die Franc-Zone oder der Währungsbereich des französischen Francs stellt eine in der Welt einmalige monetäre, wirtschaftliche und kulturelle Zone dar, die aus manchmal sehr unterschiedlichen Ländern und Territorien besteht. Sie ist aus der Evolution und Verwandlung des französischen Kolonialreichs hervorgegangen. Die Währung dieser Zone, der *Franc-CFA* (FCFA), wurde durch ein Abkommen zur währungspolitischen Zusammenarbeit zwischen Frankreich und 14 afrikanischen (ehemalige französische Kolonien) Ländern im Jahr 1948 gegründet. Das französische Schatzamt garantierte fast 50 Jahre lang die feste Parität des FCFA mit dem französischen Franc, so daß der Nominalwert des CFA-Franc lange unverändert blieb. Bis Januar 1991 entsprachen 50 CFA-Francs einem französischen Franc. Gegen Ende der achtziger Jahre nahm der Druck zu, den CFA-Franc abzuwerten, da sich die wirtschaftliche Bedingungen in der Zone aufgrund der Überbewertung der Währung zunehmend verschlechtert hatten. Diese Entscheidung wurde lange Zeit hinausgezögert bis Januar 1994, als der CFA-Franc um 50 Prozent abgewertet wurde, um das wirtschaftliche Wachstum dieser Region zu fördern, obwohl damit eine Steigerung der Inflationsrate in Kauf genommen wurde. Heute entsprechen 100 FCFA einem französischen Franc. Die Franc-Zone besteht heute aus fünfzehn Ländern, die sich auch nach ihrer Zugehörigkeit zu einer Zentralbank unterscheiden lassen.

[378] Vgl. Rettinger, Detlef (1997), S. 139.

[379] Vgl. Rettinger, Detlef (1997), S. 95.

[380] Vgl. Rettinger, Detlef (1997), S. 87, 152 und 158.

konnte mit den durch die Überbewertung des FCFA[381] verbilligten Importen nicht konkurrieren.

Da die Exportwirtschaft auch die wichtigste Einnahmequelle des Staates ist, verschlechterte sich die Haushaltslage rapide. Von 1984/85, als der Staatshaushalt fast ausgeglichen war, bis 1988/89 sind die Einnahmen nominal um 31 % gefallen, während die Ausgaben nur um 10 % reduziert wurden. Die Folge waren ab 1986/87 erhebliche Budgetdefizite. Zwischen 1986 und 1989 ist das reale BIP pro Kopf in FCFA gerechnet um 26 % gefallen. Die Regierung reagierte auf die Krise, indem sie die Einnahmeausfälle durch Rückflüsse aus den Öleinnahmen, dem sogenannten „*Compte Hors Budget*", kompensierte. Das war aber nur kurze Zeit möglich. Notwendige strukturelle Reformen wie z.B. Ausgabenkürzungen wurden dadurch hinausgeschoben. Da das *Compte Hors Budget* schon bald aufgebraucht war, reihte sich Kamerun nach kurzer Zeit in die Phalanx der hochverschuldeten afrikanischen Länder ein.

Der Staat wurde vom wichtigsten Kreditgeber für die Wirtschaft zum Kreditnehmer. Die Finanzierung des Budgets mit ausländischen Krediten erhöhte sich von 48 Mrd. FCFA 1985/86 auf 164 Mrd. FCFA. Die Verschuldung stieg im gleichen Zeitraum (1985/86) von 36 % auf 47 % in Relation zum BIP. Die Ausgaben für den fälligen Schuldendienst erhöhten sich von 23 % der Exporteinnahmen auf 35 %. Nachdem Kamerun 1980 noch sehr gering verschuldet war, stieg die gesamte Auslandsverschuldung bis Ende 1993 auf 6,6 Mrd. Dollar und der fällige Schuldendienst belief sich in diesem Jahr auf 797 Mio. Dollar. Der Schuldbestand im Inland betrug 1992 zusätzlich noch 960 Mrd. FCFA.[382] Nicht nur der Staat selbst verschuldete sich, sondern auch die meisten halbstaatlichen Organisationen. So akkumulierte z.B. das Unternehmen ONCPB, das die Aufgabe der Stabilisierung der Produzentenpreise der wichtigsten Agrarexportgüter hatte und eine der kapitalstärksten Organisationen des Landes war, innerhalb kurzer Zeit so viele Schulden, daß es nicht mehr in der Lage war, die garantierten Produzentenpreise voll und sofort auszuzahlen.

Die Krise war exogen, aber ihre Schwere und Dauer deckten die großen strukturellen Schwächen in der kamerunischen Wirtschaft auf, die durch den Ölboom seit Ende der siebziger Jahre nur überdeckt worden waren. Es wurde offensichtlich, daß die Öleinnahmen die Verluste der halbstaatlichen Unternehmen kaschiert hatten, daß der Finanzdienstleistungssektor äußerst labil war und daß die Landwirtschaft in den Zeiten des Ölbooms vernachlässigt worden war. Als Kon-

---

[381] Vor der Abwertung des FCFA im Jahr 1990 hatte die Währung nicht der wirtschaftlichen Entwicklung des Landes entsprochen. Sie wurde hoch angesetzt. Deswegen wird hier von einer Aufwertung des FCFA gesprochen.

[382] Vgl. Rettinger, Detlef (1997), S. 72.

sequenzen dieser Wirtschaftskrise sollten 16 Unternehmen liquidiert, 6 Unternehmen einen Anteil ihres Kapitals privatisieren und 37 Unternehmen umstrukturiert werden. Die Rehabilitierung einer ersten Gruppe von staatlichen Unternehmen (75 insgesamt) kostete 377 Mrd. FCFA. Ende 1989 sollten weitere 60 Unternehmen geprüft werden, um einen Rehabilitationsplan vorzubereiten.[383] Dieser Plan beinhaltete nicht die Rehabilitation der Unternehmen der Kredit- und Versicherungswirtschaft, die in einem weiteren Abschnitt näher untersucht werden.

Die Regierung versuchte ab 1986 durch bestimmte Maßnahmen, die Staatsfinanzen und die halbstaatlichen Unternehmen zu richten, d.h. Defizite und Schulden zu verringern. Ab diesem Zeitpunkt begann der Versuch nach der Errichtung einer „*endogenen Wirtschaft*", die in der Lage ist, die Grundbedürfnisse der Bevölkerung aus eigener Kraft zu decken und die inländischen Ersparnisse zur Hauptquelle der Finanzierung der Entwicklung zu machen.[384] Die Notwendigkeit der Errichtung einer endogenen Wirtschaft wird heute durch die verschärfte Weltwirtschaftskrise und die Tatsache, daß die oben genannten Anpassungsmaßnahmen erfolglos waren, verstärkt.

Diese Erfolglosigkeit brachte das Land in eine Situation, in der es zum Erhalt seiner Zahlungsfähigkeit auf Kredite der Weltbank und des IWF angewiesen und damit - wie viele andere afrikanische Staaten südlich der Sahara - zur Annahme der damit verbundenen Strukturanpassungsprogramme dieser beiden Organisationen gezwungen wurde. Das ist folglich mit einem Verlust an Souveränität verbunden. Ziele der Strukturanpassungsprogramme waren die Begrenzung des Haushaltsdefizits und des Leistungsbilanzdefizits, die Verringerung der Staatsverschuldung sowie die Beendigung der Wirtschaftskrise. Dies sollte durch die Einschränkung der Staatsausgaben, die Schaffung neuer Einnahmequellen, eine Verbesserung der Effizienz der öffentlichen Verwaltung, die Privatisierung von halbstaatlichen Unternehmen und die Deregulierung des Handels und der Reform des Kreditgewerbes erreicht werden. Im September 1988 mußte Kamerun das erste Strukturanpassungsprogramm (SAP) von IWF und Weltbank annehmen, das mit einem entsprechenden „*Structural Adjustment Loan*" verbunden war.

Diese Strukturanpassungsprogramme scheinen in Kamerun nicht besonders erfolgreich gewesen zu sein, da Kamerun 1995 zu den kaum noch schön zu redenden Fällen mißglückter Strukturanpassung durch gebergestützte Programme unter Anleitung von IWF und Weltbank gehörte.[385] Dies ist auch ein weiterer Beweis dafür, daß Kamerun verstärkt nationale Ersparnisse braucht, um seine Wirtschaft zu finanzieren.

---

[383] Vgl. Tedga, Paul J.M. (1991), S. 279.
[384] Vgl. Gankou, Jean-Marie (1991), S. 35.
[385] Vgl. Mehler, Andreas (1995), S. 295.

3.2.2 Entstehung und Entwicklung des informellen Sektors

Der informelle Sektor unterscheidet sich von dem formellen Sektor dadurch, daß er aus einer Gesamtheit von Geschäften besteht, die in einem außerhalb der Gesetzlichkeit stehenden Rahmen abgewickelt werden.[386] Diese Geschäfte sind aber von denen der Schattenwirtschaft zu unterscheiden und sind folgerichtig nicht systematisch illegal, da sie von der Gesetzgebung geduldet werden. Sie sind nicht steuerpflichtig, was den Zugang zu Informationen über diese Geschäfte erschwert. Sie werden auch nicht buchhalterisch erfaßt. Der informelle Sektor hat keinen Zugang zu staatlicher Förderung und muß auf einheimische Inputfaktoren sowie arbeitsintensive Technologien zurückgreifen, für die Fachkenntnisse in der Regel außerhalb des regulären Schulsystems erworben werden. Er kann dadurch in der Regel nur niedrige und unregelmäßige Einkommen gewähren. Unter dem Begriff „*informell*" wird somit verstanden, daß dieser Sektor keinen staatlichen, sozialen oder wirtschaftlichen Maßnahmen unterliegt.

Der informelle Sektor ist sehr heterogen. Er beinhaltet sowohl Produktions- und Handels- als auch Dienstleistungsgeschäfte und umfaßt den folgende Personenkreis: Betriebsinhaber, Angestellte, Lehrlinge und familiäre Hilfe. Er läßt sich durch unsichere Organisation in bezug auf die Unternehmen und die Qualität der Produktionsinfrastruktur sowie niedriges Eigenkapital und Einkommen charakterisieren. Unternehmen dieses Sektors befinden sich meist in Familienbesitz, wobei die Familienmitglieder den Kern der Beschäftigten bilden und bei Bedarf durch Lohnarbeiter bzw. Lehrlinge ergänzt werden.

Nach einer in *Yaoundé* durchgeführten Untersuchung beschäftigen drei Viertel dieser Unternehmen nur eine weitere Person. 4% beschäftigen mehr als drei Personen und 0,2% beschäftigen acht Personen.[387] Zu Ihrer Gründung müssen keinerlei Voraussetzungen erfüllt werden und sie verlassen den Markt auch so schnell wieder, wie sie gegründet wurden. In Kamerun z.B. überleben von den dreitausend Unternehmen, die jedes Jahr im informellen Sektor gegründet werden, nur wenige das dritte Jahr nach ihrer Gründung. Die Beschäftigten in diesem Sektor sind selten in innerbetrieblichen oder branchenübergreifenden Gewerkschaften organisiert und es fehlt an langfristigen Sicherungsmaßnahmen in Form von Sozialversicherungen.[388]

Der informelle Sektor ist jedoch von dem traditionellen Sektor bzw. von traditionellen Tätigkeiten zu unterscheiden. Zu dem traditionellen Sektor können alle Tätigkeiten gezählt werden, die sowohl in ländlichen als auch in städtischen Ge-

---

[386] Vgl. Lipeb, Martial (1986), S. 26.
[387] Vgl. Essam, Alfred (1996), S. 16.
[388] Vgl. Gemegah, Albert Kwaku (1994), S. 60.

bieten durch traditionelle Produktionsmethoden realisiert werden. Die Landwirtschaft, die in ländlichen Gebieten die Bestreitung des Lebensunterhalts der Bevölkerung zum Ziel hat, unterliegt ebenfalls keinen staatlichen Gesetzen, kann aber nicht als informelle Tätigkeit betrachtet werden, da sie die zur Entstehung des informellen Sektors führenden Bedingungen, die jetzt analysiert werden, nicht erfüllt.

Die Entstehung des informellen Sektors scheint mit der strukturellen Beschaffenheit der afrikanischen Gesellschaften in Verbindung zu stehen.[389] Die volkswirtschaftliche Grundlage gewährt freizügige Bedingungen für seine Entwicklung, ohne jedoch die unmittelbare Ursache zu sein. Der informelle Sektor ist durch strukturelle Faktoren verursacht worden, und seine Existenz wird heute von konjunkturellen Einflüssen gestützt. Die strukturelle Entstehung des informellen Sektors ist durch soziologische und wirtschaftliche Veränderungen erklärbar, die sich in mehreren afrikanischen Ländern südlich der Sahara um 1950, d. h. vor der Unabhängigkeit der meisten dieser Länder, vollzog.[390] Diese Veränderungen lassen sich als eine Verbindung der folgenden vier Hauptfaktoren darstellen: Änderung der Produktionsweise, demographische Wachstumsrate, Globalisierung und die Allgegenwart des Staates in diesen Ländern.[391]

Als erstes ist der Übergang von der Tauschwirtschaft zur Geldwirtschaft zu nennen. Diese Umwandlung implizierte in den afrikanischen Ländern eine grundlegende Umstrukturierung von der reinen Landwirtschaft zu einer teilweise modernen Industriewirtschaft. Die Einführung der neuen Produktionsweise und die Einführung der unpersönlichen Handelsbeziehungen, bildeten das Ende einer auf Landwirtschaft gestützten Produktionsweise, die durch Verwandtschaftsverhältnisse bestimmt wurde.[392] Man sollte eher von einem Bruch als von einer Evolution sprechen, da die ehemalige soziale Ordnung schnell verschwand, die neue aber nur lückenhaft an deren Stelle trat. Diese grundlegende soziale Mutation erzeugte informelle Substitutions- bzw. ergänzende Methoden des Überlebens von der reinen Landwirtschaft bis zur Entstehung neuer Ordnungsmäßigkeit, die die neue industrielle Produktionsweise bestimmte.

An zweiter Position kommt der demographische Faktor. Das Jahr 1950 war durch einen Anstieg der Wachstumsrate der Bevölkerung und eine Verstädterung

---

[389] Vgl. Lespes, Jean-Louis (1990), S. 330.

[390] Vgl. Essam, Alfred (1996), S. 13.

[391] Steuerliche Maßnahmen werden oft benutzt, um die Existenz des informellen Sektors zu erklären (Vgl. JAE von April 1996, S. 208). Da Wirtschaftssubjekte des informellen Sektors bestimmte indirekte Steuern bezahlen, z.B. die Bezahlung von festgesetzten Gebühren durch Straßenhändler, um auf der Straße verkaufen zu können, können diese Maßnahmen nicht zur Entstehung des informellen Sektors geführt haben. Vgl. Mathis, Jean (1992), S. 225.

[392] Vgl. Lespes, Jean-Louis (1990), S. 331.

der Länder gekennzeichnet. Der demographische Druck war mit einer durch schwaches Wachstum gekennzeichneten Übergangszeit verbunden, die durch eine steigende Geburtenziffer und eine zurückgehende Sterblichkeit geprägt war. Die Verstädterung bedeutete eine Wanderung der ländlichen Bevölkerung in Richtung der Ballungsgebiete, in denen die entstehende Industrie ihnen bessere Arbeitsperspektiven bot. Nach der Volkszählung von 1987 lag der kamerunische Anteil der Stadtbevölkerung mit 3,988 Millionen bei 38 % der Gesamtbevölkerung, nachdem er 1976 noch 28,5 % betragen hatte.[393] Nach entsprechenden Schätzungen der Weltbank hat sich diese Zahl bis 1992 auf 42 % weiter erhöht.[394]

Die Verbindung dieser beiden Faktoren führte dazu, daß die Bevölkerung in den Ballungsgebieten schneller wuchs als die Anzahl der Arbeitsplätze. Der moderne Industrie- und Verwaltungssektor war nicht in der Lage, alle Migranten zu beschäftigen. Dadurch entstand in städtischen Gebieten ein Pool überschüssiger Arbeitskräfte, die aufgrund fehlender sozialer Sicherung selbst alternative Beschäftigungsmöglichkeiten für sich schaffen mußten.[395] Außer diesem quantitativen Kriterium gibt es ein qualitatives Kriterium, das die Entstehung des informellen Sektors erklärt. Die städtische Bevölkerung besteht zum Teil aus Personen ohne Ausbildung, die vom modernen Wirtschaftssektor nicht beschäftigt werden können. Die Folge daraus war, daß ein Bevölkerungsteil ohne Ausbildung und Arbeit, die Entwicklung vieler kleiner informeller Tätigkeiten wie z.B. die von Straßenhändlern, positiv beeinflußte.

An dritter Position steht die Eingliederung des Landes in die Weltwirtschaft. Das Phänomen der Globalisierung wird von einer allmählichen Vereinheitlichung der Art und Weise der Erledigung von Finanz-, Produktions- und Handlungen Geschäften begleitet.[396] Die Lokalisation der Produktionsaktivitäten wird entsprechend möglicher Wettbewerbsvorteile vorgenommen. Die auf der Weltebene ausgeübte wirtschaftliche Dynamik bestimmt von außen Spezialisierung, Absatzmärkte und Finanzierungsmöglichkeiten. Die Verbindung von Ländern innerhalb dieser weltweiten Globalisierung führt dazu, heterogene Produktivitätskennziffern miteinander in Verbindung zu bringen und Wettbewerbsvorteile zu ungunsten afrikanischer Länder geltend zu machen. Die gesamten wirtschaftlichen Tätigkeiten in den afrikanischen Ländern wurden von dieser Neugestaltung

---

[393] STBA (1993), S. 4.
[394] Vgl. World Bank Atlas 1994d, S. 183.
[395] Vgl. Gemegah, Albert Kwaku (1994), S. 58.
[396] Vgl. Lespes, Jean-Louis (1990), S. 331.

tief verändert. Diese Veränderung führte dadurch, daß sie unter anderem Arbeitslosigkeit verursachte,[397] zur Entstehung informeller Tätigkeiten.

Schließlich stellt sich der informelle Sektor auf der strukturellen Ebene als Antwort auf die Allgegenwart des Staates und dessen Wirksamkeit in diesen zerstörten Gesellschaften dar. Der staatliche Einfluß bewirkt vielfältige Unbeweglichkeit innerhalb von Institutionen und Unternehmen, verhindert den Wettbewerb und begünstigt Monopole aller Art. Monopolisiert z. B. ein Unternehmen die Produktion eines bestimmten Gutes, so können die potentiellen Wettbewerbern nur im informellen Sektor tätig werden, weil sie keine Erlaubnis für die gleiche Produktion bekommen können. Neben diesen strukturellen bzw. grundlegenden Faktoren wird die Existenz des informellen Sektors durch konjunkturelle Faktoren unterstützt.

Seit etwa zwei Jahrzehnten erleben Entwicklungsländer im allgemeinen eine Wirtschaftskrise,[398] die einen schlechten Zustand ihrer Wirtschaft zur Folge hat. Dieser schlechte Zustand der Wirtschaft gibt dem informellen Sektor eine außergewöhnliche und aktuelle Bedeutung, obwohl er grundsätzlich auch schon vor der Unabhängigkeit dieser Länder existierte. Von der Unabhängigkeit bis zum Anfang der achtziger Jahre war der Staat in allen afrikanischen Ländern südlich der Sahara der erste Arbeitgeber. Er hatte durch staatliche Unternehmen und Behörden die Mehrheit der Arbeitsplätze im sogenannten „*modernen bzw. formellen*“ Sektor geschaffen und angeboten. Die von der Wirtschaftskrise verursachte Rezession und die wirtschaftlichen Anpassungsprogramme haben diese staatliche soziale Rolle reduziert, die oft auf Kosten der Rentabilitätsprinzipien realisiert wurde. Diese Begrenzung hat folgerichtig zum Anstieg der Anzahl der Arbeitslosen geführt, die, um überleben zu können, informelle Aktivitäten betreiben. Somit unterstützt die konjunkturelle Wirtschaftslage die weitere Existenz des informellen Sektors, und die Unfähigkeit der afrikanischen Wirtschaft, die Arbeitsmöglichkeiten der heutigen wirtschaftlichen Konjunktur anzupassen, verstärkt diese Existenz.

Der informelle Sektor bildet einen wichtigen Bereich der afrikanischen Wirtschaft. Er stellt gleichzeitig die Anpassung einer Gesellschaft an einen raschen Umbruch dar und eine Methode, die Zukunft zu testen. Die Bedeutung dieses Sektors ist so groß, daß keine wirtschaftliche Analyse, die sich auf ein afrikanisches Land südlich der Sahara bezieht, gemacht werden kann, ohne ihn ebenfalls zu berücksichtigen. Er hat sowohl eine wirtschaftliche als auch eine soziale Rolle. Auf der sozialen Ebene spielt der informelle Sektor die Rolle eines stabilisie-

---

[397] Die erwerbstätige Bevölkerung, die durch die Neugestaltung des Arbeitsmarktes ihre Arbeit verliert, findet in informellen Tätigkeiten eine Möglichkeit zum Überleben.

[398] Siehe Abschnitt 3.2.1, S. 121.

renden Faktors. Er stellt sich heute als ein Arbeitsmarkt für Personen ohne Ausbildung dar, für diejenigen, die aufgrund der Mitte der achtziger Jahre begonnenen Wirtschaftskrise ihre Arbeit verloren haben, und für diejenigen, die trotz eines abgeschlossenes Studiums keine Arbeit gefunden haben. Durch seine Fähigkeit, die Arbeitslosigkeit abzubauen, kanalisiert er Energien und vermeidet dadurch, daß die Arbeitslosigkeit zu einer sozialen Explosion führt. Nach einer von dem kamerunischen Wirtschafts- und Finanzministerium im Jahre 1993 in der Stadt *Yaoundé* durchgeführten Untersuchung werden 125000 Personen vom informellen Sektor beschäftigt, von denen 89000 selbständige Unternehmer sind. Er beschäftigt insgesamt 60 % der erwerbstätigen kamerunischen Bevölkerung[399]. In den Entwicklungsländern insgesamt befinden sich in diesem Sektor ca. 300 Millionen Beschäftigte. Er trägt zwischen 5 % bis 35 % zum Bruttosozialprodukt des jeweiligen Landes bei.[400]

Auf der wirtschaftlichen Ebene ‚realisiert‘ der informelle Sektor entsprechend der oben genannten Untersuchung eine monatliche Umsatz von acht Milliarden FCFA und erzielt einen Wertzuwachs von 4,5 Mrd. FCFA. Er trägt insgesamt mit 40 % zur Bildung des kamerunischen BIP bei. Außer dieser Produktion und den Beschäftigungsmöglichkeiten ist dieser Sektor durch die Entwicklung eines besonderen Finanzintermediärs, nämlich der Tontinen gekennzeichnet, deren Existenz dem informellen Sektor eine bedeutende finanzielle Rolle verleiht.

Abschließend kann festgestellt werden, daß sich der informelle Sektor rund um die strukturelle und konjunkturelle Arbeitslosigkeit dreht, was zu der Schlußfolgerung führt, daß dieser Sektor mit der Reduzierung der Arbeitslosigkeit, d.h. mit der wirtschaftlichen Entwicklung der betreffenden Länder, abnehmen wird.

3.3 Der kamerunische Finanzdienstleistungsmarkt

3.3.1 Einleitung

Wie die kamerunische Wirtschaft im allgemeinen zerfällt die Gruppe der Finanzintermediäre in formelle und informelle Anbieter und demzufolge in formelle und informelle Finanzdienstleistungen. Der kamerunische formelle Finanzdienstleistungsmarkt ist sowohl auf der Institutionsebene als auch auf der Dienstleistungsebene sehr wenig diversifiziert. Der Markt ist noch als Verkäufermarkt zu definieren. Dies läßt sich einfach durch die Tatsache beobachten, daß z.B. die Eröffnung eines Girokonto aufgrund der benötigten Geldsumme nicht vom jedem Individuum realisiert werden kann. In der Versicherungswirtschaft läßt sich die-

---

[399] Vgl. Nvogo, Damien (1996), S. 6.

[400] Dieser Anteil wird in offiziellen Statistiken nicht mitgerechnet. Gemegah, Albert Kwaku (1994), S. 69.

se Tatsache vor allem durch den Vertrieb von Pflichtversicherungen erklären. Finanzdienstleistungen werden hier noch definiert, wie sie vor den siebziger Jahren in Industrieländern definiert wurden.[401] Bank- und Versicherungsgeschäfte der modernen Prägung gehören in der Rea-lität noch nicht zu den gewohnten Geschäften der Bevölkerung. Hierfür muß noch viel getan werden.

Während formelle Anbieter - die vor allem aus Banken und Versicherungsunternehmen bestehen - im Mittelpunkt des Abschnitts 3.3.2 stehen, werden im Abschnitt 3.3.3 die informellen Finanzintermediäre, d. h. das gesamte Tontinensystem, dargestellt und analysiert. Im Abschnitt 3.4 wird die Rolle der Tontinen als Allfinanzanbieter analysiert. Im Abschnitt 3.5 wird gezeigt, daß Tontinen auch Finanzintermediäre sind, d.h., daß sie wie Finanzintermediäre der modernen Prägung Liquiditäts-, risikoorientierte und Informationsfunktionen erfüllen. Da die Allfinanzgeschäfte der Tontinen der Qualität einer effizienten Finanzdienstleistung nicht entsprechen, werden anschließend im Abschnitt 3.6 die Vor- und Nachteile der modernen Allfinanzgeschäfte sowie die Bedingungen für ihre Entwicklung durch Banken und Versicherungsunternehmen dargestellt und analysiert.

3.3.2 Der formelle Finanzdienstleistungsmarkt

3.3.2.1 Die kamerunische Kreditwirtschaft

3.3.2.1.1 Unternehmensformen und allgemeine Entwicklung

Das kamerunische Bankensystem, ist wie das deutsche und das französische Bankensystem, zweistufiger Natur.[402] Neben der Zentralbank, deren Rolle hier nicht analysiert werden soll, kann die Gruppe der Geschäftsbanken in zwei Gruppen als Depositenbanken und Spezialbanken untergliedert werden.[403] Das kamerunische Bankensystem funktioniert also nach dem Spezialisierungsprinzip. Die Depositenbanken (*banques de dépots*), welche bei weitem die größte Gruppe bilden, sind auf die Sammlung von Einlagen, die Abwicklung des Zahlungsverkehrs und die Kreditvergabe gerichtet. Spezialbanken (*Banques spécialisées*) können nach Geschäftsarten oder nach Kundensegmenten gebildet werden. Die beiden Bankengruppen werden in der Statistiken der Aufsichtsbehörde (COBAC) in einer Gruppe von kommerziellen Banken zusammengefaßt und bestehen heute in Kamerun, aus zehn Unternehmen.[404] Sie bestehen vor allem aus Filialen von

---

[401] Siehe Abschnitt 1.2.1.4, S. 26.
[402] Siehe auch Abschnitt 2.2.1, S. 38.
[403] Vgl. CNDC (1997), S. 48 ff.
[404] Im Jahr 1994 besaß der Staat insgesamt 40,1 % am Kapital dieser Bankengruppe.

großen französischen Bankinstituten (*BNP*, *Crédit Lyonnais*, und vor allem *Société Générale*). Die hier als kamerunisch zu bezeichnenden kommerziellen Banken sind bis 1980 eine Domäne der französischen Banken gewesen.[405] Anfang der achtziger Jahre engagierten sich – angelockt vom Ölboom – auch drei amerikanische Banken in Kamerun. Bis Ende der achtziger Jahre waren diese aber nicht mehr zu finden.[406] Kommerzielle Banken bilden heute, wie es der folgenden Tabelle 11 zu entnehmen ist, sowohl durch ihre Anzahl als auch durch ihren Marktanteil die wichtigste Gruppe von Bankinstituten der BEAC-Länder.

Tab. 11: Kommerzielle Banken der BEAC-Länder im Jahr 1994

Land	Kommerzielle Banken	Entwicklungsbanken	Anzahl der Schalter*	Einwohner pro Schalter*	Eigenkapital in Mrd. FCFA*	Bilanzsumme in Mrd. CFA*
Kamerun	9	-	106	121 000	37 250	769 655
Gabun	8	1	31	28 571	14 465	466 697
Kongo	4	1	17	135 000	6 100	128 637
Zentralafrikanische Republik	3	-	4	825 000	2 500	38 676
Tschad	4	1	9	650 000	4 500	44 983
Äquatoriale Guinea	1	-	2	200 000	300	8 066
Total	29	3	169	153 284	65 115	1 456 714

* Diese Zahlen beziehen sich nur auf kommerzielle Banken.
Quelle: COBAC (1994), S. 25.

Neben kommerziellen Banken wird in den Berichten der COBAC auch von Banken auf Gegenseitigkeit gesprochen. Heute werden in BEAC-Ländern drei Unternehmen unter diesem Begriff zusammengefaßt. Diese sind: *Les crédits Unions au Cameroun*, *Les Mutuelles Congolaises d'Epargne et de crédit* (MUCODEC) und *VITA* in Tschad. Ihre Tätigkeiten werden durch die COBAC noch nicht gut erfaßt, daher gibt es keine weitere Informationen über diese Bankengruppen[407].

[405] Im Jahr 1994 sind die Interessen der französischen Banken in Kamerun trotz der wirtschaftlichen Krise bedeutend geblieben. So halten französische Banken Kapitalanteile bei den drei wichtigen Banken des Landes. Die Crédit Lyonnais besitzt 65 % des Kapitals der SCB-CL, die Société Générale 37,8% des Kapitals der SGBC und die BNP insgesamt 46,7 % der BICIC. Vgl. COBAC (1994), S. 29.

[406] Vgl. Rettinger, Detlef(1997), S. 143.

[407] Vgl. COBAC (1994), S. 26.

Tab 12: Kamerunische Finanzintermediäre

Institute	Anzahl	Aktienanteil in Prozent Staat	Ausländische Investoren	Andere
Banken	10			
Amity Bank Cameroon SA		-	-	100
Banque Internationale du Cameroun pour l'épargne et le Crédit (BICEC)		54	BNP (11,5)	34,5
Caisse Commune d'épargne et d'investissement	-	-	5	95
Highland Corporation Bank SA	-	-	-	100
Société commerciale de Banque-Crédit Lyonnais Cameroun		35	Crédit Lyonnais Global Banking (65)	-
Société Générale de Banques au Cameroun	-	26,67	Société Générale(37,8)	35,53
Standard Chartered Bank Cameroon SA	-	34	Standard Chartered Bank London(66)	-
Bank of Credit and Commerce Cameroon(BCCC)	-	20	Holding (Luxembourg) S.A.(65)	15
Crédit Foncier du Cameroun	-	100		
Union Bank of Cameroon (UBC)*	-	-	-	-
Kreditinstitute mit Sonderaufgaben	**8**			
FOGAPE	-	100		
Société Nationale d' investissement	-	100		
Société Camerounaise d'équipement	-	-	SEIA (44)	56
SOGELEASE	-	-	SGBC (40)	60
SOCABAIL	-	-	SGBC (5)	95
Société camerounaise de crédit Automobile	-	-		100
Société de recouvrement de Créances	-	100		
SOFIREC	-	20	-	80
Versicherungsunternehmen	**15**			

*Die Bank UBC ist im September 1999 gegründet worden.

Quelle; eigene Darstellung nach Angaben aus: SFIDA (1997), S. 71-80; COBAC (1993-1994), S. 27; Mathis, Jean (1992), S. 134-135.

Neben Geschäftsbanken gibt es die Kreditinstitute mit Sonderaufgaben (*établissements financiers*), die traditionell zum öffentlichen Sektor gehören. Im Jahr 1994 waren insgesamt neun Unternehmen dieser Form auf dem kamerunischen Markt anzutreffen. Sie nehmen die im öffentlichen Interesse liegenden Funktionen wahr. Sie dienen der Regionalpolitik (Entwicklungsbanken), der Förderung des Exports, der Gründung von Klein- bzw. Mittelbetrieben und dem Wohnungsbau. Es handelt sich hier um ein Faktoringinstitut (SRC), zwei Kapitalanlagegesellschaften (SNI, FOGAPE), ein Pachtunternehmen (SOCABAIL), und drei Leasingunternehmen (SOGELEASE, SCE, SOCCA). Der Staat spielt auch bei der Gründung von Kreditinstituten mit Sonderaufgaben mit einem Anteil von 85,6 % an ihrem Kapital eine wichtige Rolle (Tabelle 12, S. 134)[408].

3.3.2.1.2 Dienstleistungen und Vertriebswege

Die wirtschaftliche Entwicklung in den französischsprachigen afrikanischen Ländern wurde nach ihrer Unabhängigkeit im Zeichen des wirtschaftlichen Dirigismus und der ausländischen Verschuldung konzipiert.[409] Die zur Milderung der Knappheit der inländischen Ersparnisse bestimmte ausländische Verschuldung wird im allgemeinen nicht durch den Markt vermittelt, sondern von öffentlichen Instituten (z.B. der französische *Caisse Central de Coopération économique*), oder von internationalen Geldgebern (Weltbank, IWF) gewährt. Wenn sie von ausländischen Banken gewährt wird, wird sie von den Staaten dieser Banken garantiert. Sie stehen demzufolge mehr unter dem Einfluß von politischen Entscheidungen als von Rentabilitätsüberlegungen.

Gerade nach der Unabhängigkeit hat Kamerun, wie viele andere der oben beschriebenen Länder, ein Finanzsystem adoptiert, das der oben beschriebenen wirtschaftlichen Entwicklungspolitik oder, in anderen Worten, den Bedürfnissen der noch unter Einflüssen der kolonialen Herrschaft aufzubauenden Wirtschaftsstrukturen entsprach.[410] Da die aus der Auslandsverschuldung resultierenden Geschäfte die bedeutendsten Finanzdienstleistungen in diesen Ländern darstellten, hatten sich die inländischen Banken, die vor allem aus Filialen von französischen Banken bestanden, rund um diese Geschäfte konzentriert und die Privatkundengeschäfte vernachlässigt. Sie haben in diesem Rahmen versucht, entweder Kredite an den Staat zu gewähren, um die nicht ausreichende ausländische Verschuldung zu vervollständigen oder die vom Staat durch ausländische Verschuldung geschaffenen Fonds als Einlage anzunehmen und sie dann zu verwalten.Die Vernachlässigung des Privatkundensegments durch die Banken ist bestimmt ein Grund dafür, daß Bankgeschäfte der modernen Prägung von der kamerunischen Bevölkerung sehr wenig getätigt werden. In Kamerun, wie in vielen anderen Entwicklungsländern, können Bankdienstleistungen auf die historisch gewachsenen Geschäftsfelder der Kreditinstitute, d.h. die Einlagen- und Kreditleistun-

[408] Vgl. COBAC (1994), S.27.
[409] Vgl. Mathis, Jean (1992), S. 128.
[410] Vgl. Lenoir, Alain (1996), S. 180.

gen[411] reduziert werden, da die anderen Bankleistungen aufgrund des niedrigeren Niveaus der Bankkultur von der Mehrheit der Bevölkerung nicht nachgefragt werden.

Betrachtet man die Verbreitung von Bankgeschäften der modernen Prägung als einen Lernprozeß, so läßt sich hier die Frage stellen, ob die Tatsache, daß ausländische Banken (vor allem französische Banken) den kamerunischen Markt für eine lange Zeit dominiert haben, nicht eine Verzögerung für die Verbreitung dieser Geschäfte dargestellt hat, d. h. Verzögerung in dem Sinne, daß diese Banken sich nur um die Vermittlung der meistens aus Frankreich resultierenden Verschuldung gekümmert und nur wenig für die Verbreitung der modernen Bankgeschäfte getan haben.[412]

Die Entwicklung von privaten nationalen Banken hätte sicherlich mehr bewirkt, um den nationalen Bankenmarkt zu entwickeln, da ihre Existenz mehr von diesem Markt abhängt.[413] Dazu kommen die Folgen der oben dargestellten Wirtschaftskrise,[414] die ein schlechtes Image des kamerunischen Bankensystem bei den potentiellen Bankkunden hinterlassen haben. Das kamerunische Bankensystem hat bis zum Anfang der Wirtschaftskrise scheinbar relativ gut funktioniert. Die Banken haben in einem künstlichen System funktioniert, haben sehr wenig neu eingeführt und haben sich kaum auf eine eventuelle Krise vorbereitet. Die aus der wirtschaftlichen Krise resultierende Reduzierung der staatlichen Ressourcen hatte zur Erschöpfung der Liquidität vor allem der Entwicklungsbanken und einiger kommerzieller Banken geführt, die andererseits schon von ihrer unvorsichtigen Kreditgewährung geschwächt waren. Kommerzielle Banken, die auch schon durch die Kumulierung von dubiosen Forderungen von sowohl Privatkunden als auch von Unternehmen, die selbst Opfer der staatlichen Zahlungsunfähigkeit waren, belastet waren, wurden von dieser Reduzierung nicht verschont. Bereits 1987 war der Banksektor „insolvent und inaktiv" geworden, und 1989 war nach Schätzungen der Weltbank das Defizit im Bankensektor auf 300 bis 375 Mrd. FCFA, einem Drittel des gesamten Bankgeschäfts und 10% des BIP,

---

[411] Vgl. Schierenbeck, Henner/Hölscher, Reinhold (1992), S. 278.

[412] Bei der Vermittlung von Krediten nimmt nur ein kleiner Teil der Privatkunden teil (vor allem Unternehmen, die hier in der Zeit meist staatliche Unternehmen waren). Dies ist der Grund dafür, daß man in diesem Zusammenhang von einer Vernachlässigung des Privatkundengeschäfts sprechen kann.

[413] Im Laufe der achtziger Jahre sind private nationale Banken in Kamerun (CCEI, IBAC, und AMITY BANK) und in Gabun (FIBA)entstanden. Deren Gründung hat auf dem kamerunischen Markt zum Beispiel die Entwicklung von Produkten zur Folge, die sich mehr an den Bedürfnissen von Privatkunden orientieren. Ein Beispiel ist das Bankprodukt „*flash cash*", das von der CCEI Bank entwickelt wurde. Das *flash cash* ist ein Einlagezertifikat, das die Verbindung von informellen und formellen Sektor zum Ziel hat. Es erlaubt seinem Besitzen bestimmte Überweisungen oder Zahlungen zu tätigen. Außerdem versucht diese Bank Vorteile des modernen Bankunternehmens der gesamten kamerunische Bevölkerung zur Verfügung zu stellen. Vgl. JAE von April 1996, S. 202-205.

[414] Siehe Abschnitt 3.2.1, S. 121.

angewachsen.[415] Daß das Bankgewerbe so empfindlich auf die Krise reagierte, lag daran, daß der Staat - inklusive der halbstaatlichen Unternehmen – der wichtigste Kreditgeber ist[416] und diese Rolle in der Krise nicht mehr erfüllen konnte. Darüber hinaus mußten viele Kredite – auch an staatliche Organisationen – aufgrund von Zahlungsunfähigkeit abgeschrieben werden.

Mitte der achtziger Jahre war eine Umstrukturierung des Bankensystems unvermeidlich. Diese wurde in Rahmen der von der kamerunischen Regierung als auch von der Weltbank und IWF eingeführten allgemeinen Strukturanpassungsprogramme realisiert und führte zur Schließung der einzigen Entwicklungsbank (*Banque camerounaise de développement*) und sechs kommerziellen Banken, die endgültig zahlungsunfähig waren.[417] So gingen *Cameroon Bank*, und *Parisbas-Cameroun* 1989 in Liquidation. Andere kommerzielle Banken erlebten eine Umstrukturierung ihres Kapitals in Richtung Privatisierung, da der Staat einen Teil ihrer Aktien an Privathände verkaufen mußte. Die SCB wurde aufgespalten: der „gesunde" Teil wurde vom Crédit Lyonnais, der bis dahin eine Minderheitsbeteiligung besessen hatte, unter dem Namen Société commerciale de banque – Crédit Lyonnais (SCG-CL) und der „kranke" vom Staat übernommen. Die BIAOC fusionierte im Juni 1991 mit der lokalen Filiale der Internationale Meridien Bank Limited Cameroun unter dem Namen Banque Meridien BIAO Cameroun (BMBC). Die beiden anderen großen Banken BICIC und SGBC wurden dank der Unterstützung der CFD einem Sanierungsplan unterworfen, der Anfang 1992 begann. Inzwischen ist die BICIC in BICEC umgewandelt. FONADER wurde aufgelöst und durch den *Crédit Agricole du Cameroun* (CAC) ersetzt.[418] Die CAC wurde 1990 in Rahmen der Entwicklung der Landwirtschaft mit der Hauptaufgabe der Vergabe von Agrarkrediten gegründet. 1995 hatte sie ein Kapital von 4,9 Mrd. FCFA. Die Einlagen betrugen 35,6 und die Kredite 24,8 Mrd. FCFA. Trotz dieser beachtlichen Zahlen ist die CAC aber nicht länger auf dem kamerunischen Finanzdienstleistungsmarkt geblieben, da sie 1998 in Liquidation ging. Die Umstrukturierung hat insgesamt zur Liquidation von mehr als 30 Banken in der FCFA-Zone geführt[419] und hat die Notwendigkeit und die Wichtigkeit einer Aufsichtsbehörde gezeigt. Dazu kommt die Reduzierung der staatlichen Anteile an dem Kapital von Banken. Im Jahr 1982 war der kamerunische Staat Aktionär von elf Banken, von denen er die Mehrheit der Anteile bei fünf besaß (Tabelle

[415] Detlef Rettiger (1997), S. 20.
[416] Vgl. COBAC (1994), S. 47-50.
[417] Vgl. Tedga, Paul J.M. (1991), S. 280.
[418] Mehr über die Umstrukturierung des Bankensystems ist im: Zeral, Dov (1990), S.17 ff. COBAC (1992-93), S. 75-85; JAE von Mai 1994, S. 16-19; JAE Spécial Banques von 1996, S. 72-77; JAE Spécial Banques von 1997, S. 138-147;
[419] Vgl. JAE Mai 1994, S. 16.

12, S. 134).[420] Heute ist er Aktionär von nur noch fünf Banken und besitzt die Mehrheit des Kapitals in nur einer Bank[421].

Als weitere Konsequenzen der zahlreichen Liquidationen haben mehrere Bankkunden ihre Guthaben bei den liquidierten Banken nur mit großen Mühen bekommen, was natürlich die Fähigkeit des ganzen Systems in Frage stellte. Es ist von daher gut nachvollzichbar, daß die Mehrheit der Bevölkerung statt zu Banken, zu Tontinen geht. Wird von der Anzahl der Kunden, die Bankgeschäfte tätigen, die Zahl derer, die Banken nur als eine Kasse betrachten,[422] subtrahiert, so bleibt nur eine sehr begrenzte Anzahl von, richtigen Bankkunden übrig.

Auf der Vertriebsebene werden alle Bankdienstleistungen in Kamerun heute nur am Bankschalter vertrieben. Dies ist ein Zeichen der Unterentwicklung von Bankgeschäften im allgemeinen, weil es die mangelhafte Kenntnisse der kamerunischen Bankkunden in Bezug auf die Verwaltungskosten ihrer Konten darstellt. Die Entwicklung z. B. des heutigen Internetbanking bzw. des Telefonbanking wird durch Interessen der Bankkunden in den Industrieländern gefördert, die immer kostengünstigere Leistungen haben wollen. Trotz der schlechten Entwicklung der kamerunischen Kreditwirtschaft ist sein Bankennetz mit einem Bankschalter je 121000 Einwohner das bedeutendste Bankennetz der BEAC-Länder[423].

Diese Zahl entspricht der hundertfachen Zahl von möglichen Kunden, die von einer Bankzweigstelle in Frankreich oder in Deutschland bedient wird. Zudem sind Kreditinstitute regional konzentriert: in Douala und Yaoundé[424] befindet sich die Mehrzahl der Bankfilialen, während in einigen ländlichen Regionen kein Bankschalter zu finden ist. Abschließend kann festgestellt werden, daß das kamerunische Bankensystem innovative Entwicklungen braucht. Weitere Probleme der kamerunischen Banken werden im Zusammenhang mit der Rolle der Tontinen in der Vermittlung von Bankleistungen dargestellt und analysiert.

---

420 Vgl. JAE Mai 1994, S. 18.

421 Während der Umstrukturierung hat der kamerunische Staat versprochen, seine Beteiligung am Kapital von Banken auf 20 % zu reduzieren. Vgl. JAE Spécial Banques von 1997, S. 141.

422 Man denkt zum Beispiel an die Leute, die ein Girokonto eröffnen müssen, weil sie sonst ihre Gehälter nicht bekommen können. Am Monatsende holen sie das ganze Gehalt von der Bank und finanzieren damit neben alltäglichen Verpflichtungen auch Tontinengeschäfte. Für diese Gruppe von Bankkunden ist die Bank nicht mehr als eine Kasse oder eine Institution, die Geld erzeugt.

423 Siehe Tabelle 11, S. 133.

424 Yaoundé ist die kamerunische Hauptstadt und Douala das wichtige Wirtschaftszentrum.

3.3.2.1.3 Die Aufsicht

Bis zur Umstrukturierung des Bankensystems standen die verschiedenen Banken unter der Aufsicht der *Bankdirektion*, die eine Abteilung des Finanzministeriums ist. Außer der Erteilung von Betriebserlaubnissen ist es schwierig zu sagen, wie die Aufsicht ausgeübt wurde. Auf jeden Fall sind ihre Grenzen durch die oben dargestellten Bankrotte von Banken aufgezeigt worden. Im Rahmen der Umstrukturierung wurde die Aufsichtsbehörde (COBAC) am 16. Oktober 1990 gegründet. Die COBAC hat im Januar 1993 ihre Arbeit aufgenommen. Ihre Rolle besteht darin, ein Reihe von Kontrollmaßnahmen zu schaffen und das Funktionieren der verschiedenen Banken weiterzuverfolgen. Mit dem Hauptsitz in Yaoundé (Kamerun), ist die COBAC für die Aufsicht in BEAC-Ländern[425] zuständig. Im Jahre 1996 hatten diese Länder insgesamt 31 tätige Banken, 17 Finanzierungsgesellschaften und 22 Liquidationsbanken. Die COBAC hat Verwaltungs-, normative, Aufsichts-, und richterliche Befugnisse.[426] Die Durchführung dieser Aufgaben wird heute noch von politischen Einflußnahmen erschwert.[427] aber es werden schon wichtige Grundlagen für das gute Funktionieren des Marktes geschaffen. In diesem Zusammenhang wurde im März 1997 ein Interbanken-Sicherheitsfonds für die betroffenen Länder gegründet.[428] Ziel dieses Fonds ist es, dafür zu sorgen, daß auch kleine Sparer ihre Ersparnisse im Fall eines Bankrotts wiederbekommen können.

3.3.2.2 Die kamerunische Versicherungswirtschaft

3.3.2.2.1 Unternehmensformen und allgemeine Entwicklung

Das Versicherungsgeschäft moderner Prägung ist in Kamerun in den dreißiger Jahren eingeführt worden.[429] Dabei ging es hauptsächlich um Seeversicherungen für Exporte von Kakao, Kaffee, Holz, usw. sowie für Importe von Manufakturwaren. Außer Fortschritten im Bereich der Aufsichtsgesetze hat sich die Struktur der kamerunischen Versicherungswirtschaft nicht bedeutsam verändert. Wie die Kreditgeschäfte beschränken sich die Aktivitäten der Versicherungsgesellschaften hauptsächlich auf Yaoundé, die Hauptstadt, und Douala, die Hafen- bzw. das wichtige Wirtschaftszentrum.

---

[425] BEAC (Banque des Etats de l'Afrique Centrale) ist die Zentralbank von sechs Staaten (Zentralafrikaniche Republik, Tschad, Kongo Brazaville, Gabun, und Kamerun).

[426] Mehr dazu in Jahresbericht der Franc-Zone (1996), S. 103; COBAC (1992-1993), S. 17 FF.

[427] Vgl. Seminar über die Rolle des Staates in der Kontrolle des Bankensystems, in: COBAC (1994), S. 87-89.

[428] Vgl. JAE von Januar/Februar 1998, S. 60.

[429] Vgl. Bodo, Marie-Louise S. (1996), S. 12.

Die oben angesprochene Wirtschaftskrise bedeutet für die kamerunische Versicherungswirtschaft eine Unterbrechung der Rückzahlung der dem Staat gewährten Kredite und das Einfrieren der Guthaben von Versicherern (27,8 Mrd. FCFA) in den liquidierten Banken. Dies wird eine Reduzierung der gesamten Versicherungsgeschäfte zur Folge haben. Das Geschäftsvolumen, das im Jahr 1985 41,3 Mrd. FCFA betrug, fiel auf 31 Mrd. FCFA in den Jahren 1991, dies bedeutet eine Reduzierung von 24,9 %. Nach einer Stabilisierung im Jahr 1991 und 1992 stieg dieses Geschäftsvolumen im Jahr 1993 (+4,5 %) und im Jahr 1994 (+ 5,8 %).[430] Nach einer Senkung zwischen 1994 und 1995 hat das Geschäftsvolumen eine Höhe von 47,3 Mrd. im Jahr 1996 erreicht[431] (Tabelle 13).

Tab. 13: Beitragseinnahme auf dem kamerunischen Versicherungsmarkt in Mio. FCFA

	Jahr			
Geschäft	1992	1993	1994	1995
Kfz-Versicherung	11 325	10 353	9 485	13 851
Transportversicherung	1 481	1 441	2 128	9 234
Feuerversicherung	4 050	3 898	4 151	4 155,3
Seeversicherung	2 589	2 719	4 409	-*
Andere	8 453	9 473	10 302	10157,4
Sachversicherung insgesamt	27 898	27 884	30 475	32 397,7
Lebensversicherung	6 096	7 784	5 740	8 772,3
Gesamte Versicherungsgeschäfte	33 994	35 668	36 215	46 170,0

* Im Jahr 1995 sind See- und Transportversicherung zusammengefaßt worden.

Quelle: Eigene Darstellung nach Angaben aus FANAF-Jahresbericht (1996), S. 23; Assurance et Sécurité, numero spécial (1997), S. 17.

Der Betrieb von Erstversicherungsgeschäften wird nach dem CIMA[432]-Aufsichtsgesetz nur Unternehmen in den Rechtsformen der Aktiengesellschaft (12 Unternehmen) und des Versicherungsvereins auf Gegenseitigkeit (zwei Unternehmen) erlaubt. Damit scheiden die öffentlich-rechtliche Körperschaft oder die Anstalt, die Einzelfirma, alle Personengesellschaften, die Gesellschaft mit beschränkter Haftung sowie die Genossenschaft als Rechtsformen für Erstversicherer aus. Bis zum Fiskaljahr 1986/87 waren auf dem kamerunischen Versicherungsmarkt sechs Unternehmen zu finden, die unter sich ca. 46 Mrd. Geschäfts-

[430] Vgl. Etoundi, Vincent (1995), S. 7.
[431] Vgl. Abega, Martin (1999), S. 423.
[432] Für die Bedeutung von CIMA, siehe Abschnitt 3.3.2.2.3, S. 145

volumen verteilt hatten. Heute teilt sich die doppelte Anzahl von Versicherungsunternehmen nur ca. 47 Mrd. Beitragseinnahmen, was eine Reduzierung des potentiellen Marktanteils jedes Versicherers impliziert. Dies bedeutet, daß der Eintritt neuer Versicherungsunternehmen in den Markt nicht durch Marktbedingungen verursacht werden. Die Anzahl der auf dem Markt existierenden Unternehmen entspricht nicht der Entwicklung des Marktes, was zu unfairem Wettbewerbsverhalten führt. Der Markt ist im allgemeinen sehr konzentriert. Ein Drittel der Unternehmen teilen sich ca. 90 % der gesamten Versicherungsgeschäfte[433]. Dieser hohe Konzentrationsgrad zusammen mit der Verlangsamung der allgemeinen Wirtschaftstätigkeiten verursachen einen starken Wettbewerb zwischen den auf dem Markt anzutreffenden Anbietern und führen zum Teil zu unfairem Verhalten einiger Versicherer, wie z. B. das Anbieten von Prämien, die unter dem Erwartungswert der Versicherungsleistungen liegen.

Das schlechte Management von Versicherungsunternehmen, die Defizite, die die Solvabilität von Unternehmen in Fragen stellen und die selbst Folge von hohen Schadenquoten und unbezahlten Versicherungsprämien sowohl von Privatkunden als auch von staatlichen Unternehmen sind, werden zum Verlust in der kamerunischen Versicherungswirtschaft führen. Weitere Verlustsursachen sind in den Schwierigkeiten zu sehen, die kamerunische Versicherer haben, ihre Kapitalanlagen so zu realisieren, daß sie die Erfüllung der für die Zukunft eingegangenen Leistungsversprechen gewährleisten.

Die fehlende Existenz von funktionsfähigen Kapitalmärkten und somit das Fehlen attraktiver langfristiger Kapitalanlageprodukte, sowie die unpassenden und wenig diversifizierten Anlagevorschriften bieten unzureichende Bedingungen für die Kapitalanlage der Versicherungsunternehmen. Die Verpflichtung einen wichtigen Teil von Rückstellungen in nicht zurückgezahlten staatlichen Gutscheinen anzulegen, deren selten gezahlte Zinsen in Steuern umgewandelt wurden, werden ebenfalls zu Verlusten in der kamerunischen Versicherungswirtschaft führen. Wie in der Kreditwirtschaft offenbaren diese Verluste die Grenze des seinerzeit existierenden Aufsichtssystems, was zur Einführung eines neuen Systems führte. Ein weiteres Problem des kamerunischen Versicherungsmarktes ist die unzureichende Marktkapazität zur Deckung von komplexen Risiken. Dies führt zu hoher Rückversicherung und Retrozession nach außen und damit zu Devisenabfluß. Dieses Kapazitätsproblem ist eine Folge der mangelhaften Kapitalausstattung der Versicherungsunternehmen sowie der relativ niedrigen Nachfrage nach Versicherungsprodukten.

---

[433] Vgl. Etoundi, Vincent (1995), S. 7.

3.3.2.2.2 Dienstleistungen und Vertriebswege

Wie in der französischen Versicherungswirtschaft braucht ein kamerunisches Versicherungsunternehmen, gemäß Art. 328 des Aufsichtsgesetzes, eine bestimmte Genehmigung, um Sach- oder Lebensversicherungsgeschäfte betreiben zu können. Auf dem kamerunischen Versicherungsmarkt werden, wie auf der Mehrheit der noch aufzubauenden Versicherungsmärkte, vor allem Pflichtversicherungen vertrieben. Dabei nehmen Kfz-Versicherungen, neben See-, Transport- und Feuerversicherungen eine wichtige Stellung ein (Tabelle 13, S. 140). Es fehlt an Leistungsfähigkeit des Versicherungsunternehmens als Finanzintermediär. Die Aktivitäten der Versicherungsunternehmen in diesem Bereich sind einerseits durch die finanzielle Infrastruktur und die allgemeine wirtschaftliche Situation und andererseits durch die gesetzlichen wenig diversifizierten Kapitalanlagevorschriften limitiert. Die Lebensversicherungen können hier theoretisch in Kapitalisations-, Vorsorge- und Tontinengeschäfte untergliedert werden. Aufgrund mangelnder Information ist es schwierig, präzise zu sagen, um welche Produktgruppen es sich bei den in Tabelle 13 (S. 140) angegebene Zahlen handelt. Es besteht allerdings die Möglichkeit, durch Anpassung der Produkte an die Bedürfnisse der Menschen unter Berücksichtigung ihrer Lebensbedingungen die Kunden besser anzusprechen. Beispielsweise könnten geeignete Lebensversicherungsprodukte aufgrund des mangelhaften existierenden Rentensystems und der Unbeständigkeit der Wirtschaft den potentiellen Kunden und den Versicherungsunternehmen mehr Nutzen bieten. Dies läßt sich auch aus den allgemein steigenden Marktanteilen dieses Versicherungszweiges schließen.

Grundproblem auf der Dienstleistungsebene ist die Existenz von Produkten, die nicht der Realität des Landes entsprechen. Die auf dem Markt vertriebenen Produkte sind vor allem französische Produkte, die aus der Kolonialzeit übernommen wurden oder auf dem kamerunischen Markt durch Filialen von französischen Versicherungsgesellschaften eingeführt worden sind. Diese Produkte sind in ihrem Inhalt und ihrer Formulierung hauptsächlich auf die Lebensbedingungen der Franzosen ausgerichtet und stellen auf Strukturen ab, die in Kamerun nicht vorhanden sind. Die täglichen Gefahren aufgrund der Lebensbedingungen in Kamerun werden demnach nicht ausreichend berücksichtigt. Somit bleibt die Versicherung im Vorstellungsbild der Menschen noch ein fremdes Produkt aus den Industrieländern. Dies kann zum einem durch Datenmängel und zum anderen durch das Fehlen von qualifiziertem Personal erklärt werden. Es fehlen wichtige Daten sowohl für innerbetriebliche Zwecke der einzelnen Versicherungsunternehmen als auch für aufsichtsrechtliche Aufgaben zur Festlegung, Bewertung und Kontrolle der Ziele der Branche.[434]

---

[434] Bei meinem Besuch bei der Aufsichtsbehörde im Jahr 1997 habe ich z.B. nur Informationen über die Anzahl der im Jahr 1993 existierenden Unternehmen bekommen können.

Vertriebsorgane der kamerunischen Versicherungswirtschaft sind, entsprechend ihrer Gliederung, denen der französischen Versicherungswirtschaft vergleichbar. Auf dem Markt sind Ladenvertriebe, Angestellte von Versicherungsunternehmen, Generalagenten und Makler anzutreffen. Im Gegensatz zu den französischen sind kamerunische Vertriebsorgane wenig bekannt und stellen, zum einen wegen ihrer Anzahl und zum anderen wegen ihres Verhaltens, ein großes Problem für diese Wirtschaftsbranche dar. Im Jahr 1995 waren neben 1489 Angestellten 81 Intermediäre auf dem Markt, von denen 66 als Makler tätig waren[435]. Dazu kommt eine ungewisse Anzahl von Personen mit unbekanntem Statuts die Geschäfte einbringen, die demzufolge bei dem Aufsichtsorgan unbekannt sind.

Grundprobleme auf der Vertriebsebene sind zum einen das Inkasso von Versicherungsprämien und zum anderen die Schadenregulierung. Eine Vielzahl von Versicherungsnehmern hat kein Girokonto und kann seine Versicherungsprämien nicht durch Überweisungen, sondern nur durch Barzahlungen beim Versicherungsunternehmen oder bei dem Vertreter tätigen. Vor der Einführung der neuen Aufsichtsgesetze haben viele Versicherungsvertreter die für Versicherungsunternehmen bestimmten Versicherungsprämien auf ihren eigenen Konten behalten und manchmal bei Banken angelegt, ohne die Versicherungsunternehmen zu informieren.[436]

Dies hat zum Mangel an Liquidität und demzufolge zur Zahlungsunfähigkeit von Versicherungsunternehmen geführt und dadurch zur Verschlechterung des Images der kamerunischen Versicherungswirtschaft. Kamerunische Versicherungsvertreter sind also zum Teil für den Anstieg der Quote der unbezahlten Prämien und Schäden in der kamerunischen Versicherungswirtschaft verantwortlich.[437] Dies hat dazu geführt, daß Makler, entsprechend § 541 des neuen und heute gültigen Aufsichtsgesetzes, ohne ausdrückliches Mandat eines Versicherungsunternehmens keine Prämien mehr einkassieren dürfen. Ob dies eine sinnvolle Lösung für dieses Problem ist, kann man heute noch nicht sagen.

Die Dauer der Schadenregulierung ist eine Komponente der Serviceleistungen eines Versicherungsunternehmens, die das Image der Versicherungswirtschaft entscheidend prägt.[438] Auf dem kamerunischen Markt liegt aufgrund bürokratischer Hürden immer eine lange Zeit zwischen Eintritt des Versicherungsfalles bis zur Entschädigung des Versicherungsnehmers. Dies vermittelt bei letzterem ein schlechtes Image der Versicherungswirtschaft im allgemeinen. Dazu kommt, daß die Höhe bzw. der Wert der Versicherungsleistungen unter den inflationären Be-

---

[435] Vgl. FANAF-Jahresbericht (1996), S. 23.
[436] Vgl. Mbappe, Jules (1997), S. 33; Mpegna Amba Amos (1995), S. 29 ff.
[437] Vgl. Ayangma, Amang, in Assurance et Sécurité, Nr. 18, S. 26.
[438] Gemegah, Albert K. (1994). S. 98.

dingungen sehr schnell ausgehöhlt wird. Dies stellt ein besonderes Problem für die Lebensversicherung dar.

3.3.2.2.3 Die Aufsicht

Die aus der oben dargestellten Problematik der kamerunischen Versicherungswirtschaft resultierende notwendige Umstrukturierung, die Nachlässigkeit von Maßnahmen, die Versicherungsnehmer schützen sollen,[439] die unpassende gesetzliche und institutionelle Umgebung und die steuerlichen Maßnahmen, die für die Förderung und Entwicklung der Versicherung ungünstig waren, haben zur Gründung eines neuen Aufsichtsorgans geführt.

Die heute auf dem kamerunischen Versicherungsmarkt sowie auf dem Markt von 13 anderen Staaten der CIMA gültigen Aufsichtsgesetze sind relativ neu. Sie sind erst am 15. Februar 1995 in Kraft getreten und sind ein Ergebnis des in Yaoundé am 10. Juli 1992 unterschriebenen Abkommens zwischen 14 afrikanischen, vor allem französischsprachigen Staaten,[440] welches die Realisierung eines einheitlichen Versicherungsmarktes für diese Staaten zum Ziel hatte. Auf diesem einheitlichen Markt bzw. auf den Versicherungsmärkten der CIMA-Staaten gelten die gleichen Versicherungsgesetze (Code CIMA), die in Zusammenarbeit mit Frankreich erarbeitet und übernommen wurden, was die Ähnlichkeit mit französischen Versicherungsgesetzen erklärt[441].

Ziele dieser neuen Gesetze liegen, außer in der Schaffung eines einheitlichen Versicherungsmarktes für die 14 Länder, in der Rehabilitierung und der Verbesserung von Versicherungsmärkten. Sie wurden also geschaffen, um eine neue Orientierung zu schaffen und Lösungen für die zahlreichen Probleme der Versicherungswirtschaften dieser Länder zu finden. Trotz politischer Hindernisse[442] haben diese neuen Aufsichtsgesetze schon zur Schließung einiger kamerunische Versicherungsunternehmen (z.B.: AMACAM, TAA) geführt.

---

[439] Vgl. Yigbedek, Z. (1995), S. 21 ff.

[440] Diese Staaten sind: Benin, Burkina-Faso, Kamerun, Zentralafrikanische Republik, Komoren, Kongo Brazaville, Elfenbeinküste, Gabun, Äquatorial Guinea, Mali, Niger, Senegal, Tschad und Togo.

[441] Die einheitlichen Gesetze wurden während 10 Sitzungen realisiert, von denen sieben in Paris und drei in Afrika stattfanden, Vgl. Codjovi, Jean (1995), S. 16.

[442] Vgl. Abega, Martin (1999), S. 423.

3.3.3 Der informelle Finanzintermediär: das Tontinensystem

3.3.3.1 Tontine nach Tontis Systematik und ihre Entwicklung in Frankreich und in Deutschland

Der heutige aus dem Französischen kommende Begriff „*Tontine*" bezieht sich auf den Namen des Italieners, *Lorenzo Tonti,*[443] der aus Neapel stammte. Es handelt sich also um einen der Fälle, in denen eine Einrichtung oder ein Vorgang nach einer Person benannt ist, wie etwa bei der Mansarde, dem Zillmern oder Röntgen,[444]

Im Jahre 1653 machte *Tonti* dem französischen Kardinal *Mazarin* zur Aufbesserung der zerrütteten Staatsfinanzen den Vorschlag, eine Anleihe in Höhe von 25 Millionen Livres aufzunehmen. Die Anleihezeichner sollten in zehn Gruppen nach dem Lebensalter eingestuft werden. Jeder dieser Gruppen wurde eine Rente in Höhe von 102500 Livres zugewiesen. Sie sollten eine Art geschlossenen Verein zur gegenseitigen Beerbung bilden; die Überlebenden erbten stets den Rentenanteil jedes sterbenden Mitglieds in ihrer Gruppe, bis sämtliche Mitglieder gestorben waren. Der auf das einzelne Mitglied entfallende Rentenbetrag stieg infolgedessen immer mehr, und der Längstlebende sollte die 102500 Livres für sich allein erhalten. Die Höhe der Renten konnte aber nicht im voraus bestimmt werden.[445] Mit dem Tode des längstlebenden Mitgliedes, auf das sich die Renten aller Verstorbenen vererbt hatten, lief die Leistungspflicht des Tontinenunternehmens aus. Der Plan fand die Zustimmung *Mazarins* und die Billigung des Königs. Das Projekt wurde jedoch vom Parlament beanstandet.

---

[443] In der Literatur als Arzt (siehe Schmidt, Reimer (1991), S. 346) oder als Bankier bezeichnet (siehe Descroche, Henri (1990), S. 4; Alain, Henry/Tchuente, Philippe/Guillerme-Dieumegard, Philippe(1991), S.8; Jennings, Robert M./Trout Andrew P. (1982), S. 4).Vermutlich ist Tonti 1630 in Neapel geboren. 1644 ,also mit 14 Jahren, kam er wie viele seiner Landsleute nach Paris, wo er am französischen Hof Aufnahme fand. Er stand in der besonderen Gunst des mächtigen Kardinals Jules Mazarin (1602-1661), weil er König Ludwig XIV. "große Dienste sowohl innerhalb als auch außerhalb des Königreichs geleistet hatte", wie er in einem späteren Bittgesuch schrieb. Welcher Art diese Dienste waren, weiß man nicht. Fest steht nur, daß Tonti seit 1648 eine jährliche Rente von 6000 Livres (von italienisch Libra = Pfund. Die Livre war bis zur Ablösung durch den Franc im Jahre 1796 die französische Währungseinheit.) für sich und seine 19 köpfige Familie aus Staatsmitteln bezog. Nach dem Tod Mazarins wurden Tontis Staatsbezüge 1661 vom Finanzminister Jean Baptiste Colbert (1619-1683) zunächst um die Hälfte gekürzt und schließlich ganz gestrichen. Alle Bittgesuche an Colbert und dessen Frau, selbst der Hinweis auf seine große Familie, blieben erfolglos. Schließlich verlor Tonti die Geduld und verfasste 1664 ein Pamphlet über die „gegenwärtigen Verhältnisse am französischen Hof". Das Manuskript soll, wie Tonti zu seiner Rechtfertigung an Colbert schrieb, ohne sein Wissen und gegen seinen Willen gedruckt und veröffentlicht worden sein. Trotzdem wurde Tonti in die Bastille gesperrt. Vermutlich ist Lorenzo Tonti 1695 verarmt in der Bastille gestorben. Siehe dazu Koch, Peter (1995), S. 1640-1643.

[444] Vgl. Koch, Peter (1995), S. 1640.

[445] Vgl. Hebel, Karl (1961), S. 374.

Das Projekt *Tontis* ist erstmals in Holland praktiziert worden.[446] Die Stadt *Kampen* nahm bereits 1670 eine Anleihe in Höhe von insgesamt 100.000 Gulden auf, die der vereidigte Wechselmakler *Jakob von Dael* übernahm. Das Vorhaben wurde in einem veröffentlichten Prospekt eingehend erläutert. Es waren 400 Obligationen vorgesehen, deren Rückzahlung in Form von Renten erfolgen sollte. Das Interessante an der Publikation war die Tatsache, daß sie bereits den Gedanken einer Absterbeordnung der 400 Mitglieder enthielt und sich mit der Laufzeit der Renten sowie der Zahl der überlebenden Personen beschäftigte.

Das erste französische Tontinenprojekt sollte im Jahr 1653 gestartet werden. Dieses Angebot hat die Franzosen vermutlich so sehr konsterniert, daß sich nicht genügend Einzahler für das Projekt fanden.[447] Berühmt geworden ist die Tontine von 1689.[448] Diese erste Tontine wurde noch zu Lebzeiten *Tontis* eingerichtet. Sie bestand aus 14 Klassen, deren erste nach 37 Jahren ausstarb. Es schlossen sich weitere Tontinen an, die teilweise von der öffentlichen Hand, teilweise auch von Privatpersonen betrieben wurden. Erlebensfall-Vereine wurden von *Pontchartrain*, Minister von *Ludwig XIV.*, im Jahre 1689 erlaubt.

Eine gesetzliche Regelung haben die Tontinen erstmals in Frankreich durch das Versicherungsaufsichtsgesetz vom 17.3.1905 erfahren, das die Tontinen ausdrücklich den Lebensversicherungsunternehmen gleichstellte, sie eingehend regelte und der staatlichen Versicherungsaufsicht unterwarf. Rechtlich wurden die Tontinen wie Gegenseitigkeitsvereine (mutuelles) behandelt. Auf jeden Fall hat die Aufnahme in das Gesetz der Verbreitung dieser Institutionen in Frankreich noch einmal einen erheblichen Aufschwung gebracht.[449] Von Frankreich aus verbreiteten sich die verschiedenen Tontinenformen über ganz Westeuropa. Dazu trugen vor allem auch hugenottische Religionsflüchtlinge bei.

In Frankreich werden noch heute Tontinengeschäfte betrieben. Unter den im Jahre 1997 auf dem französischen Markt anzutreffenden Lebensversicherungsunternehmen waren drei Tontinen zu finden.[450] Es handelte sich hier um Vereine von Personen, die für einen Zeitraum von 10, 15 oder 20 Jahren gebildet werden.[451] Diese Personen legen ihre Gelder zusammen. Am Ende des vorgesehenen Zeitraums wird der Verein aufgelöst und die Gelder werden unter den Überlebenden

[446] Vgl. Koch, Peter (1995), S. 1641-1642.
[447] Vgl. Körber, Karl-Otto (1995), S. 1104.
[448] Vgl. Jennings, Robert M./Trout Andrew P. (1982), S. 18.
[449] Vgl. Koch, Peter (1995), S. 1642
[450] Vgl. GAP (1997), S. 291.
[451] Für die rechtliche Bestimmungen über französische Tontinen, siehe, C. ass. (1997), Abschnitt VII, S. 370-374.

(Erlebensfall-Vereine) oder den Anspruchsberechtigten (Todesfall-Vereine) verteilt.[452]

Im Zuge ihrer Ausbreitung in Europa sind die Tontinen bereits im 17. Jahrhundert auch nach Deutschland gekommen.[453] Zwei 1777 und 1783[454] von der Stadt Nürnberg errichtete Tontinen haben internationales Interesse gefunden. Neu an den Nürnberger Anstalten war die Tatsache, daß die Reichsstadt Nürnberg die Einhaltung des Geschäftsplans und die Erfüllung der Tontinenleistungen ausdrücklich garantierte.[455]

Mit dem Aufkommen der modernen Lebens- und Rentenversicherung ist die Bedeutung des Tontinenwesens im Laufe des 19. Jahrhunderts in Deutschland ganz entscheidend zurückgegangen[456]. Noch vor Einführung der Reichsaufsicht stellten die Brüder *Brämer* in ihrem damals weit verbreiteten Lehrbuch des Versicherungswesens fest, daß die Tontinen in die Begriffsbestimmung der Versicherung nicht hineinpaßten. Ihre Bedenken richteten sich gegen den als Spiel oder Wette anzusehenden Charakter der Tontinengeschäfte.[457] Der Handels- und Versicherungsrechtler *Julius von Gierke* (1875-1960) bezeichnet die Tontinengeschäfte als Glücksspiel.[458] Die deutsche Aufsichtspraxis hat sie dann als versicherungsfremde und damit für Lebensversicherungsunternehmen unzulässige Geschäfte angesehen. Durch die Realisierung des europäischen Binnenmarktes kehrten Tontinengeschäfte in das deutsche Versicherungsaufsichtsgesetz zurück.

Heute sind Tontinengeschäfte in der europäischen Gemeinschaft als eine Versicherungssparte eingestuft, die von Lebensversicherungsunternehmen betrieben werden darf. Durch das dritte Gesetz zur Durchführung versicherungsrechtlicher Richtlinien des Rates der Europäischen Gemeinschaft (Drittes Durchführungsgesetz/ EWG zum VAG) vom 21. Juli 1994 sind die Tontinengeschäfte aus dem französischen Aufsichtsrecht unter Nr. 22 in den Katalog der Versicherungssparten eingestuft worden. Gemäß Art. 1 Nr. 2a der 1. EG-Lebensversicherungs-Richtlinie umfassen Tontinengeschäfte die Bildung von Gemeinschaften, in de-

---

452 Vgl. Couilbault, François/Eliashberg, Constant/Latrasse, Michel (1997), S. 16.

453 Vgl. Koch, Peter (1995), S. 1642.

454 Wegen des großen Zustroms bei der Tontine des Jahres 1777, musste schon nach kurzer Zeit (1783) eine zweite Tontine errichtet werden, der sogar *Goethe* seine Aufmerksamkeit widmete. Vgl. Hebel, Karl (1961), S. 373 ff.

455 Bei der Nürnberger Tontine wurden Einlage und Summe der bezogenen Renten mit 4% aufgezinst. Mehr über der Geschäftsplan und die Tontinenleistungen der Nürnberger Tontine in: Hebel, Karl (1961), S. 374 ff.

456 Mehr zur Geschichte der Tontinen in Deutschland siehe Hebel, Karl(1961); Koch, Peter (1989); Koch, Peter (1995).

457 Vgl. Jennings, Robert M./Trout Andrew P. (1982), S. 26-32

458 Vgl. Koch, Peter (1995), S. 1643.

nen sich Teilhaber vereinigen, um ihre Beiträge gemeinsam zu kapitalisieren und das so gebildete Vermögen entweder auf die Überlebenden oder auf die Rechtsnachfolger der Verstorbenen zu verteilen. Aber der Betrieb von Tontinengeschäften erfordert in Deutschland, wie in allen EU-Staaten eine spezielle aufsichtsbehördliche Erlaubnis.

3.3.3.2 Der gegenwärtige Tontinenbegriff

Aus der Geschichte der Tontinen weiß man, daß das Wort *Tontine* bereits zu Lebzeiten Tontis verwendet wurde. Aus der Unterschrift eines handgeschriebenen Briefes vom 4.3.1675 wissen wir, daß er sich selbst „*Tonty*" genannt hat. Der deutsche Handelswissenschaftler aus Nürnberg *Paul Jakob Marperger*(1656-1730), der sich eingehend mit den Tontinen beschäftigt hat, schrieb, daß „einer namens *Tonty* die Sache zwar nicht erfunden, wohl aber aufs neue hervorgesucht habe".[459] Diese soll in ihrer Grundkonstruktion bereits früher bekannt gewesen und in kleinem Umfang auch betrieben worden sein.[460] Diese Tatsache läßt sich auch bestätigen, wenn man die Entwicklung des heute als Tontine benannten wirtschaftlichen Phänomens in anderen Ländern berücksichtigt. In Japan, Südkorea und Taiwan zum Beispiel sind erste Tontinenentwicklungen aus der Zeit *Wang Anshis* (1021-1086) bekannt.[461]

Die afrikanische, asiatische und die von *Tonti* propagierten Tontinen sind nicht identisch. Betrachtet man die Unterschiede, so stellt man sich die Frage, ob die afrikanischen Tontinen überhaupt als Tontinen bezeichnet werden dürfen. Wenn ja, dann sollte man erklären, wie sie in anderen Ländern eingeführt wurden und warum sie eine andere Ausprägung haben, als die von *Tonti* ausgesuchte Finanzorganisation. Für einige Wissenschaftler wird der Begriff *Tontine* benutzt, um die traditionelle afrikanische Finanzorganisation zu bezeichnen, weil es im französischen Wortschatz kein geeigneteres Wort gibt, das diese besser bezeichnen kann.[462] Diese Erklärung reicht aber nicht aus. Wahrscheinlich tragen beide Phänomene die gleiche Bezeichnung, weil sie Übereinstimmungen aufweisen. So existierten z.B. die heute in Afrika noch anzutreffenden und auf dem gleichen Prinzip beruhende Tontinenformen auch in Europa.

Trotz verschiedener Überschneidungen sind Tontinengeschäfte auf jedem Kontinent anders ausgeprägt,[463] so daß der Begriff „Tontine" nur für jeweils bestimm-

[459] Koch, Peter (1995), S. 1640
[460] Vgl. Körber, Karl-Otto (1995), S. 1102.
[461] Vgl. Pairault, Thiery (1990), S. 82.
[462] Vgl. Nzemen, Moïse (1993), S. 20.
[463] Vgl. Grange, Michel Louis (1987), S. 75.

ten Regionen definiert werden kann.[464] Die im Mittelpunkt dieser Arbeit stehenden Tontinen sind afrikanische Tontinen im allgemeinen und vor allem die kamerunischen Tontinen. Die in afrikanischen Ländern südlich der Sahara betriebenen Tontinengeschäfte haben mit den in der EU definierten Tontinengeschäften gemeinsam, daß sie zur Sammlung von Ersparnissen veranlassen. Während die Tontinengeschäfte nach *Tontis* Systematik einem geschlossenen Mitgliederkreis lebenslänglich Jahresrenten gegen Einmalzahlungen gewährten, wobei die Renten der durch Tod ausscheidenden Personen den Überlebenden anteilig zuwuchsen, stehen im Mittelpunkt der afrikanischen Tontinen im allgemeinen und der kamerunischen Tontinen im besonderen ganz andere Aspekte.

Afrikanische Tontinen sind, nach *Dromain*, Rotationsvereine für Kredite und Ersparnisse (AREC).[465] Ausgenommen die Tatsache, daß hier der Begriff „Rotation" benutzt wird, entspricht diese Definition der zweiten Definition des Wörterbuchs *Le Petit Robert*, die den Begriff *Tontine* auf Afrika bezieht und die Tontine als ein Verein von Personen beschreibt, die Gelder regelmäßig in eine gemeinsame Kasse einzahlen. Der durch diese Einzahlung gesammelte Betrag wird jedem Mitglied, nach einer bestimmten Reihenfolge, zur Verfügung gestellt. In dieser Definition sind aber nicht alle Aspekte der afrikanischen Tontinen zu erkennen. Sie beruhen zwar auf einem Rotationsprinzip mit Sparzielen, stellen aber, wie wir noch sehen werden, nicht nur Geld - obwohl Geldtontinen heute dominierend sind - zur Verfügung des lebenden Empfängers der Tontine oder des Rechtsnachfolgers, sondern je nach der Tontinenform auch Arbeitskraft und Lebensmittel wie z.B. Getreide etc.. Diese Arbeit bezieht sich vor allem auf Geldtontinen. Unter Rotationsprinzip soll verstanden werden, daß die gesammelte Leistung den Mitgliedern in einer bestimmten Reihenfolge zur Verfügung gestellt wird.

Afrikanische Tontinen haben keine lukrativen Ziele und sind im Gegensatz zu *Tontis* Tontinen eine sichere Organisation für die Teilnehmer bzw. Mitglieder. Sie können nicht nur in der Rentenzeit genutzt werden, sondern auch und am meisten während der aktiven Zeit. Die Vererbung der Leibrenten Verstorbener an die Überlebenden bedeutet bei *Tontis* Systematik, daß zum Zeitpunkt der Beitragszahlung – abgesehen von einer schmalen Verzinsung des Beitrages selbst – völlig ungewiß ist, zu welchen Zeitpunkten welche Beträge ausgezahlt werden. Es wird also mit Wahrscheinlichkeit gerechnet. Bei afrikanischen Tontinen weiß der Teilnehmer vor der Einzahlung genau, wann - außer bei Geschäfstontinen - er

---

[464] Nach dem im Jahre 1989 veröffentlichten Bericht der Weltbank über die Weltentwicklung existieren Tontinen in Mexiko, Bolivien, Ägypten, Nigeria, Ghana, Somalia, Mosambik, Indonesien, auf den Philippinen, in Indien, Thailand, China, Japan und in West-Kamerun[464].

[465] Auf französisch heißt es „Associations rotatives d'Epargne et de Crédit ». Vgl. Michel Dromain (1990), S. 140.

das angelegte Geld abzüglich des Risikoschutzbeitrages wiederbekommen wird. Er weiß auch genau je nach der Tontinenform im voraus, wieviel er bekommen wird. Diese Methode des Funktionierens der Tontinengeschäfte ist mit denen der Bankgeschäfte moderner bzw. formeller Art vergleichbar, da der Kunde, der sein Geld in diesem System anlegt, z.B. auf einem Sparkonto, genau weiß, wann und wieviel er von seiner Bank bekommen wird.

Ein sehr wichtiges Charakteristikum der afrikanischen Tontinen ist die Abwesenheit schriftlicher Verträge. Das ganze Tontinensystem stützt sich auf das gegebene Ehrenwort der Mitglieder und auf ihr gegenseitiges Vertrauen. Außer der Tatsache, daß die Namen der Mitglieder und das Wesen des von ihnen getätigten Tontinengeschäfts in einem Heft notiert wird, besteht kein schriftlicher Vertrag zwischen Tontinen und ihren Mitgliedern. Dieses Charakteristikum ist wahrscheinlich auf die Natur der traditionellen afrikanischen Gesellschaften zurückzuführen, die durch mündliche Überlieferung gekennzeichnet waren.[466]

3.3.4 Das kamerunische Tontinensystem

3.3.4.1 Begriffsabgrenzung

Kamerun ist ohne Zweifel das zentralafrikanische Land – wie Benin in Westafrika - in dem Tontinengeschäfte am weitesten verbreitet sind.[467] Einer Studie der Zeitschrift „*Marchés tropicaux*" zufolge sind 26% der französischsprachigen Afrikaner Mitglied einer Tontine.[468] In Kamerun hat dieses Phänomen mit ca. 50% der Bevölkerung einen besonderen Umfang erreicht. In Westkamerun beteiligt sich fast die gesamte erwerbstätige Bevölkerung an Tontinen.[469] Dort sind Tontinen eine seit langem existierende Form ökonomischer und sozialer Organisation.

Kamerunische Tontinen unterscheiden sich von anderen afrikanischen Tontinen dadurch, daß sie für die Teilnehmer nicht nur Finanzierungs- und Sparvereine sind, sondern auch Möglichkeiten zum Risikoschutz bieten. Diese Funktion ist zwar nicht neu, ist aber in der Definition von Tontinen bis heute nicht zu erkennen. Neben Finanzgeschäften bieten sie ihren Mitgliedern die Möglichkeit, sich gegen bestimmte Risiken (z.B. Krankheit, Beerdigungskosten usw.) zu schützen. In diesem Falle spielen Tontinen die Rolle eines Versicherungsunternehmens, das gegen Prämien Versicherungsschutz anbietet. Weitere Aspekte der

---

[466] Mehr über die mündliche Überlieferung in Kamerun ist in Buehler, Brigitte (1998) zu lesen.
[467] Vgl. Lelart, Michel (1990), S. 53.
[468] Vgl. MTM (1987).
[469] Vgl. Nzemen, Moïse (1988), S. 18.

kamerunischen Tontinen lassen sich in ihrer Rolle als sozialer und kultureller Verein sowie ihrer Rolle in der Entwicklungsfinanzierung erkennen.

Somit wird eine Tontine im Rahmen dieser Arbeit als ein auf das gegebene Ehrenwort seiner Mitglieder gestützter gemeinnütziger Verein definiert, der Sicherheitsprodukte nach Eintritt des Versicherungsfalles und/oder finanzielle Produkte entweder nach dem Rotations- oder Versteigerungsprinzip seinen Mitglieder zur Verfügung stellt.

3.3.4.2 Geschichtlicher Überblick

Ein Blick in die Geschichte der Tontine zeigt, daß die erste Erscheinungsform der Tontinen aufgrund der schon genannten mündlichen Überlieferung der traditionellen afrikanischen Gesellschaften nicht genau festgestellt werden kann.[470] Fest steht aber, daß sie in der organisierten traditionellen Gesellschaft entstand, die durch gemeinschaftlichen Geist und Solidarität geprägt war und deren Ziele in der Suche nach Sicherheit und sozialer Beförderung der Mitglieder lagen. Die traditionelle Gesellschaft verfügte nur über Boden und Arbeit als Produktionsfaktoren und basierte deswegen auf einer Versorgungswirtschaft, die auf Tauschhandel errichtet war. Sie versuchte demzufolge, das Leben um die Arbeit herum zu organisieren. Jedes Individuum arbeitete für sich selbst und für den Häuptling. Privates Eigentum war insoweit geheiligt, als das Individuum Sitten und Regeln aus dem Häuptlingsreich respektierte.

Ein Mensch wurde als „*sozial*“ angesehen, sobald er ein Haus, ein Gehege, einen Acker, eine Frau hatte und Mitglied einer Organisation war. Um die letzte Eigenschaft zu erwerben, hatten sich Menschen in Gruppen zusammengeschlossen mit dem Ziel, jedem Mitglied der Reihe nach die aus den Zusammenschluß resultierende Arbeitskraft zur Verfügung zu stellen. Die Zahl der anwesenden aktiven Personen bei einem unglücklichen bzw. glücklichen Ereignis war ein Zeichen für die soziale Stellung der betroffenen Person. Die Gruppe war also bei jeder Angelegenheit, z.B. Heirat, Geburt, Trauerfall ein Unterstützungsorgan für jedes Mitglied. So entstand die Arbeitstontine, die sich auf die Einhaltung des gegebenen Wortes und die Verbundenheit der Gruppe stützte. Dies rechtfertigte den sozialen Wert der Arbeit.

Tontinen sind also zuerst als Ergebnisse der Tradition zu betrachten, in der sie verankert sind. Sie sind somit ein Wert der Zivilisation, der eine Funktion des sozialen Lebens erfüllt, indem sie materielle Realisationsmittel zur Verfügung

---

[470] Für Nzemen läßt sich die erste Entwicklung der Tontinen bis ins 14. Jahrhundert zurückverfolgen. Vgl. Nzemen, Moïse (1988), S. 23. Es fragt sich, wie er auf diesen Zeitpunkt gekommen ist.

stellt.[471] Heute gibt es im Tontinensystem Anzeichen dafür, daß die Benutzung des modernen Geldes das ältere System der Zusammenlegung von Sachgütern oder von Arbeitskräften substituiert hat. Diese Entwicklung ist ein Beweis dafür, daß sich Tontinen an den neuen wirtschaftlichen Kontext anpassen können.

Die Einführung des Geldes und der Marktwirtschaft in die traditionellen Gesellschaften hat zur Entwicklung eines anderen Produktionsfaktors beigetragen: dem des Kapitals. Für afrikanische Länder und insbesondere für Kamerun ist diese Einführung im 15. Jahrhundert mit der Benutzung der „*cauri*" als Geld festzustellen.[472] Die technologische Entwicklung der traditionellen Gesellschaften trug zur Entwicklung verschiedener Arbeitsqualifikationen bei. Es gibt nicht mehr nur Landwirte, Schmiede oder Maurer, sondern auch Schullehrer, Verwalter,[473] Schneider, Pfarrer etc. Andere Sektoren entstanden: der sekundäre und der tertiäre Sektor. Die Entwicklung von Handelsplätzen, wie *Douala* mit seinem Hafen, und der Ausbau von Straßen verursachten Bevölkerungsabwanderungen.

So haben Einwohner ihre Dörfer verlassen, um ihr Glück in den neu entstandenen Ballungsgebieten zu suchen. In ihren neuen Wohnorten organisierte sich die Bevölkerung um die Produktionsfaktoren Arbeit, Boden und Kapital herum und gründete Arbeits- und Geldtontinen. Da in diesen neuen Gebieten mehr von Handel als von landwirtschaftlichem Anbau gesprochen wurde, entwickelten sich schnell Geldtontinen, die heute als moderne Tontinen bezeichnet werden und die im Mittelpunkt dieser Arbeit stehen.

Das Tontinensystem läßt sich also am besten als traditioneller Finanzintermediär bezeichnen, weil dieses System vor dem informellen Sektor existierte. Das bedeutet aber nicht, daß Tontinen in den betreffenden Ländern Ausdruck der Beständigkeit der auf die Gegenseitigkeit gestützten traditionellen Wirtschaft sind. Wäre dies der Fall, so würden Praktiken, Verhaltensweisen, Mentalitäten, Abläufe, die unterschiedlichen Entwicklungsformen unterstehen in den Wirtschaften, in denen diese Vereine aufblühen, nebeneinander existieren. Tontinen würden demzufolge traditionelle Enklaven in den Entwicklungsländern bilden und würden sich damit in die in dem modernen Sektor existierende Spar- und Kreditmethode einreihen, ohne mit ihnen in Beziehungen zu treten.

Diese dualistische Herangehensweise kann die Existenz der Tontinen nicht erklären. Es gibt Faktoren, die mit der Vorstellung, Tontinen seien bloße Überbleibsel, nicht übereinstimmen. Tontinen haben zur Zeit in Afrika, Asien, Lateinamerika und sogar innerhalb der ausländischen Gemeinschaften in den Metropolen der

---

[471] Vgl. Bekolo-Ebe, Bruno/Bilongo, Robert (1987), S.625.
[472] Vgl. Nzemen, Moïse (1988), S. 23.
[473] Unter einem Verwalter wird hier jemand verstanden, der zum Verwaltungsrat eines Dorfes gehört.

Industrieländer eine besondere Entwicklung[474]. Die Leistungsfähigkeit und das Wachstum der Tontinen, ihre aktuelle Diversifikation stimmen auch nicht mit der Idee eines Überbleibsels überein. Außerdem funktionieren Tontinen – wie wir sehen werden - innerhalb moderner Umgebungen, d.h. z.B. in Großstädten. Sie sind nicht auf traditionelle Regionen begrenzt. Schließlich sind die durch Tontinen gesammelten Beträge nicht nur für die Finanzierung traditioneller Tätigkeiten bestimmt, sondern immer mehr für die Finanzierung kommerzieller bzw. industrieller Aktivitäten. Die dualistische Betrachtungsweise ist für die Erklärung der Tontinengeschäfte unzureichend. Man kann also nicht sagen, daß sich das Tontinensystem ausschließlich unabhängig von der wirtschaftlichen Entwicklung der betreffenden Länder entwickelt. In Abschnitt 3.4 (S. 192) sind die Beziehungen zwischen den Tontinen und den in Kamerun zu findenden modernen Finanzintermediären analysiert. Jedoch weisen Tontinen auch die Hauptmerk-male der informellen wirtschaftlichen Tätigkeiten auf. Tontinengeschäfte unter-liegen, wie alle anderen informellen Tätigkeiten, keinen gesetzlichen bzw. staatlichen Maßnahmen, was den Zugang zu Informationen über dieses System erschwert.

3.3.4.3 Mechanismus, Maßeinheiten der Leistungen und Tontinenformen

Wie es aus der Definition zu entnehmen ist, besteht eine Tontine aus einer Gruppe von Mitgliedern. Das *Tontinenmitglied*[475] bzw. der *Tontinenteilnehmer* ist eine natürliche oder juristische Person, die die Bedingungen der Tontine erfüllt. Jedes Tontinenmitglied hat die Möglichkeit eine andere natürliche Person bei der Tontine anzumelden. Diese letzte muß selbst nicht persönlich an die Tontinenveranstaltungen teilnehmen. Dies ist z.B. der Fall, wenn ein Familienvater sein Kind in einer Tontine anmeldet und die Tontinenverpflichtungen für es erfüllt. Die Anzahl solcher „zweiten" Personen pro Person, ist durch die *Tontinenordnung* begrenzt und unterscheidet sich von einer Tontine zur anderen. Diese Möglichkeit führt oft dazu, daß die Anzahl der Personen, die tatsächliche an die Tontinenveranstaltungen teilnehmen, kleiner ist als die Anzahl der Namen, die auf der *Mitgliederliste* stehen. Die Mitgliederliste ist ein Heft, in dem die Namen aller Tontinenmitglieder notiert werden.

Tontinen werden nicht zufällig gebildet. Sie finden ihre Wurzeln sowohl in den traditionellen als auch in den modernen Strukturen. Sie können sowohl in Rahmen eines Dorfes, eines Volksstammes als auch nach Kategorien von Angestell-

---

[474] Zum Beispiel die chinesische Tontine in Paris. Vgl. Pairault, Thierry(b) (1990), S. 95-107.

[475] Da das Wort *Tontine* sowie die zur Beschreibung der Tontinengeschäfte geeigneten Wörter in deutschen Wörterbüchern nicht definiert sind, habe ich neue Begriffe erarbeiten müssen, um dieses System darstellen zu können.

ten, Arbeitern, Beamtern oder in bezug auf Geschlecht, Alter, Mitschüler oder Unternehmen gebildet werden.[476]

In der Regel wird man nur Mitglied einer Tontine unter der Schirmherrschaft eines Mitglieds dieser Tontine, das das volle Vertrauen der ganzen Gruppe schon genießt. Es sei denn, man ist ein Mitbegründer der Tontine. Die Gründer einer Tontine haben einige Vorteile gegenüber anderen Mitgliedern. Braucht zum Beispiel ein werdendes Mitglied normalerweise zwei Schirmherren, um in eine Tontine aufgenommen zu werden, so genügt einer, wenn letzterer ein Mitbegründer der Tontine ist. Es ist einerseits nicht selten, daß in demselben Dorf bzw. derselben Stadt mehrere Tontinen existieren und eine Person an mehreren Tontinen teilnimmt. Andererseits sind unter den teilnehmenden Personen auch Angestellte der formellen Finanzintermediäre zu finden.

Es gibt keine festgesetzte Anzahl von Mitgliedern für eine Tontine. Die Anzahl von Tontinenmitgliedern unterscheiden sich von einer Tontine zur anderen. Sie ist höher, wenn die Tontine Mitglieder zusammenführt, die das gleiche Herkunftsdorf haben, und niedriger, wenn die Tontine nur Arbeitskollegen versammelt. Besteht eine Tontine aus Mitgliedern, die aus denselben Dorf herkommen, so kann die Tontine zwischen 50 und 150 Mitglieder haben.

Die Anzahl von Tontinenmitgliedern bestimmen auch die Anzahl von *Tontinensitzungen* bzw. *Tontinenperioden*. Die Sitzung bzw. die Periode einer Tontine ist eine Versammlung von Mitgliedern, während derer Tontinengeschäfte (Gewährung von Krediten, Einzahlung von Beiträgen, Treffen von Entscheidungen über Probleme gemeinschaftlichen Interesses, etc.) abgewickelt werden. Probleme gemeinschaftlicher Interessen, die während einer Tontinensitzung diskutiert werden können, sind z.B. die Beiträge zur Finanzierung einer Entwicklungsaktion in einem Dorf,[477] Beiträge zur Finanzierung von Ereignissen, die nicht in der Tontinensatzung stehen.

Tontinensitzungen finden auf einem *Tontinenplatz* statt. Der Tontinenplatz ist der Ort (Wohnung, Büro, Konferenzzimmer eines Hotels, Sitzungssaal usw.), in dem Tontinengeschäfte abgewickelt werden. Bei *Arbeitstontinen* ist das Feld der Tontinenplatz. In einigen Fällen findet die Tontine im Laufe des Tontinenzyklus bei jedem Leistungsempfänger statt. Man spricht in diesem Fall von einem drehenden Tontinenplatz. Dies dient dazu, das Haus bzw. Viertel jedes Mitglieds kennenzulernen, damit weitere Besuche einfacher werden.

---

[476] Vgl. Leunde, Emmanuel (1987), S. 83.
[477] In diesem Fall kommen alle Mitglieder aus demselben Dorf.

Während einer Tontinensitzung hat jedes Tontinenmitglied die Verpflichtung seinen Tontinensatz zu leisten. Der *Tontinensatz* ist die von der Tontine gewählte Maßeinheit (Geldeinheiten, Anzahl an Stücke bzw. Volumen eines bestimmten Gutes oder Arbeitsstunde). Diese Einheit muß von jedem Mitgliedern während einer Tontinensitzung bzw. einer Periode geleistet werden.

Die Gesamtheit der von allen Tontinenmitgliedern (außer dem Leistungsempfänger) geleisteten Tontinensätzen bildet den *Tontinenwert*. Anders ausgedrückt ist der Tontinenwert gleich dem Tontinensatz, multipliziert mit der um eins reduzierte Anzahl der Mitglieder. Dieser Wert reflektiert die Wichtigkeit einer Tontine und bildet den größten Teil der Tontinenleistungen. Das Mitglied, das den Tontinenwert bekommt, wird als *Leistungsempfänger* der Tontine bezeichnet. Jedes Mitglied kann nur einmal während eines Tontinenzyklus Leistungsempfänger sein.

Die Anzahl der auf der Mitgliederliste stehenden Personen ist ein wichtiger Faktor für die Bestimmung der Dauer des *Tontinenzyklus*. Besteht diese Liste aus fünf Mitgliedern, so wird der Zyklus fünf Monate lang dauern, wenn die Häufigkeit der *Tontinensitzungen* mit einmal in einem Monat angesetzt wurde. Der Tontinenzyklus ist also die benötigte Zeit, damit jedes Mitglied *Leistungsempfänger* der Tontine wird.

Je nach Maßeinheiten des Tontinensatzes bzw. Tontinenwertes, spricht man von *Arbeitstontinen* (a), *Tontinen mit Naturalleistungen* (b) oder *Geldtontinen* (c). Es bleibt aber anzumerken, daß die von den anderen Tontinenformen erbrachten Leistungen auch in Geldwerten gemessen werden können, wodurch Geld im Mittelpunkt aller Tontinenformen steht. Außer Tontinen mit Versteigerungen, die wie das offizielle Banksystem aufgrund der hier benötigten Tontinensätze, nur für eine bestimmte Gruppe von Personen zugänglich sind, und Arbeitstontinen, die vor allem in ländlichen Regionen anzutreffen sind, werden alle Tontinenformen sowohl in ländlichen als auch in städtischen Regionen betrieben.

Zu (a): Bei Arbeitstontinen besteht das gleiche Prinzip des Zahlens und Rückzahlens außerhalb des formellen Systems. Der Tontinensatz bzw. der Tontinenwert wird hier in Arbeitsstunden gemessen. Die Arbeitskraft steht also im Mittelpunkt der Tontine. Nehmen wir an, daß es eine Arbeitstontine mit zehn Mitgliedern gibt. Jedes Mitglied wird bei den neun anderen Mitgliedern arbeiten und letztere werden, wenn sie an der Reihe sind, bei ihm unter den gleichen Arbeitsbedingungen die gleiche Arbeitsart erledigen. Die Tontine stellt in diesem Fall eine Mannschaft von Arbeitern dar, die der Reihe nach bei jedem Mitglied der Mannschaft arbeitet. Beispiele sind Ackertontinen, die das Roden von Plantagen, das Säen oder Ernten zum Ziel haben. Arbeitstontinen waren früher in der Zeit der

Heuernte oder Weinlese auch in Frankreich zu beobachten.[478] Synergieeffekte und Skalenerträge können durch die Zusammenfassung von Arbeitskräften erzielt werden, was eine Produktionssteigerung jedes Teilnehmers ermöglicht. Die Rangordnung in diesen Tontinen wird im voraus durch Lose, entsprechend den Wünschen aller Mitglieder oder nach anderen Kriterien bestimmt.

Zu (b): In den Tontinen mit Naturalleistungen werden, wie es der Name schon sagt, Naturalleistungen gesammelt und den Leistungsempfängern in einer bestimmten Reihenfolge zur Verfügung gestellt. Bei dieser Tontinenform werden oft Lebensmittel wie z. B. Öl, Seife, Reis usw. gesammelt und dem Leistungsempfänger zur Verfügung gestellt. Sie werden vor allem von Frauen betrieben und dienen dem Schutz vor Inflation. In einem Land mit möglichem negativem realen Sparzinssatz, d. h. wenn der Habenzinssatz der Banken kleiner ist als der Inflationssatz, haben sparende Mitglieder durch diese Form der Tontine die Möglichkeit, sich gegen Inflation zu schützen und dadurch eine mögliche negative Verzinsung ihrer Ersparnisse zu vermeiden. Der Teilnehmer, der während einer Tontinenperiode einen Liter Öl abgibt, bekommt in einer späteren Periode – gleichgültig, ob der Ölpreis gestiegen oder gesunken ist - ebenfalls einen Liter Öl zurück.

Zu (c): Geldtontinen stellen die erste Anpassungsfähigkeit des Tontinensystems dar, das sich von der Sammlung von Arbeitskräften und Naturalleistungen zur Sammlung von Geld entwickelt hat. Sie sind in der kamerunischen Gesellschaft wahrscheinlich mit der Einführung des Geldes als Zahlungsmittel entstanden. Außer der Tatsache, daß hier Geld im Mittelpunkt der Sammlung steht, behält diese Tontinenform das gleiche Prinzip wie die Arbeitstontinen und Tontinen mit Naturalleistungen bei.

Die weitere Analyse dieser Arbeit beschränkt sich auf diese Tontinenform. In Kamerun gibt es bereits eine Vielfalt von Geldtontinen, und es kommen immer wieder neue Formen dazu. Das geeignetste Kriterium, um Tontinen zu unterscheiden, scheint die Methode zu sein, nach der jedes Mitglied den Tontinenwert bekommt. Entsprechend diesem Kriterium können grundsätzlich zwei Geldtontinen unterschieden werden: Die einfachen Tontinen und die Tontinen mit Versteigerungen bzw. Geschäftstontinen, die nun im Mittelpunkt der Analyse stehen.

---

[478] Vgl. Descroche, Henri (1990), S. 2.

3.3.4.4 Erscheinungsformen der Geldtontinen in Kamerun

3.3.4.4.1 Einfache Tontinen

Die elementare Geldtontinen sind Einfache Tontinen. Sie sind durch einen aus Ersparnissen und Krediten gebildeten, geschlossenen Zyklus gekennzeichnet, in dem keine neuen Zahlungsmittel geschaffen werden. Die von Tontinen gewährten Kredite werden demzufolge durch die Sammlung von Ersparnissen finanziert. Der Tontinenwert, abzüglich des enthaltenen eigenen Ersparnisanteils, bestimmt hier den Höchstbetrag, den ein Mitglied als Kredit bekommen kann. In diesem Finanzierungszyklus ist das Gründungskapital null, und es gibt kein Geld am Ende jeder Sitzung. Da keine neuen Zahlungsmittel geschaffen werden, werden alle Geldausgänge durch Geldeingänge finanziert. Es gibt keine Zinsen. Kreditnehmer zahlen keine Zinsen für den aufgenommenen Kredit und Sparer bekommen folgerichtig auch keine Zinsen für das gesparte Geld. Jedes Tontinenmitglied wird Leistungsempfänger nach einer bestimmten Randordnung, die im voraus durch Auslosung, entsprechend den Wünschen aller Mitglieder oder entsprechend anderer Kriterien bestimmt wird.

Einfache Tontinen können in Tontinen mit *variablen* und *fixierten* Tontinensätzen unterschieden werden. Bei einfachen Tontinen mit variablen Tontinensätzen kann ein Mitglied, solange es noch nicht Leistungsempfänger war, einen beliebigen Betrag einzahlen. Der Tontinenwert ist demzufolge variabel. Die Mitglieder, die schon Leistungsempfänger waren, müssen einen Tontinensatz zahlen, der dem Betrag entspricht, der vom Leistungsempfänger der laufenden Periode eingezahlt wurde, als sie Leistungsempfänger waren. Nehmen wir an, daß in der aktuellen Tontinensitzung das Tontinenmitglied M_i Leistungsempfänger wird. Die Mitglieder M_1 bis M_{i-1}, die zu diesem Zeitpunkt bereits Leistungen aus der Tontine empfangen haben, müssen nun den Betrag zurückzahlen, der seinerzeit vom Mitglied M_i eingezahlt wurde. Der erste Leistungsempfänger M_1 wird also den Betrag zurückzahlen müssen, der vom Mitglied M_i in der ersten Sitzung eingezahlt wurde und das Mitglied M_{i-1} den Betrag, der von M_i in der $(i\text{-}1)$-ten Sitzung eingezahlt wurde. Die verbleibenden $(n-i)$ Mitglieder, d. h. die Mitglieder, die noch nicht Leistungsempfänger waren, dürfen beliebige Tontinensätze einzahlen. Jedes Tontinenmitglied bekommt in diesem System als Einzahlung genau den Betrag, den es ausgegeben hat. Als Beispiel sei eine Tontine mit fünf Mitgliedern angenommen. Die Zahlungsreihe in dieser Tontine kann wie folgt dargestellt werden (Tabelle 14, S. 158).

Tab. 14: Zahlungsströme (in FCFA) einer einfachen Tontine mit variablen Tontinensätzen

Mitglied	Sitzung				
	1	2	3	4	5
M_1	+5100	- 900	- 1500	- 1700	- 1000
M_2	- 900	+ 7900	- 1000	- 4000	- 2000
M_3	-1500	- 1000	+ 5500	- 1000	- 2000
M_4	-1700	- 4000	- 1000	+ 8700	- 2000
M_5	-1000	- 2000	- 2000	- 2000	+ 7000

Dieses System erlaubt es einem Mitglied, den Tontinensatz je nach seiner wirtschaftlichen Lage festzusetzen. Es vereinfacht auch die Versammlung von Personen in unterschiedlichen finanziellen Situationen. Dies ist z. B. der Fall, wenn die Tontine auf der Mitgliedschaft zu einem Stamm beruht und folgerichtig Mitglieder verschiedener finanzieller Situationen zusammenbringen muß. So kann z. B. die Tomatenverkäuferin, die deutlich weniger als ein Angestellter verdient, an der gleichen Tontine wie der Angestellte teilnehmen.

Im Gegensatz zu einfachen Tontinen mit variablen Tontinensätzen muß jedes Mitglied bei einfachen Tontinen mit fixierten Tontinensätzen eine Folge gleichbleibender Beiträge bezahlen. Somit bilden alle Tontinensätze eine Folge konstanter Anlagebeträge (für das Mitglied, das den Tontinenwert noch nicht bekommen hat) oder linearer Tilgungsraten (für das Mitglied, das schon Leistungsempfänger war). Der Tontinenwert ist also auch konstant. Die Zahlungsströme bei einfachen Tontinen mit fixierten Tontinensätzen können allgemein wie folgt dargestellt werden:

Tab. 15: Zahlungsströme bei einfachen Tontinen mit fixierten Tontinensätzen

Leistungs-Empfänger	Sitzung						
	1	2	3	...	i	...	n
M_1	$B-a$	$-a$	$-a$	...	$-a$	...	$-a$
M_2	$-a$	$B-a$	$-a$	...	$-a$	...	$-a$
M_3	$-a$	$-a$	$B-a$	...	$-a$	...	$-a$
$\vdots$	$\vdots$	$\vdots$	$\vdots$	...	$\vdots$	...	$\vdots$
M_i	$-a$	$-a$	$-a$	...	$B-a$	...	$-a$
$\vdots$	$\vdots$	$\vdots$	$\vdots$	...	$\vdots$	...	$\vdots$
M_n	$-a$	$-a$	$-a$	...	$-a$	...	$B-a$

Wobei:

M_i bezeichnet die Teilnehmer bzw. Mitglieder der Tontine ($i = 1,..., n$); sie sind so geordnet, daß der Teilnehmer i auch derjenige ist, der den Tontinenwert während der i-ten Sitzung bekommt.

a bezeichnet den Tontinensatz.

B steht für den (in diesem Fall konstanten) Bruttotontinenwert in Höhe von $B = n \cdot a$.

Zur Bestimmung der finanziellen Situation eines Mitglieds gegenüber der Tontine verwenden wir den Saldo S_{ik} des Teilnehmers M_i in der Periode k. Es wird angenommen, daß die Zahlungsströme jedes Mitgliedes bei der Tontine durch ein Konto erfaßt werden. Ist dessen Saldo negativ, so ist das Mitglied ein Kreditnehmer; ist er dagegen positiv, so ist es ein Sparer. Formal läßt sich der Zusammenhang wie folgt beschreiben:

⇨ Vor der Sitzung i, d. h. im Falle $(k < i)$, hat der Teilnehmer M_i bereits k Einzahlungen realisiert und hat deswegen ein Geldforderung von $k \cdot a$ gegenüber der Tontine.

⇨ In der Sitzung i bekommt der Teilnehmer M_i den Betrag $B = (n-1) \cdot a$, der dem Tontinenwert abzüglich seiner eigenen Einzahlung entspricht. Der Bruttotontinenwert ist gleich $n \cdot a$, weil auch in der Zuteilungsperiode der Tontinensatz a vom Leistungsempfänger gezahlt werden muß. M_i hat also nach Ablauf der k-ten Sitzung $n \cdot a$ bekommen und $k \cdot a$ eingezahlt; sein Saldo ist $ka - na$.

Allgemein bestimmt sich der Saldo eines Teilnehmers M_i in der Periode k also durch:

$$S_{ik} = \begin{cases} ka & \text{für } k<i \\ ka-na & \text{für } k \geq i \end{cases}$$

⇨ Da $k \leq n$ ist, kommen wir zu dem Schluß, daß ein Teilnehmer M_i ein Sparer für die ersten $i-1$ Perioden und ein Kreditnehmer für die restlichen $n-i$ Perioden ist.

⇨ Am Ende des Tontinenzyklus ist der Saldo jedes Teilnehmers M_i gegenüber der Tontine $S_{in}=0$.

Die Rangordnung, nach der ein Teilnehmer den Tontinensatz bekommt, ist wichtig, um sein Sparverhältnis in der einfachen Tontine zu erfassen. Für den *reinen Kreditnehmer*, d. h. für das Mitglied M_1, das zuerst den Tontinenwert bekommt, stellt sich dieser Betrag als ein Kredit ohne Zinsen dar. Man sagt auch, daß die intermediäre Funktion ohne sichtbare Kosten getätigt wird, da es keine formellen Haben- oder Sollzinsen gibt. Der reine Kreditnehmer wird unter Berücksichtigung der möglichen Geldentwertung oder Inflation weniger Kaufkraft zurückzahlen als er bekommen hat.

Für den *reinen Sparer* d. h. das Mitglied M_n, das an der letzten Position steht, wird es sich dagegen um ein Sparsystem ohne Zinsen bzw. mit negativen Real-Zinsen handeln, wenn die mögliche Inflation berücksichtigt wird. Warum das letzte Mitglied überhaupt bereit ist zinslos zu sparen, soll in einem weiteren Abschnitt behandelt werden.

Für die zwischen der ersten und der letzten Sitzung zu findenden Leistungsempfänger ist die Tontine ein System von Spar- und Kreditmöglichkeiten. Die Summe der anfänglich gesparten Beträge ist gleich $(i-1)\cdot a$ für den Teilnehmer M_i. Er wird später einen Kredit in Höhe von $(n-i)\cdot a$ im Anschluß an die Sitzung i haben.

Eine weitere Form von einfachen Tontinen stellt schließlich die einfache Tontine mit einer Kasse zur Kreditgewährung dar. Im allgemeinen werden in der einfachen Tontine neben den reinen Tontinengeschäften auch reine Geschäfte der Kreditgewährung betrieben. Die dafür benötigte Liquidität, d.h. die Liquidität zur Finanzierung der Kredite, besteht aus Geldern, die aus den von Mitgliedern unter dem Begriff „*Bank*“ eingezahlten Beträgen bestehen. Es handelt sich um ein System, das jedem Mitglied erlaubt, je nach seiner wirtschaftlichen Lage, neben den Tontinensätzen beliebige Beträge in eine Kasse einzuzahlen, die als Bank bezeichnet wird. Die verzinste Kredite, die irgendwelche Mitglieder bekommen haben, müssen zu Weihnachten bzw. vor dem Schulbeginn an die Tontine zurückgezahlt werden, die diese dann wiederum an die Einzahler zur Bank zurückgibt. Kredite können in seltenen Fällen auch Fremden gewährt werden.[479] Kredite werden - mit einem im voraus durch Zustimmung aller Mitglieder fixierten Zinssatz - für eine beliebige Zeit gewährt, sollten aber vor der Neuverteilung zurückgezahlt werden. Die Einführung des Zinssatzes ist ein weiteres Zeichen für die Anpassung der traditionellen Tontinen an die moderne wirtschaftliche Umgebung, in der verzinste Konten von den Banken angeboten werden. Formal kann dieses System wie folgt dargestellt werden:

Seien:

b_{ij} die Guthaben des Teilnehmers M_i in einer Periode j ($j=1,\ldots,n-1$) bei der Kreditkasse. Dieser Anteil ist gleich der Summe der Einzahlungen des Mitgliedes M_i in die Kreditkasse („Bank“).

---

[479] Vgl. Bekolo-Ebe, Bruno/Bilongo, Robert (1989), S. 619.

d_j der Gesamtbetrag, der sich in der Kreditkasse in der Periode j befindet und zur Kreditgewährung genutzt wird. Dieser Gesamtbetrag besteht also aus

$$d_j = \sum_{i=1}^{n} b_{ij} .$$

σ_j der Anteil des gesamten Betrages (d_j), der als Kredit an die Mitglieder in der Periode j gewährt wird ($o \leq \sigma_j \leq 1$). Der Rest, d. h. $(1-\sigma_j)$ wird an Fremde als Kredit weitergegeben.

r der Zinssatz für Mitglieder und

r' der Zinssatz für Nicht-Mitglieder.

Wenn man annimmt, daß die zur Kreditvergabe benutzten Mittel von den Mitgliedern eingezahlt werden, kann man davon ausgehen, daß diese Gelder, inklusive Rückzahlungen, immer sofort wieder ausgegeben werden, so daß die Kasse immer leer ist. Alle Kredite werden spätestens am Ende des Zyklus mit periodischen Zinseszinsen zurückgezahlt; der Vergleichbarkeit halber wird hier von jährlichen Zinssätzen ausgegangen. Diese Hypothese, die auf den ersten Blick restriktiv erscheint, ist unter Berücksichtigung der kamerunischen wirtschaftlichen Umgebung sehr plausibel. In einer wirtschaftlichen Umgebung, in der die Liquiditätsbedürfnisse der Wirtschaftssubjekte im allgemeinen, und insbesondere ihre Finanzierungsbedürfnisse für Investitionen, sowohl wegen Kapitalknappheit als auch wegen der Unvollkommenheit des Finanzsystems schwierig zu erfüllen sind, gibt es große Nachfrage nach Krediten. Hinzu kommt, daß die Tontinen in diesem Fall wie moderne Banken handeln, da sie Kredite nicht nur Mitgliedern, sondern auch Fremden gewähren.

Nimmt ein Teilnehmer M_i einen Kredit auf, so wird sein Saldo gegenüber der Kreditkasse von dem oben errechneten Saldo S_{ik} subtrahiert.

⇨ Ist ein Teilnehmer M_i Schuldner gegenüber der Kreditkasse, und hat er Kredite q_{ij} in den Perioden j aufgenommen, so muß er dafür am Ende des Zyklus Q_i zurückzahlen, wobei

$$Q_i = \sum_{j=1}^{n-1} q_{ij}(1+r)^{n-j} .$$

⇨ Ein Teil σ_l des in der Kreditkasse zu findenden Gesamtbetrages wird zur Kreditvergabe an die Mitglieder verwendet. Diese Kredite werden verzinst zurückgezahlt als:

$$\sigma_j d_j (1+r)^{n-j}$$

⇨ Für den gesamten Tontinenzyklus werden die den Mitgliedern gewährten Kredite als c_1 zurückgezahlt, wobei:

$$c_1 = \sum_{j=1}^{n-1} \sigma_j d_j (1+r)^{n-j}$$

⇨ Bezüglich der Nicht-Mitgliedern gewährten Kredite ergibt sich folgerichtig:

$$c_2 = \sum_{j=1}^{n-1} \left(1-\sigma_j\right) d_j (1+r')^{n-j}$$

⇨ Die Gesamtheit der von der Tontine gewährten Kredite wird verzinst zurückgezahlt als:

$$c_1 + c_2 = \sum_{i=1}^{n} \sum_{j=1}^{n-1} b_{ij} \left[\sigma_j (1+r)^{n-j} + \left(1-\sigma_j\right)(1+r')^{n-j}\right]$$

⇨ Diese Summe wird am Ende des Tontinenzyklus anteilsmäßig an die Mitglieder verteilt. Der Anteil t_{ik} an den gesamten Rückzahlungen (c_1+c_2), der dem Teilnehmer M_i im Zeitpunkt k zusteht, wird einen bekommen, wobei:

$$t_i = \sum_{j=1}^{m} b_{ij} \frac{c_1 + c_2}{\sum_{i=1}^{n} \sum_{j=1}^{m} b_{ij}}$$

Damit ergibt sich die gesamte Situation eines Teilnehmers M_i gegenüber der Tontine in der k-ten Periode aus:

$$S_{ik} = \begin{cases} ka + t_{ik} & \text{für} \quad k < i \\ ka - na + t_{ik} & \text{für} \quad k \geq i \end{cases}.$$

⇨ Am Ende des Zyklus ist offensichtlich $S_{im} = t_{im}$.

Tontinen mit einer Kasse zur Kreditgewährung unterscheiden sich von der anderen einfachen Form, wie wir schon gesehen haben, durch die Existenz der Kasse zur Kreditgewährung, welche den Wunsch nach finanziellen Gewinnen stärker verdeutlicht. Habenzinssätze sind in der Regel bei den Tontinen höher ist als bei den Banken, was für die Tontinen in der Sammlung von Ersparnissen vorteilhaft ist. Dieser Vorteil wird durch die Tatsache verstärkt, daß es für ein Mitglied einfacher ist, einen Kredit bei den Tontinen zu bekommen als bei den Banken. In der Regel ist der Zinssatz r niedriger als der von den Banken gewährte Zinssatz, wird aber in Anlehnung an letzteren bestimmt. r' ist dagegen oft höher als der offizielle Zinssatz. Dieser verzinste Kredit wird im Vergleich zu dem von einem offiziellen Finanzintermediär angebotenen Kredit problemlos von dem sparenden Tontinenmitglied in Anspruch genommen, weil es der aus der Verzinsung resultierenden Erträge mit den anderen teilen wird.

Der reine Kreditnehmer, d. h. der erste Leistungsempfänger, hat bei dieser Tontinenform den doppelten Vorteil eines zinslosen Kredits plus „Habenzinsen" auf das Zusatzsparen. Dieses System ist unter Frauen sehr verbreitet, die dadurch eine wichtige Rolle in der kurzfristigen Kreditgewährung - vor allem von Konsumkrediten - spielen. Sie unterstützen somit die Existenz eines wirklichen Geldmarktes, an dem Banken und andere formelle Finanzintermediäre nicht teilnehmen können.[480]

3.3.4.4.2 Tontinen mit Versteigerungen bzw. Geschäftstontinen

Tontinen mit Versteigerungen werden auch als Geschäftstontinen bezeichnet, weil sie oft von Geschäftsleuten betrieben werden[481]. Diese Tontinenform nimmt mit der Entwicklung der wirtschaftlichen Aktivitäten und der Suche nach Liquidität zur Finanzierung alltäglicher Transaktionen der Wirtschaftssubjekte immer mehr an Bedeutung zu. Im Jahre 1984 wurden die von Haushalten und individuellen Unternehmen über Tontinen gelaufenen Geldbeträge auf 140 Mrd. FCFA geschätzt. 60% dieser Summe wurden von Geschäftstontinen gesammelt[482]. Geschäfts- und einfache Tontinen beruhen auf denselben Prinzipien, aber Geschäftstontinen sind außerdem durch folgende Merkmale zu charakterisieren:

⇨ Jeder Teilnehmer muß einen fixen Tontinensatz einzahlen.

⇨ Die erste Innovation besteht in der Tatsache, daß der Tontinenwert nicht mehr, wie bei einfachen Tontinen, an einen im voraus bestimmten und festgelegten Teilnehmer gegeben wird, sondern durch Versteigerung erworben wird. Dies impliziert die Existenz von mindestens eines Marktes und von Preisen.

Um den Tontinenwert zu bekommen oder um Leistungsempfänger zu werden, muß das Mitglied einer Tontine mit Versteigerungen bereit sein, ein bestimmter Teil dieses Wertes abzugeben. Dieser abgegebene Teil ist nicht anderes als die Kapitalkosten und werden deswegen in dieser Arbeit als Preis für den Tontinen-

---

480 Vgl. Bekolo-Ebe, Bruno/Bilongo, Robert (1989), S. 627.

481 Diese Tontinen sind von chinesischen Tontinen mit Versteigerungen zu unterscheiden. Außer den deutlichen Ähnlichkeiten (soziale Verbindungen, Bestimmung der Reihenfolge durch Versteigerungen, Höhe der Tontinenwerte) sind chinesische Tontinengeschäfte Kredite ohne Zinsen. Ihr Mechanismus zeigt, daß sie zuerst zur Befriedigung der Kreditnachfrage eines ihrer Mitglieder bestimmt sind. Der Initiator der Tontine bekommt in der ersten Sitzung einen nicht verzinsten Kredit, dessen Höhe seinen Bedürfnissen entspricht. Versteigerungen werden hier benutzt, um denjenigen zu bestimmen, der während der Sitzung sein Geld zuruckbekommt. Am Ende des Zyklus ist der Initiator aufgrund der Gegenseitigkeitsverpflichtung verpflichtet, an jeden von seinen ehemalige Gläubigern gegründeten Tontine teilzunehmen. Vgl. Pairault, Thierry (1990a), S. 89.

482 Vgl. Nzemen, Moïse (1993), S. 39.

wert bezeichnet. Anders ausgedrückt bezeichnet dieser Preis den Geldbetrag, den ein Nachfrager zu opfern bereit ist, um Leistungsempfänger zu werden. Das Mitglied, das am meisten anbietet wird Leistungsempfänger der Periode. Die Reihenfolge wird in dieser Form also durch die Teilnehmerbedürfnisse bestimmt, wie sie sich durch die Versteigerung ermitteln lassen. Indem das Tontinensystem der Tontinenwert an den beste Nachfrager orientiert, übernimmt es dadurch die Lenkungsfunktion des modernen Kapitalmarktes.

Der Versteigerungspreis ist von dem Ausrufpreis, dem Tontinenwert, der Zyklusdauer, den persönlichen Finanzbedürfnissen des Mitglieds (z.B. die vorher berechnete Rentabilität des vorgesehenen Investitionsprojekts) sowie der Anzahl der Nachfrager und der wirtschaftlichen Umgebung abhängig. Der Ausrufpreis wird oft mit Zustimmung aller Mitglieder als ein Prozentsatz des Tontinenwertes definiert und vor Beginn des Tontinenzyklus festgelegt. Versteigerungspreise sind nach oben nicht begrenzt. Preisobergrenzen werden von den Liquiditätsbedürfnissen der Mitglieder beeinflußt. Diese Bedürfnisse jedes Mitglieds bleiben geheim. Es gibt nur einen Aufrufpreis während einem Tontinenzyklus.

Eine Frage, die sich in diesem Zusammenhang aufdrängt lautet: Was wird passieren, wenn niemand die Preisuntergrenze in Höhe der Aufrufpreis zahlen möchte? Als mögliche Antwort auf diese Frage sollte auch bei Tontinen mit Versteigerungen eine Reihenfolge der Leistungsempfänger vor Beginn des Tontinenzyklus gebildet werden. Dies hat zur Folge, daß während der Periode, in der kein Mitglied die Preisuntergrenze zu zahlen bereit ist, das Mitglied, das an der Reihe ist, Leistungsempfänger der Periode wird.

Die Versteigerungen sind nur für die Mitglieder geöffnet, die noch nicht Leistungsempfänger waren. Der Preis wird von dem Tontinenwert abgezogen. Der Leistungsempfänger bekommt nicht mehr den *Bruttotontinenwert* $(n - 1)a$, d. h. den Tontinenwert ohne Versteigerungen, sondern diesen letzten Wert abzüglich der Versteigerung (*Nettotontinenwert*). Zusammengesehen impliziert diese Bedingungen, daß sich logischerweise nur relativ sinkende Preise bzw. steigende Nettotontinenwerte innerhalb eines Tontinenzyklus ergeben können. Die aus der Versteigerungen von Tontinenwerten resultierende Gelder werden ihrerseits in kleinen Teilbeträge geteilt[483] und den Tontinenmitglieder als Kredite mit einem festgesetzten Zinssatz gewährt.[484] Die hier für die Gewährung von Krediten zu verwendeten Zinssätze werden vor Beginn des Zyklus entsprechen die mögliche Beträge fixiert. Diese Kredite sind oft bei der nächste Tontinenperiode fähig, d. h. müssen bei der nächsten Tontinensitzung verzinst zurückgezahlt werden. Sie

[483] Die Beträge werden geteilt, damit mehrere Mitglieder Krediten nehmen können.

[484] Vgl. Nzemen, Moïse (1988), S. 35.

sind also kurzfristige Kredite, bieten aber den Tontinenmitglieder immerhin die Möglichkeit Geld zu verfügen.

Es kann also gesagt werden, daß es innerhalb einer Tontine mit Versteigerungen zwei Märkte gibt. Auf dem ersten Markt (primärer Markt) werden Tontinenwerte verkauft und auf dem zweiten Markt (sekundärer Markt) werden die aus dem primären Markt resultierenden Versteigerungspreise verkauft. Während Versteigerungen auf dem primären Markt nur für Mitglieder geöffnet sind, die noch nicht Leistungsempfänger waren, sind Versteigerungen auf dem sekundären Markt, außer für den Leistungsempfänger der Periode, für alle Mitglieder geöffnet.

Wenn die Werte aus Versteigerungen auf dem sekundären Markt der vorangegangenen Tontinensitzungen d. h. die Summe aller zurückgezahlten Kredite, und der Preis der Versteigerung der laufenden Sitzung auf dem primären Markt dem Bruttotontinenwert entsprechen, so wird es eine zweite Versteigerung auf dem ersten Markt geben, ohne weitere Einzahlungen von Mitgliedern zu verlangen. Somit bekommen zwei Mitglieder während dieser Sitzung Tontinenwerte und der Tontinenzyklus wird um eine Periode gekürzt. Es wird dann von einer *unentgeltlichen Tontinensitzung* gesprochen. Es handelt sich hier um ein System, das dazu dient, Erträge aus der Versteigerung vor Ende des Tontinenzyklus zu verteilen. In der Praxis hat es noch keine Sitzung mit mehr als zwei Leistungsempfängern gegeben.[485] Der sekundäre Tontinenmarkt ist als ein Markt zu definieren, auf dem Erträge aus dem Verkauf des primären Marktes und den kapitalisierten Erträgen aus vorangegangenen Tontinensitzungen wieder verkauft werden, wenn die Summe dieser Beträge nicht höher oder gleich dem Bruttotontinenwert ist. Somit ist das gesamte Kapitalangebot auf dem sekundären Markt kleiner als der Tontinenwert.

⇨ Die zweite Innovation, die aber eine logische Folge der Versteigerungen darstellt, ist die Existenz von Tontinenzulagen.

Am Ende der letzten Tontinenperiode und nachdem das letzte Tontinenmitglied einer Tontine mit Versteigerung den Tontinenwert erworben hat, werden die übrigen Gelder, die in der Tontinenkasse übrig sind, zwischen den Mitgliedern gleich verteilt. Der Betrag, den in diesem Fall jedes Mitglied bekommt, wird hier als Tontinenzulage bezeichnet. Diese Zulage ist aber nicht immer ein positiver Wert. Sie ist negativ, wenn die Mitglieder sich dafür entscheiden, neben dem Tontinensatz einen bestimmten Betrag zu zahlen, damit zwei Mitglieder Leistungsempfänger in der gleichen Tontinensitzung werden und der Tontinenzyklus

[485] Vgl. Nzemen, Moïse (1988), S. 35.

damit früher zu Ende geht. Diese Maßnahme hat den Vorteil, daß sie den Beginn eines neuen Tontinenzyklus und die vorzeitige Kapitalnachfrage auf dem primären Markt seitens jeden Mitglieds ermöglicht. Um aber realisiert zu werden, darf diese negative Zulage nur einen sehr kleinen Anteil des Tontinensatzes betragen (in der Regel weniger als 5%[486]).

⇨ Die letzte Innovation ist die Einführung des Bürgschaftssystems in das Tontinensystem.

Das Bürgschaftssystem kommt aber nur dann vor, wenn die Mitglieder es für nötig halten. Dies ist oft der Fall bei Tontinen mit höheren Tontinenwerten, z. B. wenn der Tontinensatz mehr als 10 000 FCFA beträgt. Jeder Leistungsempfänger muß in diesem Fall einen Wechselbürgen nennen, der im Falle seiner Zahlungsunfähigkeit an seiner Stelle zahlen wird. Kann er keinen finden, hat er noch die Möglichkeit, einen Garantiescheck zu hinterlegen, der im Falle einer Zahlungsunfähigkeit an die Bank gereicht wird. Da oft der Tontinenwert einen höheren Betrag darstellt, ist es schwierig ein Mitglied bzw. einen Schirmherr zu finden, das bzw. der die Rolle des Wechselbürgen übernimmt. Garantieschecks werden deswegen oft in Tontinen mit höheren Tontinenwerten gebraucht.

Der Saldo eines Mitglieds in einer bestimmten Periode des Tontinenzyklus unter Berücksichtigung des *primären Marktes* kann durch folgende Formel berechnet werden:

Seien:

n	die Anzahl der Teilnehmer,
h	die Anzahl der unentgeltlichen Sitzungen,
a	der Tontinensatz,
α_i	der Versteigerungssatz eines Teilnehmers $M_i (i=1,...,n)$. Dieser Satz ist hier als Prozentsatz des Tontinenwertes ausgedrückt $(0 \leq \alpha_i \leq 1)$,
E_i	der von dem Teilnehmer M_i bezahlte Versteigerungsbetrag,
R	die Tontinenzulage, und
S_{in}	die Situation des Mitgliedes M_i am Ende des Tontinenzyklus.
P_j	die Periode j $(j = 1,2,3,\cdots m)$.

⇨ Bis zum Ende des Tontinenzyklus muß jedes Mitglied einen Betrag N gezahlt haben, der gleich dem Tontinenwert abzüglich der unentgeltlichen Tontinensitzungen ist. N ist also:

$$N = na - ha = a(n - h)$$

---

486 Vgl. Nzemen Moïse (1988), S. 38.

⇨ Um den Tontinenwert zu erwerben, hat ein Teilnehmer M_i einen Betrag $E_i=\alpha_i na$ als Kapitalkosten bezahlt, die diesen Wert reduzieren.

⇨ Die gesamte Tontinenzulage R am Ende des Tontinenzyklus besteht aus der Gesamtheit der Erträge, die selbst aus Versteigerungen resultieren, abzüglich unentgeltlicher Perioden. Dieser Betrag kann also wie folgt geschrieben werden:

$$R = -hna + \sum_{i=1}^{n} E_i$$

$$= -hna + \sum_{i=1}^{n} \alpha_i na$$

$$= na\left(-h + \sum_{i=1}^{n} \alpha_i\right)$$

⇨ Diese Tontinenzulage R wird zwischen den Mitgliedern am Ende des Zyklus verteilt. Am Ende des Tontinenzyklus bekommt ein Teilnehmer M_i als Zulage den Betrag R/n. Sein Saldo S_{in} am Ende des Tontinenzyklus unter alleiniger Berücksichtigung des primären Marktes ist also gegeben durch:

$$S_{in} = E_i + a(n-h) - na - R/n$$

$$= E_i - ha - R/n$$

$$= \alpha_i na - ha - a\left(-h + \sum_{i=1}^{n} \alpha_i\right)$$

$$= a\left(n\alpha_i - \sum_{i=1}^{n} \alpha_i\right)$$

$$= na(\alpha_i - \overline{\alpha})$$

wobei $\overline{\alpha}$ das arithmetische Mittel der von Mitgliedern bezahlten Versteigerungssätze bezeichnet.

Unter Berücksichtigung des sekundären Marktes wird das Mitglied M_i am Ende des Tontinenzyklus folgenden Saldo haben:

Seien:

G_j der Gesamtbetrag, der als Kredit in einer Periode j auf dem sekundären Markt angeboten wird,

$\bar{y}_j$ der gewogene Durchschnitt der Zinssätze in einer Periode j. Die Kreditnehmer auf dem sekundären Markt nehmen jeweils während der Sitzung j einen Kredit G_{ij} zu dem Zinssatz y_{ij} auf. Es ergibt sich also

$$G_j \bar{y}_j = \sum_{k=1}^{n} y_{kj} G_{kj} .$$

Die auf dem zweiten Markt gewährten Kredite werden während der nächsten Sitzung verzinst zurückgezahlt. Diese Rückzahlungen werden zu den Erträgen aus Versteigerungen auf dem primären Markt der laufenden Sitzung addiert und bilden zusammen den Betrag, der zur Gewährung neuer Kredite dient. Somit bekommt man:

$$G_j = G_{j-1} + \bar{y}_{j-1} G_{j-1} + E_j$$

In der ersten Periode ist $G_1 = E_1$. In der zweiten Periode haben wir

$$G_2 = E_1 + E_1 \bar{y}_1 + E_2 .$$

Am Ende des Zyklus haben wir:

$$\begin{aligned} G_m = {} & E_1 (1 + y_1)(1 + y) \cdots (1 + y_m) \\ & + E_2 (1 + y_2) \cdots (1 + y_{m-1}) \\ & + \cdots \\ & + E_{m-1} (1 + y_{m-1}) \\ & + E_m \end{aligned}$$

$$G_m = E_m + \sum_{k=1}^{m-1} E_k \prod_{e=k}^{m} (1 + y_e)$$

Nehmen wir an, daß dieser Betrag zum letzten Mal mit einem Zinssatz $\bar{y}_m$ als Kredit gewährt wird, so ergibt sich daraus ein Endkapital von:

$$G = \sum_{k=1}^{m-1} E_k \prod_{e=k}^{m} (1 + y_e)$$

Wird die Finanzierung der unentgeltlichen Perioden von dem oben gerechneten Betrag abgezogen, so bekommt man am Ende des Tontinenzyklus einen restlichen Betrag von:

$$R = \left[\sum_{k=1}^{m-1} E_k \prod_{e=k}^{m} (1 + y_e) \right] - ha$$

Der Saldo eines Teilnehmers M_i am Ende des Tontinenzyklus wird hier gegeben durch:

$$S_{in} = E_i + a(n-h) - na - \frac{1}{n}\left[\left(\sum_{k=1}^{m-1} E_k \prod_{e=k}^{m} (1 + y_e) \right) - ha \right]$$

$$= E_i - ha - \frac{1}{n}\left[\left(\sum_{k=1}^{m-1} E_k \prod_{e=k}^{m} (1 + y_e) \right) - ha \right]$$

Die Frage ob und unter welchen Bedingungen Tontinengeschäfte den Leistungsempfänger als reinen Kreditnehmer, als reinen Sparer oder zugleich als Kreditnehmer und Sparer darstellt, oder ob und wann diese Geschäfte für ein Mitglied M_i vorteilhaft sind, soll im folgenden Abschnitt behandelt werden.

3.3.4.5 Ökonomische Beurteilung des Tontinensystems

3.3.4.5.1 Die Methode des internen Zinssatzes als geeignete Methode zur ökonomischen Beurteilung des Tontinensystems

Einerseits ist in der Literatur eine Arbeit zu finden, die alle Tontinenmitglieder als Sparer darstellt,[487] was folgerichtig impliziert, daß Tontinengeschäfte Spargeschäfte sind. Andererseits wird in der offiziellen bzw. formellen Finanzumgebung die Meinung vertreten, daß die aus Tontinen entstandenen Finanzierungsmöglichkeiten, gemessen durch Zinssätze, für den Teilnehmer kostspielig sind. Es wird gesagt, daß die Sollzinsen in den Tontinen wucherisch sind. Um diese Tatsache zu prüfen, sollen in diesem Abschnitt Tontinengeschäfte analysiert werden. Diese Analyse wird dazu dienen, Tontinengeschäfte allein als stehende Investitionsvorhaben zu beurteilen und die Natur der Tontinenmitglieder präzise zu machen. Anschließend wird sie in einem weiteren Abschnitt dazu dienen, das Tontinensystem als Finanzintermediär zu beurteilen.

Um Tontinengeschäfte zu analysieren oder um den Zinssatz jedes Mitglieds in einer Tontine zu bestimmen soll in dieser Arbeit die interne Zinsfußmethode he-

---

[487] Vgl. Henry, Alain/Tchente, Guy-Honoré/Guillerme-Dieumegard, Philippe (1991), S, 34 ff.

rangezogen werden. Dies erscheint notwendig, weil Kredit- und Spargeschäfte der Tontinen nur schwer trennbar sind. Das Tontinenmitglied wird, wie wir es gesehen haben, einfach vom Sparer zum Kreditnehmer, ohne nachfragen zu müssen, ob es einen Kredit bekommen kann oder nicht. Er spart, um einen Kredit zu nehmen. Es gibt einen automatischen Durchlauf von der Sparposition zur Kreditposition, der die verschiedenen Geschäfte nicht einfach trennen läßt. Spar- und Kreditgeschäfte eines Tontinenmitgliedes lassen sich nicht einzeln betrachten. Sie können nur zusammen beurteilt und analysiert werden. Bei Tontinengeschäften handelt es sich also um Investitionsvorhaben. Außer dem ersten und letzten Mitglied, die jeweils reine Kreditnehmer oder reine Sparer sind, sind die Tontinenmitglieder, wie es noch gezeigt wird, der Reihe nach Kreditnehmer oder Sparer. Die Interne Zinsfußmethode ist für eine solche Analyse geeignet, da sie alle an eine Investition gebundene Ein- und Auszahlungen berücksichtigt.

Der interne Zinsfuß ist neben dem Kapitalwert eine häufig angewandte finanzwirtschaftliche Meßziffer zur Beurteilung der Vorteilhaftigkeit von Investitionsentscheidungen.[488] Stehen mehrere sich gegenseitig ausschließende Investitionsprojekte zur Auswahl, ist das Investitionsprojekt mit dem höchsten internen Zinsfuß am vorteilhaftesten, falls dieser Zinssatz nicht kleiner als die vom Investor gewünschte Mindestverzinsung ist.[489] Der interne Zinssatz erfaßt die durchschnittliche Verzinsung des eingesetzten Kapitals. Er ist derjenige Zinssatz r, bei dem der Kapitalwert eines Investitionsprojekts gerade Null wird. Dieser Zinssatz gibt dann den Kalkulationszinssatz an, zu dem sich die Investition gerade noch lohnen würde. Man spricht auch vom kritischen Wert des Kalkulationszinsfußes.[490]

Als Prämisse wird davon ausgegangen, daß es nur einen Zinssatz für jedes Mitglied während eines bestimmten Tontinenzyklus gibt. Dieser Zinssatz ist identisch für Spar- und Kreditgeschäfte. Dies bedeutet in anderen Worten, daß für jedes Tontinenmitgliedes der individuelle Haben- und der individuelle Sollzinssatz übereinstimmen.

3.3.4.5.2 Ökonomische Beurteilung der einfachen Tontinen

Ziel dieses Abschnitt ist es, neben die Beurteilung der Geschäfte innerhalb einer einfachen Tontine, vor allem zu erklären, warum es Mitglieder dieser Tontinenform geben kann, die bereit sind, zinslos zu sparen.

[488] Vgl. Seelbach, H.(1965); Hosterbach, E. (1970); Haberstock, Lothar (1971).
[489] Vgl. Buchner, Robert (1973a), S. 238.
[490] Vgl. Kilger, W. (1965), S. 771.

Bei einfachen Tontinen mit fixierten Tontinensätzen ist der Wert $B(B = na)$, der den Tontinenwert eines Leistungsempfängers M_i in der i-ten Sitzung bezeichnet, für alle Mitglieder gleich. Damit diese Bruttotontinenwerte gleich gesetzt werden können, muß das Tontinensystem ein Zinssatz haben, der offensichtlich gleich null ist. Dies bedeutet, daß Sollzinssatz und Habenzinssatz für alle Mitglieder identisch und gleich null sind. Ist dies der Fall, so kommt man zu dem Schluß, daß die zeitliche Präferenz in diesem System nicht entlohnt wird. Hier kann man zwei mögliche Folgerungen machen: Entweder haben die Mitglieder tatsächlich keine üblichen zeitlichen Präferenzen und das System wäre ökonomisch richtig oder sie haben eine zeitliche Präferenz, was auch der Realität entspricht, und das System ist, wie im folgenden gezeigt werden soll, für einige Mitglieder vorteilhafter als für andere.

Der interne Zinsfuß eines Teilnehmers M_i einer einfachen Tontinen hätte durch die Auflösung folgender Gleichung (siehe Tabelle 15, S. 169) bestimmt werden können:

$$-a-\frac{a}{(1+r)^1}-\frac{a}{(1+r)^2}-\cdots-\frac{a}{(1+r)^{j-2}}+\frac{B-a}{(1+r)^{j-1}}-\frac{a}{(1+r)^j}-\cdots-\frac{a}{(1+r)^{n-1}}=0$$

Die Tatsache, daß kein Zins bezahlt wird, impliziert $r = 0$ ist. Die Vorteilhaftigkeit der Tontinengeschäfte hängt in diesem Fall nicht mehr von der Höhe des internen Zinssatzes, sondern von den Opportunitätszinsen ab, die ihrerseits von der Reihenfolge der Leistungsempfänger abhängen. Um diese Vorteilhaftigkeit zu bestimmen, wird danach unterschieden, ob die Anzahl der Mitglieder einer Tontine eine gerade (1) oder ungerade Zahl (2) ist.[491] Diese Vorteilhaftigkeitsanalyse gilt nur unter der Annahme, daß Sollzinsen gleich Habenzinsen sind. Dies bedeutet, daß sie ihre Gültigkeit verliert, wenn die Annahme der Wirklichkeit der Finanzgeschäften entsprechen, d. h. wenn Sollzinsen größer sind als Habenzinsen.

Zu (1): Die Anzahl der Mitglieder ist eine gerade Zahl ($n = 2k$):

- Für die ersten k Leistungsempfänger M_1 bis M_k sind Tontinengeschäfte ein rentables Geschäft, da sie überwiegend Kreditnehmer sind und für die aufgenommenen Kredite keinen Zins zahlen.
- Für die anderen k Leistungsempfänger M_{k+1} bis Mn sind Tontinengeschäfte nicht rentabel, da sie überwiegend Sparer sind und für den Verzicht auf Konsum keine Entlohnung bekommen.

---

[491] Vgl. Mourgues, Nathalie (1990), S. 250.

Zu (2): die Anzahl n der Mitglieder ist eine ungerade Zahl $(n = 2k + 1)$

- Für Mitglieder in der Reihenfolge von 1 bis k sind Tontinengeschäfte vorteilhaft. da sie mehr Kreditnehmer als Sparer sind, dafür aber keine Zinsen bezahlen müssen.
- Für das Mitglied M_{k+1} ist der Vorteil der Tontinengeschäfte gleich Null, da seine Spar- und Kreditzeiten sich ausgleichen.
- Für Mitglieder in der Reihenfolge von $(k+2)$ bis $(2k+1)$ sind, im Gegensatz zur ersten Gruppe, Tontinengeschäfte nicht vorteilhaft. Sie sind überwiegend Sparer, bekommen aber keinen Zins.

Damit reduziert sich das Problem der zeitlichen Präferenzen in einfachen Tontinen auf die Reihenfolge der Leistungsempfänger. Der Rang in der einfachen Tontine ist also ein Problem für deren Teilnehmer. Um diese möglichen Verluste bzw. Gewinne zu kompensieren, oder anders ausgedrückt, damit alle Mitglieder sich gleichberechtigt fühlen, wird der Rang in der einfachen Tontine zu Beginn jedes neuen Tontinenzyklus geändert, und zwar in der Art, daß diejenigen, die beim letzten Zyklus zuerst Leistungsempfänger waren, in dem neuen Zyklus ans Ende gesetzt werden. Dieses mögliche Ausgleichsverfahren stellt die Frage nach der Zahl der benötigten Erneuerungen des Tontinenzyklus. Da diese Zahl gleich der Anzahl der Mitglieder ist, kann es lange dauern, bis alle Vorteile gleich verteilt sind. Ist eine Tontine z. B. von Leuten aus einem Dorf gegründet worden, so kann diese von 50 bis hin zu mehr als 100 Mitglieder haben. Findet eine Sitzung jedes Wochenende statt, so kann es von 50 bis zu mehr als 100 Jahre dauern, bis jedes Mitglied einmal erster Leistungsempfänger gewesen ist. Erfahrungen aus der Praxis zeigen, daß die Ränge oft Ergebnisse eines Konsenses sind, der bestimmten mehr oder weniger formellen Regeln entspricht. Z. B. kommen neue Mitglieder ans Ende der Ränge und bezahlen dadurch eine Art Bonus an ältere Mitglieder.

Warum gibt es in der einfachen Tontinen eine Gruppe von Mitgliedern, die bereit sind zinslos zu sparen? Die ohne Zinsen in diesem System aufgenommenen Kredite bzw. angelegten Ersparnisse scheinen zwar auf jeden Fall mit den rationalen Berechnungen einer Marktwirtschaft kaum kompatibel zu sein. Sie gehen jedoch mit den Praktiken, die am Rande der Wirtschaft in verschiedenen Abhandlungen und Thesen anthropologischer bzw. ethnologischer Natur beschrieben werden,[492] eine Verbindung ein. Die Tatsache, daß keine Zinsen bezahlt werden, läßt sich durch die Reziprozität (Gegenseitigkeit) im Tontinensystems erklären.

---

[492] Vgl. Polanyi, Karl (1975), Malinowski, Bronislaw (1940); Mauss, Marcel (1950); Boulding, Kenneth (1973).

Die Gesamtheit der vorkapitalistischen Regulationsverfahren soll auf dem Reziprozitätsprinzip beruht haben.[493] Dieses Prinzip weist Verhaltensweisen auf, die den Mechanismus des gesamten Tontinensystems zu erklären scheinen. Im folgenden soll zuerst das Reziprozitätsprinzip dargestellt werden, wobei sich die Überlegungen auf die Abhandlungen von *Polanyi*[494] stützen. Anschließend soll gezeigt werden, wie sich der Mechanismus des Tontinensystems durch dieses Prinzip erklären läßt.

Polanyi hat zum einen gezeigt, daß traditionelle Gesellschaften wirtschaftlich handeln,[495] obwohl sie weder einen Markt noch eine Währung, einen Preis oder materielle Motivationen aufweisen. Sie tauschen knappe Ressourcen aus. Dies sind z. B. Arbeit, Boden, Konsum- und Produktionsgüter. Diese Tauschvorgänge werden in einer bestimmten, hoch entwickelten Weise getätigt. Dennoch liegt kein Marktsystem, das die Bildung von Preisen ermöglicht, vor. Zum anderen unterscheidet er drei allgemeine Verhaltensprinzipien: das Markt-, das Redistributions- und das Reziprozitätsprinzip. *Marktwirtschaft* bedeutet, dass ein selbstregulierendes System von Märkten vorliegt; genauer ausgedrückt handelt es sich um eine Wirtschaftsform, die einzig und allein von Marktpreisen gesteuert wird.[496] Die Steuerung durch den Markt impliziert Freiheit und unpersönliche Bedingungen des Handels und dadurch die Existenz einer Währung. Das *Redistributionsprinzip* postuliert ein Zentralorgan, z.B. den Staat oder die Regierung, das alle Produktions- und Distributionsentscheidungen trifft. Im Extremfall schreibt es ihren Bürgern vor, was sie essen und trinken sollen, wie Nahrungsmittel und Stahl hergestellt werden sollen, wem es gut und wem es schlecht gehen soll. Das *Reziprozitätsprinzip* stützt sich schließlich auf ein System von Gaben und Gegengaben, in dem jeder der Gesellschaft gibt und umgekehrt von anderen etwas bekommt.

Entsprechend der Systematik von *Polanyi* können alle Gesellschaften, traditionell oder nicht, von dieser Klassifikation erfaßt werden,[497] da in allen sozialen Beziehungen und in den verschiedenen Bereichen des Stammeslebens ein solcher legaler Mechanismus nachgewiesen werden kann, welcher die bindenden Verpflichtungen in eine spezielle Kategorie einordnet, die sich von anderen Typen ge-

---

[493] Vgl. Malinowski, Bronislaw (1940): Die Reziprozität als Grundlage der sozialen Struktur; S.46 ff.

[494] Vgl. Polanyi, Karl: The Great Transformation, Thomson-Shore, Inc., USA, 1975; Polanyi, Karl/Arenberg, C.M./Pearson, H.W.: Trade and Market in the Early Empires: Economics in History and Theory, New York, Free Press 1957.

[495] Vgl. Polanyi, Karl u. a.(Trade and Market), S. 231.

[496] Vgl. Polanyi, Karl, S. 71.

[497] „Daraus folgt keineswegs der Schluss, dass die sozioökonomischen Prinzipien dieses Typs auf primitive Transaktionen oder kleine Gemeinschaften beschränkt seien, und dass eine gewinnlose und marktlose Wirtschaft notwendigerweise eine einfache sein müsse" Dazu Polanyi, Karl: S. 80.

bräuchlicher Regeln deutlich unterscheidet.[498] Diese drei Prinzipien des Verhaltens können in einer Gesellschaft nebeneinander bestehen. Durch das soziale Dreiecksdiagramm von *Boulding* (siehe Abbildung 18) sind die jeweiligen Tätigkeiten einer Gesellschaft, die durch den Markt, Plan oder Reziprozität gesteuert werden,[499] bildlich dargestellt.

Abb. 18: Soziales Dreiecksdiagramm

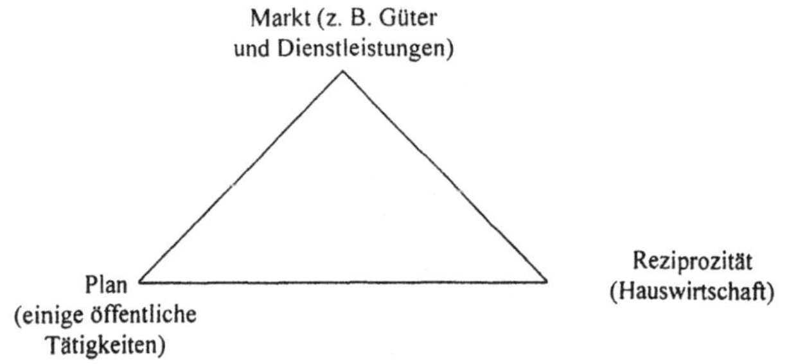

Quelle: Boulding, Kenneth E. (1973), S. 107

Diese Klassifikation von *Boulding* ähnelt der klassischen Klassifikation der wirtschaftlichen Literatur, d. h. der Klassifikation von *Samuelson*, in der es drei wirtschaftliche Systeme gibt, nämlich das der Marktwirtschaft, das der Planwirtschaft und das der Tradition.[500] Die Konvergenz dieser verschiedenen Klassifikationen wird aber oft durch Vieldeutigkeit oder Unschärfe in bezug auf das Verhalten in einem Reziprozitätssystem begleitet und kann somit die Hetero-genität der Inhalte dieser Klassifikationen nicht verdecken.[501] Deswegen soll im folgenden der Begriff Reziprozität näher erläutert werden.

[498] Vgl. Malinowski, Bronislaw (1940), S. 40.
[499] Vgl. Boulding, Kenneth E.(1973), S. 107 ff.
[500] Vgl. Samuelson, Paul A. /Nordhaus, William D. (1987), S. 61.
[501] So kann zum Beispiel über die Gemeinsamkeiten und Unterschiede der Begriffe „Gaben“, „grant economy“, „Genossenschaft“, „Kooperationswirtschaft“, „Wohltätigkeit“ oder „Hilfswirtschaft“ diskutiert werden.

Der Mechanismus der Reziprozität läßt sich durch die Tatsache ausdrücken, daß das Geben von heute durch das Nehmen von morgen kompensiert wird.[502] Alle Tauschhandlungen stellen Geschenke dar, wobei Reziprozität erwartet wird, wenn auch nicht unbedingt von seiten derselben Person.[503] Das sollte schon an sich verdeutlichen, daß man keine Vorstellung vom Begriff des Gewinns oder von Reichtum hat, außer in Form von Gegenständen, die traditionsgemäß der Stärkung des Sozialprestiges dienen. Indem keine gegenseitigen Beziehungen für die Abwicklung von Transaktionen verlangt werden, impliziert das Funktionieren dieses Prinzips außerdem einen Vorgang, der genauestens ‚ausgeklügelt' ist und durch umständliche Methoden der Publizität, durch magische Riten und durch die Schaffung von Dualitäten, in denen Gruppen durch gegenseitige Verpflichtungen verbunden sind, perfekt abgesichert ist.[504] Alle anderen können davon betroffen sein. Alle sozialen Verpflichtungen bedingen sich langfristig gegenseitig. Wenn das Individuum sich diesen Verpflichtungen entzieht, kann es seinen egoistischen Interessen besser dienen. *Malinowski* zufolge bilden alle wirtschaftlichen Handlungen eine Kette von Gaben und Gegengaben, die sich auf die Dauer ausgleichen und beiden Seiten gleichmäßig Gewinn einbringen.[505] Demnach beruht das soziale wirtschaftliche Leben auf einem sehr komplexen System von Geben und Nehmen.

Polanyi legt großen Wert auf die gegenseitigen Verpflichtungen, die die Mitglieder der Gruppe verbinden. Für ihn ist die wirtschaftliche Tätigkeit des Menschen in der Regel in seine Sozialbeziehungen eingebettet.[506] Dies ist eine bedeutende Behauptung, deren Folgen richtig eingeschätzt werden müssen. Wenn die Wirtschaft in das Soziale eingebaut ist.[507] so sollten die Motive für wirtschaftliches Verhalten, für die Dynamik der wirtschaftlichen Verfahren und deren Anerkennung auch im Sozialen gesucht werden. In Spargeschäften des Tontinensystems zum Beispiel werden nicht nur materieller und individueller Gewinn gesucht, sondern ein zusätzliches soziales Prestige oder die Bejahung einer sozialen Eingliederung. Symmetrisch sollten auch Strafe oder Vergehen innerhalb der Gruppe in diesem Zusammenhang verstanden werden. Durch Mißachtung des anerkannten Ehrenkodex oder ihm gegenüber bewiesener Großzügigkeit schließen sich einzelne selbst aus der Gemeinschaft aus.[508]

Dieser soziale Druck ist wirksam und bestraft mehr als die anonyme und materielle Strafe. Somit stellt er eine Besonderheit dieses gegenseitigen Tausches dar:

[502] Vgl. Polanyi, Karl, (1975), a.a.O., S. 81.
[503] Vgl. Polanyi, Karl (1975), a.a.O., S. 76.
[504] Vgl. Polanyi, Karl, (1975), a.a.O., S. 76.
[505] Vgl. Malinowski, Bronislaw (1940), a.a.O., S.40.
[506] Vgl. Polanyi, Karl, (1975), a.a.O., S. 75.
[507] Vgl. Polanyi, Karl, (1975), a.a.O., S. 86.
[508] Vgl. Polanyi, Karl, (1975), a.a.O., S. 75.

Die Tauschvorgänge laufen zwingend ab. Die Formen dieses Austausches setzen immer voraus, daß sie freiwillig sind: obligatorisch, aber freiwillig.[509] Die Tatsache, daß die Wirtschaft in das Soziale eingeordnet ist, impliziert eine untergeordnete Stellung der Wirtschaft. Die Funktionen eines echten volkswirtschaftlichen Systems werden von den starken und einprägsamen Gemeinschaftserlebnissen überlagert, die für jede im Rahmen des Sozialgefüges vollbrachte Handlung eine Überfülle nichtökonomischer Motivationen bieten.[510] Der Mechanismus der Tontine entspricht den oben dargestellten Vorgängen des von *Polanyi* entwickelten Reziprozitätssystems. Wie wir gesehen haben, sind Tontinen absichtliche Versammlungen von Personen. Der Ausgangspunkt dieser Versammlungen stützt sich auf die Existenz sozialer Affinitäten zwischen den Mitgliedern. Diese Affinitäten gehen von persönlichen (verwandtschaftlichen, nachbarlichen Verbin-dungen) über historische (Familie, Abstammung, Dorf) bis hin zu beruflichen Beziehungen. Die Kraft dieser sozialen Beziehungen ist die Basis der Dynamik der Tontine und bildet die Garantie für ein gutes Funktionieren dieses Systems.

Die Zweckbestimmtheit der Tontine ist ebenfalls von nicht-wirtschaftlichen Motivationen geleitet. Es gibt z. B. in einem Stamm aus Westkamerun (dem *Bamiléké*, in dessen Traditionen die Tontinen fest verankert sind), geheime Gesellschaften, die verschiedene Persönlichkeitskategorien des Häuptlingsreiches entsprechen. Die Zugehörigkeit zu einer dieser Gesellschaften verleiht dem Mitglied ein bestimmtes soziales Ansehen. Die verschiedenen Kategorien bilden jeweils eine eigene Tontine. Andere Motive sind die Unterstützung in Trauerfällen oder die Möglichkeit, Bekanntschaften zu machen. Während 87,67 % der Tontinenmitglieder mit dem Wunsch einer sozialen Eingliederung (Zugehörigkeit zu einer Gruppe) in eine Tontine eintreten, treten nur 25,34 % der befragten Tontinenmitglieder in eine Tontine ein, weil sie einen Kredit erwerben wollen. Daneben verfolgen 44,52 % der Mitglieder einer Tontine ein Sparziel.[511] Dadurch wird klar, daß die soziale Seite der Tontine ein wichtiger Faktor ihrer Anziehungskraft ist. Es kann also festgestellt werden, daß im Tontinensystem die wirtschaftlichen Beziehungen in die sozialen Beziehungen eingebettet sind. In jeder Handlung steckt ein soziologischer Dualismus: Zwei Parteien, welche Dienste und Leistungen austauschen, wobei jede darüber wacht, wie die andere ihre Pflichten erfüllt und ob ihr Verhalten dabei korrekt ist.[512] Die Zusammenlegung von Ersparnissen kann nicht als alleinstehender Finanzierungsakt betrachtet werden. Die für alle Mitglieder asymmetrische wirtschaftliche Funktion wird durch zahlreiche mehrdeutige Gemeinschaftserlebnisse überlagert. Durch soziale und kulturelle Handlungen weisen Tontinen erneut auf die Existenz der Gruppe hin, was die nicht-

[509] Vgl. Mauss, Marcel (1968), S. 50.
[510] Vgl. Polanyi, Karl (1975), a.a.O., S. 78.
[511] Vgl. Nzemen Moïse (1993), S. 132 ff.
[512] Vgl. Malinowski (1940), S. 29.

wirtschaftlichen Motivationen neu belebt und das gute Funktionieren der Tontinen begünstigt.

Somit beruht die Unstimmigkeit der einfachen Tontinen mit der Marktwirtschaft auf einem *Reziprozitätsverhalten*, das soziale Ziele verfolgt. Diese Ziele sind breit und diversifiziert und unterscheiden sich von einer Tontine zur anderen. Tontinen stellen im Gegensatz zur „*kalten*", und anonymen finanziellen Beziehungen der formellen Finanzintermediäre die „*warme*" Finanzbeziehung dar.[513] Diese soziale Seite ist ein Grund dafür, daß einfache Tontinen eher in ländlichen Gebieten anzutreffen sind. Sie entsprechen den Wünschen der Haushalte, die in Tontinen nicht nur Finanzgewinne suchen. Diese Wirtschaftssubjekte betrachten die Tontine als Ganzes, d. h. zum einem als Anbieter von Finanz- und Sicherheitsprodukten und zum anderen als eine soziale Gruppe.

Werden die sozialen Vorteile des Tontinensystems nicht berücksichtig, so können die Mitglieder der einfachen Tontinen als risikoscheu bezeichnet werden. Dies liegt in der Tatsache begründet, daß sie das mit dem Eintritt in ein für sie fremdes Bankensystem verbundene Risiko nicht eingehen wollen. Sie haben bestimmt schon vom Bankensystem mit seinem Zinsmechanismus gehört, können aber nicht genau einschätzen, was mit ihren Ersparnisse passieren wird. Bei Anlage im offiziellen Bankensystem geht das Tontinenmitglied das Risiko eines Verlustes ein, d. h. hier das Risiko, das Geld beim Konkurs der betreffenden Bank nicht wieder zu bekommen. Statt dieses Risiko einzugehen, können sie ihre Ersparnisse in den zinslosen aber für sie sicheren einfachen Tontinen anlegen.

3.3.4.5.3 Ökonomische Beurteilung der Tontinen mit Versteigerungen oder Geschäftstontinen

3.3.4.5.3.1 Berechnungsformeln der Zinssätze in Tontinen mit Versteigerungen und ihre ökonomische Bedeutung

Bei Zahlungen von Versteigerungspreisen ist klar, daß in Tontinen mit Versteigerungen Kapitalkosten berücksichtigt werden. Die Hauptfrage bei diesen Tontinenformen ist nicht mehr, ob Zinsen bezahlt werden oder ob die Mitglieder eine zeitliche Präferenz haben, sondern die Bestimmung des Zinssatzes, der bei der Abwicklung von Tontinengeschäften impliziert ist. Bei der Entwicklung von Tontinengeschäften lassen drei verschiedene Fälle von Tontinenzyklen unterscheiden, bei denen drei verschiedene interne Zinssätze berechnet werden können.

---

[513]Vgl. Lespes, Jean-Louis (1990), S. 327.

Fall 1: Zinssätze bei einem Tontinenzyklus mit Tontinenzulage

Bei einem Tontinenzyklus mit einer Tontinenzulage bekommt jedes Mitglied eine Zulage (*R*) am Ende des Zyklus, so daß jedes Mitglied während der letzten Periode einen Betrag zu zahlen hat, der gleich dem Tontinensatz abzüglich der Tontinenzulage ist. Bei dem letzten Mitglied wird diese Zulage zu dem Nettotontinenwert addiert. Die diesem Zyklustyps entsprechenden Cashflows sind in Tabelle 16 dargestellt, wobei negative Zahlen Auszahlungen und positive Zahlen Einzahlungen aus Sicht des Mitglieds bedeuten.

Tab. 16: Zahlungsströme bei einem Tontinenzyklus mit einer Tontinenzulage

Leistungs-empfänger	Sitzung						
	s_1	s_2	s_3		s_i		s_n
M_1	$B\text{-}E_1\text{-}a$	$-a$	$-a$	…	$-a$	…	$(-a+R)$
M_2	$-a$	$B\text{-}E_2\text{-}a$	$-a$	…	$-a$	…	$(-a+R)$
M_3	$-a$	$-a$	$B\text{-}E_3\text{-}a$	…	$-a$	…	$(-a+R)$
⋮	…	…	…	…	…	…	⋮
M_i	$-a$	$-a$	$-a$	…	$B\text{-}E_i\text{-}a$	…	$(-a+R)$
⋮	…	…	…	…	…	…	⋮
M_n	$-a$	$-a$	$-a$	…	$-a$	…	$(B\text{-}E_n\text{-}a+R)$

(E_i bezeichne den Versteigerungspreis des Mitgliedes *i*)

Der Zinssatz eines Mitglieds M_i ergibt sich in diesem Fall durch die Lösung folgender Gleichung:

$$-a-\frac{a}{(1+r)}-\cdots-\frac{a}{(1+r)^{i-2}}+\frac{B-E_i-a}{(1+r)^{i-1}}-\frac{a}{(1+r)^{i}}-\cdots-\frac{(a-R)}{(1+r)^{n-1}}=0\,.$$

Die linke Seite der Gleichung entspricht dem Barwert der Tontine zum Zeitpunkt der ersten Sitzung. Zur Vereinfachung setzen wir $x=\frac{1}{1+r}$ (x ist der Diskontfaktor), so daß folgt:

$$-a-ax-\cdots-ax^{i-2}+(B-E_i-a)x^{i-1}-ax^{i}-\cdots-(a-R)x^{n-1}=0\,.$$

Division durch *a* ergibt dann:

$$-1-x-x^{2}-\cdots-x^{i-2}+\frac{B-E_i}{a}x^{i-1}-x^{i-1}-x^{i}-\cdots-x^{n-1}+\frac{R}{a}x^{n-1}=0\,.$$

Durch Umordnung läßt sich diese Gleichung schreiben als

$$\frac{B-E_i}{a}x^{i-1}+\frac{R}{a}x^{n-1}-\sum_{k=0}^{n-1}x^k=0.$$

und mittels der Summenformel für die geometrische Reihe vereinfachen zu

$$\frac{B-E_i}{a}x^{i-1}+\frac{R}{a}x^{n-1}-\frac{1-x^n}{1-x}=0.$$

Fall 2: Zinssätze bei einem Tontinenzyklus mit einer unentgeltlichen Sitzung

Ergibt sich im Zeitpunkt *k-1* eine unentgeltliche Sitzung, so werden die Mitglieder M_{k-1} und M_k gleichzeitig und unter den gleichen Bedingungen (d. h. gleicher Versteigerungspreis[514]) Leistungsempfänger der Tontine. Dadurch wird die Anzahl der Perioden um eine reduziert.

Das Mitglied *Mn* wird z. B. unter der oben genannten Bedingung schon im Zeitpunkt *n-1* Leistungsempfänger statt wie bisher im Zeitpunkt *n*; ergäben sich zwei unentgeltliche Sitzungen, so würde das Mitglied *Mn* schon im Zeitpunkt *n-2* Leistungsempfänger. Beim Tontinenzyklus mit unentgeltlichen Sitzungen wird die Anzahl der Perioden des Zyklus um die Anzahl der unentgeltlichen Sitzungen (u) reduziert. Die Zahlungsströme bei einem solchen Zyklus sind in Tabelle 17 (S. 180) dargestellt.

Bemerkt werden sollte, daß sich der Cashflow im Zeitpunkt *k-1* aus der Summe der beiden Spalten s_{k-1} und s_k zusammensetzt und sich daher durch die Existenz unentgeltlicher Sitzungen die Grundstruktur der Cashflows der Mitglieder nicht verändert wird; einzig zusätzliche Anforderung ist die Gleichheit von E_{k-1} und E_k.

[514] Dies ist keine Annahme, sondern eine Tatsache.

Tab. 17: Zahlungsströme bei einem Tontinenzyklus mit einer unentgeltlichen Periode und ohne Zulage

Leistungs-empfänger	Sitzung und Sitzungszeitpunkt						
	s_1	s_2		s_{k-1}	s_k		s_n
	1	*2*		*k-1*			*n-1*
M_1	$B\text{-}E_1\text{-}a$	$-a$	...	$-a$	0	...	$-a$
M_2	$-a$	$B\text{-}E_2\text{-}a$	...	$-a$	0	...	$-a$
M_3	$-a$	$-a$	...	$-a$	0	...	$-a$
⋮	⋮	⋮	⋮	⋮	⋮	⋮	⋮
M_{i-1}	$-a$	$-a$	...	$B\text{-}E_{k-1}\text{-}a$	0	...	$-a$
M_i	$-a$	$-a$		$-a$	$B\text{-}E_k$		$-a$
⋮	⋮	⋮	⋮	⋮	⋮	⋮	⋮
M_n	$-a$	$-a$	...	$-a$	0	...	$B\text{-}E_n\text{-}a$

Der interne Zinssatz eines Mitgliedes M_i (für $i \geq k$)[515] ergibt sich nun aus der Lösung folgender Gleichung:

$$-a-\frac{a}{(1+r)}-\cdots-\frac{a}{(1+r)^{i-3}}+\frac{B-E_i-a}{(1+r)^{i-2}}-\frac{a}{(1+r)^{i-1}}-\cdots-\frac{a}{(1+r)^{n-2}}=0.$$

Wiederum entspricht die linke Seite dem Barwert der Tontine im Zeitpunkt *1*. Mit obiger Definition des Diskontfaktors x läßt sich die Gleichung wie folgt umwandeln

$$-a-ax-\cdots-ax^{i-3}+\left(B-E_i-a\right)\cdot x^{i-2}-ax^{i-1}-\cdots-ax^{n-2}=0$$

$$-1-x-\cdots-x^{i-3}+\frac{B-E_i}{a}x^{i-2}-x^{i-2}-x^{i-1}-\cdots-x^{n-2}=0$$

$$\frac{B-E_i}{a}x^{i-2}-\sum_{k=0}^{n-2}x^k=0$$

und schließlich vereinfachen zu

$$\frac{B-E_i}{a}x^{i-2}-\frac{1-x^{n-1}}{1-x}=0.$$

Fall 3: Zinssätze bei einem Tontinenzyklus mit einer unentgeltlichen Sitzung und einer Tontinenzulage

Hat die Geschäftsentwicklung gleichzeitig zum Erzielen von unentgeltlichen Sitzungen und Tontinenzulagen geführt, so wird die Anzahl der Perioden um die Anzahl der unentgeltlichen Sitzungen (u) gekürzt und jedes Mitglied bekommt zusätzlich eine Tontinenzulage am Ende des Zyklus. Die entsprechenden Zahlungsströme sind in Tabelle 18 dargestellt.

Tab. 18: Zahlungsströme bei einem Tontinenzyklus mit einer unentgeltlichen Periode und einer Tontinenzulage

Leistungs-empfänger	Sitzung und Sitzungszeitpunkt						
	s_1	s_2		s_{k-1}	s_k		s_n
	1	*2*		*k-1*			*n-1*
M_1	$B\text{-}E_1\text{-}a$	$-a$	...	$-a$	0	...	$-a+R$
M_2	$-a$	$B\text{-}E_2\text{-}a$	...	$-a$	0	...	$-a+R$
M_3	$-a$	$-a$	...	$-a$	0	...	$-a+R$
⋮	⋮	⋮	⋮	⋮	⋮	⋮	⋮
M_{i-1}	$-a$	$-a$	...	$B\text{-}E_{k-1}\text{-}a$	0	...	$-a+R$
M_i	$-a$	$-a$		$-a$	$B\text{-}E_k$		$-a+R$
⋮	⋮	⋮	⋮	⋮	⋮	⋮	⋮
M_n	$-a$	$-a$	...	$-a$	0	...	$B\text{-}E_n\text{-}a+R$

Der interne Zinssatz eines Mitgliedes M_i (wiederum für $i \geq k$) ergibt sich in diesem Fall aus der Lösung folgender Gleichung:

$$-a-\frac{a}{(1+r)}-\cdots-\frac{a}{(1+r)^{i-3}}+\frac{B-E_i-a}{(1+r)^{i-2}}-\frac{a}{(1+r)^{i-1}}-\cdots-\frac{(a-R)}{(1+r)^{n-2}}=0$$

Nach bekannter Vorgehensweise läßt sich diese Gleichung vereinfachen zu:

515 Für $i < k$ bleibt die Indizierung aus Fall 1 korrekt, und es reduziert sich lediglich die Anzahl der Perioden um die Anzahl der unentgeltlichen Perioden – in unserem Fall also um 1.

$$-a-ax-\cdots-ax^{i-3}+\left(B-E_i-a\right)\cdot x^{i-2}-ax^{i-1}-\cdots-(a-R)x^{n-2}=0$$

$$-1-x-\cdots-x^{i-3}+\frac{B-E_i}{a}x^{i-2}-x^{i-2}-x^{i-1}-\cdots-x^{n-2}+\frac{R}{a}x^{n-2}=0$$

$$\frac{B-E_i}{a}x^{i-2}+\frac{R}{a}x^{n-2}-\sum_{k=0}^{n-2}x^k=0$$

$$\frac{B-E_i}{a}x^{i-2}+\frac{R}{a}x^{n-2}-\frac{1-x^{n-1}}{1-x}=0.$$

Die Bestimmung der internen Zinsfüße innerhalb einer Tontine entspricht der Lösung eines Polynoms n-ten Grades. Die Oben dargestellte Gleichungen können bei jedem Mitglied n Lösungen $r_1, r_2, \ldots, r_m$ haben. Diese Lösungen können n reelle, aber auch ausschließlich komplexe Lösungen enthalten. Da komplexe Lösungen nur paarweise auftreten können, ergibt sich für eine ungerade Periodenanzahl m stets mindestens eine reelle Lösung dieser Gleichung, die jedoch auch negativ sein kann. Für eine gerade Periodenanzahl m kann dagegen der Fall eintreten, daß man nur komplexe Werte für x und damit für den internen Zinssatz r erhält.

Da der interne Zinssatz sich ökonomisch als Verzinsung des in den Tontinengeschäften jeweils gebundenen Kapitals interpretieren läßt[516], sind dementsprechend nur reelle Lösungen der algebraischen Gleichung relevant, während komplexe Lösungen unmittelbar ausgeschlossen werden können. Darüber hinaus sind interne Zinssätze ($r < -100\%$) ökonomisch sinnlos, da das Mitglied bei einer derartigen Verzinsung mehr als das eingesetzte Kapital verliert.

Dennoch können mehrere reelle Lösungen der Gleichung übrigbleiben, die als interner Zinssatz in Frage kommen. Dies wird relativ häufig der Fall sein, auch wenn ein begrenzter Bereich untersucht wird. Eine überprüfbare Bedingung für die Existenz eines ökonomisch relevanten internen Zinssatzes läßt sich aus der sogenannten Cartesischen Vorzeichenregel herleiten[517]. Diese besagt, daß die Anzahl der positiven Lösungen einer algebraischen Gleichung nicht größer als die Anzahl der Vorzeichenwechsel in der Folge der Koeffizienten a_t ($t = 0, 1, \ldots n$) ist und sich von dieser nur um eine gerade Zahl unterscheiden kann. Folglich si-

[516] Vgl. Kilger, W. (1965), S. 771; Witten, P./Zimmermann, H.-G. (1977), S. 100; Seelbach, Horst (1997), S. 223.
[517] Vgl. Witten, P./Zimmermann, H.-G. (1977), S. 101.

chert eine ungerade Zahl von Vorzeichenwechsel mindestens eine positive Lösung x der oben dargestellten Gleichungen.

Die Existenz mehrerer reelle Lösungen der Gleichung verweist auf das in der Literatur oft diskutierte Problem der Mehrdeutigkeit des internen Zinssatzes[518]. Ergeben sich mehrere Werte für den internen Zinssatz eines Mitgliedes, so kann der für die Investition repräsentative interne Zinssatz durch das von *Hosterbach* und *Seiffert* entwickelte *Konzept der ähnlichen Investition* bestimmt werden[519]. Dieses Konzept ermöglicht es, aus der Menge der reellen möglichen Werte für den internen Zinsfuß $r_k(k=1,2\cdots n_1)$, sukzessive denjenigen zu wählen, der für die Investition repräsentativ ist.

Der Kapitalwert eines Tontinenmitglieds bezogen auf den Zeitpunkt der ersten Tontinensitzung kann wie folgt geschrieben werden:

$$K_i(r) = -a - \frac{a}{(1+r)} - \cdots - \frac{a}{(1+r)^{i-2}} + \frac{B - E_i - a}{(1+r)^{i-1}} - \frac{a}{(1+r)^i} - \cdots - \frac{(a-R)}{(1+r)^{n-1}},$$

bzw. als $K_i(r) = \sum_{j=1}^{n} \frac{Z_{ij}}{(1+r)^{j-1}}$

wobei Z_{ij} die Ausgabe bzw[520]. Einnahme des Mitgliedes i in einer Tontinenperiode j der Tontine darstellt. Die Z_{ij} sind negativ bei Ausgaben und positiv bei Einnahmen. Für den internen Zinssatz muß $K_i(r)=0$ gelten. Entsprechend der oben dargestellten Formel ist der Kapitalwert eine Funktion nur des Zinssatzes r. Unter dem Konzept der ähnlichen Investitionen werden die Auswirkungen von Variationen einzelner Ein- bzw. Auszahlungen Z_{ij} einer Investition auf die sich ergebenden internen Zinssätze untersucht. So wird aus

$$K_i(r) = \sum_{j=1}^{n} \frac{Z_{ij}}{(1+r)^{j-1}},$$

$$K_i(r, Z_{i1}, Z_{i2}, \cdots, Z_{in}) = \sum_{j=1}^{n} \frac{Z_{ij}}{(1+r)^{j-1}}$$

---

518 Vgl. Kilger, W. (1965); Hosterbach, E. (1970); Hosterbach, E./Seiffert, O. (1971); Haberstock, L. (1971); Hosterbach, E. (1972); Buchner, R. (1973); Witten, P./Zimmermann, H.-G. (1977).

519 Vgl. Hosterbach, E./Seiffert, O. (1971), S. 867 ff.

520 Um die Darstellung der Formel zu vereinfachen, soll z_{ij} statt a benutzt werden um die Zahlungen zu bezeichnen. Damit können die Zahlungen (*B-E_i-a* oder *a-R*) einfach dargestellt werden.

Dies bedeutet für die Lösungen $r_{i1}, r_{i2}, \cdots, r_{in-1}$ von $K_i(r)=0$, daß sie Funktionen des Cash-flows $Z_{i1}, Z_{i2}, Z_{i3}, \cdots, Z_{in}$ werden. Variiert man eine beliebige Ausgabe oder Einnahme der Investition, so ändert sich auch der interne Zinsfuß. Die partiellen Ableitungen

$$R_{ij} = \frac{\partial r(Z_{i1}, \ldots, Z_{in})}{\partial Z_{ij}} = -\frac{\dfrac{\partial K_i(r, Z_{i1}, \ldots, Z_{in})}{\partial Z_{ij}}}{\dfrac{\partial K_i(r, Z_{i1}, \ldots, Z_{in})}{\partial r}} = \frac{\dfrac{1}{(1+r)^{j-1}}}{\sum\limits_{k=2}^{n} \dfrac{(k-1) \cdot Z_{ik}}{(1+r)^k}}$$

$$= \frac{1}{\sum\limits_{k=2}^{n} \dfrac{(k-1) \cdot Z_{ik}}{(1+r)^{k-j+1}}}, \qquad j = 1,2, \cdots n$$

geben die Werte hierfür an, inwiefern sich die internen Zinssätze $r = r_{ik} (j = 1,2, \cdots, n-1)$ mit Z_{ij} ändern. Entsprechend dem Konzept der ähnlichen Investition sind in ökonomischer Sicht nur diejenigen Werte r_{ik} relevant, die die Bedingungen $(R_{ij})_{r=r_{ik}} > 0, j=1,2,\cdots,n$ erfüllen. Der interne Zinssatz muß also mit steigenden Einnahmen wachsen. Wesentlich ist, daß $\left(R_{ij}\right)_{r=r_{ik}}$ für alle Variationen der Einnahmen und Ausgaben positiv sein muß. Durch diese notwendige Bedingung ist die Zahl der interpretierbaren Lösungen der Gleichung $K_i(r) = 0$ weiter eingeschränkt.

Wie diese Berechnungen in der Praxis umgesetzt werden, soll anhand eines Beispiel verdeutlicht werden. Nehmen wir zum Beispiel eine Tontine, die folgende Merkmale aufweist

Anzahl der Mitglieder	6
Tontinensatz	100000
Tontinenwert	600000
Aufrufpreis (Preisuntergrenze)	70000
Tontinenzulage	120000
Periode	monatlich

Die Zinssätze jedes Leistungsempfängers dieser Tontinen sind in der folgenden Tabelle dargestellt:

Tab. 19: Beispiel einer Tontine mit Versteigerungen

	1	2	3	4	5	6
B	600.000	600.000	600.000	600.000	600.000	600.000
E_i	170.000	150.000	140.000	110.000	80.000	70.000
$B - E_i$	430.000	450.000	460.000	490.000	520.000	530.000
r_{ik}	-1,68990 0,062173 -0,83292	2,026780 0,08327 -0,83076	-1,48889 -3,51912 -0,81288	0,01825	-1,04711 -2,65713 0,03781	0,03194

Der erste Leistungsempfänger z. B. hat drei Zinssätze $r_1 = -1{,}68990$, $r_2 = 0{,}062173$ und $r_3 = -0{,}83292$. Jetzt soll der repräsentative Zinssatz für seine Investition ermittelt werden. Die Variationen des internen Zinssatzes, wenn Z_k variiert sind gegeben durch:

$$r_k = \frac{1}{\sum_{j=1}^{6} \frac{j.Z_j}{(1+r)^{j-k+1}}}.$$

Für $k = 1$ z. B. ist

$$r_1 = \frac{1}{\frac{1.330000}{-0{,}6899} - \frac{2.100000}{(-0{,}6899)^2} - \frac{3.100000}{(-0{,}6899)^3} - \frac{4.100000}{(-0{,}6899)^4} - \frac{5.100000}{(-0{,}6899)^5} + \frac{6.20000}{(-0{,}6899)^6}}$$

$r_1 = 0{,}0000003904 = 0{,}3904.10^6$

Die so berechnete Variationen der Internen Zinssätze des ersten Leistungsempfängers sind im Folgenden Tabelle 20 zu lesen.

Tab. 20: Variationen der internen Zinssätze

	$r_k.10^6$					
	$k = 1$	$k = 2$	$k = 3$	$k = 4$	$k = 5$	$k = 6$
$r_1 = -1{,}68990$	0,390	-0,679	-2,064	-0,560	-0,35	-0,236
$r_2 = 0{,}062173$	-1,393	-2,900	30,247	1,998	0,981	1,0967
$r_3 = -0{,}83292$	0,00047	0,0053	0,0258	0,0595	0,0609	0,0641

Für r_3 = -0,83292 ist die Bedingung $\left(R_{ij}\right)_{r=r_{ik}} > 0, \quad j = 1,2,\cdots,n$ erfüllt. Für r_1=-1,68990 und r_2=0,062173 dagegen nicht. r_3 = -0,83292 ist für den ersten Leistungsempfänger der repräsentative oder eindeutige interne Zinssatz.

Bei allen drei oben dargestellten möglichen Tontinenzyklen sind die internen Zinssätze von Versteigerungspreisen und Tontinenzulagen abhängig. Das Tontinenmitglied integriert sich in einem wirklichen Finanzmarkt und weiß genau, daß seine Teilnahme an der Tontine Wertzuwächse hervorbringen kann, welcher von dem Versteigerungspreis der jeweiligen Periode des Tontinenzyklus und dadurch von der Tontinenzulage abhängig sind. Einerseits implizieren höhere Versteigerungspreise höhere interne Sollzinssätze. Andererseits implizieren höhere Versteigerungspreise auch höhere Tontinenzulagen, die ihrerseits die internen Sollzinssätze reduzieren.

Die Wucherfrage im Tontinensystem kann man nicht schnell beantworten. Sollzinssätze des Tontinensystems werden von dem offiziellen System als wucherisch bezeichnet, wenn sie die Sollzinssätze des Bankensystems übersteigen. Wie wir gesehen haben, impliziert ein höherer Versteigerungspreis zugleich einen höheren internen Sollzinssatz und eine höhere Tontinenzulage, die ihrerseits den internen Zinssatz reduziert. Unter diesen Bedingungen können Sollzinssätze des Tontinensystems nicht generell als wucherisch bezeichnet werden. Diese sind von den Versteigerungspreisen und der Tontinenzulage abhängig. Daß diese über den Zinssätzen des Bankensystems liegen, kann in der Praxis vorkommen, kann aber nicht generell gesagt werden. Auch wenn dies generell der Fall wäre, wären Sollzinssätze nicht als wucherisch zu bezeichnen, da Tontinenmitglieder nicht dazu gezwungen werden, einen bestimmten Preis für den Tontinenwert zu zahlen. Es handelt sich um einen freiwilligen Preis.

3.3.4.5.3.2 Bedingungen für die Existenz eines ökonomisch sinnvollen Zinssatzes in Tontinen mit Versteigerungen.

Bei Betrachtung der aus den möglichen Tontinenzyklen resultierenden Gleichungen lassen sich zwei Typen von Gleichungen in einem Tontinensystem feststellen. Zum einen gibt es zwei Gleichungen, die einen einzigen Vorzeichenwechsel aufweisen. Dies ist bei dem ersten und dem letzten Mitglied einer Tontine der Fall. Zum anderen gibt es Gleichungen, die aus den Zahlungsreihen zu entnehmen sind, die von den Geschäften des zweitens bis hin zu dem $(n-1)$-ten Mitglied einer Tontinen herzuleiten sind. Diese weisen zwei Vorzeichenwechsel auf.

Die Zahlungsreihen des ersten und letzten Tontinenmitglieds des Tontinensystems haben gemeinsam, daß sie nur einen einzigen Vorzeichenwechsel aufweisen:

für das erste Mitglied $+N_1 - a_2 - a_3 - \cdots - a_n$ und

für das letzte Mitglied $-a_1 - a_2 - \cdots - a_{n-1} + N_n$.[521]

Entsprechend der Cartesischen Vorzeichenregel existiert genau ein ökonomisch sinnvoller interner Zinssatz, wenn eine Zahlungsreihe $(z_0, z_1, \ldots, z_n)$ einen einzigen Vorzeichenwechsel aufweist. Dies bedeutet, daß der erste und letzte Leistungsempfänger einer Tontine aufgrund seiner Zahlungsreihe, in jedem Fall einen ökonomisch sinnvollen internen Zinssatz haben wird. Dies gilt für den ersten Leistungsempfänger nur, solange die Tontinenzulage kleiner oder gleich dem Tontinensatz ist. Ist dies nicht der Fall, so wird seine Zahlungsreihe zwei Vorzeichenwechsel aufweisen. In diesem letzten Fall kann der erste Leistungsempfänger Zinssätze erhalten, die ökonomisch nicht sinnvoll sind.

Die positive bzw. negative Natur des internen Zinssatzes des ersten bzw. letzten Leistungsempfängers einer Tontine läßt sich möglicherweise anhand folgender Bedingungen überprüfen:

Beginnt eine Zahlungsreihe $(z_0, z_1, \ldots, z_n)$, wie es für den ersten Leitungsempfänger der Fall ist, mit einer Einzahlung und ist das Deckungskriterium nicht erfüllt, so existiert mindestens ein positiver Sollzinssatz. Das Deckungskriterium ist erfüllt, wenn die Summe aller nicht diskontierten Zahlungen positiv ist, d.h. wenn die Summe der (nicht diskontierten) Einzahlungen größer als die Summe der (nicht diskontierten) Auszahlungen ist[522]. Das Deckungskriterium ist im Tontinensystem erfüllt, wenn die Summe aus dem Nettotontinenwert und den aus dem Tontinensystem resultierenden möglichen Erträgen in Form der Tontinenzulage größer als die Summe der ausgezahlten Tontinensätze ist.

Der erste Leistungsempfänger wird also einen positiven Sollzins haben, solange die Summe der Erträge (gemeint sind die Tontinenzulage und die Ausgabeverminderung aus unentgeltlichen Sitzungen) aus dem Tontinensystem kleiner als der Versteigerungspreis ist, da in diesem Fall das Deckungskriterium nicht erfüllt bleibt. Ist die Summe der Erträge gleich dem Versteigerungspreis, so wird die Summe der nicht diskontierten Einzahlungen gleich der Summe der nicht diskontierten Auszahlungen sein und der interne Zinssatz wird gleich null sein. Ist die

[521] Solange es für nicht auf eine detaillierte Aufschlüsselung des Nettotontinenwertes ankommt, wird der Einfachheit halber die Variable N_i verwendet.

[522] Vgl. Kilger (1965), S. 776.

Summe der Erträge größer als der Versteigerungspreis, so ist das Deckungskriterium erfüllt, und das erste Mitglied wird einen negativen Sollzinssatz haben. Beginnt eine Zahlungsreihe $(z_0,z_1,...,zn)$, wie es bei dem letzten Leistungsempfänger der Fall ist, mit einer Auszahlung und ist das Deckungskriterium erfüllt, so existiert mindestens ein positiver interner Habenzinssatz. Dies impliziert, daß das letzte Tontinenmitglied, im Gegensatz zum ersten, einen positiven Habenzinssatz haben wird, solange das Deckungskriterium erfüllt wird.

Ist die Summe der Erträge gleich dem Versteigerungspreis, so ist der interne Zinssatz gleich null. Ist das Deckungskriterium nicht erfüllt, so wird er einen negativen Habenzinssatz haben. Angenommen, daß der letzte Leistungsempfänger mindestens seinen Versteigerungspreis als Tontinenzulage bekommt, kann sein Zinssatz nicht negativ sein. Der Zinssatz des letzten Leistungsempfängers einer Tontine mit Versteigerung wird entweder positiv oder gleich null sein.

Die Zahlungsreihen der zwischen dem ersten und dem n-ten Mitglied liegenden Tontinenmitglieder haben gemeinsam, daß sie jeweils mit einer Auszahlung beginnen und zwei Vorzeichenwechsel aufweisen :

$$-a_1-...-a_{i-1}+N_i-a_{i+1}-...-an.$$

Nach der Cartesischen Vorzeichenwechselregel existiert genau ein positiver interner Zinssatz, wenn eine Zahlungsreihe mit einer Auszahlung beginnt, wie es bei allen Mitglieder dieser Gruppe der Fall ist, zwei Vorzeichenwechsel aufweist und das Deckungskriterium erfüllt ist. Dies hat folgende Implikationen für dieser Mitgliedergruppe:

⇨ Ist das Deckungskriterium erfüllt, so war das zwischen dem ersten und dem letzten liegende Mitglied M_i einer Tontine ein Sparer. Er wird in diesem Fall einen positiven Habenzinssatz haben.

⇨ Ist die Summe der Erträge gleich dem Versteigerungspreis, so war das Mitglied M_i weder ein Sparer noch ein Kreditnehmer und der errechnete interne Zinssatz ist folglich gleich null.

⇨ Ist das Deckungskriterium nicht erfüllt, so war das Mitglied M_i ein Kreditnehmer. Der aus seiner Zahlungsreihe resultierende interne Zinssatz wird ein Sollzinssatz sein. Dieser kann aber nicht eindeutig definiert werden.

3.3.4.5.3.3 Kapitalwerte als Entscheidungskriterium in Tontinen mit Versteigerungen

In Tontinen mit Versteigerungen stehen die Mitglieder vor Entscheidungen. Sie müssen entscheiden, ob sie Leistungsempfänger während einer Tontinenperiode werden, d. h., ob sie den Bruttotontinenwert kaufen. Die Bedeutung dieser Entscheidung wird immer geringer, je mehr der Tontinenzyklus dem Ende entgegen geht. Am bedeutendsten ist diese Entscheidung für den ersten Leistungsempfänger.

Ist ein Tontinenmitglied bereit, bestimmte gegebene Soll- und Habenzinssätze zu zahlen, die die Zinssätze einer alternativen Investitionsmöglichkeit, z. B. einer Investition auf dem Kapitalmarkt oder bei Banken, darstellen, so kann der mit diesen Zinssätzen berechnete Kapitalwert $K(r)$ eines Mitgliedes als Entscheidungskriterium für den Kauf des Bruttotontinenwertes dienen. Indem der Leistungsempfänger seinen Kapitalwert gleich null setzt, ist er in der Lage, den Versteigerungspreis oder die Zulage zu bestimmen, der oder die zum Erhalt der Alternativzinssätze für Soll- und Habenzinsen führt. Während es sich bei dem ersten Leistungsempfänger um einen gegebenen Sollzinssatz handelt, ist es bei dem letzten ein Habenzinssatz. Für die anderen Leistungsempfänger handelt es sich zugleich um einen Soll- und einen Habenzinssatz.

Der Kapitalwert $K_i(r)$ eines Tontinenmitglieds ergibt sich, indem man vom Barwert der Auszahlungen (ausgezahlte Tontinensätze) zum Bezugszeitpunkt *1* den Barwert der Einzahlungen (Nettotontinenwert + Zulage) zum Bezugszeitpunkt *1* abzieht. Die Formeln zur Berechnung dieser Werte innerhalb einer Tontinen sind je nach dem Tontinenzyklus zu unterscheiden. Bei einem Tontinenzyklus mit einer Tontinenzulage ergibt sich der Kapitalwert eines Mitglieds aus folgender Formel:

$$K_i(r) = \left(B - E_i\right) \cdot x^{i-1} + R \cdot x^{n-1} - a \cdot \frac{1-x^n}{1-x}, \text{ wobei gilt: } x = \frac{1}{1+r}.$$

Bei einem Tontinenzyklus mit einer unentgeltlichen Periode im Zeitpunkt *k-1* ist der Kapitalwert:

$$K_i(r) = \left(B - E_i\right) \cdot x^{i-2} - a \cdot \frac{1-x^{n-1}}{1-x}, \text{ falls } i \geq k, \text{ bzw.}$$

$$K_i(r) = \left(B - E_i\right) \cdot x^{i-1} - a \cdot \frac{1-x^{n-1}}{1-x}, \text{ falls } i < k.$$

Bei einem Tontinenzyklus mit einer unentgeltlichen Periode im Zeitpunkt *k-1* und zusätzlicher Tontinenzulage ist der Kapitalwert:

$$K_i(r) = (B - E_i) \cdot x^{i-2} + R \cdot x^{n-2} - a \cdot \frac{1 - x^{n-1}}{1 - x}, \text{ falls } i \geq k \text{, bzw.}$$

$$K_i(r) = (B - E_i) \cdot x^{i-1} + R \cdot x^{n-2} - a \cdot \frac{1 - x^{n-1}}{1 - x}, \text{ falls } i < k.$$

Wie die Berechnungen in der Praxis umgesetzt werden, soll anhand des oben dargestellten Beispiels verdeutlicht werden[523]. Als weitere Prämisse soll angenommen werden, daß der erste Leistungsempfänger den Bruttotontinenwert mit einer Effektivverzinsung von 16 % bei einer Bank bekommen kann. Er ist also bereit, 16 % als Sollzinssatz anzunehmen. Dies bedeutet einen monatlichen Sollzinssatz von 1,2445%[524]. Der Versteigerungspreis, der zum Erhalt des Alternativzinssatzes von 16 % führt, wird unter der Bedingung berechnet, daß der erste Leistungsempfänger den Aufrufpreis als Tontinenzulage bekommen wird. In der Regel wird aber mehr gesteigert. Da jedes Mitglied mindestens den Aufrufpreis als Versteigerungspreis zahlt, bekommt jedes Mitglied mindestens den Aufrufpreis am Ende des Zyklus als Tontinenzulage, weil die Gesamtzulage am Ende des Zyklus durch die Anzahl der Mitglieder dividiert wird.

Der erste Leistungsempfänger unseres Beispiels kann demnach eine obere Schranke für seinen Versteigerungspreis im Sinne einer maximalen Zahlungsbereitschaft wie folgt berechnen:

$$K_i(r) = (B - E_i) \cdot x^{i-1} + R \cdot x^{n-1} - a \cdot \frac{1 - x^n}{1 - x} = 0$$

$$R \cdot x^{n-1} - a \cdot \frac{1 - x^n}{1 - x} = (E_i - B) \cdot x^{i-1}$$

$$R \cdot x^{n-1} + B \cdot x^{i-1} - a \cdot \frac{1 - x^n}{1 - x} = E_i \cdot x^{i-1}$$

$$E_i = B + R \cdot x^{n-i} - a \cdot \frac{1 - x^n}{(1 - x) \cdot x^{i-1}}$$

---

[523] Siehe S. 184.

[524] $r_m = \sqrt[12]{1 + r} - 1$, wobei r_m und r jeweils der monatlicher Zinssatz und der Jahreszinssatz sind.

In unserem Beispiel ist:

$$E_1 = 600.000 + 120000x^5 - 100.000(1\text{-}x^6)((1\text{-}x)\, x^{1\text{-}1})^{-1}$$
$$= 130946{,}8$$

Wenn der erste Leistungsempfänger bei der Bank einen effektiven Sollzinssatz von 16 % für den Kredit zu zahlen hätte, sollte er höchstens bereit sein, als Versteigerungspreis E_1 = 130946,7795 in die Tontine einzuzahlen. Diese Schranke gilt aber nur unter der Bedingung, daß er nur die Höhe des Aufrufpreis als Tontinenzulage erhält; ist die Zulage größer als der Aufrufpreis, so wird er einen niedrigeren Sollzinssatz bei der Tontine bekommen, bzw. einen höheren Versteigerungspreis zu zahlen bereit sein.

Wie ein letzter Leistungsempfänger, d. h. ein reiner Sparer, den genau den Sparzinssatz der Banken für sein Sparen bei den Tontinen erhalten möchte, seine Tontinenzulage einschätzen kann, wird in den folgenden Berechnungen dargestellt. Der Versteigerungspreis des letzten Leistungsempfängers ist gleich dem Aufrufpreis E_n; er ist also bekannt. Die unbekannte Variable hingegen ist die Tontinenzulage. Damit der Leistungsempfänger den Alternativzinssatz bekommt, wird sein Kapitalwert (Endwert) gleich der Summe aus seinem Nettotontinenwert und der Tontinenzulage gesetzt werden:

$$B - E_n + R = a(1+r)^{n-1} + a(1+r)^{n-2} + \cdots + a(1+r) + a$$

$$R = E_n - B + a \cdot \sum_{j=0}^{n-1} (1+r)^j$$

$$= E_n - B + a \cdot \frac{1-(1+r)^n}{-r}$$

Damit der letzte Leistungsempfänger unseres Beispiels, wie bei der Bank ein Sparzinssatz von 4,5 pro Jahr (dies entspricht einem monatlichen Zinssatz von 0,003674809 %, der um die Berechnungen zu vereinfachen auf 0,0037 % aufgerundet wird) erhält, sollte er von der Tontine am Ende des Zyklus folgende Zulage bekommen

$$R = 70.000 - 600.000 + (1\text{-}\ (1{,}0037)^6)(\text{-}\ 0{,}0037)$$
$$R = 75577{,}4595$$

Es kann festgestellt werden, daß die Berechnung der Zinssätze im Tontinensystem nur unter gegebenen Tontinenzulagen möglich ist. Da die Zulage nur am Ende des Tontinenzyklus bekannt wird, befindet sich der werdende Leistungsempfänger in einer Tontine mit Versteigerungen in einer Unsicherheits- bzw. Risikosituation.[525] Er muß also eine Entscheidung treffen, ohne genau zu wissen, welche Konsequenzen seine Entscheidung haben wird. Um den besseren Zeitpunkt des Kaufs des Tontinenwertes zu wählen, kann er von Entscheidungsregeln unter Risiko Gebrauch machen. Auf Einzelregeln ist hier nicht einzugehen.[526] Bei der Anwendung dieser Regeln kann er mit subjektiven Wahrscheinlichkeiten arbeiten und bei starker Risikoaversion auch eine Risikoabschlag berücksichtigen.

3.4 Vergleichende Analyse der Allfinanzgeschäfte von Tontinen und von Banken und Versicherungsunternehmen

3.4.1 Tontinen als Anbieter von Bankleistungen

3.4.1.1 Beziehung zwischen Banken und Tontinen

Der kamerunische Finanzdienstleistungsmarkt ist durch eine enge und zum Teil wettbewerbsorientierte Beziehung zwischen Tontinen und Banken gekennzeichnet. Die Natur der gegenseitigen Beziehung zwischen Tontinen und Banken ist von Faktoren wie Ansiedlungsgebiet, Finanzierungszielen und Anlage- und Verzinsungsbedingungen abhängig. Um diese Beziehung zu analysieren, wird einerseits eine Unterscheidung zwischen städtischen und ländlichen Regionen und andererseits zwischen Tontinenformen gemacht werden.

In ländlichen Regionen, in denen einfache Tontinen dominieren, besteht, außer der Tatsache, daß Tontinenleistungen durch Geldeinheiten ausgedrückt werden, keine direkte Beziehung zwischen den beiden Intermediärsystemen. Die in Tontinen für Kredite oder zur Absicherung gesammelten Fonds werden von Kassierern verwahrt, und man spricht von einem Austritt des Geldes aus dem formellen System.

In den städtischen Gebieten sind Beziehungen zwischen Tontinen und Banken danach zu charakterisieren, ob es sich um einfache Tontinen oder um Tontinen mit Versteigerungen handelt. Bei einfachen Tontinen ist die Beziehung mit dem offiziellen System ähnlich wie in den ländlichen Regionen, mit der Ausnahme, daß die Kassierer in städtischen Regionen Konten bei Banken eröffnen, um die gesammelten Fonds aufzubewahren. Angenommen, daß diese Fonds irgendwann und spontan den Tontinen zur Verfügung gestellt werden müssen, können keine Anlagen getätigt werden, die die rasche Verfügbarkeit der Fonds verhindert. Sie werden deshalb als Sichteinlage getätigt. Diese Sichteinlage stellt für die Banken

[525] Mehr über den Risikobegriff bei Walter, Karten (1972b), S. 147 ff.

[526] Vgl. u. a. Bitz, Michael (1981), Entscheidungstheorie ; Schneeweiß, H. (1967).

ein Finanzierungsmittel dar. Obwohl sie täglich abgerufen werden können, bleibt auf den Konten regelmäßig ein bestimmter Mindestbestand stehen, der sogenannte Bodensatz, der aufgrund der Liquiditätsgrundsätze im Kreditgeschäft verwandt wird, womit den Kreditinstituten die Möglichkeit eingeräumt wird, Fristentransformation zu betreiben. Die durch einfache Tontinen gesammelten Fonds werden für soziale Ausgaben, Haushaltseinrichtungen und den Bau von Privatwohnungen in städtischen und vor allem auch in ländlichen Regionen, in denen der Bau einer Wohnung als Symbol für die Anhänglichkeit an das Herkunftsdorf und als sozialer Erfolg betrachtet wird, bereitgestellt.

Fonds, die für die Finanzierung vom Zufall abhängiger Ereignissen bestimmt sind, werden nicht zur Verfügung der Banken gestellt, sondern immer von den Kassieren aufbewahrt. Man macht also einen Unterschied zwischen der Sicherung der Liquidität, die vom offiziellen System angeboten wird, und der von den Tontinen - Aufbewahrung des Geldes durch den Kassierer - angebotenen Sicherung. Diese Tatsache kann unter anderem dadurch erklärt werden, daß Banken wegen ihrer Liquiditätsschwierigkeiten nicht immer in der Lage sind, die von Kunden nachgefragten liquiden Mittel zur Verfügung zu stellen. Dieses Verhalten, das von einer Bevorzugung der Liquidität außerhalb des Banksystems gekennzeichnet ist, hat einen negativen Einfluß auf die Geldschöpfung, indem es die Gelder außerhalb des Banksystems hält. Zur Zeit ist es noch unmöglich, den aktuellen Einfluß dieses Verhalten einzuschätzen, da es keine Statistiken über Tontinen gibt.

Beziehungen zwischen Tontinen mit Versteigerungen, deren Mitglieder vor allem aus Geschäftsleuten und Unternehmern der nationalen Klein- und Mittelbetriebe bestehen, und dem Banksystem scheinen enger zu sein. Dies ist durch die Höhe der gesammelten Summen zu erklären. Nach einer in *Douala* durchgeführten Untersuchung liegt diese zwischen 10 und 15 Mio. FCFA pro Tontinenzyklus. Entsprechend dieser Untersuchung gibt es auch Tontinen mit Tontinenwerten in Höhe von 100. Mio. FCFA, und man spricht auch von einem Tontinenwert in Höhe von 1. Mrd. FCFA.[527] Die in Tontinen mit Versteigerungen gesammelten Beträge kommen wieder an die Banken zurück. Sie können von dem Kauf von Kapitalanteilen eines Unternehmens bis zur Finanzierung des Umlaufvermögens dienen, da der Tontinenzyklus sich über bis zu sieben Jahre erstrecken kann[528]. Eine weitere Beziehung zwischen Geschäftstontinen und Bankensystem besteht in der Benutzung von Bankschecks als Garantien für die Rückzahlung der im Tontinensystem genommenen Kredite. Bankdienstleistungen werden aber nicht nur als Garantiemöglichkeit von Tontinenmitgliedern nachgefragt. Nach einer von *Bekolo* durchgeführten Untersuchung besteht bei den Teil-

---

[527] Vgl. Bekolo-Ebe, Bruno/Bilongo, Robert (1989), S. 636.
[528] Vgl. Bekolo-Ebe, Bruno/Bilongo, Robert(1989), S. 637.

nehmern von Tontinen mit Versteigerungen eine Tendenz, ihre Beiträge durch die von Banken gewährten Dispositionskredite zu finanzieren. Dies ist besonders der Fall, wenn der Tontinensatz zwischen 50000 und 100000 FCFA liegt oder wenn der Teilnehmer an mehreren Tontinen teilnimmt.[529]

3.4.1.2 Vor- und Nachteile der Tontinen als Anbieter von Bankleistungen

Bei der Darstellung der Vor- und Nachteile der Tontinen als Anbieter von Bankleistungen sollen zugleich auch die Schwierigkeiten gesehen werden, die Banken beim Vertrieb ihrer Geschäfte haben und die von ihnen überwunden werden müssen, wenn sie Bankleistungen moderner Prägung in Kamerun verbreiten wollen. Diese Schwierigkeiten nehmen mit der Zeit zu, da sich das Tontinensystem, wie durch seine Erscheinungsformen zu erkennen ist, an die neue wirtschaftliche Umgebung anzupassen versucht. Das Interesse am Tontinensystem kann durch verschiedene Gründe erklärt werden, deren Wichtigkeit von dem jeweiligen Teilnehmer abhängt. Unter diesen Gründen sind die sechs folgenden Faktoren von besonderer Bedeutung:

1. Zugang für jedermann

Die kamerunischen Finanzintermediäre sollten im allgemeinen auf die Nachfrage zweier unterschiedlicher Kundengruppen antworten, die auch zwei spezifische Betrachtungsweisen erfordern. Sie sollen einerseits die Bedürfnisse städtischer Kunden befriedigen, die wiederum in zwei Gruppen, wohlhabende Kunden und Kunden aus armen Viertel, zerfallen, und andererseits die Bedürfnisse einer riesigen potentiellen Kundengruppe aus ländlichen Regionen.

Die wohlhabenden Kunden sind die von den offiziellen Finanzintermediären gesuchten Kundengruppen. Sie werden von Stadtbewohnern gebildet, die in der Mehrheit im Dienstleistungsbereich und weniger in der Industrie arbeiten oder Politiker sind. Sie bestehen aus Beamten, Angestellten von Hotels, Restaurants, Reisebüros, Banken, Versicherungsunternehmen etc. oder Angestellten der eher selten in Kamerun angesiedelten Industrien. Hinzu kommen Ausländer, die oft für Niederlassungen europäischer Unternehmen arbeiten. Diese Stadtbewohner haben die höchste Kaufkraft des Landes. Sie wissen genau, wozu Banken und Versicherungsunternehmen oder andere Finanzintermediäre bestimmt sind und können die Vor- und Nachteile einer Finanzdienstleistung analysieren. Diese Kundengruppe wird von den Banken gut betreut und bekommt von ihnen eine Palette von Dienstleistungen angeboten, die ihre Bedürfnisse zu befriedigen versuchen. Bedauerlicherweise bildet diese Kundengruppe für die Banken nur eine

---

[529] Vgl. Bekolo-Ebe, Bruno/Bilongo, Robert (1989), S. 636.

Minderheit, da Kamerun – wie die Mehrheit der afrikanischen Länder – noch nicht stark verstädtert ist. Im allgemeinen arbeiten nur 20 bis 30% der erwerbstätigen afrikanischen Bevölkerung in den Städten.[530]

Während Angebote der offiziellen Finanzintermediäre in der Regel nur der Nachfrage des kleinen wohlhabenden Bevölkerungsteils entsprechen können, haben Tontinengeschäfte den Vorteil, daß sie aufgrund ihrer flexiblen Formen von allen drei der skizzierten Nachfrager getätigt werden können. 75 % der kamerunischen Bevölkerung aus den ländlichen Regionen und den armen Vierteln der städtischen Gebiete, die keinen Zugang zu den offiziellen Sparmöglichkeiten haben,[531] werden von Tontinen bedient. Der Prozentsatz von Haushalten, die informelle Kredite bekommen, ist höher als der der Haushalte, denen formelle Kredite gewährt werden.[532] Somit erreichen Tontinen einen Teil der Bevölkerung, der von dem offiziellen Intermediärsystem nicht erreicht wird.

2. Soziokulturelle Faktoren

In Kamerun und vor allem bei den „*Bamiléké*"(ein Stamm aus Westkamerun), in deren Traditionen die Tontinen stark verankert sind, schreibt die Tradition es vor, daß jeder Verstorbene in seinem Dorf begraben wird. Wenn Angehörige dieses Stammes in Ballungsgebiete abwandern, haben sie in den neuen Wohnorten kein Familienmitglied, das dafür sorgen kann, daß dieser traditionelle Wunsch erfüllt werden könnte. Sie bilden dann zusammen eine Tontine, die die Realisierung dieses Wunsches ermöglicht. Durch die Teilnahme an dieser Tontine und die Einzahlung bestimmter Beiträge ist ein Mitglied sicher, daß sein letzter Wunsch erfüllt werden wird. Außerdem spielt z. B. die Anzahl der Besucher bei einem Trauerfall oder einem frohen Ereignis (Heirat) eine bedeutende Rolle in der kamerunischen Gesellschaft. Für viele Kameruner ist es wichtig, bei einem der oben genannten Ereignisse viele Gäste zu haben. Bei einigen Tontinen ist es eine Verpflichtung, das in Trauer geratene Mitglied zu besuchen. Da die ganze Gruppe auf einmal zu Besuch kommt, hat das besuchte Mitglied dadurch die Gelegenheit zu beweisen, daß er viele Leute kennt. Die Tradition lehrt, daß man seine richtigen Freunde erst im Unglück kennt.

Tontinen bilden in diesem Zusammenhang einen Kreis, in dem man zukünftige Gäste kennenlernt. Somit fügen sich Tontinen in die Tradition ein und werden als ein Solidaritätskreis erfahren. Es handelt sich hier um einen in Gesellschaften mit geselligem Charakter sehr wichtigen Aspekt. Tontinen ermöglichen die Entwicklung von Solidarität zwischen den Mitgliedern. Es existiert also eine menschliche

---

[530] Vgl. Klotchkoff, Jean-Claude (1997), S. 94.
[531] Vgl. Nzemen Moïse (1993), S. 114.
[532] Vgl. Mathis, Jean (1992), S. 227.

Dimension in der Tontine, die sie neben ihrer Funktion als Finanzierungsquelle auch als eine soziale Sicherheitsorganisation darstellt.

Neben diesem sozialen Faktor stellen sich Tontinen auch als Instrument zur Bewahrung kultureller Verhaltensweisen dar. 34,93 % der Mitglieder sehen in der Tontine einen kulturellen Verein.[533] Der Stamm der „*Bamiléké*“ ist für ihre soziale Organisation bekannt. Für Kinder aus diesem Stamm sind Tontinen ein kulturelles Instrument ihrer Traditionen. Als Kind waren sie Zeugen von Tontinensitzungen, während derer ihre Eltern Geld einzahlen mußten und hörten schon von Tontinenprinzipien sprechen. Ihre Schulgebühren und Schulsachen werden durch Tontinen bezahlt. Mit der Zeit stellen sie fest, daß Tontinen eine Rolle bei der Verwaltung der Familie spielen.

Sie lernen das Tontinensystem genau so kennen, wie Kinder in Industrieländern die Banken kennenlernen. Diese Kinder werden sich nach ihrer Kindheit wie ihre Eltern verhalten und eine Tontine gründen oder in eine Tontine ihrer Wahl eintreten. Hier stellen sich Tontinen als traditionelle kulturelle gesellschaftliche Vereine dar, die von der älteren Generation an die jüngere weitergegeben werden. Diese kulturelle Bewahrung der Tontinen führt zu ihrer Existenz auch in Industrieländern wie z.B. Frankreich und Großbritannien,[534] in denen „Bamiléké“-Gemeinschaften zu finden sind. Bestehen die Mitglieder einer Tontine aus verschiedenen Stämmen, so können die Mitglieder andere Kulturen kennenlernen. Man sagt, daß das Tontinensystem kulturellen Austausch ermöglicht. Von Politikern werden Tontinen auch als Quelle zur Sammlung von Stimmen benutzt.

3. Kostenvorteile

Tontinen funktionieren ohne Kosten. In Tontinen existieren keine Transaktionskosten.[535] Die formellen Finanzintermediäre der Mehrheit der afrikanischen Länder sind nicht fähig, Transaktionskosten zu reduzieren, die von Kunden getragen werden.[536] Der für die Eröffnung eines Girokontos bei Banken erforderliche Betrag ist wesentlich höher als der Betrag, den man braucht, um an einer einfachen Tontine oder vielen anderen Geschäftstontinen teilzunehmen. In Kamerun muß die einfache Kontoeröffnung bezahlt werden. Der Kunde braucht oft einen Mindestbetrag, um ein Giro- bzw. Sparkonto zu eröffnen. Diese Voraussetzungen begrenzen die Einlagemöglichkeiten und folgerichtig die Kreditmöglichkeiten bei Banken.

---

533 Vgl. Nzemen Moïse (1993), S. 122.

534 Für die Definition und Analyse von Transaktionskosten, siehe: Picot, Arnold (1982), S. 270 ff; Picoz, Arnold/Helmut, Dielt (1990), S. 178 ff; Picot Arnold/Schneider, Dietram/Laub Ulf (1989), S. 358.

535 Vgl. Grange, Michel Louis (1987), S. 76.

536 Vgl. Lespes, Jean-Louis (1990), S. 334.

Die Bilanzanalyse[537] der Banken weist eine Schwäche auf der Passivseite auf. Bemerkenswert ist das niedrige Niveau der Sichteinlagen. Dies ist eine logische Folge der oben angeführten Einlagepolitik der Banken. Die Sichteinlagen betrugen 41% der Gesamteinlagen der kamerunischen Banken zwischen 1993 und 1994.[538] Dies ist nicht viel, auch wenn man bedenkt, daß Bankkunden nur aus einem kleinen Bevölkerungsteil bestehen. Die Passivseite ist durch die niedrigere Höhe des gezeichneten Eigen- und Fremdkapitals gekennzeichnet. Dies ist eine Folge der Schwierigkeiten, die kamerunische Banken wie die Mehrheit der afrikanischen Banken bei der Beschaffung langfristiger Ressourcen haben.[539] Diese Schwierigkeiten lassen sich vor allem durch das niedrige Zinsniveau und das Niveau der Inflation erklären, die Kunden abschrecken.

Die Aktivseite der Bilanz weist vor allem einen Mangel an Liquidität auf, weshalb die Banken nicht immer in der Lage sind, Geldabhebungen zu befriedigen. Dies kommt durch eine lange Wartezeit (manchmal mehrere Tage) oder spätere Buchungen von Überweisungen zum Ausdruck. Diese beschriebene Situation hat das kamerunische Banksystem bis zur Abwertung des Francs CFA geprägt. Nach der Abwertung vom 12. Januar 1994 sind die Banken zum Teil wieder zahlungsfähig geworden. Dies ist aber nicht eine Folge von Einlagesteigerungen seitens der Kunden, sondern des Imports der vor der Abwertung exportierten Gelder, die sich durch die Abwertung verdoppelt haben.

Die Gewinn- und Verlustrechnung weist trotz der schlechten geographischen Verteilung der existierenden Bankfilialen und der geringen Entwicklung des Vertriebsnetzes, eine enorme Summe an Gemeinkosten und vor allem Personalkosten auf, die mindestens 53,7 % der Gemeinkosten zwischen 1990 und 1993 betrugen.[540] Diese Kosten beeinflussen auch die Liquidität der Banken. Diese Faktoren bilden die Gründe dafür, daß Spargelder nicht nur schlecht verzinst werden, sondern auch eine nominal negative Verzinsung dieser Gelder nicht ausgeschlossen ist. Banken sind auch durch bürokratische Arbeitsweise und ineffizientes Funktionieren gekennzeichnet. In diesem Zusammenhang hat *Lenoir*[541] in bezug auf afrikanische Banksysteme von Banken ohne Bankier gesprochen. Bankangestellte erwecken bei den Kunden kein Vertrauen. Sie können ihre Produkte nicht attraktiv machen, indem sie diese z. B. an die Bedürfnisse ihrer Kunden anpassen. Sie verkaufen Produkte statt Dienstleistungen zu vermitteln. Dazu kommt, daß es hier keine gegenseitige Unterstützung wie bei den Tontinen gibt.

---

537 Es ist sehr schwierig, die Bilanz einer Bank zur Verfügung gestellt zu bekommen und es gibt oft keine regelmäßigen Veröffentlichungen der Bilanzen.

538 Im Französischen spricht man von compte créditeur à vue. Vgl. COBAC (1993-94), S. 40.

539 Vgl. COBAC (1993-94), S. 48.

540 Vgl. COBAC (1994-1993), S. 58.

541 Vgl. Lenoir, Alain, (1996), S. 181. Lenoir, Alain ist der generelle Beauftragte der CIFPB (Confédération Internationale des Associations de Diplomés de l'institut Technique de Banque).

Als Folge der nicht ausreichenden Liquidität gibt es auch nicht ohne weiteres Kredit unter bestimmten und eindeutigen Bedingungen, wie er in den anonymen aber wirksamen Finanzsystemen der Industrieländer zu finden ist.

Damit wird klar, daß die informellen umlaufenden Kredite der Tontinen, auch wenn sie nicht ohne Grenzen sind, für die Teilnehmer kostengünstiger als die formellen Kredite sind. Auf jeden Fall passen sie mit der wirtschaftlichen Umgebung zusammen und entsprechen den Bedürfnissen der Mitglieder, da sie von ihnen selbst organisiert werden.

4. *Sparformen, Sparanreiz und Verbindung von Spar- und Kreditmöglichkeiten*

Bei den traditionellen Geschäften der Kreditinstitute stehen Einlage- und Kreditleistungen in einem engen sachlichen Zusammenhang, denn einerseits ermöglicht die Geldbeschaffung durch Einlagen erst die Vergabe von Krediten, andererseits macht erst die Kreditnachfrage die Einnahme von Einlagen erforderlich. Charakteristisch für Entwicklungsländer im allgemeinen ist die Tatsache, daß die Nachfrage nach Kreditleistungen höher als das Angebot an Einlageleistungen ist.

Im Laufe der sechziger Jahre haben ökonometrische Analysen gezeigt, daß es eine positive Korrelation zwischen der Höhe der ausländischen Hilfe bzw. Verschuldung eines Landes und seiner Wachstumsrate gab. Leider ist diese Korrelation während der darauffolgenden Jahrzehnte aus Gründen, die nur schwierig dargestellt werden können, fast vollständig verschwunden.[542] Außerdem hat die ausländische Hilfe dadurch, daß sie zur Vernachlässigung des Privatkundengeschäfts auf der nationalen Ebene geführt hat, auch zur Vernachlässigung der nationalen Ersparnisse beigetragen. Diese Tatsachen führen zusammen dazu, daß die Rolle der nationalen Ersparnisse in der Finanzierung des Wachstums wieder gestärkt werden muß.

Die Sparquote in afrikanischen Ländern beträgt je nach Land zwischen 10 und 15 % des BIP.[543] Diese noch niedrige Quote zeigt, wie viel noch getan werden muß, um Ersparnisse in diesen Ländern zu sammeln. Die Existenz eines Sparwillens in afrikanischen Ländern ist deutlich erwiesen, aber diese Ersparnisse werden entweder gehortet oder in das informelle System gelenkt. Eine in Kamerun und Elfenbeinküste durchgeführte Untersuchung zeigt, daß Ersparnisse, die außerhalb des Bankensystems gehalten werden, mehr als 50 % der nationalen Ersparnisse betragen.[544] Somit reduziert sich das Sparproblem auf die Fähigkeit des modernen Bankensystems, die im informellen System gehaltenen Ersparnisse in ihre

---

[542] Vgl. Babeau, André (1987), S. 13.
[543] Vgl. Diabate, Lamine, in CIFPB (1987), S. 10.
[544] Vgl. Diabate, Lamine, in CIFPB (1987), S. 10.

Strukturen und dadurch in die moderne Wirtschaft einzubeziehen. In Kamerun können wie in vielen anderen Entwicklungsländern südlich der Sahara drei Formen von privaten Ersparnissen unterschieden werden.

Zuerst kommen die Ersparnisse der ländlichen Bevölkerung und der Bevölkerung der armen Viertel der städtischen Regionen, deren Sammlung geeignete Methode erfordern. An zweiter Stelle kommen die Ersparnisse der nationalen wohlhabenden Bevölkerung, deren Höhe oft durch die Kapitalabwanderung ins Ausland vermindert wird. Die Kapitalflucht[545] in Richtung Ausland bildet ein Phänomen, das für Entwicklungsländer in einer Zeit von Interesse ist, in der das Gewicht der Rückzahlung der angehäuften Schulden immer schwerer wird. Leider gibt es zur Zeit keine neue Zahlen über dieses Phänomen, aber nach vorsichtigen Schätzungen des IWF hatten Kapitalabflüsse aus Entwicklungsländern zwischen 1974 und 1985 ein Höhe von 250 Mrd. USD erreicht.[546]

Diese Flucht bildete ungefähr ein Viertel der neuen Verschuldung dieser Länder in der gleichen Periode. Es kann also festgestellt werden, daß es sich um ein wichtiges Problem handelt, das irgendwie gelöst werden muß. Eine von der BEAC realisierte Studie zeigt, daß sich der manuelle Export von CFA-Banknoten (in Zentralafrika) in elf Jahren vervielfacht hat, und von 21,6 Mrd. FCFA im Jahre 1974 auf 170 Mrd. 1986 gestiegen ist. Es ergibt sich also eine Zuwachsrate von 20% pro Jahr. Die Kapitalflucht ist zum einen durch das mangelnde Vertrauen in die wirtschaftliche und politische Entwicklung des betroffenen Landes und zum anderen durch die Existenz von Anlagemöglichkeiten im Ausland zu begründen, die rentabler und sicherer sind als die inländischen Möglichkeiten. Diese Kapitalflucht kann das Land in eine Art Teufelskreis führen: Wenn ein Land wirtschaftlich stagniert, dann wird es schwierig, bedeutende Kapitalflucht zu verhindern. Diese Kapitalflucht wird ihrerseits der nationalen Wirtschaft wichtige Finanzierungsquellen entziehen.

Ein für das Tontinensystem vorteilhafter Faktor ist der Anreiz zum Sparen. Tontinen zwingen ihre Mitglieder zum Sparen, was von einem formellen offiziellen Intermediär nicht erreicht werden kann, auch nicht auf dem Umweg, eine Einlage vor einer Kreditgewährung zu verlangen. Dieser Zwang ist aber gewollt, denn

---

[545] Die Kapitalflucht aus Entwicklungsländern ist nicht leicht ausfindig zu machen. Sie benutzt verschiedenen Kanäle, die in der Mehrzahl zur Schattenwirtschaft gehören. Man unterscheidet den von der BEAC dargestellten Export von Banknoten, die Einnahme aus illegalen Exporten, die demzu-folge nicht von nationalen Statistiken erfasst werden, den Kauf von ausländischen Devisen durch Verfälschung von geschäftlichen Dokumenten (die Importhändler erhöhen ihre Rechnungen, während die Exporthändler ihre Rechnungen verringern. In den beiden Fällen werden bestimmte Summe von der nationalen Wirtschaft abgezogen, die sich dann in Konten im Ausland ansammeln). Vgl. Babeau, André (1987), S. 15,

[546] Vgl. Babeau, André (1987), S. 14

der Zugang zu Tontinen ist freiwillig. Dieser Zwang ist in sich selbst keine schlechte Sache, da das Tontinenmitglied durch den Eintritt in eine Tontine einen Anreiz bekommt, der es dazu bringt, mehr zu arbeiten.[547] Die Regelmäßigkeit der Beitragszahlung in einer Tontine ist unvermeidlich. Um das bei der Tontine eingegangene finanzielle Engagement einzulösen, muß das Mitglied bis zur Erzielung eines ausreichenden Einkommens arbeiten. Dieser Anreiz sich anzustrengen ist für ein Individuum, das kein festes Gehalt bezieht, eine nicht zu unterschätzende Motivation.

Die Anziehungskraft der Tontinen ist besonders stark, weil die Sammlung von Spargeldern mit einer automatischen Gewährung von Krediten verbunden ist. Diese Verbindung ist ein ausschlaggebender Vorteil von Tontinen. Der Teilnehmer ist sicher, daß er einen Kredit bekommen wird. Die Mehrheit kamerunischer Kunden wirft dem formellen Banksystem die sichtbare Trennung von Sparen und Krediten und die von ihnen durch die Kreditverweigerung durch Banken erlittene Diskriminierung vor.[548] An dieser Vorstellung der Verbindung von Spar- und Kreditmöglichkeiten ist einfach abzulesen, daß die Banken nach dreißig Jahren Tätigkeit nicht genug getan haben , um ihre Angebote zu verbrei-ten. Diese Tatsache führt zum Mißtrauen gegenüber dem formellen System.

5. *Öffentlichkeitsarbeit*

Öffentlichkeitsarbeit ist ein Sammelbegriff, der viele publizistische Aktivitäten zusammenfaßt, die sich auf die Gestaltung der Beziehungen eines Unternehmens zur Öffentlichkeit beziehen.[549] Aktivitäten der Öffentlichkeitsarbeit richten sich an Kunden, Lieferanten, Kapitalgeber, Arbeitnehmer, politische, kulturelle und soziale Institutionen aller Art sowie den Staat. Durch Öffentlichkeitsarbeit wird insbesondere das Unternehmensimage nachhaltig beeinflußt, so daß die Schaffung und Erhaltung eines positiven Vorstellungsbildes in der Öffentlichkeit als Oberziel unternehmerischer Öffentlichkeitsarbeit angesehen werden kann.[550] Das Vorstellungsbild der Öffentlichkeit von einem Unternehmen – sieht man einmal von den Imagewirkungen z. B. der Werbung und des Leistungspro-gramms ab – fällt um so positiver aus, je mehr das Publikum über objektive Beurteilungsmöglichkeiten verfügt. Das Gegenteil gilt in besonderem Maße für kamerunische Finanzdienstleister, da die Kenntnisse der potentiellen Kunden über Finanzdienstleistungen gering sind. Das Tontinensystem verfügt im Vergleich zu Banken durch seine Wirkung in ländlichen Regionen über ein gutes Image. Diese

---

[547]Vgl. Grange, Michel Louis (1987), S. 76.

[548] Kunden, die keine festes Gehalt haben, haben wegen mangelnder Garantien für die Rück-zahlung oft Probleme, Kredite bei Banken zu bekommen. Sie fühlen sich deswegen von Banken diskriminiert. Vgl. Bekolo-Ebe, Bruno/Bilongo, Robert (1989), S. 632.

[549] Vgl. Noelle-Neumann, Elisabeth/geiger, Herbert (1988), S. 1237; Busse von Colbe, W./Hammann, P./Laßmann, G. (1992), S. 185.

[550] Vgl. Büschgen, Hans E. (1979), Öffentlichkeitsarbeit, S. 39.

hier als Öffentlichkeitsarbeit der Tontinen zu bezeichnenden Tätigkeiten werden oft von Tontinen getätigt, deren Mitglieder dasselbe Herkunftsdorf haben. Solche Tontinen können manchmal bis zu 200 Mitglieder haben und erlauben somit die Mobilisation bedeutender Ersparnisse durch die ganze Gemeinschaft und dadurch die Finanzierung ehrgeiziger Programme zur Modernisierung des Dorfes wie z. B. den Bau von Schulen oder öffentlichen Gesundheitszentren. Die sichtbaren Ergebnisse verbessern das Tontinenimage und führen dazu, daß die Kunden eher zur Tontine gehen als zur Bank. Die aktuelle Dynamik und der Umfang dieser Tätigkeiten zeigen die Modernität der Tontine und ihre Rolle in der Entwicklungsfinanzierung.

6. Sicherheit der Einlage

Nach einer im Jahre 1988 veröffentlichten Untersuchung liegt der Ausfallsatz in der Tontine in einer Größenordnung von 5%. Dieser Satz ist viel niedriger als der von Banken und anderen formellen Finanzierungsinstitutionen festgestellte Satz,[551] der in Zeiten der wirtschaftlichen Krise einen Wert von 10% erreichen kann[552]. Verpflichtungen der Tontinen werden im allgemeinen fast immer erfüllt. Kredite des informellen Sektors werden alle fast immer zurückgezahlt, während unbezahlte Forderungen der Banken diese in einen kritischen Zustand bzw. den Konkurs geführt haben.[553] Der niedrigere Ausfallsatz im Tontinensystem läßt sich durch seine Prinzipien und sein Schirmherrschaftssystem erklären.

Drei Prinzipien steuern eine Tontine: die Liquidität, die Solidarität und die Regelmäßigkeit.[554] Alle Tontinengeschäfte werden mit der ersten Liquiditätsform, d. h. mit Geld, getätigt. Somit werden alle Beitragszahlungen und Kreditrückzahlungen mit Papier und Hartgeld getätigt. Diese Liquidität ist mit den Solidaritäts- und Regelmäßigkeitsprinzip der Mitglieder verbunden.

Die Solidarität ist ein grundlegendes Prinzip im Funktionieren einer Tontine. Außer der Zahlung des Tontinensatzes gibt es einen gegenseitigen Austausch von Informationen der Mitglieder über mögliche rentable Marktlücken oder (bei Geschäftstontinen) Beratungen der Leistungsempfänger bezüglich der Investition der Gelder, die durch Tontinengeschäfte erwirtschaftet werden. Hilfe für ein Mitglied, das in finanziellen Schwierigkeit ist durch Beitragszahlungen oder jede andere Art von sozialer Kompetenz, die den Zusammenhalt der Mitglieder, die Geschlossenheit und die soziale Förderung der Gruppe stärkt, wird in der Tontine zum Ausdruck gebracht. Tontinenmitglieder, vor allem die Mitglieder der Ge-

[551] Siehe dazu JAE von Mai 1997. Die Zeitschrift gibt einen Überblick über dubiose Forderungen des kamerunischen Bankensystem (Cameroun: ces hommes qui ont asséché les banques), S. 64-69.
[552] Vgl. Nzemen, Moïse (1988), S. 42.
[553] Vgl. Mathis, Jean (1992), S. 231.
[554] Vgl. Nzemen, Moïse (1988), S. 41.

schäftstontinen, beaufsichtigen gegenseitig die Geschäfte, die von jedem Mitglied getätigt werden. Diese Beaufsichtigung ist eine Maßnahme für die kollektive Garantie von Krediten, die sie einander gewähren und die die kollektive Sicherheit ihrer Ersparnisse garantiert. Diese Solidarität wird nicht nur auf die Ebene der Mitglieder begrenzt. Tontinenmitglieder nehmen auch an der Finanzierung von Entwicklungsprojekten wie, z.B. am Bau einer Brücke in einem Dorf teil. 85,62% der in einer Untersuchung befragten Mitglieder treten einer Tontine bei, weil sie an dieser Solidarität teilnehmen und davon profitieren möchten.[555]

Die Regelmäßigkeit bringt die regelmäßige Beitragszahlung und den Respekt vor dem in der Tontine genommenen Engagement zum Ausdruck. Es ist der Wunsch nach Stabilität. Während jeder Periode muß jedes Mitglied, Leistungsempfänger oder nicht, seine Verpflichtungen erfüllen. Im allgemeinen wird in der Umgebung der Tontine gesagt, daß das Tontinenengagement weder unter Regen, Sonne, Reise, Krankheit noch unter Tod leidet. Wird man Mitglied einer Tontine, sei man ein Häuptling oder nicht, ist es notwendig, die verschiedenen Fälligkeitstermine im Laufe eines Tontinenzyklus zu respektieren. Stirbt ein Mitglied während eines Zyklus, dann muß der Anspruchsberechtigte durch den Schirmherr bzw. Wechselbürgen das von dem Verstorbenen hinterlassene Engagement erfüllen.

Verstöße gegen diese Verpflichtungen werden als Schande erachtet und führen zum Verlust des sozialen Status des betroffenen Mitglieds. Der wahre Grund, warum diese wirtschaftlichen Verpflichtungen normalerweise sehr gewissenhaft eingehalten werden, ist der, daß ein Sich-nicht-fügen-wollen das Tontinenmitglied in eine unhaltbare Situation stürzen und eine Nachlässigkeit in der Erfüllung seiner Pflicht ihn mit Schimpf und Schande bedecken würde. Das Mitglied, das bei seinen Transaktionen dauernd die Vorschriften außer acht ließe, würde sich bald außerhalb der sozialen Gruppe gestellt sehen. Versagt ein Mitglied, so wird es zum Beispiel in allen Gesprächen seiner sozialen Umgebung, ungeachtet seiner sozialen Stellung, als ein Mensch der niedrigsten Stufe behandelt.

Eine weitere Kraft, welche die Verpflichtungen auch bindend macht, ist der zeremonielle Aspekt der Transaktionen. Bei den Tontinensitzungen gibt es oft Essen und Getränke, deren Finanzierung entsprechend der Satzung der Tontine erfolgt. Der Tontinenwert wird ebenfalls in einer bestimmten Weise an den Leistungsempfänger übergeben: Alle Mitglieder müssen aufstehen, und der Vorsitzende oder ein gewähltes Mitglied überreicht dem Leistungsempfänger den Tontinenwert. Die Verbindung von Tontinen mit bestimmten öffentlichen Zeremo-

[555] Vgl. Nzemen, Moïse (1993), S. 130.

nien wie z.B. die feierliche Eröffnung einer durch Tontinenfinanzierung erbauten Brücke zieht andere bindende Kräfte der Erfüllung der Tontinenaufgabe nach sich, basierend auf einem speziellen psychologischen Mechanismus: den Wunsch, beachtet zu werden und den Ehrgeiz, mächtig zu erscheinen.

Der Vorstand[556] einer Tontine prüft immer, ob diese Regelmäßigkeitsbedingung von einem Mitglied erfüllt werden kann.
Er muß deswegen prüfen[557]:

⇨ ob das werdende Mitglied die homogenen Charakteristika dieser Tontine besitzt. Hat die Tontine einen ethnischen Berührungspunkt, so wird z.B. gefragt, ob er aus dem gleichen Dorf kommt. Beruht die Tontine auf dem Wohnort oder der wirtschaftlichen Tätigkeit, so wird gefragt, ob er in dem gleichen Viertel wohnt oder ob er das gleiche Geschäft betreibt.

⇨ ob das werdende Mitglied von einwandfreier Moral ist. Man wird Informationen über seine familiären Beziehungen und über sein Verhalten bei möglichen vergangenen Tontinen beschaffen und analysieren.

⇨ ob er in die Tontine durch die Schirmherrschaft eines ehemaligen Mitglieds eintritt. Dieses Schirmherrschaftssystem garantiert die Stabilität der Gruppe.

Das werdende Mitglied muß also Informationen über seine professionelle Tätigkeit, seinen Wohnort, sein Dorf und seine Ausbildung liefern. Dieses seit Jahr-

---

556 Im allgemeinen steht jede Tontine unter der Leitung eines Vorstands, der in der Regel aus einem Vorsitzenden, einem Generalsekretär, einem Kassenwart und einem Zensor besteht. Diese Tätigkeiten sind ehrenamtlich, aber der Vorstand kann am Ende des Tontinenzyklus von den Mitgliedern gratifiziert werden. Der Wahl eines Mitgliedes des Vorstands der Tontine liegen im Prinzip nur subjektive Eigenschaften wie z.B. Anständigkeit und Führungsfähigkeiten zugrunde. Der *Vorsitzende* wird in der Regel gewählt. Er beaufsichtigt die Sitzungen, sorgt für die Anwendung der Tontinenregeln, gewährleistet das Gemeinwohl, schlägt Maßnahmen zur Erreichung der Vereinsziele vor, findet einen Ausweg aus Meinungsverschiedenheiten der Mitglieder, löst behördliche, juristische und finanzielle Probleme, beruft außerordentliche Sitzungen ein und muß über alle seine Tätigkeiten vor der Generalversammlung berichten. Der *Sekretär* bzw. *Generalsekretär* kümmert sich um die Dokumente und das Archiv der Tontine. Man verlässt sich auf ihn bezüglich Auslegung und Respektierung der Tontinenordnung. Der *Kassenwart* zählt natürlich alle Gelder, die während der Sitzungen ein- und ausgezahlt werden. Er muß alle Operationen schriftlich notieren und bewahrt Dokumente und mögliche Gelder auf. Der *Zensor* sorgt für das Mahnen und das Respektieren sozialer Vorschriften, z. B. die Art und Weise die Rede während einer Sitzung zu nehmen. Er gewährleistet die Ausführung von Strafen und treibt die Geldstrafen ein. Manchmal muß er einer Kommission regelmäßig einen disziplinarischen Bericht vorlegen, die dann über Wiederholungsfälle entscheidet.

557 Die hier gemachte Prüfung wird im modernen Bankgeschäft als Bonitätsprüfung bezeichnet. Bonität ist die Kennzeichnung der Zahlungsfähigkeit des Schuldners, im weiteren Sinne der gute Ruf von Personen und Firmen im Geschäftsverkehr sowie die Qualität von Waren. Die Bonitätsprüfung erfolgt vor Vertragsabschluß.

hunderten unterhaltene Procedere führt dazu, daß sich werdende Mitglieder vor dem Eintritt in eine Tontine Zeit zur Überlegung nehmen. Sie sollen vor allem einen Schirmherr finden, der oft die Rolle des Wechselbürgen spielt.

Das ganze Tontinensystem stützt sich auf das zwischen den Mitgliedern existierende Vertrauen, das selbst auf einem Bezugspunkt im Leben der Mitglieder beruht. Wie schon erklärt, werden Tontinen von Personen gebildet, die sich kennen. Der Begriff „kennen“ soll hier in seiner einfachen Bedeutung verstanden werden. In der Praxis wird das Näherrücken offensichtlich durch Stammeszugehörigkeit vereinfacht. Wenn sich Leute des gleichen Stammes treffen, reduziert das Mißverständnisse. Diese gemeinsame Zugehörigkeit ist aber keine ausreichende - und auch nicht notwendige – Garantie für das Funktionieren einer Tontine. Mitglieder können verschiedener Herkunft sein und sich trotzdem kennen. Das Kennen bedeutet in diesem Fall z.B. in dem gleichen Viertel geboren zu sein, zusammen aufgewachsen zu sein, in die gleiche Schule gegangen zu sein, bei dem gleichen Unternehmen gearbeitet zu haben oder der gleichen Altersklasse anzugehören.

Da es aber unmöglich ist - vor allem in städtischen Regionen – stets Personen zu treffen, die von vornherein solche Gemeinsamkeiten haben, ist es nötig gewesen, auch andere Wege des Zusammenkommens zu finden: den Schirmherrn. Bevor die Person des Schirmherrn dargestellt wird, soll noch darauf hingewiesen werden, daß sich die Bekanntschaft auch innerhalb der Tontine schließen läßt. Die Tontine bildet eine Möglichkeit, sich regelmäßig zu treffen und sich dadurch besser kennenzulernen. Abwechselnd kann die Tontinensitzung bei jedem Leistungsempfänger stattfinden. Dies dient dazu, die Wohnung jedes Mitglieds kennenzulernen. Somit zeichnet sich eine unwiderlegbare Logik ab: das gemeinsame Sparen innerhalb der Tontinen setzt Vertrauen zwischen den Mitgliedern voraus. Das Vertrauen wird selbst durch die Bekanntschaft bedingt. Um sich besser kennenzulernen, müssen Tontinen gebildet werden.[558] Trotz der Tatsache, daß Vorsicht hier ein grundlegendes soziales Prinzip ist, wird das zwischen den Mitgliedern existierende Vertrauen im Laufe der Zeit innerhalb der Tontinen geformt und verstärkt.

Als Verbindung zwischen dem werdenden Mitglied und der Tontine scheint der Schirmherr ein notwendiges Element der sozialen Integration zu sein. Er ist derjenige, der aufgrund seiner persönlichen Beziehung mit dem werdenden Mitglied die Verantwortung für dessen Handlungen vor der Gruppe, d.h. der Tontine, übernehmen kann. Er ist also für die Fehler seines "Patenkindes" verantwortlich. In einigen Tontinen werden manchmal zwei Schirmherren verlangt.[559]

---

[558] Vgl. Alain, Henry/Tcheunte, Guy-Honoré/Guillerme-Dieumegard, Philippe (1991), S. 65 ff.

[559] Vgl. Alain, Henry/Tchente, Guy-Honoré/Guillerme-Dieumegard, Philippe (1991), S. 81.

Beziehungen, die den Schirmherrn mit den beiden Parteien verbinden, werden durch Verpflichtungen zum Ausdruck gebracht, die das Risiko eines Versagens reduzieren. Der Schirmherr hat materielle und moralische Funktionen. Als moralische Garantie reduziert sich seine Rolle nach einer bestimmten Zeit, wenn das neue Mitglied schon bekannt ist. Jedoch bleibt in einer Tontine mit Schirmherrschaftsprinzip der Erhalt des Tontinenwertes für alle Mitglieder durch die Vorstellung eines *Wechselbürgen*[560] gesichert, der bei Zahlungsunfähigkeit des Leistungsempfängers zahlen muß. Diese Rolle entspricht nicht mehr der Rolle des Schirmherrn im engeren Sinne, wird aber noch oft von ihm übernommen.

Der Schirmherr hat auch eine Erziehungsrolle. Das neue Mitglied muß sich entsprechend den Normen der Tontine verhalten, sonst wird ihm angelastet, sein Patenkind nicht im Sinne der Tontine erzogen zu haben. Dies bedeutet, daß der Schirmherr durch die Schirmherrschaft bedeutende Verantwortung übernimmt. Diese Verantwortung ist erträglich, weil das Patenkind soziale Verpflichtungen gegenüber seinem Beschützer hat. Oft ist der Schirmherr mit seinem Patenkind durch die Familie oder längere Bekanntschaft verbunden, so daß es fast undenkbar ist, daß diese beiden sich widersprechen werden. Vor dem Eintritt in die Tontine weiß das Patenkind, daß es kein Risiko eingehen darf, welches beim Schirmherren ein Schamgefühl verursachen könnte.

Die Schirmherrschaft ist demzufolge nicht nur eine Zahlungsgarantie für die Gruppe. Sie drückt auch die erste Form der Verpflichtungen aus, die die Grundlage für die Regelmäßigkeit der Zahlungen innerhalb der Tontine bilden. In einer Tontine sparen zu wollen drückt also zugleich den Wunsch aus, den uralten Werten der Tontine zu unterliegen. Der Eintritt in die Tontine bedeutet, daß man diesen Werten unterliegt, und die Vorstellung eines Schirmherrn ist eine Konkretisierung dieser Ordnung. Der Schirmherr ist also ein wichtiger Stützpunkt des Tontinensystems.

Es soll aber darauf hingewiesen werden, daß dieses Prinzip der Schirmherrschaft oft von dem Tontinenwert abhängig ist. Ist der Tontinenwert ein für die Tontinenmitglieder bedeutender Betrag, so wird das Prinzip in die Tontine eingeführt. Ist der Tontinenwert nur ein finanzielles Symbol, so wird nicht von einem Schirmherrn gesprochen. In jedem Fall haben die Mitglieder einer Tontine darüber zu entscheiden, ob sie von der Schirmherrschaft Gebrauch machen wollen oder nicht. Es existiert kein Schirmherrschaftssystem in Tontinen, deren Ziel es ist, die Leute aus einem Dorf zusammenzuführen. Die oben angeführten Prinzipien gelten für alle Tontinenformen.

---

[560] In diesem Fall gibt der Schirmherr eine Zahlungsgarantie.

Jedoch hat das Tontinensystem als Anbieter von Bankleistungen auch Nachteile. Die von Tontinen gewährten Kredite entsprechen nicht genau den Bedürfnissen der Mitglieder. Gemeint ist, daß die Nettotontinenwerte nicht immer den Wünschen der Leistungsempfänger entsprechen. Bei Banken ist es für einen Kunde möglich, einen Kredit zu bekommen, der genau seinem Wunsch entspricht. Daneben hat der Kunde auch die Möglichkeit sich in Bezug auf die Benutzung des Geldes sich vom Bankangestellten beraten zu lassen, was in der Tontine nicht geschieht. Dazu kommt, daß das Tontinensystem nur kurzfristige Kredite gewähren kann. Das Tontinensystem ist also durch die Zeit begrenzt.[561] Weitere Nachteile werden in einem folgenden Abschnitt dargestellt.

3.4.2 Tontinen als Anbieter von Versicherungsleistungen

In der Tontine besteht die Möglichkeit, neben einer Kasse für die bisher beschriebenen Finanzgeschäfte über eine andere Kasse zu verfügen, die dazu dient, Mitgliedern bei glücklichen (Heirat, Geburt) oder unglücklichen Ereignissen (Krankheit, Tod) eine bestimmte Leistung zu erbringen (Versicherungsleistung)[562]. Der Inhalt dieser Kasse wird im allgemeinen in der ersten Liquiditätsform (Geld) bewahrt, damit in jedem Fall Hilfe geleistet werden kann.

Die Mitglieder bestimmen zusammen genau, welche Leistung in welchem Fall (Versicherungsfall) von der Tontine ausgezahlt werden muß. Die Versicherungsfälle und Versicherungsleistungen werden ausdrücklich festgelegt und in einem Heft notiert. Um die Einzahlung jedes Mitglieds in die Versicherungskasse, die hier einer Versicherungsprämie gleichgesetzt werden kann, zu bestimmen, wird zu Beginn der Tontine darüber verhandelt, welcher Betrag im Versicherungsfall zu leisten ist. Danach wird dieser Betrag durch die Anzahl der Mitgliedern dividiert. Decken die in der Kasse befindlichen Finanzmittel, d.h. der *Deckungsstock*, nicht alle Versicherungsfälle ab, so wird der Restbetrag ebenfalls durch die Anzahl der Mitglieder dividiert und als Nachschuß erhoben. Danach wird wieder ein neuer *Deckungsstock* gebildet. Jedes Mitglied M_i bezahlt also einen Betrag v_{ij} in einer Periode j, der von der Höhe des Deckungsstocks abhängt.

Das hier dargestellte Prinzip des im voraus geleisteten Beitrags und die damit verbundene in die Zukunft gerichtete und zufallsbedingte Leistung entspricht im Grunde dem Versicherungsprinzip. In diesem Fall funktioniert die Tontine wie ein Versicherungsunternehmen, das gegen Prämie Versicherungsschutz anbietet.

---

561 Vgl. Mathis, Jean (1992), S. 230.

562 In diesem Zusammenhang wird das Versicherungsprodukt nach der Systematik von *Karten* definiert, d.h. als eine bedingte Zufallszahlung, die auf eine gegebene Risikosituation hin definiert ist. Siehe dazu Karten, Walter (1995), a.a.O., S. 58.

Genauer ausgedrückt stellt das Tontinensystem ein Versicherungsverhältnis dar, das von *Mahr* als "*bündisches Versicherungsverhältnis*" bezeichnet wird, wobei die Sicherung der Wirtschaftsführung gegen die unabwendbaren Risiken als bewußte Sonderaufgabe neben anderen Aufgaben aufgrund gemeinschaftlicher Beweggründe übernommen wird.[563]

Ob die von Tontinen versicherten Einzelrisiken die Versicherbarkeitskriterien erfüllen, soll jetzt entsprechend der Systematik von *Karten* beurteilt werden. Laut Karten ist ein Einzelrisiko versicherbar, wenn es die Kriterien der Zufälligkeit, Eindeutigkeit, Schätzbarkeit, Unabhängigkeit und der Größe erfüllt.[564] In Tontinen sind die Versicherungsleistungen auslösenden Ereignisse für das Mitglied im voraus ungewiß und können von seinem Willen nicht beeinflußt werden. Sie erfüllen daher das Kriterium der Zufälligkeit. In Tontinensatzungen steht eindeutig fest, welcher Geldbetrag bei welchem Ereignis zu leisten ist. Dies entspricht zugleich der Erfüllung der Kriterien der Eindeutigkeit und der Größe.

Unabhängig sind die von Tontinen versicherten Einzelrisiken, weil die Wahrscheinlichkeit eines Schadens bei einem Mitglied M_{i-1} durch den Eintritt des Versicherungsfalles beim Mitglied M_i nicht verändert wird. Das Kriterium der Schätzbarkeit wird von den Einzelrisiken in Tontinen nicht erfüllt, weil Tontinen nicht mit Wahrscheinlichkeitsverteilungen arbeiten; dazu mehr in Abschnitt 3.5. Schließlich ist festzustellen, daß das moralische Risiko im Tontinensystem nicht oder nur selten existieren kann. Da Tontinen aus einem Kreis von Bekannten besteht, wird es immer ein Mitglied geben, das über die Handlungen eines anderen Mitgliedes informiert ist. Diese Informationsmöglichkeit reduziert die Existenzmöglichkeit des Moral Hazard im Tontinensystem.

Besteht in einer Tontine die Möglichkeit, die oben dargestellten Finanzgeschäfte zu tätigen und zugleich auch Risikodeckungen zu leisten, so stellt dies nichts anderes dar als das im Abschnitt 2.4.1(S. 46) definierte Allfinanzgeschäft, und man wird demzufolge von Allfinanzgeschäften des Tontinensystems sprechen. Nach der von *Nzemen* durchgeführten Untersuchung treten 58,22 % der Mitglieder in eine Tontine ein, weil sie von dieser Möglichkeit zum Erwerb von Finanzierungs- und Sicherungsprodukten Gebrauch machen wollen[565].

---

563 Vgl. Mahr, Werner (1970), S. 33.
564 Vgl. Karten, Walter (1993), S. 8 ff.
565 Vgl. Nzemen Moïse (1993), S. 130.

3.5 Schlußfolgerungen und Ausblick

Die oben angeführte Analyse hat die Dynamik der Tontinen in der Sammlung von Spargeldern und der Gewährung von Krediten gezeigt. Es handelt sich hier um eine unvermeidliche Realität der afrikanischen Wirtschaft im allgemeinen und der kamerunischen Wirtschaft im besonderen. Diese Analyse führt auch zur Schlußfolgerung, daß Tontinen Finanzintermediäre sind, die den modernen Banken und Versicherungsunternehmen vergleichbar sind. Sie erfüllen, wie Finanzintermediäre moderner Ausprägung Losgrößen- (1), Fristen- (2), Risiko- (3), und Informationstransformation (4).[566]

Zu (1): Der Anlage- und Finanzbedarf von zwei einzeln miteinander in Verbindung tretenden Marktpartnern muß dem Betrag nach nicht übereinstimmen. Ein Transaktion kommt in einer solchen Situation zustande, wenn zumindest ein Partner bereit ist, sich der anderen Seite anzupassen, indem er entweder seine Zahlungspläne ändert oder weitere Marktpartner zur Abdeckung des noch offenen Anlage- oder Finanzbedarfs sucht. Indem sich Tontinen bereithalten, innerhalb bestimmter Grenzen beliebige Zahlungsmittelbeträge entgegenzunehmen und bereitzustellen, nehmen sie den originären Geldgebern und Geldnehmern zumindest einem großen Teil der Losgrößenprobleme ab. So wird z.B. die Bereitstellung großer Kapitalbeträge (Tontinenwert) durch Bündelung vieler kleiner Anlageleistungen (Tontinensätze) ermöglicht.

Zu (2): Selbst bei betragsmäßiger Übereinstimmung von Anlage- und Finanzbedarf ist es möglich, daß die Vorstellungen der beiden Parteien über die Dauer des beabsichtigten Finanzkontraktes divergieren. Wiederum kommt ein Vertrag nur dann zustande, wenn zumindest eine Seite bereit ist, von ihren ursprünglichen Fristenvorstellungen abzuweichen. Tontinen tragen durch ihre Bereitschaft Beträge von den Geldgebern zu anderen Fristen entgegenzunehmen als sie diese den Geldnehmern überlassen, zum Abbau der Fristenprobleme bei. Dies geschieht z. B. durch die Umwandlung von Spargeldern in Kreditbeträge.

Zu (3): Die Risikofunktionen werden von dem Tontinensystem auf zwei verschiedene Weisen erfüllt. Ob der Geldgeber die bei Vertragsabschluß fest vereinbarten oder in sonstiger Weise in Aussicht gestellten Rückzahlungen später auch wirklich erhält, ist bei Abschluß des Finanzkontraktes noch ungewiß und hängt von der weiteren wirtschaftlichen Entwicklung und der zukünftigen Verhaltensweise des Geldnehmers ab. Durch die Einschaltung von Tontinen zwischen originäre Geldgeberm und -nehmer kann zum einen das Ausfallrisiko, dem die Geldgeber hinsichtlich der vorgesehenen Rückzahlungsbeträge ausgesetzt sind,

566 Siehe Auch Abschnitt 1.2.2., S. 30 ff.

verändert werden. Bei dieser Risikotransformation ist die *Risikodiversifikation* durch Tontinen maßgeblich. Wie schon festgestellt werden konnte, agieren Tontinen ohne jegliches Eigenkapital, leiten jedoch Zahlungsmittel an eine Vielzahl voneinander mehr oder weniger unabhängiger Geldnehmer weiter. Das Risiko der originären Geldgeber kann im Vergleich zum Abschluß einer entsprechenden Menge unmittelbarer Kontrakte mit den originären Geldnehmern in dem Ausmaß verringert werden, wie die Gefahr, daß die Rückzahlungsbeträge hinter dem vorgesehenen Umfang zurückbleiben, bei den einzelnen Geldnehmern unterschiedlichen Eintrittsursachen unterliegt. Auch wenn die Möglichkeit des völligen Ausfalls bei jedem einzelnen Engagement ein spürbares Ausmaß aufweisen sollte, wird die Gefahr des gleichzeitigen Ausfalls jeglicher Engagements mit steigender Zahl von Einzelengagements, die unterschiedlichen Risikoeinflüssen unterliegen, immer kleiner.[567] Zum anderen übertragen Tontinenmitglieder durch die Zahlung von bestimmten Beiträgen in eine Sicherungskasse ihre Risiken an die Tontinen und bekommen dafür ein Schutzversprechen. In diesem Fall übernehmen Tontinen die Rolle eines Versicherungsunternehmens.

Zu (4): Geldgeber und Geldnehmer müssen zunächst einmal von der Existenz geeigneter Marktpartner Kenntnis erlangen. Da Finanzkontrakte konstitutiv dadurch gekennzeichnet sind, daß Leistung und Gegenleistung zeitlich divergieren, müssen sich Geldgeber zudem über die Verläßlichkeit des erhaltenen Rückzahlungsversprechens informieren und u. U. auch die weitere wirtschaftliche Entwicklung ihres Vertragspartners überwachen.[568] Durch den Abschluß oder die Vermittlung von Geschäften mit einer Vielzahl von Geldgebern und -nehmern ersparen Tontinen beiden Seiten die individuelle Suche nach geeigneten Marktpartnern. Der Informationsbedarf der originären Geldgeber und Geldnehmer reduziert sich auf die Kenntnis einer geeigneten Tontine. Da Tontinen den originären Geldnehmern gegenüber als Anspruchsberechtigte auftreten, übernehmen sie zugleich deren Bonitätsprüfung.[569] Der primäre Informationsbedarf der originären Geldgeber reduziert sich damit zugleich auf die Abschätzung der Bonität der Tontine.

Da in der Tontine keine Transaktionskosten anfallen und keine Kapitalbeträge ungenutzt bleiben, ist das System für die Gesamtheit der Mitglieder günstiger als Bankgeschäfte. Das Problem liegt in den unterschiedlichen Vorteilen zwischen

---

[567] Dies läßt sich deutlich durch Risikoausgleichseffekte im Portfolio-Modell darstellen. Die Mischungsvarianz entspricht in der Regel nicht der gewichteten Summe der Einzelvarianzen. Für sie ist vielmehr auch die Stochastische Abhängigkeit der einzelnen Wertpapiererträge, gemessen durch die Kovarianz von Bedeutung. Bei unkorrelierten Renditen läßt sich durch die Mischung von zwei Wertpapieren A und B eine steigende Rendite bei sinkender Standardabweichung bis zu einem bestimmten Punkt Q erreichen. Mehr darüber in: Perridon, L./Steiner, M. (1999), S. 252 ff.

[568] Vgl. Bitz, Michael (1997), S. 27.

[569] Siehe auch Abschnitt 3.4.1, S. 192.

den Mitgliedern sowie in den Zeiten der Kapitalverfügbarkeit und dessen Verwendung. Trotz Vorteilen und Anpassungsfähigkeit des Tontinensystem ist seine Verallgemeinerung und sein Bestehen in einer entwickelten Wirtschaft aus folgenden Gründen nicht vorstellbar:

Als Investitionsvorhaben haben Tontinengeschäfte den Nachteil, daß ihre Rentabilität nicht wie bei einer normalen Investition vor der Realisierung analysiert werden kann. Aufgrund der Tatsache, daß die aus dem Tontinensystem resultierenden möglichen Erträge erst am Ende des Zyklus berechnet werden können, ist der Zinssatz in diesem Systems ein *ex-post-Element* und kann die Entscheidung des Eintritts in das Tontinensystem und demzufolge der Tätigung von Tontinengeschäften nicht beeinflussen. Diese Tatsache erschwert den direkten Vergleich von Finanzdienstleistungen, die von Banken und Tontinen angeboten werden, da der Zinssatz im Bankensystem ein *ex-ante-Element*, d.h. ein Element, das die Entscheidung des Kunden vor der Abwicklung von Bankengeschäften beeinflussen kann. Diese spätere Berechnungsmöglichkeit des Zinssatzes im Tontinensystem entspricht nicht der Methode der Investitionsrechnung eines Marktwirtschaftssystems wie dem des kamerunischen Systems. Dies bekräftigt die Idee, die Finanzdienstleistungen nicht als einziges Ziel des Tontinensystems darzustellen.

Ein weiterer Schwachpunkt des Tontinensystems ist das Fehlen von Eigenkapital. Tontinen sind Finanzintermediäre ohne Eigenkapital. Sie können demzufolge die vom Eigenkapital auszufüllenden Sicherheit bzw. Garantie der Gläubiger gegenüber ihren Mitgliedern nicht erfüllen. Sie haben z.B. keine Möglichkeit, das aus ihren Geschäften resultierende mögliche Verlustrisiko zu tragen. Kommt ein Leistungsempfänger seinen Verpflichtungen nicht mehr nach, dann kann die Tontine den dadurch entstehenden Schaden nicht ausgleichen. Banken und Versicherungsunternehmen können dadurch, daß sie um überhaupt existieren zu können, Eigenkapital[570] benötigen, dieses Verlustrisiko tragen. Das Eigenkapital trägt die Verantwortung für die kapitalmäßige Sicherheit bzw. Garantie der Gläubiger. Außer der Tatsache, daß die endgültigen Ansprüche der Gläubiger eines Versicherungsunternehmens nicht von vornherein feststehen, sondern mehr oder minder mit einem Risiko behaftet sind, dessen Übernahme das Substrat der Versicherungsleistung bildet, gleichen sich Versicherungsunternehmen und Banken im Hinblick auf den Gläubigerschutz.[571] Dazu kommt die Tatsache, daß es kein Gesetz gibt, das das Tontinensystem kontrolliert oder die Tontinenmitglieder schützt. Die Einführung von Gesetzen über dieses System oder die Intervention des Staates würde die Dynamik dieses Systems unterbrechen.

570 Für die Funktion des Eigenkapital bei Banken (siehe Holdjik, Rudolf (1979), S. 62-73) und bei Versicherungsunternehmen (siehe Braeß, Paul 1964).

571 Vgl. Braeß, Paul (1964), S. 8.

Das Tontinensystem stützt sich traditionell auf die zwischen den Mitgliedern existierenden Beziehungen, die ihrerseits mehr oder weniger auf den afrikanischen Großfamilien beruhen. Mit der allgemeinen Entwicklung des Landes und vor allem der wirtschaftlichen Entwicklung reduziert sich die afrikanische Familie immer mehr auf die Kinder der gleichen Eltern, d.h. auf die Kleinfamilie. Diese Tatsache zusammen mit der Höhe des Tontinenwertes bei Tontinen mit Versteigerungen, die in der Regel nur von Geschäftsleuten zahlbar sind, hat wahrscheinlich die Anzahl der Tontinenmitglieder und vor allem die Anzahl der Schirmherren reduziert. Immer mehr Mitglieder von Tontinen mit Versteigerungen benutzen Schecks von Banken, um ihre Zahlungsfähigkeit in der Tontine zu garantieren. Diese Tatsache führt dazu zu glauben, daß diese Mitglieder in das Tontinensystem eintreten, weil die Banken die benötigte Liquidität nicht ohne weiteres zur Verfügung stellen können. Diese Situation wird sich voraussichtlich mit einer guten Verwaltung von Banken ändern. Hinzu kommt die Tatsache, daß Finanzierungsmöglichkeiten der Banken den Kunden ohne Publizität zur Verfügung gestellt werden, während alle Tontinenmitglieder genau wissen, wann sie welchen Betrag von welchem Mitglied bekommen. Diese im Tontinensystem existierenden Möglichkeiten zur Information können die Privatsphäre von Tontinenmitgliedern verletzen. Ein letzter Punkt ist die Sicherheit der von Tontinen gesammelten Gelder. Es werden immer wieder Fälle bekannt, in denen Leistungsempfänger von Tontinen Opfer von organisierter Kriminalität wurden. Diese Tatsache stellt die Sicherheit im Transport von Geldern, die durch das Tontinensystem gesammelt werden, in Frage.

Die Bewältigung des Risikos in dem Tontinensystem entspricht nicht den Normen des modernen bzw. effizienten Risikomanagements. Die Grundlage einer effizienten Risikomanagemententscheidung bildet, nach *Karten*, die Informationsbeschaffung über die Risikosituation, d. h. die Identifikation, Analyse und Bewertung des Risikos.[572] Die Qualität dieser Information ermöglicht es dem Entscheider, die richtige Auswahl bzw. Kombination der vorhandenen Instrumente zur Veränderung der Wahrscheinlichkeitsverteilung der Schäden zu treffen.[573] Die Berechnungsmethode der Prämie im Tontinensystem entspricht nicht der Methode der modernen Versicherungstechnik, und die Mitglieder bekommen demzufolge keine effizienten Versicherungsleistungen. Es ist nur deshalb möglich, ein bestimmtes Risiko zu versichern, weil der Versicherer aufgrund seiner statistischen Unterlagen weiß, wie oft und in welchen Umfang das zu versichernde Ereignis wahrscheinlich eintreten wird.[574]

---

[572] Vgl. Karten, Walter (1978 b), S. 316.
[573] Vgl. Karten, Walter (1978b), S. 316.
[574] Vgl. Koch, Peter (1994), S. 223.

Die Berechnungsmethode des Tontinensystems beruht nicht auf mathematischem Hintergrund. Die Risikoidentifikation, Risikoanalyse und Risikobewertung werden in dem Tontinensystem also mangelhaft durchgeführt. Dies hat zur Folge, daß die Risikosituation der Mitglieder in der Tontine sehr unvollkommen eingeschätzt wird und die Mitglieder daher den Wert einer Versicherung nicht wirklich erkennen können. Im Gegensatz zum Tontinensystem basiert die moderne Versicherungstechnik auf rationalen Regeln, für die mathematisches und statistisches Material zur genauen Auswertung der Risiken herangezogen wird.[575] Dadurch werden über die Risiken bessere Kenntnisse gewonnen, und das moderne Versicherungsunternehmen ist in der Lage, seiner Aufgabe der Risikoabsicherung von Mitgliedern effizient nachzukommen. Darüber hinaus besitzt der Versicherungsbetrieb weitere versicherungstechnische Instrumente, wie z. B. den Risikoausgleich im Kollektiv und in der Zeit, die Rückversicherung etc.. Dies ist bei der Tontinen nicht gegeben, weil diese nur ein Umverteilungssystem innerhalb der Mitglieder darstellt. Ein weiterer Vorteil der modernen Versicherung ist, daß das Individuum durch modernen Versicherungsschutz seine Kreditwürdigkeit gegenüber Kreditinstituten erhöhen kann.[576] Dies ist durch das Tontinensystems in geringerem Umfang möglich, da dieses System aufgrund seines informellen Charakters und seiner Berechnungsmethode keine ausreichende Sicherheit für die formellen Kreditgeber darstellt. Aufgrund der fehlenden Gesetze über das Tontinensystem beruht die Verpflichtung der Mitglieder, eine Leistung zu erbringen auf, ethisch-moralischen Verpflichtungen. Im Tontinensystem fühlt sich das Mitglied nicht gezwungen, seine verschiedenen Beiträge zu zahlen. Es fehlt also die juristische Erzwingbarkeit. Der Finanzdienstleistungsvertrag ist im Grunde ein juristisches Produkt und ist in diesem Sinne auch erzwingbar.

Die oben dargestellte Analyse des Tontinensystem führt uns auch zu der Aussage, daß Tontinen mit Versteigerungen bzw. Geschäftstontinen mit der effiziente Entwicklung und Verbreitung der modernen Finanzdienstleistungen zurückgehen werden, während einfache Tontinen aufgrund ihrer sozialen Seite weiter bestehen können. Das Bestehen des Tontinensystems als soziale Organisation hängt von dem Entwicklungsniveau des Landes ab. Hat die Entwicklung des Landes z. B. zur Reduzierung der Arbeitslosigkeit geführt, so steht den potentiellen Tontinenmitgliedern keine Zeit für die Organisation von Tontinen zur Verfügung. Somit ist das Tontinensystem ein Zeichen des Entwicklungsniveaus.

Da die Nachfrage nach Finanzdienstleistungen aber nicht nur von makroökonomischen Faktoren, beispielsweise der Zinshöhe, sondern auch von weiteren Faktoren wie z.B. soziodemographischen Merkmalen, Lebensstil usw. beeinflußt

---

575 Vgl. Gemegah, Albert K. (1994), S. 62.
576 Vgl. Gemagah, Albert Kwaku (1994), S. 64.

wird,[577] können die von Tontinen entwickelten Geschäfte von formellen Finanzintermediären als wichtige Quelle für die Entwicklung zukünftiger moderner Finanzdienstleistungen gesehen werden. Genau zu diesem Zweck ist die Studie der Allfinanz in Kamerun entstanden, da von Tontinen Allfinanzgeschäfte abgewickelt werden. Tontinenmitglieder können von vornherein als potentielle Kunden für Allfinanzgeschäfte betrachtet werden.

Nachdem der Begriff Allfinanz sowie seine möglichen Entwicklungen auf funktioneller und institutioneller Ebene am Beispiel der deutschen und französischen Wirtschaft im zweiten Teil dieser Arbeit definiert und dargestellt wurden, sollen nun im folgenden Teil die Vorteile der Allfinanz auf dem kamerunischen Finanzdienstleistungsmarkt und die Bedingungen für ihre Erzielung analysiert werden.

3.6 Vor- und Nachteile der Allfinanzgeschäfte und Bedingungen für ihre Entwicklung auf dem kamerunischen Finanzdienstleistungsmarkt

3.6.1 Rechtliche Rahmenbedingungen der Allfinanz auf dem kamerunischen Finanzdienstleistungsmarkt

Wie in der französischen Gesetzgebung ist der Begriff *Finanzkonglomerat* in den Aufsichtsgesetzen der kamerunischen Kredit- und Versicherungswirtschaft nicht zu finden. Auch wenn man diese Tatsache durch das Interesse der neuen Aufsichtsbehörde der jeweiligen Branchen erklären kann, die sich noch auf die Stabilität und ordnungsmäßige Entwicklung der getrennten Bereiche konzentrieren, ist es fraglich, welche Gesetze auf die zukünftig möglichen Allfinanzunternehmen anzuwenden sind. Jedoch können Banken gemäß ihren Aufsichtsgesetzen Geschäfte betreiben, die mit ihren eigenen Geschäften verbunden sind[578].

Die Paragraphen der Aufsichtsgesetze geben aber keine vollständige Liste dieser möglichen verbundenen Geschäfte. Wenn man annimmt, daß eine Lebensversicherung, die einen Kredit bei der Bank abdeckt, sowohl als verbunden als auch als Verlängerung der Bankgeschäfte betrachtet werden kann, kommt man zu dem Schluß, daß kamerunische Banken, entsprechend ihren Aufsichtsgesetzen Versicherungsgeschäfte betreiben können. Diesen gleichen Aufsichtsgesetzen zufolge dürfen Versicherungsunternehmen auch Bankgeschäfte betreiben.[579]

---

[577] Vgl. Faßbender, Heino/Spellerberg, Frank (1991), S. 122 ff.
[578] Vgl. art. 1 und 2 der COBAC-Vorschriften R-92/12 von 19 April 1993.
[579] Vgl. art. 24, TITRE IV des interdictions.

Die Position des kamerunischen Versicherungsaufsichtsgesetzes in Bezug auf das Betreiben von versicherungsfremden Geschäften ist nicht klar. Art. 300 des Versicherungsaufsichtsgesetzes definiert die Unternehmen, die der Aufsicht unterworfen sind. Dabei steht u. a. im Vordergrund, daß Unternehmen, die Kapitalisationsgeschäfte betreiben, der Versicherungsaufsicht unterworfen sind. Da diese Geschäfte auch als Bankgeschäfte betrachtet werden können, ist es fraglich, inwieweit diese Versicherungsgeschäfte von Bankgeschäften unterschieden werden können. Art. 328 gibt eine Liste von Geschäften an, die von Versicherungsunternehmen betrieben werden können, gibt aber keinen Hinweis darüber, ob diese Geschäfte auch von anderen Unternehmen betrieben werden können oder nicht. Obwohl in der Realität Versicherungsprodukte von kamerunischen Banken vertrieben werden, bleiben die Gesetze über diesen Vertrieb unklar.

3.6.2 Größenvorteile

3.6.2.1 Begriffserläuterung

Die im Abschnitt 2.5 dargestellten und analysierten institutionellen Unternehmensformen, die aus dem Zusammenschluß von Banken und Versicherungsunternehmen entstehen können, bringen auch Größenvorteile mit sich.[580] Diese Größenvorteile können in Skalen- (*economies of scale, Vorteile der Massenproduktion*) und Verbundvorteile (*economies of scope*) untergliedert werden.[581] Während Verbundvorteile vorliegen, wenn die Produktion in einem Unternehmen kostengünstiger ist als die getrennte Produktion in mehreren Unternehmen, liegen Skalenvorteile vor, wenn bei einer proportionalen Erhöhung aller Inputfaktoren der Output überproportional steigt.[582] Diese beiden Gruppen von Vorteilen sind nicht losgelöst voneinander zu betrachten. Es besteht eine enge Verbindung zwischen beiden Effekten. Verbundvorteile beruhen oft auf Skalenvorteilen. Sie können z. B. dadurch entstehen, daß durch die Produktion eines zusätzlichen Produktes Skalenvorteile auf einer gemeinsamen Produktionsvorstufe entstehen. Existieren Skalenvorteile bei Banken oder Versicherungsunternehmen, so sind Verbundvorteile aus einem Zusammenschluß wahrscheinlich.[583] Umgekehrt kann jedoch nicht vom Fehlen jeglicher Skalenvorteile auf das Fehlen von Verbundvorteile geschlossen werden.[584]

---

[580] Für die Definition und Messung von Größenvorteilen, siehe Kürble, Gunter/Schwake Edmund (1984); Kaluza, Bernd (1990): Holzheu, Franz in: ZVerWiss. Jg. 35., S. 535 ff.

[581] Vgl. Günter Lang/Welzel, Peter (1994), für die Maße für Skalenerträgen und Verbundvorteilen im Bankensektor; Holzheu, Franz für die Skalen- und Verbundvorteile bei Versicherungsunternehmen.

[582] Vgl. Grichting, Alois (1976), S. 37 ff.; Lang, Günter/Welzel, Peter (1994), S. 6 ff.; Scheele Martin (1994), S. 76.

[583] Vgl. Scheele, Martin (1994), S. 77.

[584] Vgl. Scheele, Martin (1994), S. 82.

Größenvorteile können in Vorteile für die Unternehmen und für die Kunden untergliedert werden. Der Abschnitt 3.6.2.2 stellt die Vorteile aus Sicht der Unternehmen dar. Diese sind in vier verschiedenen Kategorien zu unterscheiden, nämlich in Vorteilen aus verbesserter Kapazitätsauslastung, Vorteilen aus Spezialisierungen, Vorteilen aus Größendegressionen und Risikovorteilen.[585] Sie können zusammen zur Erhöhung der Gewinnchancen und damit zugleich zur Entwicklung des kamerunischen Finanzdienstleistungsmarktes und Verbesserung des Image der formellen Finanzintermediäre beitragen. Der Abschnitt 3.6.2.3 stellt die Vorteile für die Kunden dar. Da der Zusammenschluß auch Nachteile mit sich bringen kann, beschäftigt sich der Abschnitt 3.6.3 mit den Nachteilen, die aus Zusammenschlüssen resultieren können.

3.6.2.2 Vorteile aus Sicht der Unternehmen

3.6.2.2.1 Vorteile aus verbesserter Kapazitätsauslastung

Die größten Verbundvorteile sind bei einem Zusammenschluß auf dem Finanzdienstleistungsmarkt auf besser ausgelastete Kapazitäten bzw. auf besser genutzte Ressourcen zurückzuführen.[586] Sie können bei den Vertriebskanälen (a), durch gemeinsame Nutzung von Kundeninformationen (b), in der Werbung (c), und bei den Betriebsmitteln (d) realisiert werden.

Zu (a): Der erste Bereich möglicher Vorteile sind die Vertriebskanäle. Weil die Nähe der Zweigstelle als Kriterium für die Wahl einer Bankverbindung genommen wird, ist die geringe Zahl der Banken- bzw. Versicherungskunden, die vorwiegend aus der städtischen Bevölkerung stammen. Wenn auf die regional schlechte Verteilung der Bankzweigstellen bzw. Versicherungsagenten zurückzuführen. Indem der Zusammenschluß zur Gründung neuer Filialen bzw. Zweigstellen führt, kann er zugleich zur Gewinnung neuer Kunden beitragen. Nehmen wir an, daß sich eine Bank und ein Versicherungsunternehmen gleicher Größe und gleicher Distributionsdichte zusammenschließen und ihre Sortimente im Vertrieb vollständig vereinigen. Weiter sei angenommen, daß die Aufgabe der Arbeitsteilung keine Nachteile mit sich brächte. Unter diesen Voraussetzungen können die Unternehmen bei gleicher durchschnittlicher Vertriebsstellengröße ihre Distributionsdichte oder bei gleicher Distributionsdichte die durchschnittliche Vertriebsstellengröße verdoppeln bzw. Möglichkeiten des dazwischenliegenden Spektrums realisieren. Die hieraus auf jeden Fall resultierende zunehmende Anzahl von Zweigstellen bzw. Versicherungsläden, die sowohl Bank- als auch Versicherungsleistungen anbieten werden, wird für die kamerunische Kredit- und

---

585 Vgl. Scheele, Martin (1994), S. 86 ff.
586 Vgl. Scheele, Martin (1994), S. 87.

Versicherungswirtschaft vorteilhaft sein. Durch die zunehmende Anzahl von Zweigstellen nähert sich der Anbieter dem potentiellen Kunden, und die geographische Verteilung der Bankzweigstellen als auch der Versicherungsläden wird zugleich verbessert.

Angesichts der Tatsache, daß die Kunden hier noch keine festen Gewohnheiten in der Abwicklung ihrer finanziellen Angelegenheiten haben, ist anders als in Industrieländern eine Arbeitsteilung in der Weise denkbar, daß in bestimmten geographischen Regionen oder bezüglich bestimmter Kundengruppen entweder nur über den Außendienst oder nur über Bankfilialen verkauft wird. Die Eliminierung doppelt vorhandener Funktionen und die Auswahl der jeweils besseren Technologie für gleichartige Aktivitäten gelten als wesentliche Gründe von Fusionen und können auch beim Zusammenschluß von Banken und Versicherungsunternehmen erhebliche Vorteile mit sich bringen[587].

Zu (b): Ein zweiter Bereich verbesserter Ressourcennutzung ergibt sich durch den Faktor Information. Dies wird vor allem dem im Abschnitt 2.4.2.1(S. 62) definierten Cross-selling dienen. Wie schon gesagt wurde, braucht ein potentieller kamerunischer Kunde einen Mindestbetrag, um ein Bankkonto eröffnen zu können. Dies ist durch die schlechte Kapitalausstattung der kamerunischen Banken zu erklären. Da der Allfinanzanbieter in der Regel über mehr finanzielle Mittel als eine alleinstehende Bank bzw. Versicherungsunternehmen verfügt, stellt der Zusammenschluß von beiden Unternehmen eine mögliche Lösung für die mangelhafte Kapitalausstattung dieser Unternehmen in Entwicklungsländern dar. Unter der Voraussetzung, daß dieses Kapital gut angelegt und verwaltet wird, kann der Allfinanzanbieter den Versicherungsnehmern seines Versicherungsunternehmens die Möglichkeit geben, Girokonten bei ihm ohne weitere Voraussetzungen zu eröffnen. Diese einfache Eröffnung von Girokonten wird angesichts der Anzahl von Versicherungsnehmern, die ihre Prämien heute noch bar bezahlen, viele Vorteile schaffen.

Diese Konten, die zunächst nur einen Kanal für die Überweisung der Prämien von Pflichtversicherungen darstellen, bieten auch die Möglichkeit, zusätzliche Bank- und Versicherungsprodukte zu vertreiben. Der Versicherungsnehmer, der eigentlich nur das Geld für die Versicherungsprämien seiner Pflichtversicherungen zur Bank bringt, kann von dem Allfinanzberater angesprochen werden. Die somit zwischen ihm und dem Allfinanzanbieter entstehenden Kontakte ermöglichen es dem Anbieter, Informationen über ihn zu gewinnen und dadurch weitere Sparprodukte der Banken zu verkaufen. Vor allem bilden sie eine gute Möglichkeit, den potentiellen Kunden von den Vorteilen anderer Versicherungszweige

---

[587] Siehe Abschnitt 2.4.2, S. 62.

(Haftpflicht-, Lebensversicherungen) zu überzeugen (sog. Bedarfsweckung). Der Allfinanzberater hat auch die Möglichkeit, den Bankenkunden von der Bedeutung von Versicherungsprodukten zu überzeugen. Neben der gegenseitigen Zuführung und der Schaffung von Präferenzen in bestehenden Kundenverbindungen wird mit Hilfe des umfassenden Finanzdienstleistungsangebotes und -vertriebs erwartet, auch potentielle Neukunden zu einer Abnahme von Finanzdienstleistungen beim diversifizierenden Anbieter bewegen zu können.[588]

Weiter ist ein Austausch von Kundeninformationen zwischen der hier notwendigen Bonitätsprüfung für Kredite einerseits und der Einschätzung von Schadenrisiken andererseits denkbar. Dies setzt aber eine enge Zusammenarbeit voraus. Dem Verkäufer ist es damit möglich, sich von der weniger wirksamen "Pull-Strategie" abzuwenden, bei der versucht wird, den Kunden zum Verkäufer zu bewegen. Durch seinen verbesserten Informationsstand wird ihm eine "push-Strategie" ermöglicht, bei der er aktiv auf den Kunden zugeht.[589] Kundendaten schaffen nicht imitierbare Wettbewerbsvorteile. Der Besitz und die geschickte Nutzung von Kundeninformationen wird langfristig den Ausschlag über den Verkaufserfolg von Finanzdienstleistungen auf dem kamerunischen Markt geben. Neben Kundeninformationen können andere externe Informationen gemeinsam genutzt werden. Dies betrifft insbesondere die unterstützenden Aktivitäten. Beispiele sind Anlageinformationen, Marktinformationen im Rahmen der strategischen Planung oder Lieferanteninformationen bei der Beschaffung von Betriebsmitteln.

Zu (c): Als von der Unternehmen nach außen fließende Information kann die Werbung angesehen werden. Die gewünschte Wirkung der Werbemaßnahmen ist grundsätzlich ein hoher Bekanntheitsgrad, um damit das Vertrauen und die Sympathie der Öffentlichkeit als Vorschuß zum Verkauf von erklärungsbedürftigen Finanzdienstleistungen zu gewinnen. Das Verhältnis von Werbeaufwand zu Umsatzwirkung verbessert sich auch nach einem Zusammenschluß zunächst deswegen, weil mehr Produkte von den allgemeinen Werbewirkungen auf Sympathie, Bekanntheit etc. profitieren. Weiter können sich Skalenvorteile bei einer gemeinsamen Werbung ergeben, weil ein Werbespot nur einmal erarbeitet werden muß oder weil die Kosten der Medien nicht proportional zu ihrer Reichweite steigen[590]. Auch bei einer getrennten Werbung können die Partner eines Zusammenschlusses z.T. aus Rabatten der Werbeanbieter Einsparungen erzielen.

Zu (d): Weitere Vorteile können durch die verbesserte Auslastung der Betriebsmittel erreicht werden. Die beiden wesentlichen Betriebsmittel sind EDV und die

---

[588] Rüth, Volker van (1994), S. 111.
[589] Vgl. Scheele, Martin (1994), S. 89.
[590] Vgl. Scheele, Martin (1994), S. 91 und die dort zitierte Fußnoten.

Gebäude. Bis jetzt gibt es auf dem kamerunischen Finanzdienstleistungsmarkt nur wenige Unternehmen, die mit EDV-Anlagen arbeiten. Beim Zusammenschluß kann die vorhandene Anlage für die gesamte Arbeit zur Verfügung gestellt werden. Die Nutzung gemeinsamer Software ist bei Banken und Versicherungsunternehmen in verschiedenen Bereichen denkbar (Kundeninformationssysteme, Verwaltungssystem etc.). Da die EDV zukünftig möglicherweise zum entscheidenden Wettbewerbsfaktor wird, können hier gewichtige Vorteile entstehen. Während Unteilbarkeit insbesondere bei der Software auftritt, kann die Größe der Hardware hingegen weitgehend so angepaßt werden, daß wenig Überkapazitäten entstehen.

3.6.2.2.2 Spezialisierungsvorteile

Die Strukturen von Banken und Versicherungsunternehmen zeigen, daß einige Aktivitäten(z. B. Unternehmensinfrastruktur, Personalwirtschaft, EDV-Unterstützung, Risiko-/Liquiditätsmanagement, Produktentwicklung etc.) doppelt vorhanden sind und für beide Unternehmen einheitlich durchgeführt werden können.[591] Indem Aktivitäten, die vor einem Zusammenschluß von Banken wie von Versicherungsunternehmen ausgeführt wurden, nach einem Zusammenschluß nur noch von einer Seite durchgeführt werden, können Spezialisierungsvorteile auf der Ebene der Unternehmen auftreten. Damit käme es zu einer verstärkten Arbeitsteilung zwischen den Unternehmen. Die Unternehmen würden in diesen Aktivitäten völlig miteinander fusionieren. Bei den unterstützenden Tätigkeiten wären z.B. zentrale Personal- oder EDV-Abteilungen naheliegend. In großen Betrieben werden für die Produktion sehr oft hochspezialisierte Maschinen eingesetzt, die sich ein Kleinbetrieb nicht leisten kann.[592] In der EDV erlaubt beispielsweise die Vereinigung von Rechenzentren eine größere Spezialisierung in bezug auf Anlagen und Personal. Im Vertrieb ermöglicht die Erweiterung des Kundenstamms eine stärkere Marktsegmentierung bzw. eine differenziertere Marktbearbeitung. An die Stelle einer produktbezogenen Spezialisierung würde dann eine kundenbezogene Spezialisierung treten. Eine Arbeitsteilung bezüglich der bank- und versicherungstypischen Kernbereiche ist auch denkbar, als da sind Liquiditäts- und Risikomanagement. Die Banken würden sämtliche Geldflüsse steuern und die Versicherungsunternehmen würden damit sämtliche Risiken übernehmen.[593]

---

[591] Vgl. Scheele, Martin (1994), S. 65-67.
[592] Vgl. Grichting, Alois (1976), S. 57 ff.
[593] Vgl. Bernet, Beat (1998), S. 329.

3.6.2.2.3 Vorteile aus Größendegressionen

Technische Größenvorteile sind zunächst bei Betriebsmitteln, also bei EDV und Gebäuden, zu suchen. In der EDV scheinen sich durch die Entwicklung in der kleinen und mittleren Datentechnik technische Größenvorteile stark verringert zu haben. Vorteile sind auf der Ebene der Rechenzentren möglich, auf der Ebene der Filialen jedoch unwahrscheinlich. Entsprechend dem Verhältnis von Oberfläche zu Volumen treten bei Gebäuden Größenvorteile bis zu einer gewissen Größe auf. Insgesamt scheinen technische Vorteilswirkungen bei den Betriebsmitteln begrenzt zu sein.

Weiter können technische Größenvorteile in der Werbung auftreten[594]. Erstens ist es denkbar, daß eine positive Werbewirkung erst ab einer bestimmten Zahl von Werbebotschaften eintritt, und zweitens, daß Kettenreaktionen aufgrund von Mundpropaganda u.ä. bei einem "größeren Anfangsimpuls" überproportional wachsen. Unabhängig von einer aktiven Werbung können auch Imagevorteile aus der reinen Größe der Unternehmen resultieren. So verfügen die beiden größten deutschen Anbieter, Allianz und Deutsche Bank, über ein deutlich besseres Erscheinungsbild in der Öffentlichkeit als ihre kleineren Konkurrenten. Dies könnte darauf zurückzuführen sein, daß die Orientierung am Verhalten der Mehrheit für die Konsumenten eine Absicherung bedeutet, die gerade im Vertrauensgeschäft der Finanzdienstleistungen wichtig ist.[595]

3.6.2.2.4 Risikotechnische Vorteile

Der erste Risikovorteil, der aus dem Zusammenschluß einer Bank mit einem Versicherungsunternehmen resultieren kann, ist die Sicherheit der gezahlten Versicherungsprämien. Die aus dem Zusammenschluß von Vertriebskanälen resultierende Zahlung von Versicherungsprämien durch Banküberweisungen stellt eine Lösung für das heute auf dem kamerunischen Finanzdienstleistungsmarkt anzutreffende Problem des Inkassos von Versicherungsprämien insbesondere und für die Liquidität von Versicherungsunternehmen im allgemeinen dar.[596] Ein gut funktionierendes Einnahmesystem von Versicherungsprämien stellt eine wichtige Grundlage für die Liquidität und somit für die Schadenregulierung durch Versicherungsunternehmen dar, was ihrerseits zur Verbesserung des Images der gesamten kamerunischen Versicherungswirtschaft beitragen kann. Diese Lösung vermindert zugleich das Verlustrisiko, das mit einer Sammlung von Versicherungsprämien durch fremde Banken verbunden ist, falls solche Banken zah-

[594] Vgl. Scheele, Martin (1994), S. 95.
[595] Vgl. Grichting, Alois (1976), S. 95.
[596] Vgl. Abschnitt 3.3.2.2.2, S. 142.

lungsunfähig werden. Hinzu kommt die Tatsache, daß ein sicherer Bank- bzw. Versicherungspartner ein wichtiger Faktor für die Anlage von Versicherungsgeldern bei Banken bzw. für die Refinanzierung der Banken durch Versicherungsunternehmen auf dem kamerunischen Markt ist.

Das Lebensversicherungsgeschäft bedeutet für die Bank ein größeres langfristiges Einlagegeschäft. Dadurch können die Refinanzierungskosten gesenkt werden. Eine ganz wichtige Beziehung zwischen Banken und Versicherungsunternehmen liegt auf dem Gebiet der Refinanzierung. Hier bietet sich die Assekuranz als potenter Partner an. Stetigkeit und Langfristigkeit der von den Versicherern ausgehändigten Mittel stabilisieren dabei die Refinanzierung der Kreditinstitute und führen für sie zu einer höheren Kalkulationssicherheit, was angesichts der hohen Volatilität der Geld- und Kapitalmärkte von Bedeutung ist.[597] Die Bank kann sich beim Lebensversicherer refinanzieren, erhält damit eine gewisse Steuerungsmöglichkeit der Liquidität und profitiert schließlich von einer verbesserten Bonität der Kunden.

Weitere risikotechnische Vorteile können im wesentlichen in der Weise entstehen, daß nach einer Zusammenfassung bestimmter Zufallsvariablen die Unternehmen geringeren Schwankungen unterliegen. Die Verminderung der Schwankungen kann verschiedene Ursachen haben. Erstens führt die Vereinigung unabhängiger Risiken zu einer relativen Risikoverringerung.[598] Dieser erste Effekt ist für beide Beteiligte eines Zusammenschlusses vorteilhaft. Es ergibt sich eine Verringerung der Schadenschwankungen, wenn man voraussetzt, daß die Bank- und Versicherungsrisiken unabhängig voneinander sind. Die Sicherung durch Eigenkapital könnte daher herabgesetzt werden. Alternativ könnten im Fall der Banken weniger Sicherheiten von den Gläubigern gefordert werden, was entsprechende Wettbewerbsvorteile mit sich brächte.

Zweitens heben sich Risiken, die negativ miteinander korrelieren, gegenseitig auf (Hedging). Dieser zweite Effekt ist zumindest dann für beide Beteiligte vorteilhaft, wenn die Risiken gleich groß sind und vollständig negativ korrelieren. Drittens wird im Fall positiv korrelierter Risiken das durchschnittliche Risiko eines Portfolios dadurch vermindert, daß einem Portfolio unterdurchschnittliche Risiken hinzugefügt werden.[599] Durch diesen letzten Effekt entstehen für den Partner eines Zusammenschlusses Nachteile, die unterdurchschnittliche Risiken einbringen, während dem anderen Partner Vorteile entstehen.

---

597 Vgl. Schwebler, Robert (1986), S. 74.
598 Vgl. Farny, Dieter (1973), S. 18.
599 Vgl. Scheele, Martin (1994), S. 96.

Weiter können geringere Beschäftigungsschwankungen aus dem Zusammenschluß resultieren, soweit Betriebsmittel und Personal nicht spezialisiert sind.[600] Dies sei am Beispiel der Filialen weiter ausgeführt. Angenommen, die Ankunft eines Kunden sei eine Zufallsvariable, wobei die Ankünfte unabhängig voreinander sind und den gleichen Wahrscheinlichkeiten unterliegen. Aus dem Gesetz der großen Zahl folgt dann, daß sich die relative Schwankung der Zahl der Kunden in der Filiale vermindert, wenn sich der Kundenstamm der Filiale erweitert. Dieser Vorteil scheint gewichtig, da er bei jeder Filiale eintritt und da Dienstleistungen wegen der fehlenden Lagerfähigkeit typischerweise hohen Beschäftigungsschwankungen unterliegen. Weiter können Beschäftigungsschwankungen insoweit sinken, als Arbeitsaufwendungen im Bank- und Versicherungsgeschäft negativ miteinander korrelieren. Im Vertrieb könnte sich z.B. aufgrund der Substitutionsbeziehungen zwischen Bank- und Versicherungsprodukten ein solcher Effekt einstellen. Im Liquiditätsmanagement dürften sich die Schwankungen der Ein- und Auszahlungsströme vermindern. Der Bestand an liquiden Mitteln ließe sich damit ertragssteigernd verringern. Auch hier dürfte der Vorteil auf Basis des Gesetzes der großen Zahl weniger bedeutend sein, da die Unternehmen bereits vor dem Zusammenschluß eine große Zahl von Ein- und Auszahlungsströmen aufweisen.

Eine negative Korrelation könnte sich wiederum aufgrund der Substitutionsbeziehungen zwischen den Produkten ergeben. Nach dem oben genannten dritten Effekt ist es wahrscheinlich, daß die Banken von den sehr konstanten Zahlungsströmen der Versicherungsunternehmen profitieren.

Ein weiterer Bereich sind die Ertragsschwankungen. Als Folge einer Verminderung der Ertragsschwankungen sinkt das Konkursrisiko, und die Bedingungen der Unternehmensfinanzierung verbessern sich im allgemeinen. Trotz der überdurchschnittlichen Bonität von Banken und Versicherungsunternehmen und den Möglichkeiten des Ertragsausgleiches über Rückstellungen und Rücklagen scheint dieser Vorteil gewichtig zu sein. Nach einer in Deutschland realisierten Manager-Umfrage von Arthur Anderson ist das geringere Risiko im Versicherungsgeschäft ein wichtiger Grund für die Versicherungsaktivitäten der Banken.[601]

Als letztes sei schließlich der Vorteil genannt, daß größere Unternehmen "riskante" Investitionen eher tätigen können. Größere Unternehmen verkraften Fehlschläge insofern leichter, als sie relativ zur Unternehmensgröße genommen weniger ins Gewicht fallen.[602] Weiter können größere Unternehmen riskante Inves-

[600] Vgl. Scheele Martin (1994), S. 98.
[601] Vgl. Scheele, Martin (1994), a.a.O., S. 100.
[602] Vgl. Scheele, Martin (1994), S. 100.

titionen eher diversifizieren. Dies ist möglicherweise ein gewichtiger Vorteil, da die nötigen starken Veränderungen am kamerunischen Finanzdienstleistungsmarkt hohe Investitionen zur Anpassung an die Nachfrage und ihre Förderung erfordern.

3.6.2.3 Vorteile der Allfinanz aus Sicht der Kunden

Negative und positive Effekte der Integration und Koppelung von Finanzdienstleistungen aus der Sicht der Kunden lassen sich anhand der Systematik von *Heskett* u. a.[603] beobachten. Entsprechend *Heskett* u. a. ist der potentielle Wertzuwachs, den Kunden aus „*Bündelung*" bzw. „*Integration*" mehrerer Finanzdienstleistungen erzielen können, von *price* (1), *non-monetary cost* (2), *result* (3) und *process quality* (4) abhängig.

Zu (1): Niedrigere Preise bilden für Kunden im allgemeinen und für Kunden in Entwicklungsländern insbesondere einen wichtigen Anreizfaktor für den Erwerb von Finanzdienstleistungen. Die im Abschnitt 3.2.1(S. 121) dargestellte Wirtschaftskrise hat zur Reduzierung von Gehältern geführt, die heute nur noch 60% der vor der Krise verdienten Löhnen entsprechen. Diese Tatsache stellt die Höhe der Preise auf dem kamerunischen Finanzdienstleistungsmarkt als wichtigen Bestandteil des Angebots dar. Aufgrund der oben definierten „economies of scale" und "*economies of scope*" oder produktionsmäßigen Verbundeffekte, die ein Absenken der Stückkosten durch Diversifikation bedingen, kann der Preis von gebündelten Produkten niedriger sein als die Summe der Preise der Einzelprodukte, da zum Beispiel Vertriebswege- und Informationsverarbeitungskapazitäten besser genutzt werden können.

In der Praxis wird die Mehrheit von Bündelprodukten zu herabgesetzten Preisen verkauft.[604] Es muß aber darauf Rücksicht genommen werden, daß die Preise von Bündelprodukten, vor allem für Kunden ohne Erfahrung, schwer zu vergleichen sind, weil der Vergleich von Bündelprodukten schwieriger ist als der von einzelnen Produkten. Erfahrene Kunden finden Bündelprodukte nicht attraktiv genug, weil sie nicht hinreichend transparent sind.

Zu (2): *Non-monetary costs* (nicht monetäre Kosten) bestehen aus verschiedenen Elementen. In der modernen Mikroökonomie, die sich mit Marktprozessen bei Langfristverträgen, Informationsdefiziten, Qualitätsunsicherheiten und anderen

---

603 Vgl. Heskett, J.L., Sasser, W.E. and Schlessinger, L.A. (1997), The service profit chain: how leading companies link profit and growth to loyalty, satisfaction and value, The Free Press, New York. Zitiert nach Van den Berghe, Lutgart/Verweire, Kurt(1998), S. 25 ff.

604 Vgl. Van den Berghe, Lutgart/Verweire, Kurt (1998), S. 26.

Marktunvollkommenheiten beschäftigt, spielen *non-monetary costs* eine bedeutende Rolle. Sie können sowohl auf der Nachfrageseite (*search costs*) als auch auf der Angebotsseite (*switch costs*) auftreten. *Search costs* (Suchkosten) und *switch costs* (Anbieterwechselkosten) führen einerseits dazu, daß nur ein Teil der Konsumenten sich Informationen über die einzelnen Teilmärkte beschafft, was zu erheblichen Preis- und Qualitätsdisparitäten führen kann[605].

In der Mehrzahl der Fälle verfügt der Kunde nicht über ausreichende Angebotsinformationen in bezug auf das Preis/Leistungs-Verhältnis, so daß eine rationale Beurteilung der möglichen Angebote schwierig wird. Zudem können wichtige Leistungskomponenten des Versicherungsproduktes erst im Entschädigungsfall wahrgenommen und verglichen werden.[606] Diese Tatsache wird in Entwicklungsländern zusätzlich durch mangelnde Kenntnisse über diese Dienstleistungen erschwert. Der niedrige Informationsstand der Kunden ist ein wesentlicher wettbewerbsmindernder Faktor der Finanzdienstleistungsbranche. Sind die Kunden schon von vornherein wenig über verschiedene Angebote gleicher Produkte informiert, so ist ihr Kenntnisstand über Substitutionsmöglichkeiten zwischen ähnlichen Produkten noch geringer. Während sich die Auswahlschwierigkeiten bei informierten Nachfragen vor allem auf die Wahl der besten Angebote bezieht, beziehen sie sich bei nicht informierten Nachfragern, wie es in Entwicklungsländern der Fall ist, schon auf die Anzahl der möglichen Angebote. Hier spielen, wegen der Schwierigkeit, geeignete Kriterien zu entwickeln und anzuwenden, Qualitätsunsicherheiten eine Rolle. Dieses führt dazu, daß der Nachfrager „Suchkosten" (*search costs*) beim Kauf von Finanzdienstleistungen aufzuwenden hat. Sie entstehen beispielsweise durch Zeitaufwand oder dadurch, daß sich Kunden bemühen müssen, um die Anschrift der anderen Anbieter herauszufinden.

Diese Suchkosten sinken gründlich beim Angebot von Bündelprodukten. Ist zum Beispiel ein Nachfrager mit dem im Rahmen des Kaufs eines Einstiegsprodukts (z.B. ein Girokonto oder ein Lebensversicherungsvertrag etc.) ausgewählten Anbieter zufrieden, so kann er beim Wiederholungskauf und insbesondere beim Kauf weitere Finanzdienstleistungen die Suchkosten sparen, da er den Markt auf weitere Angebote nicht mehr zu untersuchen braucht. Der Kunde braucht sich nicht für jedes Produkt einen neuen Anbieter zu suchen.

Die Risikokosten, einen "schlechten" Anbieter auszuwählen, verringern sich insoweit, als einmal gewonnene Erfahrungen auf andere Produkte übertragen werden können. Mehrfachtätigkeiten bei der technischen Abwicklung entfallen. Lern- und Erfahrungskosten vermindern sich. Insgesamt macht die Verringerung der Zahl der Geschäftsbeziehungen die Angebotsinanspruchnahme für den Kun-

[605] Vgl. Schulenburg, J.-Matthias Graf von der (1987), S. 716.
[606] Vgl. Köhne, Thomas (1997), S. 22.

de einfacher und bequemer.[607] Der Zusammenschluß wirkt sich also positiv auf den Informationsstand der Kunden aus, da das Interesse der Verkäufer an einer einseitigen bank- oder versicherungsorientierten Beratung sinkt, weil das Unternehmen in beiden Fällen mit dem Kunden ein Geschäft abschließen kann. Andererseits kann daraus, daß „sowieso" ein Abschluß erzielt wird, auch ein verminderter Beratungswettbewerb zwischen Bank- und Versicherungsverkäufern folgen, mit entsprechend negativer Wirkung auf den Informationsstand.

Im Gegensatz zu „*Suchkosten*" steigen die Anbieterwechselkosten (*switch costs*), d.h. die Kosten, die beim Wechsel eines Anbieters entstehen, je mehr die Anzahl der zu bündelnden Produkte bzw. die Produktintegration steigt.[608] Diese Kosten umfassen beispielsweise die Kündigungskosten, Anpassungskosten an das Produkt des neuen gewählten Anbieters oder „psychische" Kosten, nicht mehr bei einem gewohnten Anbieter zu kaufen. Die Anbieterwechselkosten können für Kunden in Entwicklungsländern sehr hoch sein, da es oft Schattenanbieter auf dem Markt gibt, was den Markt weniger transparent macht, und es gibt nur wenige Kunden, die auf einem Markt den richtigen Anbieter wählen können. Die Existenz der Anbieterwechselkosten wurde unter anderem mit Gewöhnungseffekten erklärt. Wird die Kaufentscheidung zum ersten Mal getroffen, so ist der Anreiz groß, sich Informationen zu verschaffen. Je länger dann die Vertragsbeziehung mit dem Anbieter besteht, um so größere Gewöhnungseffekte und damit Anbieterwechselkosten sind zu erwarten. Dadurch sinkt der Anreiz, Informationen zu beschaffen.

Die zwischen 1994 und 1995 von *Van den Berghe* und *Baeten* in den Niederlanden durchgeführte Marktforschung[609] zeigt, daß *non-monetary costs* für einige Kunden in Industrieländern das Haupthindernis gegen die Allfinanzidee von Bündel- und integrierten Produkten sind. In Entwicklungsländern können diese Kosten keinen großen Einfluß auf die Allfinanzidee haben, da die Kunden einerseits diese Werte noch nicht richtig einschätzen können und andererseits nur einen vertrauten Anbieter suchen, der ihre Bedürfnisse kostengünstiger und auf sichere Weise befriedigen kann.

Für diese Kunden sind nicht-monetäre Kosten nicht wichtig, weil sie mehr Wert auf die Qualität und die Ergebnisse legen. Die oben genannte Marktforschung zeigt auch, daß kritische Kunden ebenfalls von dem Wertzuwachs von Bündelprodukten überzeugt werden können, wenn sie merken, daß Preisvorteile bedeutsamer sind als Anbieterwechselkosten, was Wettbewerbsvorteile für einen Allfi-

---

[607] Vgl. Scheele, Martin (1994), S. 101.

[608] Vgl. Van den Berghe, Lutgart/Verweire, Kurt (1998), S. 26.

[609] Vgl. Van den Berghe and Beaten (1994-95), zitiert nach Van den Berghe, Lutgart/Verweire, Kurt (1998), S. 27.

nanzanbieter in einem Entwicklungsland schafft, da er kritische Kunden durch seine niedrigeren Preise anziehen kann. Ein anderes Element der *non-monetary costs* bezieht sich auf die Tatsache, daß die „Bündelung“ mehr oder weniger auf dem Prinzip „ *all eggs in one basket*“ beruht.[610] Kritische Kunden sehen dadurch einen potentiellen Nachteil für Bündelprodukte. Sie haben Angst, daß eine Institution zu viel über sie weiß. Dazu kommt auch die Gefahr, daß sich der Anbieter stärker fühlt, weil alles in seinen Händen konzentriert ist. Indem das Verhalten im Tontinensystem als Grundlage genommen wird, kann man sagen, daß kamerunische Kunden es dagegen bequem finden werden, nicht jedem Anbieter Informationen über ihre finanzielle Situation zu geben. Sie werden also die Lösung eines einzigen Vermittlers für die Familie als die beste finden.

Der familiäre Vermittler hat seine spezifischen Stärken: Er kennt seinen Kunden über viele Jahre, durchdringt das familiäre und soziale Umfeld, löst (unter Umständen unter Hinzuziehung von Spezialisten) die Finanz- und Sicherheitsprobleme seiner Stammkunden und kann deswegen wie in der Tontine reagieren. Der Kunde wird ihm vertrauen: Mangels eigener Vergleichsmöglichkeiten (mit Wettbewerbsangeboten) und aufgrund der Kompliziertheit von Finanzprodukten sucht der Kunde eine Instanz, die für die richtige Auswahl und Leistungsfähigkeit der Finanzdienstleistung „einsteht“, entweder als Institution oder besser noch als Person im persönlichen Umfeld des Kunden.[611]

Zu (3): Je mehr Produkte gebündelt und integriert werden, desto besser wird das Ergebnis für die Kunden sein. Dieses Faktum kann man aus verschiedenen Perspektiven sehen. Durch den Vertrag zwischen ihnen und dem Kunden verpflichten sich Anbieter von integrierten Produkten, ein bestimmtes Ergebnis zu erreichen. Auf diese Weise bieten sie vielmehr Lösungen für Kundenprobleme bzw. –wünsche, statt nur ihre Produkte zu verkaufen, und erwirtschaften dadurch Gewinne. Die Lösung von Kundenproblemen ist für die Kunden in Entwicklungsländern sehr vorteilhaft, da ihnen nur geringe finanzielle Mittel zur Verfügung stehen. Im Falle eines reinen „cross-selling“ ist es möglich, daß Produkte mit nicht ausreichenden Qualitäten vermittelt werden. Das Bündel und die Integration von Einzelprodukten beseitigt dieses mögliche Unter- und Überangebot und schafft einen hohen Wertzuwachs für Kunden sowie eine gute Wettbewerbsposition für den Anbieter.[612] Die „Bündelung“ setzt einen bedeutenden Grad an Individualisierung voraus, der die Chance des Kunden erhöht, Produkte entsprechend seinen Wünschen zu bekommen.

---

[610] Vgl. Van den Berghe, Lutgart/Verweire, Kurt (1998), S. 27.
[611] Vgl. Muth, Michael (1988), S. 1587.
[612] Vgl. Van den Berghe, Lutgart/Verweire, Kurt (1998), S. 27.

Zu (4): Die Prozeßqualität wird aus verschiedenen Perspektiven verbessert werden: Das „*one-stop shopping*" ist bequem. Die für die Erstellung von Allfinanzprodukten notwendige Individualisierung[613] setzt ein Beziehungsmarketing (*relationship marketing*) voraus, wobei der Kunde ein persönliches Produkt anstatt einem aus der Standardisierung (*transactional marketing*) resultierendes Produkt, das dem „*cross-selling*" inhärent ist, bekommt. Die Wahl eines Relationship-Marketings statt eines Transactional-Marketings ist maßgeblich für das Bündeln von Produkten.[614] Das R*elationship Marketing* verstärkt die Beziehung, die zwischen Tontinen und Tontinenmitgliedern existiert, was die potentielle Anzahl der Kunden von Allfinanzprodukten erhöht. Dies gibt dem Allfinanzanbieter deswegen die Möglichkeit, die Tontinenmitglieder als Kunden zu werben. Das Relationship-Marketing kann am Anfang teuer sein, weil es weitere Investitionen veranlaßt. Aber langfristig bietet diese Strategie substantielle Vorteile: Die langfristige Beziehung zum Kunden führt zu einem Prozeß des Kennenlernens, der mit jedem Kundenkontakt verbessert werden kann.

3.6.3 Größennachteile

Mit zunehmender Größe können auch Nachteile (*diseconomies of scale*, *diseconomies of scope*) auftreten. Nachteile, die aus dem Zusammenschluß von Banken und Versicherungsunternehmen resultieren können, liegen also nicht nur in den dargestellten unterschiedlichen Entlohnungssystemen und in der möglichen Überforderung des Allfinanzberaters[615] sowie den verschiedenen Unternehmenskulturen sondern auch in der unbedingt erforderlichen hohen Qualität von Leitung und Organisation, wodurch Bürokratie, Schwerfälligkeit und ganz allgemein Entscheidungsfehler vermieden werden sollen. Damit steigt nicht nur die Anzahl der an der Organisation beteiligten Personen überproportional mit der Unternehmensgröße, sondern es werden auch die Informationswege länger.

Die Kommunikationsprozesse benötigen dadurch mehr Zeit, und zudem können Informationen zwischen den verschiedenen Ebenen leichter verlorengehen oder verzerrt werden. Das Unternehmen wird damit weniger flexibel und kann auf Änderungen am Markt weniger schnell reagieren. Weiter steigen die Anforderungen an die Überwachung und Kontrolle, da die Hierarchieebenen zugenommen haben. Dieses Problem ist zwar theoretisch gelöst, nicht aber praktisch; der Übergang von mittleren zu großen Betrieben verlangt oft neue Führungsstile und Organisationsprinzipien, die von den Unternehmensleitern bewußt oder unbewußt nicht akzeptiert werden. In diesen Fällen kann die Führungsqualität in ein

---

[613] Siehe Abschnitt 2.4.1, S. 46.

[614] Siehe auch Abschnitt 2.4.1.3., S. 49.

[615] Siehe auch Abschnitt 2.4.2.1.2, S. 65.

Defizit geraten, was sich besonders in Form steigender Schaden- und Betriebskosten bemerkbar macht.

3.6.4 Bedingungen für die Erzielung von Allfinanzvorteilen

Damit ein kamerunischer Allfinanzanbieter seine Rolle als Finanzintermediär bzw. Kapitalsammelbecken[616] erfüllen kann und vor allem die oben dargestellten Vorteile aus Allfinanzgeschäften erzielen kann, müssen mehrere Bedingungen erfüllt werden. Neben einer allgemeinen positiven wirtschaftlichen Entwicklung wie z.B. einen positiven nachhaltigen Entwicklung des Sozialproduktes werden die Aufsicht, die Ausbildung, die Steuerpolitik und die Entwicklung von passenden Finanzdienstleistungsprodukten von großer Bedeutung sein.

3.6.4.1 Aufsicht

Wie schon dargestellt wurde, sind die verschiedenen Aufsichtssysteme der kamerunischen Kredit- und Versicherungswirtschaft an ihre Grenzen gestoßen, was die Gründung von neuen Aufsichtsorganen und die Schaffung neuer Gesetze veranlaßte. Das Problem ist hier nicht nur die Schaffung von angemessenen Gesetzen, sondern vor allem ihre tatsächliche Anwendung. Solange die geschaffenen Gesetze nicht angewendet werden können, kann ein Finanzdienstleistungsmarkt nicht funktionieren. Lebensversicherungen, die im Allfinanzgeschäft eine wichtige Stellung einnehmen, sind dauernde Geschäfte und haben oft eine Laufzeit von über manchmal zwanzig Jahren. Können die Versicherungsnehmer zwanzig Jahre später ihre Leistungen nicht erhalten, so kann diese Situation zum Chaos und dadurch zur Zerstörung des ganzen Finanzdienstleistungssystems führen. Die kamerunische Regierung und damit die Aufsichtssysteme müssen für eine effektivere Aufsicht des Finanzdienstleistungsmarktes sorgen. Beispielsweise ist die traditionelle Arbeitsteilung zwischen Banken und Versicherungsunternehmen in Deutschland wie auch in Frankreich von der staatlichen Regierung bestimmt. Die Kriterien der daraus resultierenden Geschäftsfeldabgrenzung wurden nicht aus ökonomischen Zweckmäßigkeitsüberlegungen, sondern aus den übergeordneten, aber zweckmäßigen Zielen der Stabilität des Finanzsektors und des Schutzes der Kunden abgeleitet.[617]

---

[616] Angesichts der Rolle der Banken und Versicherungsunternehmen in der Bildung von Geldvermögen, werden sie auch als Kapitalsammelbecken bezeichnet. Die Rolle der deutschen Banken und Versicherungsunternehmen als Kapitalsammelbecken wird u. a. dargestellt von: Koch, Peter (1985) S. 233; Weiss, Wieland (1989), S. 229; Freiherr von Linsingen (1988), S. 755.

[617] Vgl. Lehmann, Axel P. (1998), S. 214.

Ein weiteres Problem der Aufsicht auf dem kamerunischen Finanzdienstleistungsmarkt ist die Frage der Beaufsichtigung der Allfinanzunternehmen. Da es bis heute keine Regeln für die Beaufsichtigung von Finanzkonglomeraten auf dem Markt gibt, steht bei der Entwicklung von Allfinanzgeschäften auf dem kamerunischen Markt die Suche nach einer Methode zur Beaufsichtigung der Allfinanzunternehmen im Mittelpunkt des Aufsichtssystems. Betrachtet man den deutschen und französischen Fall, so stellt sich die Frage, ob es eine einzige Aufsichtsbehörde geben soll oder lediglich ein Informationsaustausch zwischen den Aufsichtsbehörden der Kredit- und Versicherungswirtschaft im Mittelpunkt der Beaufsichtigung von Allfinanzunternehmen stattfinden soll.

Denkbar ist, daß die heute noch in einer Aufbauphase anzutreffenden kamerunischen Aufsichtsorgane in ein einziges Aufsichtsorgan umgewandelt werden. Dies ist im Grunde genommen realisierbar, da sich die beiden kamerunischen Aufsichtsorgane unter der Überwachung bzw. Koordination des Ministers für Finanzen und Wirtschaft stehen und in dem gleichen Gebäude sitzen. Die Umwandlung in ein einziges Aufsichtsorgan impliziert folgerichtig eine zentrale Beaufsichtigung der Allfinanzunternehmen bzw. der Mutterunternehmen, was der Realität dieser Unternehmensform entspricht. Alle Risiken von Allfinanzunternehmen (Tochterunternehmen) bündeln sich in dem Mutterunternehmen; folgerichtig kann diese letzte auf sämtliche Risiken überprüft werden, um die Stabilität und die Solidität des Gebildes sicherzustellen. Eine Ganzheitskontrolle über sämtliche zum Konzern gehörenden Unternehmen ist aber komplex und erfordert daher die Ausbildung von Spezialisten.

Neben der Form bildet die Methode einen wichtigsten Punkt der Beaufsichtigung. Die Methode der Beaufsichtigung soll im Zusammenhang mit den zu vermeidenden Risiken betrachtet werden. Ziel der Aufsicht ist es, die Risiken, die von Allfinanzstrukturen verborgen werden können, zu vermeiden. Diese Risiken sind das verborgene Risiko (a), das *Double-Gearing*-Risiko (b), das externe und interne Konfliktrisiko (c), und das Risiko, das aus undurchsichtiger Struktur resultieren kann (d).

Zu (a): Wie aus der wirtschaftlichen Entwicklung Kameruns zu entnehmen ist, hat der Bankrott einiger kamerunischen Banken zur Zahlungsunfähigkeit von Versicherungsunternehmen, die ihre Gelder bei diesen Banken angelegt haben, geführt. Tritt eine solche Situation in einem Allfinanzkonzern auf, so spricht man von einem angesteckten Risiko. Ziel der Aufsicht ist zu vermeiden, daß „gesunde“ Unternehmen der Gruppe von „kranken“ angesteckt werden. Auch wenn das Problem die anderen Unternehmen tatsächlich nicht berührt, kann der daraus resultierende psychologische Image- und Glaubwürdigkeitsschaden die ganze Gruppe treffen. Bei der Vermeidung dieses Risikos soll aber nicht vergessen werden, daß Allfinanzkonzerne Möglichkeiten einer guten Risikostreuung anbieten. Die von Allfinanzkonzernen ermöglichte Diversifikation von Geschäften kann das Explodieren des globalen Risikos vermeiden.[618]

Zu (b): Ein weiteres Risiko, daß sich auf Solvabilitätsprobleme der Unternehmen bezieht,[619] ist das *Double-Gearing*-Risiko. Das Problem des Double-Gearing hat auf europäischer Ebene zu verschiedenen Diskussionen und Abhandlungen geführt.[620] Dabei geht es sowohl um die Definition des Begriffs Double-Gearing als auch um die Lösung dieses Problems.

Während die Europäische Direktive[621] die Beteiligung eines Versicherungsunternehmens an anderen Unternehmen schon als wichtige Quelle für die Entstehung vom Double-Gearing darstellt, sind einige Wissenschaftler präziser in der Analyse des Problems und sehen die Entstehung des Doube-Gearing in der wechselseitigen Beteiligung zwischen Versicherungsunternehmen.[622] Die Aufsicht auf europäischer Ebene will vermeiden, daß ein Kapitalbetrag mehrmals benutzt wird, um sowohl das benötigte Kapital für verschiedene Unternehmen der Gruppe als auch für die ganze Gruppe zu bestimmen. Wie dieses in der Praxis entsteht, soll am folgenden Beispiel gezeigt werden. Es wird angenommen, daß eine Bank für 100 Geldeinheiten Eigenkapital 100 Geldeinheiten Fremdkapital aufnehmen kann. Beim Double-Gearing können diese 100 Geldeinheiten Fremdkapital als Gründungskapital für die Tochter 1 verwendet werden. Diese Tochter kann auf diese 100 Geldeinheiten „Eigenkapital“(es sind ja eigentlich 100 Geldeinheiten Fremdkapital der Mutterbank) dann wieder 100 Geldeinheiten Fremdkapital aufnehmen, mit denen sie wiederum eine Filiale gründet usw. Die ursprünglichen 100 Geldeinheiten Eigenkapital sind also mehrfach belastet. Bei Banken ist es auch sinnvoll, das Double-Gearing zu vermeiden. Ziel der Aufsicht ist es dieses Double-Gearing zu vermeiden.

Zu (c): Zusätzlich zu der Undurchsichtigkeit des Allfinanzkonzerns besteht ein potentielles Interessenrisiko, welches einen negativen Einfluß auf die externe wirtschaftliche Umgebung, z.B. auf Kunden, Investor, Aufsichtsbehörde etc. haben kann. Dies kann z.B. geschehen, wenn ein drittes Unternehmen, in dem sowohl die Bank als auch die Versicherungsunternehmen einer gleichen Gruppe

---

[618] Siehe Abschnitt 2.4.1.5.1, S. 56.

[619] Für Schierenbeck soll ein Aufsichtsorgan die Unternehmenssicherung, aber nicht den Ausschluß von Insolvenzen zum Ziel haben, sonst würde die Wettbewerbsfähigkeit eingeschränkt. Er ist aber auch der Meinung, daß eventuelle Schäden von Kunden auf ein Minimum reduziert werden sollen. Vgl. Schierenbeck, Henner (1993), S. 112.

[620] Vgl. Hesberg, Dieter/ Karten Walter (1994), S. 14 ff; Van den Berghe, L.A.A. (1994), S. 445 ff; Van den Berghe, Lutgart/Verweire, Kurt(1998), S. 162 ff.

[621] Vgl. Art. 9 der EU-Direktive, zitiert nach Van den Berghe, Lutgart/Verweire, Kurt (1998), S. 181.

[622] Vgl. Van den Berghe, Lutgart/Verweire, Kurt (1998), S. 182.

beteiligt sind, Probleme hat. Die Interessen der beiden Unternehmen können in diesem Fall konträr liegen. Der dadurch entstehende mögliche Imageverlust kann der ganzen Gruppe schaden. Neben diesen externen Konflikten sind auch die im Abschnitt 2.4.2 analysierten Probleme der Unternehmenskulturen und Entlohnungssysteme zu berücksichtigen.

Zu (d): Die Undurchsichtigkeit des gebildeten Allfinanzunternehmens kann zu Aufsichtsproblemen führen, wenn die Aufsichtsbehörde das tatsächliche Risiko oder die Geschäfte des Unternehmens in einer effektiven Weise kontrollieren möchte. In diesem Zusammenhang ist auf die interne Kreditvergabe innerhalb eines Finanzkonglomerats hinzuweisen, die oft nicht genügend abgesichert ist. Kredite können theoretisch zu marktunüblichen Konditionen und vor allem ohne jegliche Garantieleistungen zwischen Bank- und Versicherungsunternehmen gewährt werden, ohne daß der Außenstehende davon etwas bemerkt.[623] Das Allfinanzunternehmen kann also benutzt werden, um solchen Aktivitäten zu verbergen.

3.6.4.2 Ausbildung

Außer den notwendigen fachlichen Kenntnissen, die für die Produktion und den Vertrieb von Finanzdienstleistungen notwendig sind und die im ersten Teil dieser Arbeit dargestellt wurden, soll die Ausbildung vor allem die Denkweise der in diesem Bereich arbeitenden Fachkräfte ändern. Sie muß dem Bankangestellten und dem Versicherungsfachmann deutlich machen, daß sie Kunden und nicht sich selbst bedienen sollen. Den Fachleuten sollte die fundamentale Idee der Finanzdienstleistungen vermittelt werden. Es soll ihnen klar gemacht werden, daß Spargelder den Sparern gehören und nicht den Banken. Bankangestellte müssen ein Verhalten haben, das einen weiteren Besuch des Kunden veranlassen kann. In Bezug auf die Versicherungswirtschaft soll deutlich gemacht werden, daß Versicherungsprämien kein Vermögen des Versicherungsvermittlers, sondern für die Abwicklung von Schäden bestimmt sind. Die Vermittlung dieser grundlegenden Kenntnisse ist für die zukünftige gesamte Entwicklung des kamerunischen Finanzdienstleistungsmarktes notwendig. Sie sollen vor allem dazu führen, Verhalten wie das von Maklern, die Versicherungsprämien auf ihren eigenen Konten anlegen oder von Bankern, die Spargelder in ihre eigene Tasche stecken, zu vermeiden.

Bei dem Vertrieb von Allfinanzgeschäften auf dem kamerunischen Markt kann man wohl noch nicht von einer Überforderung des Allfinanzberaters sprechen.

---

623 Vgl. OCDE (1992), S. 33.

Die zuerst auf dem Markt anzutreffenden Produkte werden einfache Produkte sein und werden nicht unbedingt verbunden sein. Es wird sich zunächst nur um den Vertrieb von reinen Bank- bzw. Versicherungsprodukten am gleichen Schalter bzw. durch den gleichen Vermittler handeln. Ziel bei dem Vertrieb sollte zunächst sein, den Bedarf bei den potentiellen Kunden zu wecken.[624] Eine Entwicklung der Lebensversicherung als Mittel zur Garantie von Bankkrediten ist aber vorstellbar.

3.6.4.3 Motivierende Steuergesetze

Wie im Abschnitt 2.3 zu lesen ist, haben steuerliche Maßnahmen eine wichtige Rolle in der Entwicklung der Lebensversicherungsgeschäfte sowohl in Deutschland als auch in Frankreich gespielt. Folgerichtig ist die heute auf dem kamerunischen Markt existierende Mehrwertsteuer von 18.7%, die von jedem Versicherungsnehmer gezahlt werden muß, keine Förderungsmaßnahme für die Entwicklung der kamerunischen Versicherungswirtschaft. Es ist unrealistisch zu denken, daß z.B. Tontinenmitglieder das Tontinensystem, in dem keine Steuer gezahlt wird, verlassen werden, um in ein System einzutreten, in dem sie Steuern zahlen müssen.

Um die kamerunische Versicherungswirtschaft auf der Privatebene und das Sparen bei kamerunischen Banken attraktiv zu machen, sollten den potentiellen Kunden steuerliche Vorteile eingeräumt werden. Ein steuerlicher Vorteil für die Produkte würde in Kamerun nicht den gleichen Impuls wie in Industrieländern bringen, da die Finanzdienstleistungen für die potentiellen Kunden noch neue Produkte darstellen; er könnte aber den heutigen Zustand der kamerunischen Privatvermögensbildung verbessern. Die durch diese Förderungen von Banken und Versicherungsunternehmen gesammelten Beträge würden ihrerseits die Finanzierung von Investitionen erleichtern und dadurch die Abhängigkeit des Landes gegenüber ausländischer Finanzierung reduzieren.

3.6.4.4 Kommunikationspolitik

Die Kommunikationspolitik des Allfinanzanbieters soll dazu dienen, die zwischen ihm und den potentiellen Kunden existierenden Hindernisse zu beseitigen. Diese sind z.B. das Problem der Zinssätze bei Kunden mit islamischer Religion oder die Erklärungs- bzw. Informationsbedürftigkeit des Finanzdienstleistungsprodukts.[625] Neben diesen kundenbezogenen Grenzen setzen die begrenzte Infra-

---

[624] Vgl. Abschnitt 2.4.2.2, S. 84.

[625] Siehe Abschnitt 1.2.1.3, S. 23.

struktur der Kommunikation durch Massenmedien, das Fehlen einer einheitlichen Nationalsprache, der niedrige Ausbildungsstand der Bevölkerung bzw. der relativ hohe Analphabetismus sowie die mangelnden juristischen Kenntnisse der Kunden, die zum Verständnis der Finanzdienstleistung erforderlich sind, reale Grenzen für die Absatzleistung eines Finanzintermediärs in Kamerun. Um diese Hemmnisse zu beseitigen, kann der Allfinanzanbieter auf Maßnahmen zurückgreifen, unter denen die Werbung und die Öffentlichkeitsarbeit wichtige Faktoren darstellen. Auch Verkaufsförderungen sind von großer Bedeutung.

Das Ziel der Werbung wird es sein, die Kunden über die Existenz von Finanzintermediären und deren Produkte zu informieren. Die Grundlage für Auswahl und Einsatz von Werbemitteln bilden Reichweite, Zielgruppe, Möglichkeit der Gestaltung der Werbebotschaft sowie die damit verbundenen Kosten.[626] Zweifellos ist der persönliche Kontakt bzw. das Werbegespräch das wichtigste Werbemittel. Dessen Einsatz ist in Kamerun jedoch durch den schlechten Zustand der Kommunikationsinfrastruktur beschränkt. Auch die Transportsituation trägt zu erhöhten Kosten beim Einsatz dieses Mittels bei. Im Werbungsbereich wird der Fernseher eine bedeutende Rolle spielen. Die Vorteile der Imagewerbung liegen auch in der immateriellen Natur von Finanzdienstleistungen begründet, die es schwierig macht, Kunden direkt mit einem Produkt anzusprechen.

Die Bedeutung der Fernsehwerbung als Werbeträger für die Finanzintermediäre ist begründet in der Stellung des Fernsehens in der sozioökonomischen Lebensgestaltung der Menschen in Kamerun. Der Fernseher wird in ländlichen Gebieten als Statussymbol betrachtet. Er erhält seine Wichtigkeit durch die Tatsache, daß er die Hauptquelle der Information ist.

Die Anziehungskraft des Fernsehens liegt für die Zuschauer und vor allem für Analphabeten darin, daß es die Möglichkeit gibt, eine Botschaft in Ton und Bild darzustellen. Dadurch wirkt die durch das Fernsehen vermittelte Botschaft glaubwürdig. Daher bietet das Fernsehen von allen Werbeträgern dem Finanzintermediär die beste Möglichkeit, sich und sein Produkt darzustellen, um die Sympathie und das Vertrauen der Zielgruppe zu wecken. Die Grenze der Fernsehwerbung liegt in der begrenzten Streuung bzw. Reichweite. Zwar werden Programme überregional ausgestrahlt, aber Fernsehgeräte sind hauptsächlich in der Hauptstadt und anderen Großstädten verbreitet. Dazu kommt die Tatsache, daß die Reichweite des nationalen Senders, vor allem in Großstädten, durch die Existenz von aus Industrieländern kommenden Kabelsendungen begrenzt wird. Diese ausländischen Sender sind durch ihre Programme attraktiver als der nationale Sender. Jedoch kann sich ein kamerunischer Finanzintermediär aufgrund der

[626] Gemegah, Albert K. (1994), S. 247

höheren Kosten keine Werbung durch den ausländischen Sender leisten, was die Bedeutung der Werbung auf anderen Werbeträgern erhöht. Von besonderem Interesse ist hier der Einsatz des Rundfunks als Werbeträger in Kamerun und dessen Bedeutung als Informationsträger für Finanzintermediäre. Im Vergleich zu Fernsehgeräten sind Rundfunkgeräte in Kamerun weit verbreitet, und zwar auch in ländlichen Regionen.

Neben Werbung wird die Öffentlichkeitsarbeit eine wichtige Rolle spielen. Um bessere Leistungen im Gegensatz zu Tontinen publik zu machen, müssen die formellen Finanzintermediäre auch Öffentlichkeitsarbeit betreiben. Dies ist von besonderer Wichtigkeit in ländlichen Regionen, in denen Tontinen existieren, da dort oft die Öffentlichkeitsarbeit von Tontinen erlebt wird.[627] Auch in Regionen ohne Tontinen wird die Öffentlichkeitsarbeit eine bedeutende Rolle spielen, da konkrete Realisationen eher von Analphabeten erfaßt werden können als eine in einer fremden Sprache gesprochene Werbung.

In Kamerun bieten sich viele Ansatzpunkte für eine wirkungsvolle Öffentlichkeitsarbeit. Es besteht die Möglichkeit, sich an Aktivitäten zur Entwicklung der Städte zu beteiligen, z.B. am Aufbau von Schulen und dem Bohren von Brunnen, der Finanzierung von Polikliniken usw. oder an Ereignissen, die für das soziale Leben eine große Bedeutung haben (z.B. regionale Fußballspiele, Hochzeiten, Trauerfeiern, Taufen etc.). Bei diesen Anlässen kann der Allfinanzanbieter öffentlich auf die Bedeutung seiner Finanzdienstleistungen, beispielsweise für die Ausbildung der Kinder, für den Haushalt oder für die Hinterbliebenen, hinweisen. Zudem bezweckt die Präsenz des Allfinanzanbieters bei diesen Anlässen, der Öffentlichkeit seine Nähe und Anteilnahme am Schicksal von Mitgliedern der Gemeinschaft, wie es bei den Tontinen der Fall ist, glaubhaft zu demonstrieren, und bietet so den potentiellen Kunden direkte Kommunikationsmöglichkeiten.[628] Darüber hinaus ist eine systematische Öffentlichkeitsarbeit über Massenmedien notwendig. Diese soll eine objektive Berichterstattung über die Aktivitäten des Allfinanzanbieters ermöglichen. Verkaufsförderungsmaßnahmen, die direkt auf Kunden bezogen sind, umfassen z.B. erweiterte Informationen über das Produkt, unter anderem auch die Möglichkeit, die Finanzdienstleistungen in den Landessprachen vereinfacht zu erklären. Allerdings stellen die Kosten für die Durchführung dieser Trainingsmaßnahmen sowie die zusätzlichen Informations- und Erklärungsdienstleistungen die Grenze für die Verkaufsförderung dar. Es lohnt sich, in diese Maßnahmen zu investieren, solange die Grenzerträge, beruhend auf Umsatzsteigerungsmöglichkeiten, die Grenzkosten übersteigen.

---

[627] Siehe auch Abschnitt 3.4.1.2, S. 194.

[628] Vgl. Gemegah, Albert K. (1994), S. 251.

3.6.4.5 Die Entwicklung von passenden Finanzdienstleistungen

Um Tontinenmitglieder als Kunden zu erwerben, muß der Allfinanzanbieter Produkte entwickeln, die Tontinenprodukten ähnlich sind. Wie in der Darstellung und Analyse des Tontinensystems schon dargestellt wurde, zeichnet sich die aus Tontinenmitgliedern bestehende potentielle Kundengruppe durch eine grundsätzliche Sparneigung aus. Versuche der Sammlung von Spargeldern, die den Bedürfnissen dieser Kunden entsprechen sollen, müssen auf einer klassischen Vorgehensweise beruhen: Identifikation mit der wichtigen Sparmotivation, Konzeption der entsprechenden Produkte und Schaffung von Vertriebswegen, die das Angebot dieser Produkte ermöglichen. Soweit die Überlegungen auf dem Tontinensystem beruhen, können also drei wichtige Sparangebote unterschieden werden:

Das Vorsichtssparen: Dies führt dazu, Ersparnisse für schwierige Tage (Arbeitslosigkeit, Abwesenheit von Sozialversicherung) zu bilden. Es kann die Form eines Sparbuchs haben. Die hier nachgefragte Dienstleistung ist vor allem die Sicherheit der Einlage. In ländlichen Gebieten kann eine solche Einlage nicht von einer Kreditnachfrage begleitet werden. Der wichtige Faktor zur Bildung einer solchen Einlage ist hier das Vertrauen: Vertrauen des Kunden gegenüber dem Anbieter, Vertrauen in die Institution, d.h. in das Bankensystem.

Projekt-Sparen: Wie aus dem Tontinensystem zu entnehmen ist, können dieser Sparart verschiedene Motivationen zu Grunde liegen, unter denen die Finanzierung des Kaufs eines nachhaltigen Konsumgutes (z. B. Mofa) oder einer teuren Zeremonie (Heirat, Trauerfall), die Finanzierung des Wohnungsbaus und die Finanzierung eines Unternehmensprojekts, z.B. eines Handwerks- oder Handelsbetriebes der kleinen oder mittleren Größe die häufigsten sind. Diese drei Formen von Projekten benötigen unterschiedliche Finanzierungssummen. Jedoch haben sie gemeinsam, daß sie durch den gleichen Mechanismus finanziert werden können. Dabei folgt einer Sparphase eine Kreditphase. Der Kredit kann nur nach einer bestimmten Periode gewährt werden, während der der Sparer seine Fähigkeit zu einem regelmäßigen Sparen gezeigt hat. Für den Sparer wird seine Sparambition, wie im Tontinensystem, auch in der Kreditphase weiterbestehen müssen, da er den Kredit durch regelmäßige Raten zurückzahlen muß. Der Spar-Kredit-Mechanismus kann in ländlichen Regionen eingeführt werden. Dies kann auch in städtischen Gebieten großen Anklang finden.

Ertragsbringendes Sparen: Die Entlohnung der eingelegten Gelder scheint in afrikanischen Ländern nicht der wichtigste Faktor für die Bildung von Ersparnissen zu sein.[629] Es gibt offensichtlich irrationales Finanzverhalten. Dies ist z.B. der Fall bei der Rückzahlung eines Kredits innerhalb einiger Monaten, für den man jährliche Zinsen (manchmal auch für mehrere Jahre) im voraus gezahlt hat. Solches Verhalten ist oft in ländlichen Regionen anzutreffen. In städtischen Regionen ist der Wettbewerb durch die Höhe des Zinssatzes unmittelbar zu erkennen. Der wohlhabende Bevölkerungsteil hat oft gute Finanzinformationen. Emigranten haben häufig eine Ausbildung durchlaufen, die es ihnen ermöglicht, Charakteristika der verschiedenen Einlagemöglichkeiten zu vergleichen. Auch wenn der afrikanische Sparer nicht nach Erträgen im engeren Sinne strebt, hat er nicht länger gebraucht, um den Preis des Geldes kennenzulernen. Dies läßt sich z.B. bei Investitionen im Immobilienbereich in städtischen Regionen feststellen, in denen Wohnungen gebaut werden, die innerhalb von fünf oder sechs Jahren durch die Miete schon abgeschrieben werden können. Banken mit attraktiven Verzinsungsmöglichkeiten werden also die Mehrheit der potentiellen Kunden anlocken.

Schließlich soll darauf hingewiesen werden, daß die Sammlung von Spargeldern in Kamerun zuerst und vor allem eine Erziehungsfrage ist, die nur mit der Aufforderung des Nachfragers, seine Wahl im Übereinstimmung mit seinen Interessen zu realisieren, beantwortet werden kann. In Kamerun gibt es wie in vielen Entwicklungsländern eine Sparkapazität, die mit Realismus und Mut gefördert werden muß.

In bezug auf die kamerunische Versicherungswirtschaft entsprechen die auf dem Markt anzutreffenden Produkte nicht nur nicht den Bedürfnissen der potentiellen Kunden, wie es schon gesagt wurde, sondern sie können auch aufgrund der Marktbedingungen in der Realität nicht vertrieben werden. Aus Gesprächen mit kamerunischen Fachleuten ergibt sich, daß die Inflation oder die mögliche Geldentwertung, wie die Abwertung von 1994, Hindernisse für die Entwicklung der Versicherungswirtschaft in allgemeinen und der Lebensversicherung insbesondere darstellen. Inflationäre Tendenzen wirken sich schädlich auf das Vertrauen in Nominalanlagen,[630] auf die Sparbereitschaft und damit auf das Lebensversicherungsgeschäft aus.

Die auf dem deutschen Markt zu findende traditionelle fondsgebundene Lebensversicherung ist theoretisch ein Beispiel für ein Produkt, das es erlaubt, mit diesen Problemen besser umgehen zu können. Unter dem französischen Begriff "Fonds" ist in dem hier gemeinten Sinn ein gesondertes Vermögen zu verstehen. Die Bezeichnung "fondsgebunden" soll also die Abhängigkeit des mit den Prämiengeldern angelegten Vermögens vom Wert eines solchen Sondervermögens

---

[629] Vgl. Abschnitt 3.3.4.5.2, S. 170.
[630] Vgl. Schneidler, Michael (1974), S. 25.

zum Ausdruck bringen,[631] Die traditionelle fondsgebundene Lebensversicherung ist eine gemischte Lebensversicherung auf den Todes- und Erlebensfall, die durch die unmittelbare Bindung der Versicherungsleistung an die Wertentwicklung eines Anlagestockes (Sondervermögen, Fonds) die Versicherungsnehmer an der Performance bestimmter Kapitalanlagen beteiligt.

Der Anlagestock besteht aus Anteilen an einem Investmentfonds, wahlweise ein Aktienfonds, ein Rentenfonds, ein gemischter Fonds oder ein Immobilienfonds, ein "Managed Fonds" oder eine spezielle Sonderkonstruktion. Die aus dem Sondervermögen stammenden Erträge werden diesem direkt wieder zugeführt. Die Beteiligung am Sondervermögen wird durch Anteileinheiten verkörpert. Das Sondervermögen läßt sich als Inventarwert bezeichnen. Dieses entspricht der Summe der Rücknahmepreise aller im Anlagestock befindlichen Nominal- und Realwerte. Um den Wert der einzelnen "Beteiligung" zu errechnen, wird der Inventarwert durch die Gesamtzahl der Anteileinheiten dividiert und mit der dem einzelnen Versicherungsnehmer zustehenden Zahl von Anteilen multipliziert.

Als Versicherungsleistung schuldet das Versicherungsunternehmen den Zeitwert des Deckungskapitals, das im Todesfall durch eine Risikosumme ergänzt wird. Bei Ablauf der vereinbarten Versicherungsdauer ist die Versicherungsleistung durch den vollständigen Bezug auf die Kursentwicklung der Wertpapiere des Anlagestockes unbestimmt und entspricht in Deutschland dem DM-Gegenwert des Deckungskapitals, so daß der Versicherungsnehmer allein das Kursrisiko trägt. Während die Ablaufleistung durch ihre direkte Kopplung an die Wertentwicklung des Anlagestocks das Lebensversicherungsunternehmen von der Erfüllung einer vertraglich fixierten Geldsumme entbindet, ist meistens bei vorzeitiger Fälligkeit im Todesfall durch die Verpflichtung der zusätzlichen Erstattung der Risikosumme eine Mindesttodesfalleistung garantiert.

Ein Vorteil dieses Produktes für den kamerunischen Markt wäre, daß alle Kundenschichten zur Bildung der „Fonds“ beitragen können. Der nicht vermögende Kunde bekommt die Möglichkeit, Erträge aus seinen „kleinen“ Ersparnisse zu erzielen. Aus der Sicht des Anbieters stellt die fondsgebundene Lebensversicherung, in der Sachwertleistungen[632] von den Versicherungsunternehmen als Gegenleistungen versprochen werden können, eine gute Möglichkeit dar, um mit den Inflations- und Geldentwertungsproblemen in der Lebensversicherung besser

---

[631] Zu den folgenden Ausführungen vgl.: Schneidler, Michael (1974), Klinkhammer, Margret (198), Kurz, Annette (1997).

[632] Sach- und Sachwertschulden (z. B. Aktien, Immobilienzertifikate) werden naturgemäß nicht unmittelbar von Kaufkraftschwankungen betroffen. Vgl. Schneidler, Michael (1974), SD. 26.

umzugehen und dadurch die Entwicklung der Lebensversicherung auf Märkten mit höheren Inflationssätzen, wie dem kamerunischen Markt, zu fördern.

Betrachtet man die Entwicklung der fondsgebundenen Lebensversicherung in Deutschland und in Frankreich, dann kommt man schnell zu dem Schluß, daß dieses Produkt auf dem kamerunischen Finanzdienstleistungsmarkt praktisch nur schwer durchsetzbar ist, weil sein Management und Vertrieb spezielle Kenntnisse verlangt, die wahrscheinlich in Kamerun nicht vorhanden sind.

4 Zusammenfassung

Am Anfang dieser Arbeit stand die Frage nach den Vorteilen der Allfinanz für ein Entwicklungsland am Beispiel Kameruns. Die ersten Bedingungen für die Beantwortung dieser Frage waren die Definition des Begriffes „Allfinanz" sowie die Darstellung der funktionellen und institutionellen Allfinanzentwicklung. Bei der Erfüllung dieser ersten Bedingungen stützte sich die Arbeit auf die Allfinanzentwicklung in Deutschland und in Frankreich. Die zweite Bedingung war die Darstellung der kamerunischen Wirtschaft im allgemeinen und des kamerunischen Finanzdienstleistungsmarktes im besonderen.

Nach Festlegung des konzeptionellen Rahmens wurden die Begriffe Finanzdienstleistung und Finanzintermediäre im grundlegenden Teil der Arbeit definiert. Im Zusammenhang mit der Definition des Begriffs „*Finanzintermediäre*" wurden die gemeinsamen Wurzeln von Banken und Versicherungsunternehmen und deren Unterschiede dargestellt. Dabei wurde festgestellt, daß eine enge Verwandtschaft zwischen Banken und Versicherungsunternehmen besteht. Der einzige Unterschied zwischen den beiden Unternehmensgruppen liegt in der Tatsache, daß Informations-, Losgrößen- und Fristentransformationen von Banken als Hauptzweck erfüllt werden, während sie bei Versicherern eher als Nebenzweck einzuordnen sind.

In bezug auf den Begriff Finanzdienstleistung hat die Untersuchung zu zwei Feststellungen geführt. Zum einen ist festzuhalten, daß sich bis heute keine allgemein gültige Definition für Finanzdienstleistung durchgesetzt hat. Zum anderen ist festzustellen, daß sich der Inhalt dieses Begriffs im Laufe der Zeit geändert hat. Dies hat zur Unterscheidung von Finanzdienstleistungen vor und nach den siebziger Jahren geführt. Vor den siebziger Jahren waren mehrere Definitionen des Begriffs „Finanzdienstleistung" möglich, deren Inhalt in Verbindung mit nur einer Wirtschaftsbranche formuliert werden konnte. Der heutige Begriff der Finanzdienstleistung, die auch als Allfinanzprodukt bezeichnet wird, hat vor allem im Produktbereich und bei Vertriebswegen von Banken und Versicherungsunternehmen eine Umorientierung und eine Anpassung in Gang gesetzt. Die Synthese diverser Finanzdienstleistungen ist heute eher die Regel als die Ausnahme.

Ursachen dafür können in Deutschland und in Frankreich in der Verschiebung der Marktanteile in der Geldvermögensbildung privater Haushalte zugunsten Lebensversicherern, in den steuerlichen Vorteilen von Lebensversicherungen, in der Wohlstandsmehrung der Bevölkerung und in der demographischen Entwicklung und der daraus resultierenden Verhaltensänderung der Bevölkerung gesehen werden. Auch die Nutzung von Synergieeffekten – z. B. die gegenseitige Inanspruchnahme der unterschiedlichen Vertriebswege – und die kundengruppenorientierte Marktpolitik sprechen aus Sicht der Unternehmen für eine Allfinanzstrategie.

Die deutsche und die französische funktionelle Allfinanzentwicklung unterscheiden sich voneinander. Ein Allfinanzprodukt kann im allgemeinen als eine einheitlich erlebte Finanzdienstleistung dargestellt werden. Auf dieser Darstellung beruht die deutsche Allfinanzidee, die in der Leistungserstellung die Bündelung bzw. Kopplung von Bank- und Versicherungsprodukten versucht. Im Gegensatz dazu kann man in Frankreich nur selten eine kombinierte Erlebens- und Todesfallversicherung in einer Bankfiliale abschließen. Dies läßt sich eindeutig an den in der Praxis verwendeten Begriffen von „*bancassurance*" und „*Assurfinance*" ablesen. Diese beiden Begriffe implizieren eine Unterscheidung der Aktivitäten, die in Deutschland als Allfinanzgeschäft zu bezeichnen sind. Der Begriff Bancassurance bezeichnet die von Banken benutzten Strategien, um Versicherungsgeschäfte zu betreiben, und das „cross-selling" von Versicherungsprodukten über die Vertriebswege einer Bank. Im Gegensatz zur Bancassurance bezeichnet Assurfinance eine Diversifikationsstrategie, wobei ein Versicherungsunternehmen oder ein Versicherungsvermittler Bankprodukte verkauft.

Im bezug auf den Allfinanzvertrieb gewinnt der Vertrieb von Versicherungsprodukten über Bankschalter in Deutschland und in Frankreich immer mehr an Bedeutung. Wichtige Gründe dafür liegen in den niedrigeren Vertriebskosten der französischen Banken im Vertrieb von Lebensversicherungsprodukten und in dem guten Image, das Banken gegenüber Versicherungsunternehmen im Vertrieb von Finanzdienstleistungen haben.

Die Akzeptanz der Allfinanz seitens der Kunden ist bis heute noch nicht wissenschaftlich fundiert beantwortet. Jedoch haben Untersuchungen gezeigt, daß eine Bank mit angegliedertem Versicherungsunternehmen es wesentlich leichter hat, sich als Allfinanzanbieter durchzusetzen als ein Versicherungsunternehmen, das sich eine Bank zulegt. Diese positive Beurteilung der Banken beruht neben ihrem

Image zu wesentlichen Teilen auf Bequemlichkeit, fundierter Beratung und Vertrauen.

Auf der institutionellen Ebene stellt sich die Kooperation zwischen Banken und Versicherungsunternehmen mehr als eine Übergangsstrategie dar. Sie führt oft zu gegenseitigen Kapitalbeteiligungen, zu Übernahmen oder zur Konzernbildung. Die Konzernbildung stellt aufgrund rechtlicher Bedingungen den prinzipiellen Weg zur Realisierung einer Allfinanzholding dar. Während die Allfinanzentwicklung in Deutschland eher im Rahmen von Konzernunternehmen realisiert wird, gehören Eigengründungen von Lebensversicherungsunternehmen zur Vorliebe der französischen Banken. Dies ist mit der Tatsache zu begründen, daß französische Eigengründungen durch Banken weniger Investitionskosten verursachen als die Gründung eines Lebensversicherungsunternehmen im eigentlichen Sinn. Die Mehrheit der von französischen Banken gegründeten Lebensversicherungsunternehmen benutzen keine traditionellen Vertriebsorgane der Versicherungswirtschaft, weil sie ihre Produkte ausschließlich an Bankschaltern der Muttergesellschaft oder kooperierenden Banken verkaufen. Die Kapitalanlage wird direkt durch die Muttergesellschaft getätigt. Sie investiert demzufolge nicht in neue Büros. Dies bedeutet niedrigere Investitionskosten sowie Vorteile in den Personal- und folgerichtig auch in den Vertriebskosten.

Vorteile der Allfinanzentwicklung werden durch das kamerunische Beispiel verdeutlicht. Die kamerunische Wirtschaft im allgemeinen kann, im Unterschied zu Wirtschaften der Industrieländer, in zwei Gruppen von formellen und informellen Sektoren unterschieden werden, die sich in einem Abhängigkeitsverhältnis befinden. Beide Sektoren sind dadurch zu unterscheiden, daß der informelle Sektor keinen staatlichen, sozialen oder wirtschaftlichen Maßnahmen unterliegt. Die Existenz einer formellen und einer informellen Wirtschaft führt auch zur Existenz von formellen (Banken, Leasing-, Versicherungsunternehmen etc.) und informellen Finanzintermediären (Tontinen).

Die kamerunischen Tontinen sind von Tontinen nach der Systematik von *Tonti* zu unterscheiden. Sie können je nach Maßeinheiten der Leistung in Tontinen mit Naturalleistungen, Arbeits- und Geldtontinen untergliedert werden. Geldtontinen stellen eine Gruppe von Finanzintermediären dar, die mit einer Bank- und einem Versicherungsunternehmen vergleichbar sind. Sie sind in zwei Gruppen von einfachen Tontinen und Tontinen mit Versteigerungen zu unterscheiden.

Einfache Tontinen sind dadurch gekennzeichnet, daß ihre Kredit- bzw. Spargeschäfte nach einer bestimmten Reihenfolge den Mitgliedern zur Verfügung gestellt werden. Die Mitglieder zahlen keine Kapitalkosten. Dies impliziert für alle Mitglieder einen Zinssatz, der gleich Null ist. Das Problem in diesen Tontinen liegt in den unterschiedlichen Vorteilen, die von der Reihenfolge jedes Mitgliedes abhängen. Unter der Annahme, daß der Soll- und Habenzinssatz gleich ist, können die Mitglieder in drei (bei einer ungeraden Anzahl von Mitgliedern) bzw. zwei (bei einer geraden Anzahl von Mitglieder) Gruppen von Mitgliedern untergliedert werden, für die Tontinengeschäfte vorteilhaft sind, für die sich Kredit- und Sparzeiten ausgleichen oder für die Tontinengeschäfte nicht vorteilhaft sind. Damit alle Mitglieder sich gleichberechtigt fühlen, wird die Reihenfolge in den einfachen Tontinen zum Beginn jedes neuen Tontinenzyklus in der Art geändert, daß diejenigen, die beim letzten Zyklus zuerst Leistungsempfänger waren, im neuen Zyklus ans Ende gesetzt werden. Dieses Ausgleichsverfahren stellt die Frage nach der Zahl der benötigten Erneuerungen des Tontinenzyklus, damit die Vorteile gleich verteilt werden. Jedoch läßt sich die weitere Existenz solcher Tontinen mit Nullzins durch gegenseitiges Verhalten der Mitglieder im Tontinensystem erklären.

Im Gegensatz zu einfachen Tontinen sind Tontinen mit Versteigerungen bzw. Geschäftstontinen dadurch gekennzeichnet, daß ihre Kredit- bzw. Spargeschäfte nicht mehr nach einer Reihenfolge zur Verfügung der Mitglieder gestellt werden, sondern versteigert werden. Die Versteigerungspreise bilden die Kapitalkosten. Am Ende des Zyklus bekommt jedes Mitglied eine Tontinenzulage, die gleich der Gesamtheit der Versteigerungspreise dividiert durch die Anzahl der Mitglieder ist. Das Mitglied ist während eines Zyklus ein Kreditnehmer gewesen, wenn die möglichen Erträge (d. h. die aus unentgeltlichen Perioden resultierende Ausgabeminderung und die Tontinenzulage) kleiner als der Versteigerungspreis sind. Die Höhe des Sollzinssatzes hängt von der Höhe dieser Differenz ab. Je höher die Differenz ist, desto höher ist der Sollzinssatz. Sind die Erträge größer als der Versteigerungspreis, so ist das Mitglied ein Sparer gewesen. Der aus dem Spargeschäft resultierende Habenzinssatz ist desto höher, je höher die Differenz zwischen der Zulage und dem Versteigerungspreis ist.

Die Zinssätze in Tontinen mit Versteigerungen können aber nur am Ende des Zyklus berechnet werden und ihre Berechnung stellt Probleme dar, die sich auf die Mehrdeutigkeit der internen Zinssatzmethode beziehen. Die Zinssätze in diesen Tontinen können folgerichtig die Entscheidung des Kaufs des Kapitals nicht beeinflussen. In diesem Rahmen stellt die Berechnung des Kapitalwertes, bei gegebenen Opportunitätszinsen die Möglichkeit für ein Mitglied dar, seinen Versteigerungspreis so zu bestimmen, daß er den Aufrufpreis der Versteigerungen als Zulage bekommt. Sind die tatsächlichen Erträge höher als der Aufrufpreis, so wird das Mitglied einen niedrigeren bzw. höheren Soll- bzw. Habenzinssatz haben.

Einfache Tontinen und Tontinen mit Versteigerungen können neben Kredit- bzw. Spargeschäften auch Versicherungsgeschäfte tätigen. In diesem Fall funktioniert die Tontine nach dem Prinzip des Versicherungsvereins auf Gegenseitigkeit. Die Beschäftigung mit diesen beiden Finanzdienstleistungen macht die Tontine zu einem Allfinanzanbieter. Da die nachträgliche Berechnungsmöglichkeit des Zinssatzes im Tontinensystem der Methode der Marktwirtschaft nicht entspricht, da das Tontinensystem aufgrund fehlenden Eigenkapitals das Verlustrisiko nicht tragen kann, und da die Bewältigung des Risikos in dem Tontinensystem nicht den Normen des modernen bzw. effizienten Risikomanagement entspricht, ist die Entwicklung von Allfinanzgeschäften durch die kamerunischen formellen Finanzintermediäre in der Arbeit aufgezeigt worden. Diese Idee beruht auf der Tatsache, daß Tontinenmitglieder potentielle Kunden für Allfinanzangebote darstellen.

Vorteile der Allfinanz für den kamerunischen Finanzdienstleistungsmarkt können in Vorteile aus Sicht der Kunden und aus Sicht der Unternehmen untergliedert werden. Vorteile für die Unternehmen liegen in der verbesserten Kapazitätsauslastung, in Größendegressionen, Spezialisierungsvorteilen und risikotechnischen Vorteilen. Vorteile für die Kunden liegen in niedrigeren Preisen, in den niedrigeren Such- und Anbieterwechselkosten und in der Entwicklung von Produkten, die den Bedürfnissen jedes Kunden entsprechen. Größenvorteile sind aber nicht unbegrenzt realisierbar. Nachteile aus dem Zusammenschluß von kamerunischen Banken und Versicherungsunternehmen liegen, wie auch in Industrieländern, in den unterschiedlichen Entlohnungssystemen, in der möglichen Überforderung des Allfinanzanbieters sowie in den verschiedenen Unternehmenskulturen.

Die Realisierung dieser Vorteile hängt wiederum von der Erfüllung von Bedingungen ab, die vor allem die Aufsicht, die Ausbildung, motivierende Steuergesetze, Kommunikationspolitik und die Entwicklung passender Finanzdienstleistungen umfassen.

Literaturverzeichnis

Abega, Martin: *le marché des assurances au Cameroun: état des lieux,* in: MTM 2/1999, S. 423-425.

Ache, Heinz: *Management-Holding und Innovationsfähigkeit,* in: Die Betriebswirtschaft 1987, S. 223-225.

Achenbach, Astrid: *Datenschutz und Datensicherheit im Internet - Verantwortung und Kontrolle -,* art & communication Verlag, Hamburg, 1999.

Achterholt, Gertrud: *Corporate Identity,* 2. überarbeitete Auflage, Gabler 1991.

Alain, Henry ; Tchente, Guy-Honoré ; Guillerme-Dieumegard, Philippe: *Tontines et Banques au Cameroun,* édition Karthala, 1991.

Altrogge, Günter: *Investition,* R. Oldenbourg Verlag München, Wien, 1991.

Angerer, August: *Aufsichtsrechtliche Probleme bei Versicherungsgruppen und -Konzernen*, in: Frankfurter Vorträge zum Versicherungswesen, Heft 7, 1984.

Angerer, August: *Versicherungsaufsicht*, in: Schirenbeck, Henner(Hrsg), Bank- und Versicherungslexikon 2.Aufl. München 1994, S. 685-691.

Angerer, August: *Wettbewerb auf den Versicherungsmärkten aus der Sicht der Versicherungsaufsichtsbehörde*, in: ZVersWiss. Bd. 74/1985, S. 221-237.

Arnold, Wolfgang: *Geldautomatenpreise - eine Entgegnung der privaten Banken*, in: bum 9/1997, S. 25-26.

Arrondel Luc/Masson, André: *Stratégie patrimoniale et assurance vie des ménages français*, in: Risques Nr.19/1994, S. 9-32.

Axel Springer Verlag: *Finanzanlagen*, Marketing Anzeigen, Juni 1997.

Babeau; André: *L'épargne et les pays en voie de développement*, in: CIFPB Yamousoukro 1987, S. 13-19.

Baecker, Dirk: *Womit handeln Banken? : Eine Untersuchung zur Risikoverarbeitung in der Wirtschaft*, 1. Aufl. 1991, Frankfurt am Main.

Bodo, Marie-Louise S.: *L'image de l'assurance au Cameroun*, Mémoire de DESA, Yaoundé 1996.

Badoc, Michel: *Banques et Assurances – Réussir l'Europe*, édition l'organisation, Paris 1990.

Banque de France: Note d'information N° 106, Mars 1997.

Barrese, James - Nelson Jack M. : *Agents indépendants ou exclusifs: réexamen de leur coût différentiel,* in: Risques Nr. 24/95, S. 61-83.

Becker, Rudolf: *Versicherungsvertrieb in der Sparkassenorganisation; Vielfalt im Sinne des Kunden,* in: bum 7/1997, S. 29-31.

Berner, Con: *Versicherungsfirmen brauchen maßgeschneiderte Verkauferschulung,* in: ZfV 23/1978, S. 672-673.

Betsch, Oscar: *Fahrbare Zweigstellen - heute noch aktuell?* In: bum, H. 6/1977, S. 24-27.

Blanc, Jérôme: *L'assurance et la Bancassurance*, Mémoire pour le diplôme d'Etude Approfondie de Monnaie, Banque, Finance, session de Novembre 1991, Université de Paris 1 Panthéon-Sorbonne.

Bleicher, Knut: *Zentralisation und Dezentralisation*, in HWO, hrsg. Von E. Grochla, Stuttgart, 1980, Sp. 2405-2418.

Bliesener, Max-Michael: *Outsourcing als mögliche Strategie zur Kostensenkung*, in: BfuP 4/1994, S. 277-290

Baumann, Horst: *Unternehmenspolitik und Rechtsstruktur des Versicherungsvereins auf Gegenseitigkeit - Allfinanz Konzentration durch Kooperation und Konzern -* , in: Frankfurter Vorträge zum Versicherungswesen, Heft Nr. 15.

Bekolo-Ebé, Bruno: *Rétrospective d'une décennie de croissance de l'économie camerounaise 1975-1986*, in : Revue camerounaise de management 1986.

Bekolo-Ebé, Bruno: *Les liaisons possibles entre le système des tontines et le système financier officiel,* in: L'épargne et sa collecte en Afrique, colloque de Yamoussoukro, Novembre 1987, Edition de la revue Banque 1988, S. 89-98.

Bekolo-Ebe, Bruno/Bilongo, Robert: *Le Système des Tontines: Liquidité, intermédiation et comportement d'épargne,* in: Revue d'économie politique 4/1989, S. 616-638.

Bernet, Beat: *Multilaterale Allianzen im Finanzdienstleistungsmarkt*, in: zfo 6/1998, S. 328-331.

Benolken, Heinz: *Überlegungen zur Kooperation von Kreditinstituten und Versicherungen*, in: ZfgK Heft 1/1985, S. 16-21.

Benölken, Heinz: *Erfolgsfaktoren des Fusions-Managements* in *Versicherungsunter-nehmen*, in: VW 22/1995, S. 1555-1559.

Benölken, Heinz: *Diversifikationsstrategien im Angebot*, in: VW Heft 9/1998, S. 590-594.

Benölken, Heinz: *Versicherungsvertrieb am strategischen Scheideweg (I),* in: VW 11/1992, S. 648-656.

Benölken, Heinz/Bahr, Thomas/Schneider, Bernd/Winkelmann, Anja: *Versicherungs-vertrieb am strategischen Scheideweg (II)*, in: VW 12/1992, S. 726-736.

Berger, Karl-Heinz: *Zur Kooperation von Banken und Versicherungen*, in: Wolfgang Filc; Lothar Hübl; Rüdiger Pohl (Hrsg.): Festschrift zum 60. Geburtstag von Claus Köhler, Berlin 1988, S. 15-26.

Bernet-Rollande, Luc: *Principe de technique bancaire*, 19e édition , Dunod, Paris 1997

Betsch, Oskar: *Fusion bei Kreditgenossenschaft - Wann lohnen sie und wie macht man es richtig?* , in: bank und markt 8/1992.

Betsch, Oskar: *Allfinanz, eine (un)mögliche Chance*, in: bum 11/1992, S. 15-21

Beyel, Jürgen: *Neue Finanzdienstleistungen*, in: Wist Heft 12/1987, S. 631-633

Beykirch, Hans-Bernhard: *Zahlungssysteme im Internet: noch Entwicklungsbedarf*, in: bum 12/1997, S. 26-30.

Bisch, Michel: *Assurance Banque 2ème Génération*, L'argus Editions 1992.

Bisch, Michel: *La diagonale de la banque et de l'assurance*, L'Argus, Paris 1992.

Bittl, Andreas: *Image und Vertrauen als zukünftige Erfolgsfaktoren in der Assekuranz*, in VW 10/1998, S. 662-667.

Bitz, Michael: *Entscheidungstheorie, München: Vahlen, 1981.*

Bitz, Michael: *Erscheinungsformen und Funktionen von Finanzintermediären*, in: Wist Heft 10/89, S.430 - 436

Bitz, Michael: *Finanzdienstleistungen*, 3. Auflage, Oldenburg, 1997.

Bohm, Rainer: *Lebensversicherungen im Bankvertrieb*, in: Die Bank 2/1990, S. 104-107.

Bösel, Hans-Detlef: *Zwischen Konzern und Kooperation: Bausparen und Versicherung bei der BV*, in: bum, S. 13-19.

Boulding, Kenneth: *The Economy of Love and Fear*, Wadsworth publisching company, Inc. USA 1973.

Boulding, Kenneth: *Ökonomie als Wissenschaft*, R. Piper & Co Verlag München1976.

Blankenburg, Jürgen: *Versicherungsmakler und Finanzdienstleistungen*, in: Beiträge über den Versicherungsmakler, Veröffentlichungen der Hamburger Gesellschaft zur Förderung des Versicherungswesens MBH, Heft 13, 1993, S. 47-63.

Bleicher, Knut: *Beherrschung neuer Technologien durch Organisationsmodelle der Management-Holding*, in: Die Betriebswirtschaft, S. 225-226.

Brachmann, Harald: *Finanzdienstleistungen des Kompositversicherers*, in: ZFV 12/1994, S. 298-302.

Braeß, Paul: *Die Bedeutung des Eigenkapitals in der Versicherungswirtschaft*, in ZfgK 1964, S. 1-20.

Breuer, Hans-Jurgen: *Corporate Identity - Marketinginstrument mit Zukunft*, in: bum, Heft 3/1989, S. 24 -27.

Buchner, R.: *Die Problematik des internen Zinsfußes als Zielkonformes Auswahlkriterium zur Bestimmung des optimalen Investitionsprogramms*, in: ZfB 43 Jg., S. 237-264.

Buchner, R.: *Zur Frage der Zweckmäßigkeit des internen Zinsfußes als Investitionsrechnerisches Auswahlkriterium*, in ZfB 1973, 43 Jg., S. 693-710.

Buehler, Birgitte: *Mündliche Überlieferung: Geschichte und Geschichten der Wiya in Grasland von Kamerun*, Verlag Das Arab. Buch, Berlin 1998.

Bühner, Rolf: *Management Holding*, in: Die Betriebswirtschaft 1987, S. 40-49.

Burg, Didier: *L'assurance allemande se lance dans la compétition*, in: L'argus Nr. 6594 vom 14 August 1998, S. 12-17.

Büschgen, Anja: *Allfinanz als Marktbearbeitungskonzept privater Geschäftsbanken*, Gabler, 1992.

Büschgen Hans E. *Absatzwegepolitik I, II, III* , in bum 1979, H. 3 S. 33-35; H. 4 S. 29-31; H. 5 S. 29-31.

Büschgen Hans E.(a): *Absatz- (Vertriebs-)politik in der Kreditwirtschaft*, in bum Heft 4/1975, H. 3 S. 19-20, H. 4 S. 28.

Büschgen, Hans E.(b): *Bankbetriebslehre - Bankgeschäfte und Bankmangement -* 5. Auflage, Gabler, 1998.

Büschgen Hans E. : *An den Banken vorbei*, in Zfgk Jg. 1981, S. 1069-1080.

Büschgen, Hans E.: *Finanz-Verbund und Finanz-Konzern in der Diskussion*, in: bum 6/1989, S. 5-16.

Büschgen, Hans E.: *Öffentlichkeitsarbeit I, II, III*, in: bum Heft 6/1978, Heft 1/1979, Heft 2/1979.

Butterwegge, Stephan: *Die Rolle der Strukturvertriebe im Markt für Finanzdienstleistungen*, in bum 1/1997, S. 30-36.

CAPA: *La Bancassurance, réglementation des services et distribution*, Juillet 1989-Com N° 221.

Charbonnier, Jacques: *Le marketing en assurance: quelle stratégie pour l'Afrique*, in: Assurance et Sécurité, numéro spécial 1997, S. 36-41.

Chassagne, Yvette : *Assureurs et consommateurs*, in: Risques Nr. 25/96, S. 113-116.

Chaumet, Francis - Pallez, Stéphane: *La profession de courtier et sa réglementation*, in: Risques Nr. 24/95, S. 31-41.

Chiche, Yves/Dubois David: *Structure industrielle de l'assurance vie en Europe*, in Risques Nr. 17/1994, S. 33-42

Choinel, Alain et Rouyer, Gérard: *Le système bancaire français*, PUF, 1996

Choinel, Alain et Rouyer, Gérard: *Le marché financier (Structures et acteurs)*, 6e édition, collection Banque ITB, 1996.

CNDC: *Recueil des textes relatifs à l'exercice de l'activité des établissements de crédit*, 1997.

COBAC: Rapport d'activité, exercice 1993-1994

Code des assurances, Dalloz, 1997.

Code CIMA, L'Argus, 1996.

Commission Bancaire: Rapport 1997.

Cornu, Jérome: *L'essor de l'assurance vie*, in: Risques Nr. 25/96, S. 87-91.

Couilbault, François/Eliashberg, Constant/Latrasse, Michel: *Les grands principes de l'assurance*, L'argus édition, Paris 1997.

Cramer, Jörg E.: *Bankaußendienst: der Erfolg braucht Betreuung*, in: bum, Heft. 2/1977, S. 38-40.

Daniel, Jean-Pierre: *La bancassurance, fin de la première ou dernière étape avant la fin?*, édition de Verneuil, 1992.

Danloy, Paul: *Das Image von Finanzunternehmen - ein bevorzugtes Objekt des Marketings*, in: bum 1/1979, S. 36-37.

Debrenardi, Charles: *le statut des agents généraux d'assurance*, in: Risques Nr. 24/95, S. 53-59

Debruyne, Henri/Torchet Véronique: *Evolutions de la distribution*, in: Risques Nr. 24/95, S.13-30.

Delisle, Edouard: *Marketing in der Versicherungswirtschaft*, VVW Karlsruhe 1981.

Delpoux, Claude: *L'obligation de conseil des intermédiaires*, in: Nr. 24/95, S. 43-52.

De Coussergues, Sylvie: *Gestion de la Banque*, 2e édition et mise à jour, Dunod, Paris, 1996.

Descroche, Henri: *Nous avons dit „tontines". Des tontines Nord aux tontines Sud. Allers et retours*, in: Michel Lelart (Hrsg): La tontine, Edition AUPELF-URF. John Libbey, Paris 1990.

Dibengue, Augusten: *Die Beziehungen Kameruns zu Frankreich und der Bundesrepublik Deutschland von 1960 bis Anfang der achtziger Jahre im Vergleich.* Aachener Studien Sozialwissenschaften Bd. 11, Alano, Ed. Herodot, 1994.

DSCN: *le Cameroun en chiffre*, 1995

Doerry, Astrid: *Versicherungskonzerne*, in: Farny, Dieter; Helten, Elmar; Koch, Peter; Schmidt, Reimer (Hg.): Handwörterbuch der Versicherung, Karlsruhe 1988. S. 1035-1042.

Dolle -Helms, Elke; Stoll, Thomas: *Lebensversicherung und Rente*, in Capital, Heft 9/97, S. 160 -166.

Dreyer, Thomas: *Stille Reserven im Jahresabschluß von Lebensversicherungsunter-nehmen: eine Untersuchung zum Verhältnis von Bilanzrecht, Mitgliedschafts-recht und Versicherungsvertragsrecht bei Lebensversicherungsunternehmen in der Rechtsform der Aktiengesellschaft und des Versicherungsvereins auf Gegenseitigkeit*, Frankfurt am Main; Bern; New York; Paris; Wien: Lang, 1998.

Dromain, Michel: *L'épargne ignorée et négligée: les résultats d'une enquête sur les tontines au Sénégal,* in: La Tontine Pratique informelle d'épargne et de crédit dans les Pays en voie de développement, John libbey Eurotext, 1990, Paris, S. 139-176.

Eilenberger, Guido: *Bankbetriebswirtschaftslehre*, 7., durchgesehene Auflage, Oldenburg Verlag München Wien 1997.

Eisen, Roland: *Zins,* in: Farny, Dieter; Helten, Elmar; Koch, Peter; Schmidt, Reimer (Hg.): Handwörterbuch der Versicherung, Karlsruhe 1988, S. 1341-1343.

Ellgering, Ingo: *Produkte eines Allfinanzangebotes, Erfahrungen, Probleme, Perspektiven,* in: Krummel/Rehm/Simmert(Hrsg.): Allfinanz-Strukturwandel an den Märkte für Finanzdienstleistungen, Berlin 1991, S. 247-264.

Essam, Alfred: *L'assurance et le secteur informel*, mémoire de D.E.S.A, IIA 1996.

Faßbender, Heino/Spellerberg, Frank: *Lebenstil als Bestimmungsfaktor der Nachfrage nach Finanzdienstleistungen,* in: Krummel/Rehm /Simmert (Hrsg.): Allfinanz-Strukturwandel an den Märkte für Finanzdienstleistungen, Berlin 1991, S. 120-157.

Farbre, Colette: *Compétitivité des réseaux et des charges*, in: L'Argus N° 6569 vom 20 Februar 1998, S. 26-29.

Farny, Dieter: *Absatz und Serviceverfahren für Versicherungsschutz - heute und morgen*, in: VRdsch, Jg. 40, 1985, S. 40-55.

Farny, Dieter: *Die Versicherungsmärkte*, Duncker & Humblot, Berlin, 1961.

Farny, Dieter: *Konzentration und Kooperation in der Versicherungswirtschaft in betriebswirtschaftlicher Sicht*, in: VW 1/1973, S. 14-22.

Farny, Dieter: Allfinanz- Das betriebswirtschaftliche Konzept, in: Krummel/Rehm/Simmert (Hrsg.): Allfinanz-Strukturwandel an den Märkte für Finanzdienstleistungen, Berlin 1991, S. 161-176.

Farny, Dieter: *Die deutsche Versicherungswirtschaft*, VVW, Karlsruhe 1983.

Farny, Dieter: *Produktions- und Kostentheorie*, in: HDV 1988, S. 561-567.

Farny, Dieter: *Absatz und Absatzpolitik des Versicherungsunternehmens*, in ZVersWiss Bd. 60, 1971, S. 155-184.

Farny, Dieter: *Der Versicherungsmakler im Privatkundengeschäft*? In: Beiträge über den Versicherungsmakler, Veröffentlichungen der Hamburger Gesellschaft zur Förderung des Versicherungswesens MBH, Heft 13, 1993, S. 79-94.

Farny, Dieter (1995a): *Versicherungsbetriebslehre*, 2. Auflage, VVW, Karlsruhe 1995.

Farny, Dieter(1995b): *Die Gestaltung von Versicherungsprodukten im Marketing von Versicherungsunternehmen*, in: ZVersWiss. 1995, S. 79-102.

Fischer, Klaus: *Makler als Vertriebsweg*, in VW Heft 23/1996, S. 1629-1634.

FFSA: *L'assurance française en 1997.*

FFSA: *l'assurance vie est-elle une activité de couverture de risque*?, in : Atelier 2, les entretiens de l'assurance 1997.

Fleischer, Klaus: *T-Online und Internet-Banking - Zukunftsweisend*, in: bum 12/1997, S. 16-20.

Franc-Zone: *Jahresbericht 1996.*

Friedemann, Jens: *Neue Wege für Finanzdienstleistungen*, in: ZFV 11/1985, S. 270-275.

Frhr. von Uckermann, Eckart: *Direktvertrieb in der Lebensversicherung: Barrieren und Chancen*, in: VW H. 13/1992, S. 797-799.

Fruleux, Philippe: *La perception, par les consommateurs des différents réseaux de distribution,* in: Risques Nr. 24/95, S. 93-98.

Fuchs, Hartmut: *Gedanken zur Produktplitik der Banken*, in: bum 2/1988, S. 5-9.

Gankou, Jean-Marie: *La politique économique du Cameroun – son impact sur la croissance depuis 1960*, Neuchâtel, 1991.

GAP: Annuaire 1997

GDV: *Statistisches Taschenbuch der Versicherungswirtschaft*, Karlsruhe 1998.

GDV (1997a): *Die deutsche Lebensversicherung in Zahlen, Geschäftsentwicklung* 1997.

GDV (1997b): *Die deutsche Versicherungswirtschaft* (1997).

Geiger, Herbert: *Allfinanz - Mehr Barrieren als Chancen?*, in VW 9/1992, S. 545-549.

Gemagah Kwaku, Albert: *Möglichkeiten und Grenzen der Versicherungswirtschaft in Entwicklungsländern - Darstellung und Analyse am Beispiel Ghana,* Verlag Peter Lang, Frankfurt am Main 1994

Gérardin, Hubert: *La Zone Franc, Tome 1: Histoire et Institution*, Edition L'Harmattan, 1989.

Giarini, Orio: *Risiko und Gesellschaft - die kulturellen Grundlagen des Marken-Image des Versicherungswesens*, in: Dieter Farny und die Versicherungswirtschaft, VVW, 1994, S. 133-151.

Gies, Helmut: *Möglichkeiten und Grenzen von Allfinanzkonzepten aus der Sicht eines Allfinanzunternehmens*, in: Münteraner Reihe Heft 5,VVW Karlsruhe 1990, S. 1-19.

Gilguy, Christine: *Cameroun*, in: MTM 12/1992, S. 3282-3342.

Gilguy, Christine: *Special Cameroun*, in MTM 12/1995, S. 2703-2755.

Glogowki, Erhart: *Neue Finanzdienstleistungen*, 2., Aufl., Gabler 1990.

Goß, Horst: *Maßzahlen zur Erfassung des Umfangs und der Struktur von Allfinanz*, in: Die Bank, Heft 4/90 S.188-190

Goß, Horst: *Volkswirtschaftliche Konsequenzen der Allfinanz*, Verlag Peter Lang, Frankfurt/Main 1991

Graf, Baldur: „*Schon 1836 Versicherungen im Angebot einer Bank*“, in bum H. 11/1988, S. 26-27.

Grange, Michel Louis: *Les tontines et la collecte de l'épargne en Afrique*, in: L'épargne et sa collecte en Afrique, colloque de Yamoussoukro, Novembre 1987, Edition de la revue Banque 1988, S. 75-81.

Grichting, Alois: *Skalenerträge: Theoretische und empirische Aspekte*, Meisenheim, am Glan, Verlag Anton Hain, 1976.

Greff, Günter: *Telefonmaketing für Finanzdienstleistungen*, in: bum H. 1/1985, S. 10-13.

Grochla, Erwin: *Betriebsverbindungen*, Berlin, 1969.

Haberstock, Lothar: *Einige kritische Bemerkungen zur Kapitalwert-Methode*, in: ZfB 1971, S. 285-288.

Haberstock, Lothar: *Kapitalwert oder Interner Zinsfuß*, in: ZfB, 1972, 42 Jg., S. 216-218.

Häcker, Joachim: *Internet-Banking, eine Analyse im Rahmen von deutschen und anglo-amerikanischem Recht*, Diss. Uni. Tübingen, 1998.

Haller, Gert: *Wandel der Finanzdienstleistungen als Aufsichtsproblem,* in: Krummel/Rehm/Simmert(Hrsg.): Allfinanz-Strukturwandel an den Märkte für Finanzdienstleistungen, Berlin 1991, S. 327-344.

Haller Matthias: *Risiko- und Versicherungsprobleme des privaten Haushalts - aus der Sicht der Privatversicherung*, in: ZVersWiss 1982, S. 383-437.

Haller Matthias: *Produkt- und Sortimentsgestaltung,* in: HDV 1988, S. 562-567.

Haller Matthias: *Allfinanz-Strategien: Erfahrungen und Perspektiven*, in: Banking & Finance, 6/1991, S. 18 ff.

Hahemann, Peter: *Wie Versicherungen eine gute Bankdienstleistung werden*, in: bum 5/1978, S. 26-28.

Hahn, Heiner: *Kooperation und Verbund in der Lebensversicherung - unter besonderer Berücksichtigung des Absatzmarktes*, Diss. Uni. Hamburg, 1972.

Hahn, Oswald: *Der Markt für Finanzdienstleistungen im Zeitvergleich,* VW 3/1988, S. 190-196

Hahn, Oswald: *Die Bedeutung der menschlichen Qualität innerhalb der Bankleistung*, in: Die Bank 2/1982, S. 56-60.

Hahn, Oswald: *Kooperation von Banken und Versicherungen*, in: VW 7/1986, S. 402-407.

Hahn, Oswald: *Strukturwandlungen im Bankwesen der Bundesrepublik Deutschland*, in ÖBA 10/1986, S. 431-442.

Haidara, Abdel Kader Yèro: *Ländliche Entwicklung und die "TÒN"-Strategie in Mali, Möglichkeiten und Grenzen des endogenen Entwicklungsansatzes in Afrika*, Institut für Afrika-Kunde, Hamburg 1992.

Hamm, Rainer: *Versicherungsakquise mit Kundendaten der Bank*, in: bum 11/1997, S. 38-39

Hannemann, Susanne: *Vertrieb von Finanzdienstleistungen*, Gabler 1993.

Harder, Peter C. von: *Versicherungszweige*, in Schierenbeck, Henner (Hrsg), Bank- und Versicherungslexikon, 2. Auf. R. Oldenburg Verlag, 1994 München Wien, S. 697-705.

Hausschild, Jürgen: *Anmerkungen zum Beitrag von Rolf Bühner „Management-Holding“*, in: Die Betriebswirtschaft 1987, S. 227- 229.

Hebel, Karl: *Goethe und die Nürnberger Tontine von 1783*, in ZVerWiss. 1961, S. 373-394.

Heidenreich, Karl: *Allfinanz in der Bewährungsprobe*, in: bum 1/1992, S. 16-18.

Helten, Elmar: *Synergieeffekte durch Kooperation von Banken und Versicherungen?*, in: Versicherungsbetriebe, H. 5/1989, S. 2-16.

Henkel, Klaus: *Umgang mit Bankaußendiensten - "mobiler Banker"*, in: bum H. 4/73; 6/75, S. 21-23.

Henry, Klaus: *Versicherungskundendienst heute und morgen (I): eine Studie zum Thema Kundendienst in der Versicherungswirtschaft*, in: VW 5/1977, S. 304-312.

Henzler, Herbert/Rall, Wilhelm: *Management-Holding: Leistungsfähige Struktur Alternative, aber kein Allheilmittel*, in Die Betriebswirtschaft 1987, S. 229-232

Hinterhuber, von Hans H. und Pechlaner, Harald P.: *Strategische Allianzen im grenzüberschreitenden Banksektor*, in bum Heft 5 1992, S. 23-26

Hocq, Philippe: *L'image de l'assurance française*, in: Risques Nr. 2, October 1990, S. 163-167.

Hoffmann, Friedrich: *Anmerkungen zum Beitrag von R. Bühner: "Managemnt-Holding"*, in: Die Betriebswirtschaft 1987, S. 232-234.

Hoffmann, Friedrich: *Der Konzern als Gegenstand betriebswirtschaftlicher Forschung*, in Konzernhandbuch, Gabler 1993, S. 3-79.

Hoffmann, Norbert: *Call Center im Direktgeschäft - ein Marktüberblick*, in: bum 10/1997, S. 39-40.

Hohlfeld, Knut: *Kooperation/Konzernbildung zwischen Kreditinstituten und Versicherungsgesellschaften*, VW 8/1995, S. 564-569.

Hohmeier, Rosemarie: *Die Auswirkungen einer Kundengruppenbezogenen Absatzpolitik auf die gesamte Unternehmenspolitik eines Versicherungsunternehmens*, in: ZVers. Wiss. 1981, S. 175-259.

Holdijk, Rudolf: *Eigenkapitalprobleme der deutschen Sparkassen*, Gabler, Wiesbaden 1979.

Holtrop, Thomas: *Bank 24: Markenprofilierung mit dem Internet-Banking*, In: bum 12/1997, S. 31-34.

Holzheu, Franz: *Skalen- und Verbundvorteile von Unternehmen mit besonderen Blick auf Versicherungsunternehmen*, in:ZversWiss. Jg. 35, S. 531-559.

Hosterbach, E.: *Einige kritische Bemerkungen zur Kapitalwert-Methode*, in ZfB(1970), Jg. 41, S. 613-620.

Hosterbach, E./Seifert, O.: *Zur Mehrdeutigkeit des internen Zinssatzes*, in: ZfB(1971), S. 867-880.

Hosterbach, E.: *Kapitalwert oder Interner Zinsfuß?* In: ZfB (1972), Jg. 42, S. 201-216

Hosterbach, E.: *Noch einmal: „Kapitalwert oder interner Zinsfuß"*, in ZfB (1972), S. 376-377.

Hugon, Philippe: *la finance non-institutionelle: expression de la crise du développement ou de nouvelles formes de développement*, in: La tontine pratique informelle d'épargne et de crédit dans les pays en voie de développement, John Libbey Eurotext, 1990, Paris, S. 309-321.

Illigen, Rolf-Peter: *Allfinanz - Zeiterscheinung oder Strategischer Ansatz* ? , in: Festschrift für Dieter Farny, VVW Karlsruhe 1994, S. 27-34

Imelmann, Cord: *Versicherungsaufsichtsrechtliche Fragen der Allfinanzkonzeption*, Perter Lang, 1996.

JAE Januar 1994: *Zones d'ombre sur le nouveau traité interafricain*, S. 102-103.

JAE April 1994: *Banques : Développement de la monétique*, S. 28-29. Assurances : Eclaircie dans la branche automobile, S. 30.

JAE Mai 1994: Banques : Quel avenir pour les restructurations bancaires sur le continent ?, S. 16-19.

JAE Juni 1994: *Banque : les entreprises cherchent financement désespérément*, S. 30-33 ; Assurance : Des pratiques plus rigoureuses pour les intermédiaires, S. 57.

JAE Februar 1995: *Banque : Comment gérer l'excès de liquidités*, S. 32-33.

JAE April Spécial Banques 1996: Mamadou Alpha Barry: *Radioscopie des banques africaines*, S. 4-5 ; Nguini, Victor : *Crédit Agricole du Cameroun : la banque de la différence au Cameroun*, S. 278-289 ; Florent Ekassi : *Vers une nouvelle restructuration*, S. 72-75 ; Fotso, Jean-Joseph : *Banque camerounaise : la sinistrose*, S. 76-77 ; Sennen, Andriamirado : *Le marabout, les mamas et le banquier*, S. 146-149 ; Le Noir, Alain : *Quel système financier pour l'Afrique de l'an 2000* ? S. 180-183 ; Xavier Theulet : *le boum des banques paysannes*, S. 184-185 ; Taillefer, Bernard : *l'avenir : le financement décentralisé*, S. 186-196 ; Le Coq, Bernard: *les enjeux des systèmes bancaires africains*, S. 194-196 ; Ndir, Mansour : *Pourquoi les africains boudent leur banquier,* S. 206-209 ; Monga, Celestin : *BICIC une institution à nouveau opérationnelle*, S. 256-276.

JAE Mai 1997: Gilbert Tchomba : *Cameroun : embellie du marché d'assurances*, S. 80-82.

JAE Spécial Banques 1997: Le noir, Alain : *Les défis pour la banque africaine du XXI siècle,* S. 66-67 ; Derreumaux, Paul : *Les banques et le financement des entreprises*, S,70-72 ; Djondo, Gervais K.: *La banque au services de la régionalisation,* S,74-75 ; Mestrallet. Patrick : *le capital-investissement,* S.76-79 ; Lahlou, Nasr Eddine : *les atouts de la société de caution mutuelle*, S. 80-81 ; Klotchoff, Jean-claude : *les relations banques-particuliers*, S. 94-97 ; Mansour, Ndir : *Relation Banques-entreprise : un flirt difficile*, S. 98-99 ; Tchomba, Gilbert : *L'exemple du Cameroun : des concours bancaires trop courts*, S. 100-102.

JAE Januar/Februar 1998: Gilbert Tchomba : *Cameroun : un fonds pour sécuriser les épargnants*, S. 60.

Jäger Hans: *Synergiemöglichkeiten im Konzern*, in: VW Heft 9/1998, S.634-635.

Jakobeit, Cord: *Nationale Strategien und Hindernisse agro-exportorientierter Entwicklung – Kaffee- und Kakaopolitik in der Côte d'ivoire und in Kamerun*, Hamburger Beiträge zur Afrika-Kunde 34(1988), Hamburg.

Jannott, Edgar: *Dienste verkaufen, an die niemand denken mag. Die Wege: Einfirmenvertreter, Makler, firmenverbundene Vermittler, Direkt- und Bankvertrieb*, in: Börsen-Zeitung (Sonderbeilage) vom 12.03.94, S.12.

Janzen, Dieter E.(Hrsg): *Allfinanz 2000*, Luchterhand 1992.

Jennings, Robert M./Trout Andrew: *The Tontine: From The Reign of Luis XIV to The French Revolutionary era, S. S. Huebner Foundation for Insurance Education,* Philadelphia, Pa 19104, 1982.

Junker, Klaus: *Perspektiven im Geschäft mit Konzernen,* in: bum 12/1992, S. 23-26

Kakou, Diagou: *l'épargne et les assurances*, in CIFPB Yamoussoukro 1987, S. 105-114.

Kaluza, Bernd: *Die Betriebsgröße - ein strategischer Erfolgsfaktor von Versicherungs-unternehmen*? In: ZVersWiss 1990, S. 251-273.

Karten, Walter (1972a): *Zum Problem der Versicherbarkeit und zur Risikopolitik des Versicherungsunternehmens - betriebswirtschaftliche Aspekte*, in: ZVersWiss 2/3 1972, S. 279 ff.

Karten, Walter (1972b): *Die Unsicherheit des Risikobegriffs*, in: Praxis und Theorie der
Versicherungsbetriebslehre, Festgabe für Müller-Lutz, Hrsg: P. Braeß, D. Farny, R. Schmidt; Karlsruhe 1972, S. 147-169.

Karten, Walter (b): *Versicherungsproduktgestaltung - ökonomische Grundlagen*, in ZVersWiss. Heft 1/1995, S. 57-77.

Karten, Walter: „*Das Einzelrisiko und seine Kalkulation*" in: Versicherungswirtschaftliches Studienwerk, Hrsg.: W. Asmus, J. Gassmann, Studientext 12: Versicherungsbetriebslehre, 4. Aufl., Wiesbaden 1993.

Karten, Walter: *Versicherung - Gefahrengemeinschaft oder Marktleistung*, in: VW 24/1981, S. 1604-1615.

Karten, Walter (1994a): *Über die Wettbewerbsfähigkeit des Versicherungsvertreters*, in Dieter Farny und die Versicherungswirtschaft, herausgegeben von Robert Schwebler und den Mitgliedern des Vorstands des deutschen Vereins für Versicherungswirtschaft,1994 S. 259-269.

Karten, Walter (1994 b): *Allfinanz - Ein Konzept und Möglichkeiten seiner Realisation*, Vortrag Danzig 26.03.1994.

Karten, Walter and Hesberg, Dieter (1994c): „*Supervision of financial conglomerates: some theoretical remarks*", in: The Geneva Papers on Risk and Insurance, 70/1994, S. 1-21.

Karten, Walter: *Entwicklungschancen des Spezialversicherers*, in: VW 10/1973, S. 550-554.

Karten, Walter: *Funktionen der Versicherungsvermittler und Konsequenzen für ihre Qualifikation*, in VW 6/1978, S.351-356.

Karten, Walter: *Risk-Management*, in: HWB, 5 Aufl. Stuttgart 1993.

Katen, Walter: *Aspekte des Risk Managements*, in: BFuP, Heft 4, 1978, S. 308-322.

Karten, Walter (1976a): *Versicherungsbetriebslehre,* in: Grochla, Erwin/Wittmann, Waldermar (Hrsg), Handwörterbuch der Betriebswirtschaft, 4. Auflage, Stuttgart, 1976, Sp. 4246-4255.

Karten, Walter (1976b): *Personenversicherung*, in: Handwörterbuch der Betriebswirtschaft, Hrsg.: E: Grochla und W. Wittmann, 4. Auflage, Stuttgart 1976, Band I/2, S. 2973-2984.

Keller, Thomas: *Die Einrichtung einer Holding: Bisherige Erfahrung und neuere Entwicklungen*, in: Der Betrieb 1991, S. 1633-1639.

Keren, Vered: *La Bancassurance*, PUF, Septembre 97.

Keßler, Helmut: *Verbünde - ihr Erfordernis, ihre Chancen*, in: bum 5/1989, S. 15-19

Kilger, Wolfgang: *Zur Kritik am internen Zinsfuß*, in: ZfB. (1965), S. 765-798.

Klein Wilhelm: *Finanzdienstleistungen verändern die Vertriebsstruktur*; in VK 12/1987, S. 659-660.

Klein, Wilhelm: *Konzentration oder Kooperation - was bringt das strategische Vertriebskonzept eines Allfinanzverbunds*? VW 12/1988, S. 826 - 831.

Klein, Wilhelm: *Entwicklung der Finanzdienstleistung im europäischen Markt*, VW 1/1991, S. 25-29.

Klein, Wilhelm: *Allfinanz aus Sicht des Versicherers: eine Menge Nachholbedarf*, in: bum 6/1997, S. 18-23.

Klein, Wilhelm: *Versicherung im Jahr 2000: nur noch Großkonzerne*? In: bum 7/1997, S. 26-28.

klingmüller, Ernst: *Frankreich: Assekuranz schreibt schwarze Zahlen*, in VW, Heft 1/1998, S. 35-36

Klinkhammer, Marget: *Produktgestaltung im Fianzdienstleistungssektor*, Diss. Uni. Ulm 1985.

Klotchkoff, Jean-Claude: *les relations banques-particuliers*, in: JAE, hors série 1997, S. 94-97.

Knauth, Klaus-Wilhelm/Weizel, Hans-Joachim: *Finanzkonglomerate im Aufsichtsvisier*, in: Kreditwesen 1/93 S.28-29

Knüppel, Lothar/Heuer: *Eine empirische Untersuchung zum Outsourcing aus der Sicht potentieller und tatsächlicher Nutzer*, in: BFuP 4/1994, S. 333-357.

Koch, Peter: *Schnittstellen zwischen Banken und Versicherungsunternehmen*, in VK 5/85, S. 231-238.

Koch, Peter: *Der Traum vom All-Finanz-Angebot*, in: VK 10/1987, S. 4238-4242.

Koch, Peter: *Nürnbergs Stellung in der Versicherungsgeschichte*, in: VW Heft 5/1971, S. 268-273.

Koch, Peter: *Schwerpunkte nordbayerischer Versicherungsgeschichte*, in: VW Heft 5/1989, S. 275-291.

Koch, Peter: *Banken und Versicherungen - Konkurrenz und Kooperation*, in: VW 23/1988, S. 1574-1576.

Koch, Peter: *Zum Tontinengeschäft in versicherungshistorischer Sicht*, in VW 23/1995, S. 1640-1643.

Koch, Peter/Weiss, Wieland: *Versicherungslexikon*, Gabler 1994.

Koch, Peter: *Geschichte der Versicherung*, in: HDV(1994), S. 223-232.

Kollenda, Barbara: *Allfinanzanbieter und ihre Privatkunden*, Diss. 1992 Uni. München.

Kom, Ambroise: La malédiction francophone, Défis culturels et conditions postcoloniale en Afrique. LIT, 2000.

Köhne Thomas: *Die Wirkungsversicherung im Privatkundengeschäft - Implikationen für eine kundenorientierte Marktleistungsgestaltung* , I.VW Schriftenreihe, Band 34, 1997.

Körber, Karl-Otto: *Signore Tonti oder Wer?*, in: VW Heft 16/1995, S. 1102-1105.

Korff, Ulrich und Dorner, Martin: *Allfinanz durch Kooperation*, in: bum Heft 6/1991, S. 16-20.

Körner, Peter: *Kamerun – afrikanisches „Musterland" in der Krise*, in: Afrika – Spektrum 1988, Nr. 1, S. 77-94.

Kotler, Philip: *Marketing-Magement: Analyse, Planung und Kontrolle*, 4 Auflage Poeschel, Stuttgart 1982.

Kotler, Philip/Bliemel, Friedhelm: *Marketing-Management: Analyse, Planung, Umsetzung und Planung,* 9 überarbeitete und aktualisierte Auflage, Stuttgart, Schäffer-Poeschel 1999.

Krauß, von Hans Ulrich: *Fusionsmanagement aus Sicht des Organisators*, in: bum, 8/1992, S. 27-33

Krauth, Wilfried: *Absatzstrategien in Versicherungsunternehmen*, in: ZversWiss 1989, S. 479-548.

Kremer, Marcus: *Das Nachfrageverhalten von Versicherungs- und Bankunden aus ganzheitlicher Sicht - Konsequenzen für den Finanzdienstleistungsgedanken*, Druckerei H. Tschudy & Co. AG., 1994.

Kreuzer Martin: *Die zukünftige Entwicklung und Bedeutung elektronischer Kommunikationskanäle und ihre Eignung zum Absatz von Bankdienstleistungen im Privatkundengeschäft*, Diss. Uni. Regensburg, 1996.

Krümmel, Hans-Jacob: *Allfinanz und die sortimentspolitischen Grundlagen des Privatkundengeschäfts,* in: Krummel/Rehm/Simmert(Hrsg.): Allfinanz-Strukturwandel an den Märkte für Finanzdienstleistungen, Berlin 1991, S. 33-50.

Kruse, Volkhard: *Allfinanzstratgien deutscher Großbanken im europäischen Binnenmarkt,* Gabler 1991.

Krupp, Georg: *Versicherungsgesellschaft bei der deutschen Bank, in: Versichrungsbetriebe,* H. 1/1990, S. 2-8.

Kuntze, Wolfgang: *Möglichkeiten und Grenzen von Allfinanzkonzepten aus der Sicht des Kreditaufsichtsrechts*, in: Münsteraner Reihe Heft 5,VVW Karlsruhe 1990, S. 36-51.

Kurz, Annette E.: *Die fondsgebundene Lebensversicherung mit Mindestgarantie, modelltheoretische Bewertung und Anforderungen an das Asset-Laibility-Management,* VVW, Karlsruhe 1997.

Kürble, Günter/Schwake Edmund: *Größenvorteile bei Schaden und Unfallversicherungsunternehmen*, in ZversWiss. 1984, S. 113-131.

Lang, Günter/Welzer, Peter: *Skalenerträge und Verbundvorteile im Bankensektor, empirische Bestimmung für die bayerischen Genossenschaftsbanken*, Beitrag Nr. 109 des Instituts für Volkswirtschaftlehre der Universität Augsburg, 1994.

Lehmann, Axel P.: *Qualität und Produktivität im Dienstleistungsmanagement: strategische Handlungsfelder im Versicherungs- und finanzdienstleistungswettbewerb*, Gabler, 1998.

Lelart, Michel: *Une tontine mutuelle dans l'administration béninoise, in: la tontine pratique informelle d'épargne et de crédit dans les pays en voie de développement*, John Libbey Eurotext, 1990, Paris, S. 53-80.

Lelart, Michel/Simon Gnansougnou: *tontiniers sur les marchés africains: le marché Saint-Michel de Cotonou, in: La Tontine Pratique informelle d'épargne et de crédit dans les Pays en voie de développement*, John libbey Eurotext, 1990, Paris, S. 109-133.

Lenoir, Alain : *Présentation du Thème*, in : La recherche d'une meilleure productivité pour les banques africaines, CIFPB, l'harmattan, 1990, S. 13 ff.

Lespes, Jean-Louis: *les informalités tontinères: traditions et innovations, in: La Tontine Pratique informelle d'épargne et de crédit dans les Pays en voie de développement*, John libbey Eurotext, 1990, Paris, S. 323-346.

Leuering Dieter: *Der Erwerb von Beteiligungen durch Versicherungsunternehmen an Unternehmen anderer Wirtschaftszweige*, Münsteraner Reihe 43, VVW Karlsruhe 1997.

Leunde, Emmanuel: *L'importance des tontines dans la vie économique du Cameroun, in: L'épargne et sa collecte en Afrique*, colloque de Yamoussoukro, novembre 1987, Edition de la revue Banque 1988, S. 83-87.

Linsingen D. Freiherr von, Detlev: *Technik als Motor für die Kooperation mit Versicherungen*, in: bum, 7/1988, S. 26 ff.

Linsingen Freiherr von, Detlev: *Technik als Motor für die Kooperation von Banken und Versicherungen*, in: VW, 11/1988, S. 755-763.

Linsingen D. Freiherr von, Detlev: *Kooperation von Banken und Versicherungen*, in: ZfgK 13/1988, S. 755-759.

Lipeb, Martial: *Die Kreditwürdigkeit von Klein- und Mittelbetrieben in Entwicklungsländer Afrikas, dargestellt am Beispiel Kameruns*, Lahn/Marburg 1986.

Lührs, Dieter: *Lebensversicherung I*, in: Versicherungswirtschaftliches Studienwerk Hrsg. Von Wener Asmus und Jurgen Gassmann, 4. Aufl. Gabler, Wiesbaden 1994.

Ludwig, Robert: *Vertriebswege im Wettbewerb*, in: Versicherungskaufmann 5/1993, S. 21-24.

Lütke-Bornfeld, Peter: *Allfinanzstrategien in Deutschland und der Vertrieb von Lebensversicherungen*, in VW. 16/1990, S. 970-975.

Mabe, Jacob Emmanuel: *Bevölkerungswachstum, technologische Entwicklung und Energiebedarfsdeckung in Afrika*: Fallstudie am Beispiel der Republik Kamerun, Lang, Fankfurkt am M., Berlin, Bern: New York Wien, 1993.

Magnan, Serge - Moreau, Jean-Pierre: *Evolution de la demande sociale d'assurance depuis 1945*, in: la revue Risques Nr. 25/96, S. 49-56.

Mahr, Werner: *Einführung in die Versicherungswirtschaft*, Dunkler & Humblot, dritte Auflage,Berlin, 1970,

Malinowski, Bronislaw: *Sitte und Verbrechen bei den Naturvölkern*, Humboldt Verlag, Wien, 1940.

Malinowski, Bronislaw: *Introductory Essay on the anthropology of changing African culture*, in: Methods of study of culture contact in Africa, published by Oxford University Press for the International African Institute, London, 1959.

Massfeller, Norbert M.: *Finanzdienstleistungen am Handel vorbei?*, in: bum Heft 7/1989, S. 22- 27

Matthiensen, Gerd: *Versicherungsvertrieb in Banken: eine Einbahnstraße*, in: bum 5/1997, S. 34-36.

Mathis, Jean: *Monnaie et Banques en Afrique francophone*, EDICEF/AUPELF,1992

Mathes, Manfred: *Konkurrenz der Vertriebswege*, in: bm Heft 5/1993, S. 5-11.

Mauss, Marcel: *Die Gabe Form und Funktion des Austauschs in archaischen Gesellschaften*, Suhrkamp Verlag, Frankfurt am Main 1968. Originaltitel: Essai sur le don, forme archaïque de l'échange, Année sociologique, nouvelle série 1923-24, Sociologie et Anthropologie, PUF, 1950.

Mbape, Jules: *Reflexions sur l'article 541 du code CIMA*, in: Assurance et Sécurité, numéro spécial 1997, S. 33-35.

Meckl, Rheinhard/Eigler Joachim: *Gefahren des Outsourcing personalwirtschaftlicher Leistungen - Eine empirisch gestützte Analyse*, in: JFB 3/1998, S. 100-112.

Meffert, Heribert/Bruhn, Manfred.: *Dienstleistungsmarketing Grundlagen - Konzepte - Methode Mit Fallbeispielen* 2. überarbeitete und erweiterte Auflage, Gabler 1997.

Meffert, Heribert (Hrsg): *Marktorientierte Unternehmensführung im Wandel: Retrospektive und Perspektiven*, Wiesbaden, Gabler , 1999.

Mehler, Andreas: *Politische Hindernisse der Strukturanpassung in Kamerun*, in: Betz, Joachim(hrsg): Politische Restriktionen der Strukturanpassung in Entwicklungsländern, Schriften des deutschen Übersee-Instituts 30, Hamburg, S. 295-307.

Microsoft: Encarta Weltatlas 1996

Mohr, Paul Günther: *Finanzdienstleistungsen - Allfinanzangebot in rechtlicher Sicht*, VW Heft 14/1992, S. 862-865.

Moll-Iffland, Erika: *Frankreich: Versicherungsmakler im Spannungsfeld der Vertriebssysteme*, in: VW.Heft 4/1995, S. 269-271.

Moreau Jean-Pierre: *Reforme de l'assurance vie - vers un renouvellement de la gamme des produits*, in: Risque, 15/1993, S. 47-58.

Morin, Jean-Pierre: *Bancassurance produits de prévoyance et assurance de dommages*, in: Risques Nr. 24, S. 99-106.

Mourgues Nathalie: *Réflexions sur les mécanismes financiers des systèmes tontiniers, in: La Tontine Pratique informelle d'épargne et de crédit dans les Pays en voie de développement*, John Libbey Eurotext, 1990, Paris, S. 245-266.

Müller, Helmut: *Möglichkeiten und Grenzen von Allfinanzkonzepten aus der Sicht des Versicherungsaufsichtsrechts*, in: Münsteraner Reihe, Heft 5, VVW Karlsruhe 1990, S. 20-37

Müller-Lutz, Hans Leo: *Allfinanz - Pro und Kontra -*, in: Frankfurter Vorträge zum Versicherungswesen, Heft 24, 1992

Müller Wolfgang: *Das Produkt der Versicherung*, in: Jung, M./Ralph, L./Seifert, W.(Hrsg), Geld und Versicherung, Festgabe für Wilhelm Seuss, Karlruhe 1981, S. 155-171.

Müller Wolfgang: *Informationsökonomische Grundlage und empirische Überprüfung eines Beschreibungsmödells für Versicherungsprodukte*, in: Dieter Farny und die Versicherungswirtschaft, S. 363-379.

Muluh, George A.: *Meeting Small Farmer Credit Needs in Cameroon: Institutional Structures and organisational problems*, Lit Verlag Muster-Hamburg 1995.

Muth, Michael: *Wer gewinnt den Wettlauf um den Privatkunden*, in: VW 24/1988, S. 1586-1588.

MTM : N° 2152 von 6 Februar 1987.

Naka, Léon: *La nécessité d'une épargne pour l'économie des pays en voie de développement*, in CIFPB, Yamousoukro 1987, S. 21-25.

Nanga, Bioulé: *l'impact de la dévaluation sur les Sociétés dommages*, in: Assurance et Sécurité 3/1995, S. 18-23.

Nell, Martin/Karten, Walter: *Das Provisionsabgabeverbot für Versicherungsvermittler*, in: Hübner, Helten, Albrecht (hrsg): Recht und Ökonomie der Versicherung - Festschrift für Egon Lorenz zum 60. Geburtstag, Karlsruhe 1994, S. 393-405.

Ndobo, Basile: *Le nouveau rôle de l'intermédiaire dans le code CIMA*, in: Assurance et Sécurité, numéro spécial 1997, S. 36-41.

Noelle-Neumann, Elisabeth/Geiger, Herbert: *Versicherungswirtschaft, öffentliche Meinung, Image und Öffentlichkeitsarbeit*, in: Farny, Dieter; Helten, Elmar; Koch, Peter; Schmidt, Reimer (Hg.): Handwörterbuch der Versicherung, Karlsruhe 1988. S. 1227-1238.

Nolla, Paul: *Cinquante ans d'assurance*, in: Risque Nr. 25/96, S. 17-35.

Nvogo, Damien: *l'assurance et le secteur informel au Cameroun*, mémoire de DESA, IIA 1996.

Nyfeler, Stephan/Lehmann, Axel: *Lebensversicherungen im europäischen Vergleich*, in: VW H. 1/1995, S. 4-8.

Nzemen, Moïse: *Théorie de la pratique des tontines au Cameroun*, Sopecam, Yaoundé 1988.

Nzemen, Moïse : *Tontines et développement ou le défi financier de l'Afrique*, P.U.C., 1993.

OCDE: L'assurance et les autres services financiers, Paris 1992.

Olson, Mancur: *On Boulding's conception of integrative Systems*, in: Frontiers in Social Thought, essays in honor of Kenneth e. boulding, hergestellt von Martin Pfaff, North-Holland Publishing company, Amsterdam, New York, Oxford, 1976.

Ortner, Reinhard: *Wettbewerb und Synergien zwischen Banken und Versicherungen*, in: Die Bank 5/87, S. 249-252

o.V.: *La bancassurance en France*, in: Commission Bancaire rapport 1993, S. 107-163.

o.V.: *Allfinanz: das DBV-Netz ist gesponnen*, in bum, Heft 6/1991, S. 19.

o.V.: *Finanzdienstleister Quelle: Zwei Banken unter einem Dach*, in: bum Heft 3/1993, S. 24 -25

o.V.: *Direktmarketing intensiviert*, in: bum, Heft 3/1989 S. 25.

o. V.: *Größe wird wichtiger, ist aber kein Allheilmittel*, in VK 8/1998, S. 24 - 25.

Pairault, Thierry (a): *Formes traditionnelles de tontines,* in : La Tontine Pratique informelle d'épargne et de crédit dans les pays en voie de développement, John Libbey Eurotext, 1990, Paris, S. 81-93.

Pairault, Thierry (b): *Un exemple parisien de tontine chinoise*, in: La tontine pratique informelle d'épargne et de crédit dans les pays en voie de développement, John Libbey Eurotext, 1990, Paris, S. 95-108.

Pairault, Thiery (c): *Sociétés de tontines et banque des petites et moyennes entreprises à Taiwan*: in La tontine pratique informelle d'épargne et de crédit dans les Pays en voie de développement, John Libbey Eurotext, 1990, Paris, S. 281-308.

Pauli, Christoph Gustav: *Branche und Konzernführung*, in Konzernhandbuch, Gabler 1993, S. 369-435.

Peick, Helmut: *Kooperation zwischen Banken und Versicherungen*, Gabler Wiesbaden 1978.

Peiner, Wolfgang: *Neustrukturierung der Vertriebskonzepte von Banken und Versicherungen*, in: Frankfurter Vorträge zum Versicherungswesen Band 16.Verlag Versicherungswirtschaft e.V. 1988, S. 22-34.

Pepper, Andrea: *Die Versicherungsvermittlung auf dem französischen Markt*, Diplomarbeit Hamburg 1996.

Picard, Pierre: *Elément de micro-économie*, Montchrestien 1994.

Picot, Arnold: *Transaktionskostenansatz in der Organisationstheorie*: Stand der Diskussion und Aussagewert, in: DBW 42, 1982, S. 267-284.

Picot, Arnold/Schneider, Dietram/Laub, Ulf: *Transaktionskosten und innovative Unternehmungsgründung*, in ZfbF 41, 5/1989, S. 358-387.

Picot, Arnold/Dietl, Helmut: *Transaktionskostentheorie*, im Wist, H. 4/1990, S. 178-184.

Plessis, Alain : *Histoire de l'assurance en France une perspective longue*, in: la revue Risques Nr. 25/96, S. 153-160.

Pohl, Manfred: *Entstehung und Entwicklung des Universalbankensystems*, in: Schriftenreihe des Instituts für Bankhistorische Forschung e.v., Band 7, Fritz Knapp Verlag, 1986.

Polanyi, Karl: *The Great Transformation*, Thomson-Shore, Inc., USA, 1975.

Polanyi, Karl/Arenberg, C.M./Pearson, H.W.: *Trade and Market in the Early Empires: Economics in History and Theory*, New York, Free Press 1957.

Porter, Michael E. : *Wettbewerbsvorteile: Spitzenleistungen erreichen und behaupten,* Campus Verlag, Frankfurt/Main, New-York, 1999.

Poweleit, Manfred: *Allfinanz: Eine Idee verkommt*, in: ZfV 13/1990, S. 323-324.

Puschmann, Karl-Heinz: *Autoversicherung im Direktvertrieb*, in: bum H. 1/1979, S. 34-35.

Rainer, Georg: *Internet-Banking für Platzbanken: die Verbände sind gefragt*, in: bum 12/1997, S. 22-24.

Rehm, Hannes/Simmert, Diethard B.: *Allfinanz-Befund, Probleme, Perspektiven*, in: Krummel/Rehm/ Simmert(Hrsg.): Allfinanz-Strukturwandel an den Märkte für Finanzdienstleistungen, Berlin 1991, S.9-29

Remsperger, Hermann: *Erscheinungsformen, Ursachen und Implikationen von Allfinanz-Strategien,* in: Die Bank, Heft 6/89, S. 299-309

Remsperger, Hermann/Angemendt, Uwe: *Strukturwandel im deutschen Universal-bankensystem*, In: Die Bank 10/1990, S. 540-547.

Rettinger, Detlef; *Die Wirtschaftsprobleme Kameruns, eine Untersuchung der Bedeutung von Institutionen für den Entwicklungsprozeß*, Peter Lang, Frankfurt 1998.

Richter, Andreas: *Neuausrichtung des Finanzdienstleistungsmarketings: Kognitions-psychologische und soziologische Aspekte*, Gabler 1996.

Riedel, Günther: *Neue Strukturen für den Vertrieb*, in: Versicherungskaufmann 3/1994, S. 12-16.

Riege Jürgen: *Das Versicherungsprodukt*, in ZVersWiss (79) 1990, S. 403-470.

Rogeat, C.: *La Distribution de l'assurance par le Banquier*, Mémoire N° 212 de L'Institut des Assurances de Lyon, année 1985.

Ropella, Wolfgang: *Synergie als strategisches Ziel der Unternehmung*, de Gruyter, Berlin, New york 1989.

Rudolph, Bernd: *Sollten Banken am Versicherungsmarkt tätig sein?*, in: Die Bank Heft 12/1987

Rudolph, Bernd: *Europäische Intergration im Finanzdienstleistungsbereich und Allfinanz*, in: Krummel/Rehm/Simmert(Hrsg.): Allfinanz-Strukturwandel an den Märkte für Finanzdienstleistungen, Berlin 1991, S.345-359.

Rüth, Volker Van: *Kooperation und Konzernbildung als Diversifikationsstrategien von Banken in den Versicherungsbereich*, M&P Stuttgart 1994.

Sammuelson, Paul A./Nordhaus, William D.: *Volkswirtschaftslehre 1, Grundlagen der Makro- und Makroökonomie*, achte, grundlegend überarbeitete deutsche Auflage, Bund-verlag, Köln, 1987.

Scheele, Martin: *Zusammenschluß von Banken und Versicherungen*, Gabler, Wiesbaden, 1994.

Scheffler, Eberhard: *Anmerkungen zu dem Beitrag von Rolf Bühner „ Management-Holding"*, in: Die Betriebswirtschaft 1987, S. 235-236.

Scheidler, Volker: *Virtuelle Banken im internationalen Vergleich: Analyse und Klassifikation*, in: bum 3/1997, S. 21-25.

Schieren, Wolfgang : *Finanzdienstleistungen: Möglichkeit und Grenzen*, VW Heft 1/1991, S. 4 - 9.

Schirenbeck, Henner: *Grundzüge der Betriebswirtschaftslehre*, München 1993.

Schierenbeck, Henner; Hölscher, Reinhold: *Bankassurance - Institutionelle Grundlagen der Bank- und Versicherungsbetriebslehre*, Schäffer Poeschel 1992.

Schierenbeck, Henner und Hölscher, Reinhold (1989a): *Perspektiven des Marketing für Finanzdienstleistungen*, in: bum, Heft 2/1989, S. 5- 11.

Schierenbeck, Henner und Hölscher, Reinhold (1989b): *Perspektive des Marketings für Finanzdienstleistungen II*, in: bum, Heft 3/1989, S. 16- 23.

Schneider, Günter: *Finanzdienstleistungen als Service* ?, in: bum, Heft 9/1989, S. 5-13.

Schneider, Günter: *Finanzdienstleister Postbank*, in: bum, Heft 5/1990, S. 5-6.

Schneider Uwe H.: *Anmerkungen zum Beitrag von Rolf Bühner „Management-Holding"*, in: Die Betriebswirtschaft 1987, S. 236-239.

Schneider, Uwe H.: *die rechtlichen Rahmenbedingungen der Allfinanz*, in: Krummel/Rehm/Simmert(Hrsg.): Allfinanz-Strukturwandel an den Märkte für Finanzdienstleistungen, Berlin 1991, S. 301-326

Schneidler, Michael: *Die Grundlage einer Fondsgebundenen Lebensversicherung in Deutschland*, VVW, Karlsruhe 1974.

Schneeweiß, H.: *Entscheidungstheorie bei Risiko*, Berlin/Heidelberg/New York, 1967.

Schmidt, Reimer: *Europäisches Versicherungsaufsichtsrecht*, Erster Band. Duncker & Humblot, Berlin 1964.

Schmidt, Reimer: *Versicherungsalphabet,* 8. Aufl. 1991.

Schreiber, Hans: *Vertrieb und Vermittlung von Versicherungen aus der Sicht der Praxis*, in ZVersWiss 1988, S. 253-262.

Schulenburg, J.-Matthias Graf von der: *Organisations- und Steuerungsfragen aus der Sicht eines Versicherungsunternehmens*, in: Krummel/Rehm/Simmert(Hrsg.): Allfinanz-Strukturwandel an den Märkte für Finanzdienstleistungen, Berlin 1991, S.221-236

Schulenburg, J.-Matthias Graf von der: *Marktgeschehen bei unvollständigen Nachfragerinformationen, Die Auswirkungen von Anbieterwechselkosten und Informationskosten in dynamischen Marktprozessen*, in: ZfB 57 Jg. 1987 H.7, S. 699-719.

Schulte-Noelle, H.: *Renaissance der Allfinanz-Vision*, in: zfo 6/1998, S. 324-327.

Schulte-Noelle Henning: *Le marché unique européen et l'assurance-vie allemande*, In la revue Risques Nr. 7/1991, S. 51-64.

Schulz, Harald: *Vertrieb von Bankprodukten durch einen Versicherungsaußendienst*, in: die Bank 2/1990, S. 100-103.

Schulz, Harald: *Vertrieb von Lebensversicherungen über die Banken*, in: Die Bank Heft 11/1993, S. 630-633

Schulz, Harald: *Versicherungen am Schalter: Wer sorgt für Übersicht*?, in: Bank und Markt 7/1995, S. 28-31.

Schumann , Jochen: *Grundzüge der mikroökonomischen Theorie*, sechste Auflage, Springer - Verlag 1992.

Schwake, Edmund: *Das Versicherungstechnische Risiko als arteigenes Risiko der Versicherungsunternehmen*, in: ZversWiss, Bd. 77 1988, S. 61-81.

Schwake, Edmund: *Die Bedeutung des Marketing für den Erfolg von Versicherungsunternehmen*, in: ZVersWiss Bd. 73, 1984, S. 389-414.

Schwark, Eberhard: *Gesellschaftsrechtliche Bemerkungen zu „Management-Holding" von Rolf Bühner*, in: Die Betriebswirtschaft 1987, S. 239-242.

Schwebler, Robert: *Chancen und Probleme im Beziehungsgeflecht von Banken und Versicherungen*, in: Die Bank 2/86, S. 72-76.

Schwebler, Robert: *Banken und Versicherungen: im Zweifel für die Kooperation*, in: bum 8/1993, S. 5-9.

Schwebler, Robert: *Allfinanz und Versicherung - ein vorläufiges Fazit*, in: Dieter Farny und die Versicherungswirtschaft, VVW Karlsruhe 1994, S. 457-465.

Seelbach, Horst: *Entscheidungskriterien der Wirtschaftlichkeitsrechnung*, in: ZfB. (1965) S. 302-315.

Seelbach, Horst: *Investition,* in: Allgemeine Betriebswirtschaftslehre, Herausgegeben von F.X. Bea, E. Dichtl und M. Schweizer, Band 3, 7., überarbeitete Aufl. 1997.

Semedo, Gervasio/Vilieu, Patrick: *La zone Franc, mécanisme et perspectives macroéconomique*, ellipses 1997.

Servet, Jean-Michel: *Les tontines, formes d'activités informelles et d'initiatives collectives privées en Afrique*, in La tontine pratique informelle d'épargne et de crédit dans les Pays en voie de développement, John Libbey Eurotext, 1990, Paris, S. 267-279.

Sieben, Günter/Diedrich, Ralf, *Aspekte der Wertfindung bei strategischen motivierten Unternehmensakquisitionen*, in: ZfbF Heft 9/1990, S. 794-809.

Sieg, Karl: *Vertrieb und Vermittlung von Versicherungen aus rechtlicher Sicht*, in ZVersWiss 1988, S. 263-286

Sigma der Schweizerischen Rück; Heft 4/1997.

Singer, Jürgen: *Allfinanz-Preispolitik ist notwendig*, in ZfgK Heft 12/1992, S. 524-526.

SFIDA: *Annuaire Bancaire Africain* 1997.

Slottko, Sven-Michale: *Lebensversicherung am Schalter - das Beispiel der Deutschen Bank*, in bum H. 2 1991, S. 5-10.

Slottko, Sven-Michael: *der eigene Weg der deutschen Bank*, in ZfgK Heft 14/1992, S. 524-526.

Soedjede, Douato Adjémida: L*'épargne et le crédit non structurés au Togo*, in: La tontine pratique informelle d'épargne et de crédit dans les Pays en voie de développement, John libbey Eurotext, 1990, Paris, S 203-237.

Sommerlatte, Tom: *Stellungnahme zu „Management-Holding von Professor Dr. Bühner*, in Die Betriebswirtschaft 1987, S. 234-235.

Sondhof, Harald W.: *Finanzdienstleistungen im Wandel*, Peter Lang,1990, Frankfurt am Mein, Bern, New - York, Paris.

Spies, Winfried: *Versicherungsvermittlung in Frankreich*, in: VW Heft. 1/1992, S. 30-35.

Spiegel-Dokumentation: *Soll und Haben 1, 2 und 3, Hamburg 1980, 1984, und 1989.*

Spremann, Klaus: *Reputation, Garantie, Information*, in ZfB, Heft 5/1988, S. 613-629.

STBA (1993): *Länderbericht Kamerun* 1992.

Starke, Ersnt O.: *Kreditinstitute und Versicherungsunternehmen - Image und Realität*, in: VW 6/1977, S. 353-358.

Steffen, Klaus-Joachim: *Liquidität und Liquiditätspolitik des Versicherungsunternehmens*, Veröffentlichungen des Instituts für Versicherungswirtschaft der Universität Mannheim, Heft 2, VVW, Karlsruhe 1970.

Storck, Louis: *Das HBW als Finanzdienstleister: Wieviel aus einer Hand*?, in: bum, Heft 7/1989, S. 13-21.

Stracke/Geitner: *Finanzdienstleistungen - Handbuch über den Markt und die Anbieter* -,Verlag recht und Wirtschaft, 1992 Heidelberg.

Stracke, Guido/Pohl, Michael: *Financial Services in Deutschland(I)*, in: Die Bank 5/1987, S. 231-247.

Stracke, Guido/Pohl, Michael: *Financial Services in Deutschland(II)*: *Markstrategien der Bausparkassen*, in: Die Bank 8/1987, S. 421- 439

Stracke, Guido/Pohl, Michael: *Financial Services in Deutschland*(III): *Die nicht institutionellen Anbieter*, in: Die Bank 10/1987, S.539-551

Stracke, Guido/Pohl, Michael: *Financial Services in Deutschland(IV): Marktstrategie der Versicherer*, in: Die Bank 4/1988, S. 191-209.

Stracke, Guido: *Financial Services in Deutschland(V): Markstrategie der Banken*, in: Die Bank 11/1988, S.590-606.

Strobel, Elisabeth: *Die Bank der Zukunft und der Bildschirmtext*, in bum Heft 5/1979, S. 26-28.

Strohtmann, Helmuth: *Mehr zur Attraktivität eines Allfinanzangebotes*, in bum Heft 8/1988, S. 5-12.

Subjetzki, Klaus: *Bemerkungen zu einem aktuellen Thema: Bankzweigstellen*, in: Die Bank 1981, S. 316-317.

Süchting, Joachim: *Bankmanagement*, 3. Auflage, Schäffer Poeschel 1992.

Süchting, Joachim: *Zur Organisation von Allfinanzangeboten*, in: Krummel/Rehm/Simmert(Hrsg.): Allfinanz-Strukturwandel an den Märkte für Finanzdienstleistungen, Berlin 1991, S. 176-192.

Süchting, Joachim (1988a): *Banken und Versicherungsunternehmen*, in: Farny, Dieter; Helten, Elmar; Koch, Peter; Schmidt, Reimer (Hg.): Handwörterbuch der Versicherung, Karlsruhe 1988, S. 37-43.

Süchting, Joachim (1988b): *Noch mehr zur Attraktivität eines Allfinanzangebotes*, in: bum., H., 11/1988, S. 23-25.

Süchting, Joachim: *Chancen des Allfinanzangebots in der Bundesrepublik*, in VB 1/1989, S. 2-13.

Süchting, Joachim: *Überlegungen zur Attraktivität eines Allfinanzangebotes*, in: bum., H. 12/1987, S. 7-11.

Süchting, Joachim: *Die Allfinanz ist kein Allheimittel*, in FAZ von 9.05.89. Nr. 106, S. 15.

Süchting, Joachim (1994a): *Vertrieb von Finanzdienstleistungen auf dem für Privatkunden*, in: Die Bank Heft 8/1994, S. 449-457

Süchting, Joachim (1994b): *Zur Risikoposition von Banken und Versicherungen - auch ein Beitrag zur Diskussion ihrer Aufsichtssysteme*, in: Dieter Farny und die Versicherungswirtschaft, VVW Karlsruhe 1994, S. 537-553.

Tagger, Claude: *Der Versicherungsmarkt in Frankreich und die Strategie französischer Versicherungsunternehmen*, Schriftenreihe Versicherungsforum Heft 6, VVW Karlsruhe 1991.

Tedga, Paul John Marc: *Entreprise publiques, État et crise au Cameroun*, L'Harmattan, Paris 1991.

Tendil, Claude : *une politique de distribution*, in: la revue Risque Nr. 24/95, S. 107-114.

Theisen, Manuel René: *Vorüberlegungen zu einer Konzernunternehmungslehre*, in: Die Betriebswirtschaft 1988, S. 279-297.

Theisen, Manuel René: D*er Konzern*, Poeschel Verlag Stuttgart 1991.

Thiemermann, Michael: *Strategische Vertriebskonzepte in der Versicherungswirtschaft unter Berücksichtigung des Verbundes von Dienstleistungen der Versicherungsunternehmen und der Banken*, in: Veröffentlichungen der Hamburger Gesellschaft zur Förderung des Versicherungswesens MBH, Hamburg.

Thierry, Jean-Philippe: *Les assureurs vie et le grand marché européen*, in: la revue Risques Nr. 7/1991, S. 65-66.

Tinguiri, liman Kiari: *Epargne et crédit informels en milieu rural au Niger: l'activité des tontines et des gardes-monnaie villageois*, in: La Tontine Pratique informelle d'épargne et de crédit dans les Pays en voie de développement, John libbey Eurotext, 1990, Paris, S177-202.

Toyum, Pierre: *La fraude à l'assurance dans les États de la CIMA; Le Cas du Camerun*, mémoire de DESA, Octobre 1996, IIA Ydé.

UNDP: *Bericht über die menschliche Entwicklung*, Bonn, 1995.

Van den Berghe, L.A.A. : *Financial conglomerates: opportunity or Threat?*, in Risiko, Versicherung, Markt - Festschrift für Walter Karten zur Vollendung des 60. Lebensjahres, Hrsg. Hesberg, D.; Nell, M. und Schott, W., VVW, Karlsruhe 1994, S. 445-462.

Van den Berghe, Lutgart/Verweire, Kurt: *Creating the future with All Finance and financial conglomerates*, Kluwer Academic Publischers, 1998.

Verlag Hoppenstedt: Hoppenstedt - Versicherungsjahrbuch 1997.

Versicherungsreport 1997.

Vollmer, Lothar: *Kooperation und Konzentration von Banken und Versicherungen*, in: Die Bank Heft 7/89 S.353-359.

Wagner, Philipp: *Die Bildung von Allfinanzkonzernen*, Peter Lang, Frankfurt a. M., Paris, 1991.

Wehlmann, Hans-Dieter: *Die Bedeutung des Vertriebsweges Bank für die Versicherungswirtschaft - Erfahrungen und Tendenzen -*, Frankfurter Vorträge zum Versicherungswesen, Heft , 1989.

Weigel, Hans-Jürgen: *Was bringt die Kooperation Banken/Versicherungen?*, in bum,. Heft 8/1987, S. 5-13.

Weigel, Hans-Jürgen: *Allfinanz-Probleme aus der Sicht der Assekuranz*, in: bum Heft 2/1991, S. 11

Weiss, Wieland: *Financial Services - Sind Finandienstleistungen eine Versicherungswirtschaftliche Perspektive*, in: Zeitschrift für Versicherungswesen?, Heft 9/89, S.226-233.

Weiss, Wieland: *Vertrieb und Vermittlung von Versicherungen aus der Sicht der betriebswirtschaftlichen Theorie*, in: ZVersWiss 1988, S. 217-252.

Weiss, Wieland: *Versicherungsvertrieb*, in: VK 1/1986, S. 4138-4146.

Weiss, Ulrich: *Allfinanz in Deutschalnd: mehr als "Stcks and Socks"*, In: bum 1/1997, S. 23-27.

Wesseling, Sabine: *Öffentliche Unternehmen im Allfinanzverbund*, Nomos Verlagsgesellschaft, Baden-Baden, 1997.

Werdich, Hans: *Finanzholding*, in: Konzernhandbuch, Gabler 1993, S. 305-345.

Wilke, Erich: *Das Privatkundengeschäft der BfG im Finanzdienstleistungsverbund*, in: bum, Heft 7/1989, S. 9-13.

Will, Andreas: *Die Erstellung von Allfinanzprodukten*, Deutscher Universalitäts-Verlag, 1995.

Wisshofer, Hellmut: *Entwicklungen, Strategien und Problemstellung beim Allfinanzkonzept*, Diss. Uni. Berlin 1994.

Witten, Peter/Horst-Günter Zimmermann: *Zur Eindeutigkeit des internen Zinssatzes und seiner numerischer Bestimmung*, in: ZfB (1977), S. 99-114.

Wittenberg, Jörg H.: *Allfinanz - Gedanken aus Sicht der Kunden*, in: bum, Heft 11/1990, S. 26-28

WORLD BANK (1994): World Bank Atlas 1994, Washington D.C.

Wörner, Gerald: *Wirtschaftlichkeitsanalyse elektronischer Bankvertriebswege*, Diss. Uni. Regensburg, 1997.

Yondo, Marcel: *Le financement des petites et moyennes entreprises camerounaises*, in: Revue camerounaise de management, Nr. 3/4 1986, S. 161-174.

Zeltzer, Edouar: *La Bancassurance entre le chaud et le froid*, in: Risques Nr. 2, octobre 1990, S.156-162.

Zeral, Dov: *Les restructurations bancaires en zone Franc*, in CIFPB Lomé 1990, S. 17-26.

Zielke, Carten: *Die deutsche und französische Bankassekuranz- Entwicklung und Perspektiven in einem geeinten Finanzmarkt* - Peter Lang Frankfurt am Main 1997.

Zietsch, Dieter: *Grundlage der Gestaltung Außenorganisationsbezogener Vertriebssteuerungssysteme in Versicherungsunternehmen*, VVW Karlsruhe 1985.

Zietsch, Udo: *Die Haftung im Telefon-Banking-Verkehr*, Gabler, Wiesbaden, 1997.

Zloch, B.: *Bank- und Versicherungsprodukte - Ein Vergleich*, in: VW 15/1970, S. 993-996

Zuther, Ingo Arnd: *Anmerkungen zum Wettbewerb zwischen Unternehmen mit unterschiedlichen Vertriebswegen*, in: VW 10/76, S. 541-547.

FSC
www.fsc.org
MIX
Papier | Fördert gute Waldnutzung
FSC® C083411

Kolibri 360 GmbH
Ferdinand-Jühlke-Straße 7
99095 Erfurt, Deutschland
produktsicherheit@kolibri360.de

Druck:
CPI Druckdienstleistungen GmbH
im Auftrag der
Kolibri 360 GmbH
Ferdinand-Jühlke-Str. 7
99095 Erfurt